전쟁 게임

9·11 이후의 밀리터리 비디오 게임

이 도서의 국립중앙도서관 출판예정도서목록(CIP)은 서지정보유통지원시스템 홈페이지(http://seoji.nl.go.kr)
와 국가자료종합목록 구축시스템(http://kolis-net.nl.go.kr)에서 이용하실 수 있습니다.
CIP제어번호: CIP2020044888(양장), CIP2020044890(무선)

전쟁 게임

9·11 이후의 밀리터리 비디오 게임

Playing War: Military Video Games after 9/11

매슈 토머스 페인 Matthew Thomas Payne 지음 | **진달용** 옮김

한울
아카데미

Playing War: Military Video Games After 9/11

By Matthew Thomas Payne

차 례

옮긴이의 글

전쟁 게임과 비디오 게임

비디오 게임은 지난 수십 년간 가장 중요한 청소년 문화의 하나로 자리
잡아 왔다. 1960년대부터 시작되어 1980년대의 아케이드 게임 시대를 거
친 비디오 게임 기술문화는 이후 콘솔, PC, 온라인, 그리고 모바일 게임으
로 발전되면서 전 세계 수백만 청소년들은 물론 30대와 40대 직장인들에
게 가장 인기 있는 취미이자 놀 거리가 되었다. 초고속 성장을 거듭하고 있
는 컴퓨터 기술과 스마트폰 테크놀로지에 힘입어 비디오 게임은 전통 미
디어·문화 영역인 영화와 방송을 누르고 산업적으로 가장 중요하고 문화
적으로 가장 성장한 영역으로 자리 잡은 지 오래이다. 게임 산업은 관련 종
사자 또는 게임을 즐기는 청소년이라는 수적인 측면에서나, 게임 판매와 e
스포츠 등을 통해 발생하는 수입적인 측면에서나 기존의 문화산업과 비교
할 수 없을 정도로 막대하다. 비디오 게임은 문화산업에서 기존 영화나 방
송산업이 가지고 있던 지배력을 순식간에 빼앗아왔다.

비디오 게임은 여러 가지 장르의 게임을 발전시켜 왔다. 보드게임, 카
드게임, 퀴즈게임 등 비교적 짧은 시간에 쉽게 누구나가 즐길 수 있는 캐
주얼 게임부터, 여러 명의 게이머가 한꺼번에 참여해 게임 전 과정이 복

잡할 뿐만 아니라 게임을 끝내기까지 많은 시간이 요구되는 롤플레잉 게임까지 다양하게 발전되어 왔다. 비디오 게임의 여러 장르 중에서도 상업적으로 가장 인기를 끌고 있는 것은 바로 전쟁 게임이다. 1인칭 슈팅 게임(First-person Shooter: FPS)으로 잘 알려진 전쟁 게임은 특히 미국 등 서구 게이머들에게 가장 중요한 게임 장르로 여겨지고 있다. 한국, 중국 등 아시아 국가의 게이머들이 주로 다자간 접속 롤플레잉 게임을 선호하는 반면, 미국 등 서구에서는 개인별 게임으로 주로 구성되어 있는 1인칭 슈팅 게임을 선호한다.

전쟁 게임이 특히 인기를 끌게 된 것은 2001년 9월 1일 오사바 빈 라덴이 미국 뉴욕의 쌍둥이빌딩을 폭파한 테러 사건 이후이다. 1990년대 초반 걸프 전쟁과 9·11 테러로 인해 미국인들 사이에 전쟁과 테러에 대한 경각심과 위기감이 고조된 가운데, 게임 개발자와 회사들은 전쟁 게임을 개발함으로써 전쟁과 테러라는 소재를 엔터테인먼트 산업화했다. 실제로 많은 서구 게이머들은 2000년대 이후 넘쳐나기 시작한 전쟁 게임, 즉 1인칭 슈팅 게임에 몰려들기 시작했고, 전쟁 게임은 게임 장르 중에서 상업적으로도 가장 수익성이 높아 황금알을 낳는 거위로 불리고 있다.

1인칭 슈팅 게임이 미국 등 서구에서 인기를 끌고 있는 것은 서구 특유의 개인적인 취향과도 깊게 연관되어 있다. 롤플레잉 게임이 집합주의와 사회 연계를 강조하는 아시아의 정서와 부합한다면, 1인칭 슈팅 게임은 개인주의 문화가 발전한 서구 게이머들의 문화적 정서와 맞아 떨어졌다.

이 책의 저자 매슈 토머스 페인(Matthew Thomas Payne)은 연구 초기부터 주로 전쟁 게임을 연구해 온 신진 게임학자이다. 페인은 2016년 뉴욕대학교 출판부에서 출간된 이 책에서 왜 밀리터리 슈팅 게임이 미국사회에서 청소년들에게 인기를 끌게 되었는지를 분석하고, 이를 통해 대테러전쟁에 관련된 문화적 이해를 추구하고 있다. 이 책은 전쟁과 테러라는 주제로 탄생한 비디오 게임들이 인기를 끌게 된 요인을 검토하는 한편, 현재진행형인 대테러전쟁의 중요성을 문화접근법으로 해석하고 있다. 다시 말해, 페인은 주로 9·11 이후 밀리터리 슈팅 게임이 추진한 디자인과 게임전략을 연구함으로써, 이러한 실행이 미국의 군사력과 전쟁정책에 관한 정치적인 믿음을 어떻게 영구화하는가와, 이에 대한 도전을 논의하고 있다. 이 책은 주요 밀리터리 슈팅 게임들에 대한 텍스트적 분석, 마케팅 전략 연구, 그리고 전쟁 게임 커뮤니티 속에서의 참여관찰을 통해 완성되었으며, 전쟁과 테러에 관한 위기와 국제 갈등이 상호작용 속에서 즐거움을 얻는 게임의 형태로 변화된 과정을 연구했다고 할 수 있다.

이 책의 마지막 장에서 논의하고 있듯, 비디오 게임은 최근 들어 e스포츠라는 거대한 청소년 문화이자 비즈니스로 급속히 진화하고 있다. 수만 명의 관중이 게임 스튜디오나 대형 경기장에 모여 게이머들이 경쟁하는 스타크래프트(StarCraft), 리그 오브 레전드(League of Legend), 그리고 오버워치(Overwatch) 등을 감상하고 즐기는 것이 이제는 일반화되었다. 특히 ESPN 등 텔레비전 채널에서부터 트위치(Twitch) 등 스트리밍 서비스에 이르기까지 e스포츠가 미디어와 연계되어 아마추어 게이머들과 일반인들에게까지 중계되는 현상은 불과 몇 년 전만 해도 상상하기 어려웠다. 이 책의 번역을 마친 현 시점에서는 번역자인 필자가 글로벌 e스포츠에 관한 책 *Global Esports: Transformation of Cultural Perceptions of Competitive Gaming*(2021)을 마무리하고 있는 것이 전혀 이상하지 않을 정도로 전쟁 게임과 e스포츠는 밀접한 관계를 맺고 있다.

물론 밀리터리 슈팅 게임에서 e스포츠로 이어지는 게임 산업, 그중에서도 특히 전쟁 게임 장르는 게임 문화를 상업화시켰을 뿐만 아니라, 전쟁과 테러라는 특수한 국가 간 갈등 상황을 게임이라는 가상공간 속에서 헤게모니적 유희로 전락시켰다는 비판을 피해가기 어렵다. e스포츠가 열리는 대형 게임장에서 게임기업 등이 해당 게임 판촉행사로 참석자들에게 선물을 제공하는 현상은 이러한 상업화의 한 장면에 불과하다. 전쟁 게임은 비디오 게임 산업을 상업화하는 데서 최일선에 위치해 있다. 전쟁 게임들은 특히 전쟁과 테러에 관한 지식과 관심을 아우르는 청소년들의 문화를 형성하는 데 큰 영향을 미치고 있다.

　이 책은 한울엠플러스의 제안으로 이루어졌다. 번역 제안 단계부터 출간까지 많은 도움을 받았다. 무엇보다 이 책의 초고를 번역하는 데서 수고를 아끼지 않은 사이먼 프레이저대학교에서 박사과정 중인 김태영 학생에게 고마움을 전한다.

소피와 잭슨에게

감사의 말

이 책을 다 집필하고 나서 감사의 말을 쓰기 시작했을 때, 나는 내가 9·11 이후의 밀리터리 슈팅 게임들에 대해 10년 넘게 생각해 왔다는 것을 깨달았다. 더 놀라운 점은 내가 이 기간 동안 비디오 게임들에 대한 내 생각에 영감을 불어넣어 주고 제언을 아끼지 않으며 비판적 미디어 연구를 가르친다는 것의 의미가 무엇인지 알려준 학생, 동료들을 비롯해 정말 좋은 사람들을 많이 만났다는 것이었다. 나는 이 프로젝트가 우리의 대화와 토론, 그리고 우정을 기리는 것이 되기를 바란다.

대학원 시절 나의 전공과는 거리가 멀지만 내 은사였던 샤론 스트로버 (Sharon Strover)에게 감사를 전하는 것으로 이 글을 시작하고자 한다. 그녀의 지도와 지원이 없었다면 나는 아마도 더 전통적인 연구 주제에 매달려야 했을 것이다. 또한 이 책의 '기초'를 만들어내는 데 도움을 준 마이클 캑맨(Michael Kackman), 캐슬린 타이너(Kathleen Tyner), 조 스트로바(Joh Straubhaar), 그리고 다나 클라우드(Dana Cloud)에게도 큰 마음의 짐을 지고 있다. 마찬가지로 앨라배마 주립대학교의 커뮤니케이션-정보과학 대학에 있는 나의 동료들도 매우 적극적으로 나를 도와주었다. 텔레커뮤니케이션

-영화학과에서 일하면서 도움을 준 메러디스 배글리(Meredith Bagley), 제이슨 블랙(Jason Black), 글렌다 캔트럴-윌리엄스(Glenda Cantrell-Williams), 마야 챔피언(Maya Champion), 존 치점(John Chisholm), 찬드라 클라크(Chandra Clarke), 닉 코래오(Nick Corrao), 메릴로 콕스(Marylou Cox), 앤디 그레이스(Andy Grace), 김용환(Yonghwan Kim), 엘리엇 파넥(Elliot Panek), 레이첼 레이미스트(Rachel Raimist), 애덤 슈워츠(Adam Schwartz), 팸 트랜(Pam Tran), 저우슈화(Zhou Shuhua)에게 감사를 전한다. 특히 앤디 빌링스(Andy Billings)와 빌 에반스(Bill Evans), 그리고 제러미 버틀러(Jeremy Butler)는 그들의 사무실을 아무 때나 쓸 수 있도록 해주어서, 계획에 없던 많은 멘토링 세션들을 열 수 있었다. 이에 대해 이들은 아마 '롤 타이드(Roll Tide)'(앨라배마 주립대학교의 응원 구호 _옮긴이)라고 외치리라.

또한 나는 제시카 앨드레드(Jessica Aldred), 피터 앨리루나스(Peter Alilunas), 팀 앤더슨(Tim Anderson), 벤 애슬린저(Ben Aslinger), 마누 아빌레스-산티아고(Manu Aviles-Santiago), 드루 에이어스(Drew Ayers), 케빈 보젤카(Kevin Bozelka), 브렛 캐러웨이(Brett Caraway), 알렉시스 카레이로(Alexis Carreiro), 마이클 커틴(Michael Curtin), 에릭 프리드먼(Eric Freedman), 해리슨 기시(Harrison Gish), 조너선 그레이(Jonathan Gray), 홀리스 그리핀(Hollis Griffin), 로이 그런드먼(Roy Grundmann), 레이포드 귄스(Raiford Guins), 제니퍼 홀트(Jennifer Holt), 데렉 존슨(Derek Johnson), 아인 코카스(Aynne Kokas), 헨리 로우드(Henry Lowood), 크리스 루카스(Chris Lucas), 닉 막스(Nick Marx), 윌리엄 모너(William Moner), 마이클 뉴먼(Michael Newman), 랜디 니콜스(Randy Nichols), 마크 오레트(Marc Ouellette), 앨리슨 펄먼(Allison Perlman), 카렌 페트러스카(Karen Petruska), 애스윈 푸나탐베카르(Aswin Punathambekar), 댄 레이놀즈(Dan Reynolds),

아비 산토(Avi Santo), 앤디 스카힐(Andy Scahill), 브라이언 세복(Bryan Sebok), 샤론 샤하프(Sharon Shahaf), 콜린 테이트(Colin Tait), 이던 톰슨(Ethan Thompson), 샘 토빈(Sam Tobin), 척 트라이언(Chuck Tryon), 존 반데호프(John Vanderhoef), 그리고 마크 울프(Mark J. P. Wolf)를 비롯해 이 책에 담긴 아이디어에 도움을 준 미디어 및 게임 연구자들의 광범위한 네트워크에도 감사를 표하고 싶다. 이 프로젝트는 주드 러길(Judd Ruggill)과 켄 매캘리스터(Ken McAllister)의 올바른 리더십 아래 나와 함께 러닝 게임즈 이니셔티브(Learning Games Initiative)에서 활동한 제니퍼 드윈터(Jennifer deWinter), 칼리 코쿠렉(Carly Kocurek), 라이언 모엘러(Ryan Moeller), 그리고 제임스 톰슨(James Thompson)에게도 빚을 지고 있다. 나와 빈번하게 왕래하며 가장 가까이 지내는 친구들, 특히 코트니 브래넌 도너휴(Courtney Brannon Donoghue), 마이크 플라이시(Mike Fleisch), 데렉 프랭크(Derek Frank), 데이비드 거니(David Gurney), 케빈 샌슨(Kevin Sanson)과 그레고리 슈타이러(Gregory Steirer)에게 이 자리를 빌려 사랑과 감사를 전한다. 마지막으로 크리스틴 워너(Kristen Warner)와 니나 헌터먼(Nina Huntermann)은 내가 가장 믿을 수 있는 학문적 셰르파이자 치료 전문가로, 항상 현명하고 전문적인 조언과 때로는 따뜻한 격려의 말을 건네주었다.

에릭 지너(Eric Zinner)의 헌신적인 지원과 알리시아 나드카니(Alicia Nadkarni)의 멋진 유머를 곁들인 지도가 있었기 때문에 이 책을 뉴욕대학교 출판사에서 출간하게 되었다. 뉴욕대학교 출판사 이상 좋은 곳을 찾기 어려웠다. 더글러스 에드릭 스탠리(Douglas Edric Stanley)가 〈인베이더스!〉에 나온 자신의 예술 작품 이미지를 다시 사용할 수 있도록 허락해 주어서 감사하게 생각한다. 이 책은 서평을 보내준 익명의 평가단들과 리사 슈미트(Lisa Schmidt)의 능숙한 교정에도 큰 도움을 받았다. 실수가 있다면

이는 모두 내 책임이다.

이 책 6장의 일부분은 이전에 니나 헌터먼과 내가 엮은 『조이스틱 솔저스: 밀리터리 비디오 게임에 담긴 놀이의 정치학(Joystick Soldiers: The Politics of Play in Military Video Games)』의 한 장으로서, 「엿 먹어, 눕튜브!: 유희적 랜 전쟁의 기술 배우기(F*ck you, Noob Tube!: Learning the Art of Ludic LAN War)」(2009: 206~222)라는 제목으로 출간되었던 것이다. 또한 5장의 대부분은 「〈콜 오브 듀티 4: 모던 워페어〉의 군사적 현실주의 마케팅(Marketing Military Realism in Call of Duty 4: Modern Warfare)」이라는 제목으로 ≪게임과 문화(Games & Culture)≫라는 학술 저널의 제7권 4호에 게재되어 있다(2012: 305~327). 이 두 글의 전재를 도와준 편집자들과 검토 위원들에게 감사를 전한다.

끝으로 이 프로젝트가 진행되는 동안 무한한 지지를 아끼지 않은 부모님, 형제자매들, 그리고, 장인, 장모님에게 깊은 감사를 드린다. 이들이 보여준 관대함에 대해 뭐라고 감사의 말을 전해야 할지 모르겠다. 사실 이 책의 출간에 가장 공이 많은 사람은 내 아내이자 삶의 동반자인 조애너(Joanna)이다. 힘들기만 할 뿐 아무런 보상도 없는 내 첫 번째 독자이자 평가자로서, 그녀는 무한한 인내와 유머, 그리고 사랑으로 나를 감싸주었다. 그녀가 내게 베푼 것은 그 무엇으로도 갚을 수 없을 것이다. 더불어 나는 그녀가 제일 좋아하는 소피(Sophie)와 잭슨(Jackson)에게도 이 책을 바치고자 한다. 우리 꼬마들은 어떻게 아무 거리낌 없이 자유롭게 놀 수 있는지를 (나이를 먹으면서 잃는 천진난만한 통찰력을) 매일 보여주고 있으며, 그들의 모험은 게임플레이를 연구하는 것이 세상을 더 재미있게 만든다고 알려주는 강력한 나침반이기도 했다.

유희적 전쟁에 온 것을 환영합니다

〈스페이스 인베이더스〉가 9·11을 만나다(또는, 왜 게임플레이가 중요한가?)

　나란히 서 있던 뉴욕의 세계무역센터가 다시 한 번 공습경보를 받았다. 그러나 이번에는 맨해튼 남쪽에 서 있던 세계적으로 유명한 건물에 가해진 것이 아니었다. 2001년 9월 11일의 아침도 아니었다. 여객기를 납치한 무장 테러리스트들의 소행은 더더욱 아니었다. 이번 공격은 2차원 픽셀로 만들어진 우주 침략자들이 압도적인 화력을 앞세워 감행한 것이었다.

　2008년 독일의 라이프치히에서 열린 게임 박람회에서 뉴미디어 아티스트인 더글러스 에드릭 스탠리(Douglas Edric Stanley)가 내놓은 인터랙티브 인스톨레이션(쌍방향 설치작품)인 〈인베이더스!(Invaders!)〉는 1978년에 출시되어 고전 아케이드 게임의 대명사가 된 〈스페이스 인베이더스(Space Invaders)〉를 상기시키며, 세계무역센터를 침략자로부터 지켜내자는 메시지를 통해 게이머들을 유혹했다.[1] 그러나 3일간 지속된 여론의 뭇매를 견디다 못해, 스탠리는 해당 게임의 전시 중단이라는 박람회 측의 조치를 수용할 수밖에 없었고, 그로써 서구문명과 세계 자본주의의 상징인 쌍둥이

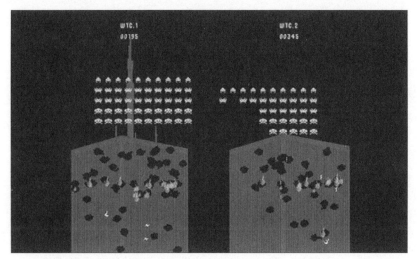
그림 1 스탠리의 작품 〈인베이더스!〉에서 세계무역센터가 외계인의 공격을 받고 있다.

빌딩에 대한 외계인들의 무자비한 디지털 공격은 끝이 났다.

이 책은 21세기 초에 제작되었던 '밀리터리 슈팅(military shooter)' 비디오 게임들과, 그 즐거운 게임플레이 경험의 배경이 된 기술적·문화적·사회적 요인들을 이해하기 위해 이들을 비판적으로 검토해 보고자 한다. 미디어의 즐거움(media pleasure)이 어떻게 설계되는지에 관한 체계적인 연구는 이러한 감정들이 어떻게 생성되고 이들이 어떻게 보다 광범위한 문화적 영역에 자리 잡게 되는지에 대한 질문들을 수반한다. 〈인베이더스!〉가 감정적 부조화를 일으킨 이유 중 하나는 쌍둥이 빌딩을 지킬 기회가 오직 '표면적'으로만 주어졌다는 데 있었다. 스탠리가 내놓은 '게임'은 이길 수 없는 것이었고, 게이머들에게는 날아오는 외계인들로부터 공격받는 빌딩을 지킬 방도가 없었다. 이 게임은 현실을 등한시한 쾌락을 제공하거나 수정주의적 혹은 대안적 역사를 경험하게 해주는 대신, 상업적 전쟁 게임들이 일반적으로 사고파는 매개된 즐거움을 비판하고 있었다. 이 책은, 2001년부터 2014년까지 미국이 주도한 글로벌 테러와의 전쟁[2]의 국면에서 인기 있었던 밀리터리 슈팅 게임들이 게임플레이[3]의 고유한 즐거움을 만들어내기 위해 취한 다양한 전략을 조사하면서, 아주 논쟁적이지는 않더라도 상당히 비판적인 입장을 취할 것이다. 이 책에서 게임플레이를 심각하게 다루는 이유는 이 연구가 바로 (스탠리의 도발적인 작품이 여실히 보여주었고, 수백만 게이머들이 매일같이 하고 있는) 게임플레이가 중요하다는 간단명료한 추정하에서 진행되기 때문이다.

만약 게임플레이가 전반적인 디지털 게임에서 중요하다면, 이는 밀리터리 비디오 게임에서도 마찬가지일 것이다. 전쟁 게임들은 주로 현대의 가장 어려운 정치적 사안들을 끄집어내거나 혹은 이를 의도적으로 무시한다. 정보를 캐내기 위한 고문 혹은 테러 조직을 와해시키기 위한 드론 암살 등이 갖는 효능과 도덕적 의의, 선제공격론(preemptive war) 정책의 의뭉스러운 정당성, 부수적 피해와 외상후 스트레스 장애(PTSD)가 가진 실존적인 공포가 그러한 예시들이다. 더욱이 9·11 테러 이후 형성된 미국의 정치적 상상력의 중심에 서 있는 문화적 가치를 '밀리터리 슈팅' 게임들만큼 생생하게 그려내고 본능적으로 탐구하는 엔터테인먼트는 없다.

이 책은 9·11 이후 미국의 전쟁문화에서 가장 인기 있는 놀이 도구에 대한 비판적 연구로서, 게임 연구와 군사·오락 복합체의 문화적 결과에 대해 탐구해 온 간학제적 연구의 교차점에 위치한다. 이들 게임이 세계적으로 누리는 인기와 이들이 시장에서 거둔 성과에 대해 끊임없이 다루어온 언론 보도를 감안할 때, 밀리터리 슈팅 게임에 대한 책 한 권 분량의 학술적 프로젝트조차 없다는 것은 다소 놀랍다. 비판적인 관점에서 게임을 분석한 연구가 많지 않다는 사실은 학계 내에서 게임을 학술적 영역으로만 취급해 온 장년층 이상의 연구자들과 비디오 게임을 하며 자란 젊은 연구자들 사이의 세대 차이를 반영하면서, 동시에 게임 연구가 여전히 새로운 분야라는 점을 상기시킨다.[4] 이를 채우는 두 연구가 니나 헌테먼(Nina B. Huntemann)과 내가 함께 엮은 『조이스틱 솔저(Joystick Soldiers)』와 제럴드 부히스(Gerald Voorhees), 조슈아 콜(Joshua Call), 케이티 위틀럭(Katie Witlock)이 엮은 『총, 수류탄, 그리고 보병(Guns, Grenades and Grunts)』으로서, 이 두 저작 정도가 일반적인 슈팅 게임, 그리고 밀리터리 슈팅 게임에 대해 학계가 가진 상당한 관심을 보여준다. 이 책의 주제가 상당히 새로울 수도 있지만, 이 연구는 문화 정치(cultural politics)가 문화의 실천(cultural practice)을 통해 구체화되며 동시에 이러한 실천이 정치를 플레이로서 재생산하는 구조를 진지하게 탐구하는 비판 미디어 연구 학계의 접근법과 방법론을 따른다. 이어지는 부분에서는 (감사하게도) 아직 미답의 영역인 게임 연구의 계보에서 이 책이 차지하는 위치에 대해 알아본다.

이 책이 '글로벌 테러와의 전쟁' 기간 동안 생산되고 판매되고 플레이되었던 밀리터리 슈팅 게임이 만들어낸 쌍방향적 즐거움을 비판적으로 검토한다고 해서 '게임의 군사적 역사'나 '비디오 게임'의 역사를 다루는 것은 아니다. 가령, 이 프로젝트는 에드 핼터(Ed Halter)의 『손자부터 X박스까지(From Sun Tzu to Xbox)』처럼 군대와 비디오 게임이 중첩되어 온 역사에 대해 서술하거나 코리 미드(Corey Mead)의 『전쟁 놀이(War Play)』처럼 기술을 습득할 목적으로 군이 게임을 사용한 역사를 정리한 것이 아니다. 또한 요컨대 (군-엔터테인먼트 복합체처럼) 군사화된 문화 생산의 거대한 네트워크로 나아가는 슈팅 게임들을 다룬 과거 제임스 데리언(James Der Derian)의 『가상전(Virtuous War)』, 닉 터스(Nick Turse)의 『콤플렉스(The Complex)』, 그리고 로저 스탈(Roger Stahl)이 내놓은 뛰어난 분석물인

『밀리테인먼트 사(Militainment, Inc.)』같은 것도 아니다. 반대로, 닉 몽포트(Nick Montfort)와 이언 보고스트(Ian Bogost)의『빔을 쫓아서(Racing the Beam)』처럼 특정 게이밍 플랫폼에 대한 별도의 비디오 게임 역사책의 성격을 갖거나, 특정 브랜드가 가진 문화적 유산들을 탐구한 마크 울프(Mark J. P. Wolf)와 베르나르 페론(Bernard Perron)이 출판해 온『랜드마크 게임 시리즈(Landmark Game Series)』와 같은 내용이라고 보기도 어렵다. 또한 칼리 코큐렉(Carly Kocurek)의『동전으로 조작되는 미국인들(Coin-Operated Americans)』처럼 미지의 역사를 발견하거나, 레이포드 귄스(Raiford Guins)의『게임 이후(Game After)』가 보여준 것처럼 게임사(史)의 사료를 편찬하기 위한 작업도 아니다.

대신 이 프로젝트는 내가 '비판적 게임플레이 분석'이라고 일컫는 연구로서, 게임 디자인, 마케팅, 그리고 플레이의 역사화된 사회적 관습을 체계적으로 해부하고, 이를 통해 사회적 권력과 상호작용적 쾌락이 비디오 게임에 어떻게 담겨 있으며 이것이 게임 문화를 통해 혹은 게임 문화로서 어떻게 작동하는지 밝히고자 한다. 이 점에서 이 책의 주제와 연구 범위, 그리고 사례연구를 설계하는 방식은 패트릭 크로건(Patrick Crogan)의『게임플레이 모드(Gameplay Mode)』와 닉 다이어-위데포드(Nick Dyer-Witheford)와 그릭 드 퓨터(Greig de Peuter)가 쓴『제국의 게임들(Games of Empire)』과 유사하다고 할 수 있다. 이 야심찬 기획물은 정치경제학과 문화연구가 가진 비판적인 통찰력으로 게임플레이의 구조와 흡인력에 대해 분석하고, 이를 통해서 가상 영역에서도 세계의 권력구조가 재생산된다는 것을 보여준다.

게이머이자 연구자로서, 나는 게임플레이가 중요하다고 믿으며, 이러한 관점은 앞서 언급한 연구들과 곧 소개할 이 연구의 기반이 되는 선행연구에 반영되어 있다. 하지만 이 책은 게임 연구 학계 바깥의 독자들에게도 논거를 펼치고자 하기에 그 주장에 있어 더욱 신중하고 계획적으로 접근하고자 한다. 이는 비디오 게임플레이 및 이에 대한 철저한 분석은 비(非)게이머와 특히 비(非)게임 연구자에게도 유의미해야 한다는 것을 의미한다. 왜냐하면 게임플레이의 의미가 게임을 플레이하는 찰나에만 국한되지 않기 때문이다. 게임 속의 가상세계와 현실세계는 복잡하고 함께 진화하는 변증법적 관계 속에 존재한다. 무엇이 전쟁을 플레이하는 것을 재미있게 만드는지, 혹은 이러한 질문이 어떤 의의를 지니는지 이해하기 위해서 우리는 분석 범위를 게임 바깥으로 적절하게 넓혀야 하고, 예상 독자층도 게이머와 게임 연구자 이상으로 설정해야 한다. 이 책은 다양한 방법론적 접근을 통해 게임 연구에 기여하고 문제의식을 제기하려고 한다. 이 프로젝트는 다수의 비판적 연구 기법 및 질적 연구 방법론을 이용해 실증적이되 지나치게 경험적이지 않은 연구를 진행하고, 밀리터리 슈팅 게임 논의에서 자주 등장하는 반동적 그리고 보호주의적 서사들을 피하고자 한다. 게임 연구가 학문으로서 성장하고 여타 관련 학문에서 유의미한 연구를 진행하기 위해서는, 게이머 및 학자들이 플레이어로 하여금 오락 수단(playthings)에 공감하도록 만드는 모든 상호보완적 실천 — 게임의 가상공간 내부뿐만 아니라 외부에서도 발생하는 — 에 대해 설명해야 한다.

'밀리터리 슈팅 게임'을 겨냥하다

이 책은 게임 문화가 게임의 생산과 마케팅, 그리고 게임을 소비하는 방식인 게임플레이의 결합으로 이루어진 새로운 결과이며 플레이어의 게임 경험은 상당 부분 자신이 플레이하는 게임 타이틀과 더불어 자신이 속한 역사적 위치 및 사회적 참여 조건 속에서 형성된다고 본다. 사실 텍스트들의 변수와 다양한 상황이 가져오는 경우의 수를 감안할 때 게임플레이의 경험이 질적으로 같다고 보기는 어렵다. 이 책은 게이머들로 하여금 가상 전투에 몰두하도록 만드는 상업적으로 성공한 1인칭 및 3인칭 밀리터리 슈팅 게임들에 초점을 맞춘다. 그러나 이 책에서 쓰는 '밀리터리 슈팅'이라는 용어는 편의를 위해 게임 산업 담론에서 빌려온 것일 뿐, 이 용어가 가진 개념상의 문제점과 담론적 요소까지 받아들인다는 뜻은 아니다.

'밀리터리 테마'나 '밀리터리 슈팅 게임'처럼 대상에 대해 명확한 정의를 함축하지 않은 어구들은 오랜 시간 동안 사용되어 왔고 앞으로도 사용될 것이다. 이는 오랜 시간에 걸쳐 변화해 온 엔터테인먼트 매체들의 다양성을 구분하는 것이 어렵다는 사실을 단적으로 보여준다. 가령 '밀리터리 테마'라는 표현은 실전이나 실전을 방불케 하는 전쟁 게임들을 공상과학물이나 생존 및 액션용 공포 게임과 같은 장르로부터 구별하기 위해 때때로 사용되었다. 전자의 경우는 플레이어가 국가를 대표해 사람들에 대한 위협을 일소해야 하는 것에 초점이 맞춰져 있고, 후자의 경우는 철저하게 군사화되었다고 할지언정 가상의 세계에서조차 거대한 괴물이나 외계인의 침략을 막아내는 것에 초점이 맞춰져 있었다. 이는 우주선이 등장하는 공상과학 사격 게임인 〈둠(Doom)〉(1993)이나 〈헤일로: 컴뱃 이볼브드(Halo: Combat Evolved)〉(2001), 〈기어스 오브 워(Gears of War)〉(2006), 그리고 특수부대가 초자연적인 악한들과 싸우는 서바이벌 공포 게임인 〈피어(F.E.A.R.)〉(2006)에서 드러난다. 이러한 구별은 단순히 표면적인 것이 아니라 1장에서 다루는 '미디어 양식(media modality)'이 담고 있는 비판적이면서도 중요한 요소로서, 게임들이 현실을 반영하는지 여부와 관련된 개념이다. 요컨대 공상과학물, 공포 게임과 여타 '비현실적'인 게임들은 굳이 현실을 분명하게 반영하지 않더라도 전쟁을 다룬 매체들이 공유하는 상징적 자원들을 통해 우회적으로 풍부한 경험들을 불러일으킬 '수 있다'. 예를 들어 1980년대의 고전영화인 〈코만도(Commando)〉(1985)나 〈에일리언(Alien)〉(1986), 〈프레데터(Predator)〉(1987)로부터 영향을 받은 〈러시 앤어택(Rush'n Attack)〉(1985), 〈콘트라(Contra)〉(1987)처럼 총을 쏘고 달아나는 고전적 횡스크롤 게임들은 환상적으로 유희적인 전쟁 경험을 만들어낸다. 반면, 가상의 세계에서 전쟁을 묘사해 내는 방식이 창의적이고 플레이어와 현실 간의 연결고리가 약해질수록, 게이머들은 공유된 정치적 상상력을 발휘해 현실 문제와 게임을 의미 있게 연결하는 것이 어려워진다.

'밀리터리 슈팅 게임'을 정의하는 데 있어 또 다른 어려움은 이 용어가다른 게임과의 디자인적 차이 또는 하드웨어적 차이를 의미하는 것이 아니라는 데 있다. 가령, 3장에서 설명할 톰 클랜시(Tom Clancy) 브랜드의 비디오 게임은 〈스플린터 셀: 컨빅션(Splinter Cell: Conviction)〉(2009)과 같은 스텔스 액션 게임, 분대 단위의 슈팅 게임인 〈레인보우 식스: 베가스(Rainbow Six: Vegas)〉(2006)처럼 사격 게임과 관련된 여러 하위 장르를 포괄한다. 또한 같은 '밀리터리 슈팅 게임'이더라도 2장에서 소개하는 〈콜 오브 듀티 4: 모던 워페어(Call of Duty 4: Modern Warfare)〉처럼 엑스박스와 플레이스테이션3 콘솔, PC와 매킨토시, 스마트폰이나 닌텐도 DS 같은 휴대용 기기 등등의 다양한 플랫폼에서 생산될 수 있으며, 당연히 각각의 플랫폼은 저마다 사용자들에게 서로 다른 경험을 제공한다. 나아가 '밀리터리 슈팅 게임'은 〈메달 오브 오너: 얼라이드 어설트(Medal of Honor: Allied Assault)〉(2002)처럼 제2차 세계대전을 배경으로 한 것에서부터 최근의 이라크 전쟁을 배경으로 한 〈쿠마/워(Kuma/War)〉(2004), 그리고 〈콜 오브 듀티: 블랙 옵스 2(Call of Duty: Black Ops II)〉(2012)처럼 미래 전쟁을 다룬 것에 이르기까지 다양한 시간대에서 펼쳐지는 갈등을 모두 포함한다.

마지막으로, 밀리터리 슈팅 게임을 단순히 '밀리터리 브랜드' 게임으로 해석하는 것은 곤란하다.[5] '밀리터리'라는 브랜딩된 게임들이 만들어지는 데에는 정부가 중추적인 역할을 담당하는데, 이는 이러한 게임들이 정부의 승인을 받고 실제로 장병들의 훈련이나 모병에 활용되기 때문이다. 미국 국방부가 승인한 게임으로는 〈아메리카 아미(America's Army)〉(2002)와 〈풀 스펙트럼 워리어(Full Spectrum Warrior)〉(2004)가 있다.[6] 즉, '밀리터리' 브랜드를 가진 게임들을 밀리터리 테마로 볼 수는 있지만, 모든 밀리터리 테마 게임이 '밀리터리' 브랜드를 갖는 것은 아니다. 사실 컴퓨터와 텔레비전 화면에서 싸우는 남녀 군인들을 통해 군(軍)이 긍정적인 이미지를 획득할 수 있음에도 불구하고, 미국 정부는 몇몇 상업 게임의 생산에 제재를 가하고 이를 직접적으로 통제하고 있다.[7] 그렇기 때문에 많은 게임 회사는 까다로운 심사 과정을 수반하는 정부의 정밀 조사를 받기 위해 디자인 시안을 제출하기보다는 차라리 해당 사안에 대한 전문가들을 고용해 적절한 전술과 계획, 전장에서의 행동에 대해 조언을 구함으로써 '진짜' 전장의 환경을 만드는 방식을 택한다.

1인칭과 3인칭 시점에서 벌어지는 다양한 슈팅 게임은 신구 기술의 조화 속에 이질적인 플레이 공간에서 이루어진다. 이 슈팅 게임들은 인류의 역사와 연결된 실제와 허구의 갈등을 넘나들며 발전해 왔고, 이를 통해 내가 '유희적 전쟁(ludic war)'의 경험이라고 이름붙인 수없이 많은 가상 전투를 경험해 왔다. 따라서 유희적 전쟁이 주는 경험의 가변성을 연구하는 것은 기회임과 동시에 앞으로의 의무이기도 하다. 이 책은, 매사추세츠 공과대학 학생들이 만든 PDP-1용 총격전 게임인 〈스페이스워!(Spacewar!)〉(1961) 이래로 현실에 관한 것이든 유사 현실에 가까운 것이든 게임의 다양한 전쟁 시나리오와 수많은 게임 플랫폼이 만들어낸 전자 전투들을 전제로 삼아, 텍스트로서의 게임을 비판적으로 분석하고 여기에 연결된 담론을 플레이가 이루어지는 공간과 연결시킴으로써 게임의 즐거움이 무엇인지 이해하고자 한다. 예를 들어 25센트짜리 동전 몇 개로 플레이할 수 있었던 냉전기의 도시 방어 아케이드 게임인 〈미사일 커맨드(Missile Command)〉(1980)가 버지니아주 콴티코(Quantico)에서 컴퓨터 네트워크를 플랫폼 삼아 병사들을 조종하는 게임인 〈마린 둠(Marine Doom)〉(1996)과 얼마나 다른지 알아내는 것은 어렵지 않은 일이다. 또한 이 전투들은 쉴 새 없이 벌어지는 고화질 전투를 가정용 콘솔을 통해 담아낸 〈콜 오브 듀티: 어드밴스드 워페어(Call of Duty: Advanced Warfare)〉(2014)와도 각각 다르다.

연구의 편의상, '밀리터리 슈팅 게임'이라는 개념이 어떻게 구성되는지 '정확히' 알아보기 위해 여기에서는 '밀리터리'라는 이름을 가진 게임과 그렇지 않은 게임을 비교해 보고자 한다. 이 개념을 둘러싼 논쟁은 게임에 관한 경험이 역사적으로 특정된 공명과 긴밀하게 연결되어 있음을 상기시킨다. 다시 말해 9·11 이후의 밀리터리 슈팅 게임들에서 느끼는 즐거움은 이전 시대 전쟁 게임을 플레이할 때 느끼는 즐거움과 다르다. 그럼에도 불구하고 이 책의 연구 대상인 유희적 전쟁문화가 가지고 있는 유동성을 감안할 때, 인터랙티브한 즐거움과 게임에 대한 환상을 경험적으로 분석하기 위한 연구의 틀을 짜는 데에는 방법론적으로 어려움이 있다.

밀리테인먼트의 정치적 상상

내셔널리즘 연구자인 베네딕트 앤더슨(Benedict Anderson)은 미국 및 미국의 얽힌 역사에 대해 전하는 이야기들이 미국이 어떻게 세계 안에서 자신의 장소를 이해하고 자신의 '상상된 공동체'의 구성원들을 이해하는지를 구성한다고 말한 바 있다.[8] 앤더슨에 따르면, 국가는 "아무리 작은 나라의 국민이라고 해도 대다수의 다른 국민을 만나거나 알기는커녕 들어보지도 못했을 것이다. 하지만 그럼에도 그들 각자의 마음에는 동포로서의 유대감이 담겨 있다"[9]라는 점에서 상상된 개념이다. 앤더슨과 같은 이론가들과 문화사학자들은 국가의 역사를 서술하는 권력과 미디어 기술이 국가를 공고하게 만드는 여러 가지 방법에 대해 깊이 연구해 왔다.[10]

국가는 자신의 집단적 정체성과 신격화된 운명에 대해 표현할 수 있는 방법을 찾기 마련인데, 이는 올드 미디어와 뉴 미디어를 가리지 않는다. 동영상의 조상인 단일 프레임의 존재론적 권력에 대해 앤더슨은 다음과 같이 말한다.

기계로 끊임없이 생산해 내는 시대가 낳은 뛰어난 보물인 사진은 어떤 뚜렷한 연속성을 기록하는 동시에 출생증명서나 일기, 성적표, 편지, 의무기록처럼 기억에서 사라지는 것을 강조할 수 있었던 기록들 중에서 가장 절대적이었다.[11] 이와 같은 소실로부터의 탈출이 하나의 인격 또는 '정체성' 개념으로 형성되었는데(그렇다. 저 발가벗은 아기가 바로 당신이다), 왜냐하면 그것은 '기억될' 수 없고 서술되어야 하기 때문이다.

사진, 영화, 라디오 프로그램, 만화책, 그리고 웹사이트와 마찬가지로 비디오 게임은 서로 다른 시공간에 있는 다양한 문화적 집단을 통일하고 하나의 국가 기억을 만들어내는 각각의 법적 증거이자 문화를 만들어내는 재료였다.[12] 특히 20세기와 21세기의 문화산업이 만들어낸 엔터테인먼트는 국가 정체성을 전달하기 위한 강력한 매개물이었다. 이는 엔터테인먼트가 무엇이 기념할 가치가 있는지를 이야기할 수 있고 국가를 대신해 희생한 이들을 부각시킬 수 있도록 구성원들을 호명할 수 있었기 때문이다. 이에 대해 문화사학자인 조지 립시츠(George Lipsitz)는 다음과 같이 조망했다.

시간과 역사, 그리고 기억은 전자적 매스커뮤니케이션이 가능한 세계에서는 질적으로 다른 개념이 된다. 전자적 대중매체의 소비자는 같은 조상이나 같은 공간을 통해 과거를 연결하는 것이 아니라 한번도 본 적 없는 사람들과 공통의 유산을 경험한다. 이를 통해 그들은 지리적·생물학적 연결고리가 없었던 과거의 기억을 습득할 수 있게 된다.[13]

엔터테인먼트 상품은 깜빡거리는 영화의 필름이나 텔레비전의 전자기장, 만화책의 종잇조각, 그리고 비디오 게임의 전산 코드를 통해 군사적 노력을 분명하게 묘사하고, 이를 통해 국가가 개입한 폭력을 남성과 여성이 어떻게 이해해야 할지를 설명하면서, 상상 속의 동료 시민들을 위해 그들이 치르게 될 희생을 정당화한다. 정치경제학자인 빈센트 모스코(Vincent Mosco)는 대중적인 신화가 가진 신뢰도와 설득력에 대해 "신화는 단순히 틀렸다는 것을 증명해야 하는 왜곡된 현실이 아니라, 현실을 담는 하나의 틀이다. 요컨대 신화는 이해할 수 없는 것을 이해하게 도와줌으로써 삶에 의미를 부여하고, 다루기 어려운 문제들에 대처할 수 있게 해준다. 그뿐만 아니라 불가능해 보이는 희망이나 꿈을 가능하게 해주는 역할도 한다"[14]라고 말한다. 그렇기 때문에 '밀리테인먼트(militainment)'라고도 불리는 밀리터리 엔터테인먼트는 국가적 신화로의 개종을 이끄는 상품들이다. 다만, 이 상품들이 내셔널리즘적인 복음을 설교하는 방식은 제각기 다르다.

따라서 밀리테인먼트는 대중문화가 어떻게 텍스트 차원에서 무술력(武術力, martial power)의 힘과 모양을 상상하는지를 연구하기 위한 풍부한 소재가 된다. 동시에 국방 및 엔터테인먼트의 이익이 어떻게 조화를 이루는지, 분쟁의 상품화에 대한 공중의 태도는 무엇인지를 보여주기도 한다. 수사학 및 전쟁학 학자인 로저 스탈은 밀리테인먼트를 "국가 폭력이 즐거움을 주는 소비의 대상으로 치환된 것으로서, 국가 폭력이 추상적이거나 동떨어진 역사 속의 소재가 아니라 지금 혹은 곧 전개될 개인의 정치적 생명과 직결된 힘이라는 것을 보여준다"라고 정의한다.[15] 그는 스포츠나 리얼리티 텔레비전, 게임, 심지어 장난감에 이르기까지 밀리테인먼트가 양산한 다양한 인스턴트 상품은, 엔터테인먼트에서 국가에 대한 복무와 희생을 통해 정치적 정통성을 획득하는 시민군(citizen-soldier)을 전쟁의 스펙터클을 소비함으로써 정통성을 얻는 구경꾼 시민(citizen-spectator)으로 바꾼다고 보았다. 그러나 이러한 현상이 전부가 아니다. 또는 적어도 최근 몇 년에 걸쳐 이 현상은 훨씬 약화되었다.

　스탈은, 사람들이 전쟁을 바라보던 시대에서 인터랙티브한 전쟁의 일원으로 변모해 가고 있으며, 이 구경꾼 시민들이 '가상의 시민군'으로서 상호 갈등의 공동 생산에 동참하는 것을 막을 수 없게 되었다고 주장한다. 그는 "(스펙터클과 쌍방향 전쟁은) 고유의 즐거움을 제공한다. 스펙터클은 오락과 현혹, 관음증, 그리고 일종의 소외감을 통해 즐거움을 주지만, 쌍방향 전쟁은 플레이어를 1인칭 시점으로 해서 전쟁을 만들어내는 환상과 연결시킴으로써 즐거움을 준다. 즉, 단순히 기계 작동을 보여주는 것이 아니라 플레이에 스스로 참여하도록 하므로 그 양상이 다르다"라고 말한다.[16] 여기에서 스탈이 가진 뛰어난 통찰력이 드러나는데, 그는 전쟁 게임이 인터랙티브한 전쟁으로 변화하는 것에 대해 사람들의 머리를 식혀줌으로써 그들을 탈정치화하고 피동적으로 만드는 것으로 해석하기보다는, 이들이 소비하는 시민(citizen-consumer)으로서 "시민적 정체성을 밀리터리 엔터테인먼트의 기제 속으로 끌어들이는" 플레이에 참여할 기회를 얻게 되는 것에 초점을 맞춰야 한다고 보았다.[17] 이는 전쟁의 스펙터클이 보는 이들을 압도하도록 하향식으로 이루어지는 것이 아니라 가상에서의 행동을 요구하는 시민들의 개인적인 요구가 모여 만들어진다는 것을 뜻한다.

비슷한 맥락에서 미디어 및 게임 연구자인 닉 다이어-위데포드와 그릭드 퓨터는 포스트 포드주의적 제국의 결정체로서의[18] 비디오 게임이, 통치를 정당화하는 가장 강력한 기제이자 기존의 권력 질서와 사회관계를 급진적으로 다시 상상해 내는 가능성을 가지고 있는 글로벌 테크노 자본주의 논리의 기본적인 형태라고 보았다. 이들의 주장은 다음과 같다.

18세기 소설이 중상주의적 식민주의가 요구했던 (동시에 이에 대한 비판도 가능했던) 부르주아적 개인성을 만들어내는 텍스트적 장치였고, 20세기의 영화와 텔레비전이 산업적 소비주의를 위해 (간혹 부정적인 묘사도 있었지만) 필수적이었던 것처럼, 가상 게임은 21세기의 전 지구적 초자본주의(hypercapitalism)의 미디어 구성물이면서 또한 그것으로부터의 탈출로이기도 하다.[19]

스탈과 마찬가지로 다이어-위데포드와 드 퓨터는 전쟁 게임을 제국의 문화적·경제적 권력 네트워크의 핵심 줄기로 보고 있다. 사실 당연한 말이지만, 이 학자들에게 전쟁 게임은 그들의 훨씬 큰 주장들 가운데 일부에 지나지 않는다. 나의 프로젝트는 이 훌륭한 연구 성과들을 확장해 이것들이 어떻게 실제 게임 디자인 선택, 캠페인 광고 및 유희적 전쟁문화 ─ 게임

플레이 커뮤니티들이 헤게모니에 맞춰 즐기던 '가상 시민군'들을 내가 '유희적 군인(ludic soldier)'이라고 부르는 놀기 좋아하는 존재로 대상화하도록 만드는 ─ 를 과잉 결정시켰는지 구체적으로 알아보는 데 목적이 있다.

다른 것으로 대체될 수도 없고 잊히기도 어려운 테러의 시청각적 이미지가 게임 메시지로 치환되고 공포가 재미로 바뀌는 과정 속에서 밀리터리 슈팅 게임은 9·11 이후 군사적 능력에 대한 판타지를 완벽하게 구현하는 매체이다. 이 게임들의 기본적인 인터페이스를 떠올려보자. 플레이어는 1인칭 시점으로 (간혹 3인칭인 경우도 있지만) 조준용 십자선이나 조준경으로 겨눠진, 전쟁으로 피폐해진 세계를 바라본다. 또한 슈팅 게이머에게 요구되는 기본자세를 생각해 보자. 최우선적인 임무는 막강한 화력을 도덕적·법적 파급력에 대한 공포로부터 벗어나 자유롭게 끊임없이 난사하는 것이다. 이것이, 물론 다른 이유도 있겠지만, 밀리터리 슈팅 게임이 9·11 공격으로 초래된 매개된 '충격과 공포'에 대한 일종의 유희적 해독제가 된 이유이다.

이 프로젝트가 1인칭과 3인칭 시점에서 전개되는 밀리터리 슈팅 게임들을 분석하는 데 초점을 맞추고 있지만, 그렇다고 해서 이것이 유희적 전쟁 문화를 특정한 전투 게임의 장르로 본다거나 혹은 [슈팅 게임, 전투 시뮬레이션, 실시간, 혹은 순번제 전략 게임(turn-based strategy)과 같은] 하위 장르들과 흡사하거나 종속된 개념으로 본다는 것은 아니다. 마찬가지로 앞서 말한 것처럼 이 문화가 (콘솔이나 PC 혹은 모바일 같은 게이밍) 플랫폼에 얽매인 것도 아니다. 오히려 이 프로젝트는 상업적 게임 문화를, 매개된 게임장(game場) 안팎의 비디오 게임플레이를 둘러싸고 구조화된 사회적 실천이 상호 연결된 테크노 문화의 공간으로 간주한다. 따라서 비디오 게임이 제공하는 즐거움은 알렉산더 갤러웨이(Alexander Galloway)가 제시한 개념인 "알고리즘적인 문화적 대상(algorithmic cultural objects)"과 게임 사용자들 간의 상호작용에 전적으로 의존한다기보다는 오히려 게임의 프로그래밍 코드와 플레이 역학 밖에서 작용하는 힘과 그 구성요소들에 의해 만들어지는 것으로 해석하는 것이 적절할 것이다.[20]

이 책의 후반부에서 설명하겠지만, 비디오 게임에 대해서 많은 것을 알게 된다는 것은 기술 문화적 자본이 형성된다는 것을 뜻하는데, 이는 게임 플레이 커뮤니티에서 열성 게이머가 스스로를 전문가로 규정하고 사용함으로써 나온 결과이다. 따라서 게임은 세간의 호평처럼 "마법의 원(magic circle)"을 걷어내는 실험을 통해 사회에서 벗어나서 존재하는 것이 아니라, 현존하는 물질적 힘과 떼어낼 수 없도록 항상 연결되어 있다. 이 점에서 유희적 전쟁문화는 후기 자본주의, 그리고 기술적으로 매개된 플레이의 광대한 영역에 속한 단일한 기술 문화적 구성물임에도 불구하고, 국가 안에서 공유되는 신화가 상호적인 표현 양식을 획득해 가는 과정에 대한 통찰력을 가진, 정치와 연결된 매체와 콘텐츠로서 특화된 특성을 가지고 있다. 우리는 이 가상의 전쟁이 실제 전투들과 전혀 다르고 상식을 벗어난 서사와 과장된 활극의 연속이 현실의 범주에 속하지 않는다는 점을 '알고 있다'. 그러나 우리가 당연하게 생각하는 이 관점은 사실 더 중요한 것을 간과하고 있다. 모스코가 말한 것처럼, 신화는 "인간의 가치를 이데올로기에 맞게 변형시킨 정치적 개념"이며 "신화의 정확성은 중요하지 않다. 오히려 권력이 뒷받침하는 한 신화는 스스로를 정당화한다".[21] 이러한 인식을 바탕으로 지금부터 이 책의 주요 개념에 대해 알아봄으로써 신화와 즐거움, 그리고 권력에 연결된 질문들을 풀어가 보기로 한다.

'유희적 전쟁'이란?

이 책은 유희적 전쟁을 **밀리터리 테마의 비디오 게임을 혼자 혹은 다른 사람들과 플레이하면서 얻게 되는 즐거운 경험**으로 정의한다. 이 연구의 목적을 감안할 때, 일반적인 전쟁 게임/게임하기라는 용어보다는 유희적 전쟁/전쟁하기(warring)라는 표현이 더 적절하다. 우선 유희(ludic)라는 단어는 라틴어로 게임이나 플레이를 의미하는 'ludus'에 그 기원을 두고 있는데, 이를 통해 플레이어와 게임의 관계, 그리고 게임 경험이 가진 극한적이면서도 이중적인 특성을 강조할 수 있다. 실제로 게이머의 경험은 스크린의 안과 밖에서 동시에 펼쳐지며, 두 세계를 연결하는 플레이의 정신은 의도된 것이면서 의도되지 않은 것이기도 하다. 서사학자인 마리 라우레 라이언(Marie-Laure Ryan)이 말한 것처럼 "(플레이어가 가진 _옮긴이) 신체의 한 부분이 용을 베거나 매춘부로 설정되어 중고차 세일즈맨에게 추파를 던지거나 마법에 걸린 숲을 돌아다니고 있을 때, 신체의 다른 부분은 키보드를 두드리거나 조이스틱을 쥐고 있다".[22] 이 영역을 이러한 실험적인 배열로 끌어올리는 믿음의 유쾌한 도약 ─ 철학자 버나드 슈츠(Bernard Suits)가 "유희적 태도(lusory attitude)"라고 지칭했던 ─ 은 어떠한 게임을 하든 그 게임을 즐길 수 있는 전제조건이다.[23] 〈인베이더스!〉와 이와 유사한 '카운터 게임들(countergames)'이 전투 장면들이 가득한 콘텐츠였음에도 불구하고 불만만 남기고 정작 유희적 전쟁을 체험하게 하는 데에는 실패한 것은 이 때문이었다(이 체험에 대해서는 비평적 평가가 상당히 많긴 하다).[24]

끝으로, 이 연구에서는 자유롭고 즐겁게 돌아다니는 형태의 '파이디아(paidia)' 대신에, 규칙에 입각해서 이루어지는 플레이를 지칭하는 '루두스(ludus)'에 초점을 맞추었다. 이는 디지털 전쟁 게임을 하는 것이 항상 규칙에 의해서 매개되기 때문이다.[25] 특정한 행동은 포상하고 다른 행동은 금지함으로써, 규칙은 게임이 가진 '가능성의 공간'을 효과적으로 제한하면서도 게임플레이를 기쁨을 만들어내는 영역으로 이끈다.[26] 그러므로 유희적 전쟁 플레이는 슈팅 게임이 따라야 할 교전 수칙에 따라 플레이가 이루어지고, 가상의 전장에서 새로 만들어지는 가능성의 공간들을 탐험하며, 이 책이 주장하는 것처럼 9·11 이후의 미국을 지배하는 정치적 신화와 상징 권력에 명시적·함축적으로 연결되어 있는 전쟁 게임들의 문화적 의미를 경험하도록 짜인 다층적인 모험이라고 할 수 있다.

이처럼 차별화된 특성을 감안할 때, 유희적 전쟁이라는 개념이 상이한 두 분야임에도 불구하고 게임학과 전쟁학에 두루 그 기원을 두고 있다고 보는 것이 아마도 놀라운 일은 아닐 것이다. 우선, 에스퍼 율(Jesper Juul)의 논문에서처럼 비디오 게임은 "반쯤 진짜인(half-real)" 상태를 즐기게 하는데, 이는 비디오 게임이 허구적 세계에서 현실의 규칙을 구현하는 경계적 실험 공간을 만들어내기 때문이다.[27] 율에 따르면 게임에 완전히 몰두하게 되는 시점은 허구적인 디이게시스(Diegesis, 이야기에서 사건이 일어난 허구의 세계와 허구를 말하는 현실의 언어를 구별하기 위한 서사적 용법 _옮긴이) 및 재현 전략이 게임의 조작 기법을 사라지게 하는 시점이다. 여기에서 허구라는 말은 게임이 단순히 비현실적이거나 환상을 다루는 장르임을 의미하는 것이 아니라 게임의 경험 자체가 (요컨대 모스코가 내린 신화에 대한 정의처럼) 조작되었다는 것을 의미한다. 6장에 나오는 인터뷰에서 자세히 다루겠지만, 실제로 플레이어들은 사진처럼 현실적인 이미지와 물리적 엔진을 통해 현실처럼 정확하게 모사된 아이템들로 실제 과정을 재현해 내는 슈팅 게임들이 눈을 뗄 수 없을 정도로 '정확하다'라고 말한다.

유희적 전쟁이라는 개념에 영감을 주는 다른 주춧돌은 로빈 럭햄(Robin

Luckham)의 "무장 문화(armament culture)"이다.[28] 그는 이 문화적 복잡성이 "선진 무기체계에 대한 페티시즘"에 기초해 "선진 자본주의와 국가, 그리고 현대전 체제가 서로 얽혀 만들어낸 것에서 출발한다"라고 설명한다.[29] 여기서 럭햄이 말하는 무기체계는 단순히 대중문화가 재현하는 것에 국한되지 않고, 모든 문화 생산양식에 걸쳐 탄생한 상품이자 스스로가 상품 개발자의 역할을 수행한다는 의미로 넓게 해석된다. 무장 문화는 소비자에게 전우로서 동참하도록 요구하는 것을 넘어 민간인들을 "고립되고 무력한 수동적 타깃"으로 만드는 이데올로기적 장치가 된다.[30] 만약 이 개념이 친숙하게 다가온다면, 이는 이 개념이 1990년대 후반부터 2000년대에 걸쳐 주목받았던 '군-엔터테인먼트 복합체'에 대한 비평보다 앞서 만들어졌기 때문일 것이다. (끊임없이 연결된 제목으로 가득한 비판적 문헌들의) 이 문화적·경제적 행렬(行列)은 방위적 이해관계와 엔터테인먼트 산업을 잇는 기술적·미학적·이데올로기적인, 그리고 전문적인 제휴로 짜인 연결망을 묘사한다.[31]

럭햄의 개념은 엔터테인먼트 상품의 생산과정에 정부와 방위산업체가 개입하지 않더라도 우리가 여가를 추구하는 것이 어떻게 군사적 논리에 부합할 수 있는지를 고려하게끔 한다는 점에서 의미가 있다. 덧붙여 무장 문화(혹은 유희적 전쟁문화 같은 어떤 것)는 표면적으로 대중 담론과 대중문화 속에서 자율적으로 활동하는 것처럼 보이기 때문에 분명하게 파악할 필요가 있다. 럭햄은 "다른 이데올로기처럼 (무장 문화도) 개인이나 사회집단에게 정체성이나 권위가 담긴 상징을 내세우면서 스스로가 사회적 역할의 주체 혹은 의식 있는 참여자임을 증명하려는 일련의 '요구(interpellation)'나 호소로 비쳐질 수 있다. 모든 이데올로기처럼 무장 문화도 정체성의 끊임없는 해체와 재구성을 통해 움직인다"라고 말한다.[32] 나는 스펙터클로서의

밀리테인먼트가 아니라 플레이로서의 밀리테인먼트로 관심의 초점을 옮
김으로써, 유희적 전쟁이 인터랙티브한 유혹 — 미디어 학자인 레즈 레비도
(Les Levidow)와 케빈 로빈스(Kevin Robins)가 자신들만의 "매력이자 (자신들만
의) 공포"라고 말한 — 을 어떻게 만들어내는지에 대해 보다 정교한 관점을
가질 수 있기를 바란다.[33]

　유희적 전쟁은 게임플레이가 가진 "반쯤 진짜인" 존재론적 위치와 무장
문화의 상징적 체제를 결합한다. 유희적 전쟁은 이미지와 메시지, 스토리
가 자신들의 이익을 대변하도록 상당한 영향력을 행사하는 엔터테인먼트
산업과 방위산업의 입김을 인식하면서도 동시에 공유된 허구 속에서 게이
머들이 활발하게 만들어내는 것들을 심각하게 받아들인다는 점에서 분석
의 유용성을 갖는다. 따라서 유희적 전쟁 체험은 게이머와 텍스트 간, 사
용자와 산업 간의 합작품이다. 그러나 이것 또한 모든 것을 포괄하는 것은
아니다. 점심시간에 업무용 컴퓨터에서 카드들을 움직이는 〈프리셀
(Freecell)〉(1995)이나, 교통체증에 갇힌 상태에서 휴대폰을 통해 새로운
단어를 입력하는 〈워즈 위드 프렌즈(Words with Friends)〉(2009), 메가플렉
스에서 친구들을 기다리며 사슴을 사냥했던 오락실 게임 〈빅 벅 헌터(Big
Buck Hunter)〉(2000)처럼, 게임은 현실 세계의 공간에서, 그리고 동시에 특
정한 기술사회적 구성 속에서 플레이된다. 따라서 게임을 넘어 분석의 범
위를 적절하게 확대하는 것은 이 실험적인 "마법의 원"이 마법뿐만 아니라
역사적으로 규정된 인간의 실천 속에서도 그 동력을 얻고 있다는 것을 보
여준다.

'유희적 전쟁' 알아보기

유희적 전쟁을 사회적 실천이 결합된 것으로 보는 관점은 미디어 컨버전스(media convergence)에 대한 연구 및 영화,[34] 텔레비전, 컴퓨터의 경계를 뛰어넘은 의미 형성을 탐구하는 비판적 수용자 연구를 기반으로 하고 있다.[35] 이러한 접근법의 대표적인 옹호론자인 헨리 젠킨스(Henry Jenkins)는 "컨버전스는 소비자 각 개인의 두뇌 속에서, 그리고 다른 사람들과의 사회적 상호작용을 통해 이루어진다. 개개인은 미디어의 흐름에서 뽑아낸, 우리의 일상을 지각하게 하는 자원으로 변환된 정보의 조각을 가지고 자신만의 개인적 신화론을 구축한다"라고 말했다.[36] 유희적 전쟁과 마찬가지로, 미디어 컨버전스 또한 전 지구적이면서도 개인적인 현상인데, 이는 미디어 컨버전스가 역동적이면서도 순간적인 기술과 행동의 결합을 재현하기 때문이다. 이 점에서 컨버전스는 "과정일 뿐, 결과가 아니다".[37]

비슷한 맥락에서, 다른 커뮤니케이션 학자들도 비판적인 미디어 분석이 텍스트에 국한되거나 문화산업의 구조 경제에 국한될 필요가 없다고 지적한다. 지식사회학 전통에 근거해 닉 콜드리(Nick Couldry)가 수행한 실천적 연구는 "문화 연구 대 정치경제학"이라는 이분법이 초래하는 위협을 피하게 해주는 유용한 지침이 된다. 콜드리는 "미디어 텍스트나 기관들이 아니라 실천으로부터 논의를 시작했는데, 이는 수용자들의 실천이 아니라 미디어에 기반한 광범위한 실천을 의미한다. 그렇다면 사람들은 미디어와 연결된 다양한 상황과 맥락 속에서 무엇을 하는가?"라고 묻는다.[38] 그러므로 유희적 전쟁에 대해 알아보는 것은 플레이어가 슈팅 게임들을 가지고 게임하기 전과, 게임하는 도중, 그리고 게임을 한 이후에 무엇을 '하는지'에 대해 알아보는 것을 '의미한다'.[39] 갤러웨이가 "사진이 이미지이고 필름이 동영상이면 비디오 게임은 액션이라고 볼 수 있는데, 이를 비디오 게임 이론의 정식 용어로 채택할 필요가 있다"[40]라고 말한 것처럼, 게임을 실천으로 보는 시각은 플레이어가 어떻게 게이밍 커뮤니티를 구축하는지, 플레이어의 가치체계와 (6장에서 알아볼) 규범, 행동이 미디어에 연결된 다른 행동과 어떻게 연결되거나 연결되지 않는지를 알아보는 데 목적이 있다.[41]

물론 미디어 실천에 대한 분석을 강조한다고 해서 이것이 몇몇 학자들이 주장하는 것처럼 미디어 고유의 텍스트나 텍스트성을 포기하는 것을 의미하지는 않는다. 일례로 앤토니 로이그(Antoni Roig)를 비롯한 몇몇 학자들은 미디어 실천은 사람들이 게임으로 무엇을 하는지를 탐색하는 것이지, 게임이 가진 텍스트를 적절하게 해독하는 것은 아니라고 주장한다. 그러나 이러한 방식은 실천이 가진 의미를 지나치게 제약하고 있다. 이들은 "'텍스트 안의 의미'나 대상으로서의 비디오 게임 자체에 관한 연구 대신, 공개적으로 드러나는 활동들을 연구할 것"을 요구한다.[42] 그러나 이는 두 가지 측면에서 지나친 수정이라고 볼 수 있다. 우선 이는 미디어 실천이라는 개념의 범위를 불필요하게 제한하며, 또한 비평가들이 비판적 훈련을 통해 형성한 자신들의 지식을 펼치는 것을 배제한다. 우선, 첫 번째 문제와 관련해, 만약 게임플레이가 미디어 실천이라는 정의의 범주에 들어간다면, 자세한 관찰을 위한 연구자들의 행위를 왜 금지하는가? 미디어 연구에서 이루어진 텍스트 분석과 인류학의 자기민속지학(auto-ethnographic) 접근법들은 풍부한 설명을 제공한다. 따라서 연구자 스스로의 게임 활동을 연구에 이용하지 말아야 할 타당한 이유는 존재하지 않는다. 둘째로 게임 이데올로기와 게임플레이, 서사, 초단기 마케팅 등이 가진 헤게모니적 즐거움에 대한 비판적 분석은 이러한 요소들을 파악하도록 훈련받은 비평가들을 요구한다. 이 점에서 게이머들로 하여금 이러한 비판점을 찾아내게끔 하는 것, 또는 이러한 통찰력이 단순히 '관찰이 가능한 행동들'에서 발견될 수 있을 것이라고 주장하는 것은 합리적이지 못하다. 따라서 미디어 실천이 게임이 지닌 텍스트적 의미를 배제하는 것을 의미해서는 안 된다. 미디어 실천에 초점을 맞추는 것은 다양한 플레이 양식을 만들어내는 사회적 권력 행위자들과 다수의 개인에 의해 시작된 행위가 얼마나 비슷하고 다른지에 대해 '뚜렷하게' 탐색하는 데 그 목적이 있다. 이는 게임의 텍스트 조직들이 프로그램의 입력과 출력을 만들어내기 때문인데, 비판적 시점에서 연구하는 사람들은 다른 이들의 플레이에 대해 분석하는 것처럼 자신의 게임플레이에 대해서도 '반드시' 자유롭게 분석할 수 있어야 한다.

이 책을 포괄하는 연구 설계의 논리는 상당 부분 스티븐 클라인(Stephen Kline), 닉 다이어-위데포드, 그리고 그릭 드 퓨터가 내놓은 역작 『디지털 플레이: 기술, 문화, 마케팅의 상호작용(Digital Play: The Interaction of Technology, Culture, and Marketing)』[43]에서 제시한 개념인 "상호작용성 회로(circuitry of interactivity)"에 그 토대를 두고 있다. 상호작용성 회로라는 개념은, 인식론적 기원과 비판하고자 하는 대상이 서로 다를 수 있는 정치경제학과 문화연구라는 두 전통이 가진 관점의 차이에도 불구하고, 시장의 힘과 제도사(史)에 대한 비판적인 정치경제학적 감수성과 수용자를 해석해 내는 문화연구의 통찰력을 녹여냄으로써 게임 문화의 발생에 대해 설명하는 전체론적인 구조를 제공한다.[44] 이러한 맥락에서 이 연구는 밀리터리 게임이 제공하는 즐거움을 밀리터리 슈팅 게임 안팎에 위치한 상업화된 유희적 전쟁문화로부터 영향을 받은 결과로 보고, 여기에 분석의 초점을 맞춘다.[45]

게임플레이 분석을 비판적으로 수행하는 방법에는 여러 가지가 있다. 이 책의 경우, 완전히 정치화된 게이밍의 하위문화까지 이른 문화적 실천

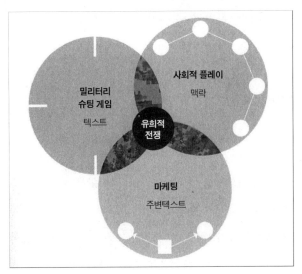

그림 2 유희적 전쟁문화의 상호작용성 회로

을 만들어내는 상호 본질적인 (그리고 매우 우연한) 회로에 대해 알아본
다.[46] 나는 이 프로젝트가 매개된 전쟁 게임에 대한 공통된 이해를 넓히는
것에 그치지 않고, 여기에서 사용된 방법론이 향후 게임의 쾌락과 하위문
화와 관련된 다른 이들의 연구에도 사용되길 바란다. 세 부분으로 나눌 수
있는 이 모델의 특징은 문화적 실천이라는 틀의 안팎에 존재하는 모순을
담아낼 수 있다는 데 있다. 요컨대 저마다의 이익을 기대하며 접근하는 수
없이 많은 이해관계자들이 얽혀 있는 상황에서, 매개된 플레이의 상태를
구축하는 인간 행위자와 기술 매개체마저도 (4장과 5장에서 다루겠지만) 각
각의 목적이 상충되는 경우가 있어 이들이 항상 조화를 이룬다고 볼 수는
없다. 덧붙여 이 책이 강조하는 양식, 즉 미디어와 공유된 현실 개념 간의
연결 관계를 통해 앞으로 게임 연구자들이 플레이에 관해 자신들의 연구
에 담긴 정치적 이해관계를 보다 과감하게 주장할 수 있고 일반적인 게임

플레이를 통해 드러나는 다양한 문화적·수사적·이데올로기적 작업을 수행할 수 있기를 바란다.[47]

쾌락의 문제점과 상호작용성의 재고

오늘날의 게임 문화를 연구하기 위해 사례연구 방식을 사용하는 이유 중 하나는 최근 미디어·커뮤니케이션 연구 진영에서 수용자의 즐거움을 다룬 연구들에 일관성이 결여되었기 때문이다.[48] 연구자들은 문헌을 포괄하는 체계적인 접근법 없이 각기 다른 방식으로 수용자의 즐거움에 대해 다루었다. 인간의 플레이가 어떠한 방식으로 개념화되고 얼마나 다양한 연구 방식에 의해 연구되는지를 감안하면[49] 미디어와 연결된 즐거움은 담론에 따라 의미가 달라진다.[50] 사이먼 프리스(Simon Frith)가 주장한 것처럼, 어떤 경우라도 즐거움을 모든 것을 포괄하는 하나의 이론으로 환원하는 것은 불가능하다. 이는 "즐거움이 각기 다른 불쾌감·고통·현실에 대응해 결정되는 개인적·집단적·능동적·수동적인 여러 이질적인 사건의 집합으로서, **단순히 심리적인 효과가 아니라 사회관계가 생산되는 것에 기반한 경험의 총체**라는 점에서 사회적으로 내재된 개념이기 때문이다"(강조는 필자 추가).[51] 이에 따라 미디어의 즐거움에 대해 다루고 있는 서로 다른 정의들은 특정 자극이 '통제(control), 몰입(immersion), 퍼포먼스(performance), 상호 텍스트성(intertextuality), 그리고 서사(narrative)' 등의 구성물을 통해 즐거움의 정서(affect)를 불러오는지, 아니면 그렇지 않은지에 대해서 다른 믿음을 담고 있다고 볼 수 있다.[52]

주의 깊은 독자들은 내가 정서(affect)나 정서적(affective)이라는 용어 사용을 꺼리고 있다는 점을 이미 파악했을 것이다. 그러나 이는 이 책에서 알아보고자 하는 것이 매개된 쾌락의 개발(디자인), 확장(마케팅), 사회화 과정이라서 정서 연구 혹은 그 범주 안에서 해석되는 것이 바람직하지 않다고 생각하기 때문이지, '정서적 전회(affective turn)'가 비판적 게임플레이 연구나 일반적인 게임 연구와 상관없기 때문은 아니다(물론 아닐 수도 있겠지만). 구체적으로 이 연구는 정서 연구의 핵심이면서도 문제가 되고 있는 신체와 정신의 이원론을 취하지 않으며, 정서 연구의 대부분을 차지하는 현상학적인 문헌이나 자기민속지학적 보고서에 기대지도 않는다.[53] 이 책의 사례연구 설계는 유희적 전쟁으로서 게임이 실천되는 것을 통해 비판 이론을 설명하기보다는, 유희적 전쟁이 가진 인터랙티브한 즐거움을 이론화하기 위해 현실에 기반을 둔 귀납적 접근법을 기초로 하고 있다. 미디어의 즐거움은 주관에 따라 경험되지만, 사회적으로 만들어지는 것이기도 하다.[54] 요컨대 비디오 게임의 유도성(affordance)은 사용자 개인의 습관과 결합해 어떻게 유희적 전쟁의 경험이 개인들을 만족시키는지를 결정한다. 따라서 9·11 이후에 출시된 슈팅 게임들을 디자인하고 판매하고 플레이하는 일상의 행동들을 알아봄으로써 하향식으로 진행된 이론화 과정이 간과했던 유희적 즐거움이 만들어지는 과정에 대해 알아볼 수 있다.

이 연구에서는 주류 밀리터리 슈팅 게임들의 매력을 분석하기 위해 존 피스크(John Fiske)가 "헤게모니적 즐거움(hegemonic pleasures)"이라고 일컫는 개념을 사용한다.[55] 텔레비전 연구자이자 문화 비평가인 피스크는 지배적인 두 가지 즐거움의 형태를 구분했다.[56] 또 다른 개념으로는 "대중적 즐거움"을 꼽을 수 있는데, 이는 "구성원들이 만들어낸 사회적 헌신에 기인해 상향식으로 이루어지며 그들을 지배하거나 규율을 강제하기 위해 존재하는 (사회적·윤리적·텍스트적·미학적 등의) 권력에 대항하는 성격을 가지고 있다".[57] 그러나 주어진 미션의 가이드라인을 철저하게 따르고 적들을 성공적으로 제압해 내는 플레이어에게 상을 주는 방식으로 진행되는 상업적 밀리터리 슈팅 게임의 특성상, "대중적 즐거움"이 이러한 형태의 게임이 주는 즐거움을 설명하기에 적절하다고 보기는 어렵다. 피스크는 밀리터리 게임 속에서 본질적으로 헤게모니적인 존재로서 자신과 다른 이들에게 징벌적 권력을 행사하는 것에 대해 "권력과 그 징벌적 추진력에 대한 순응이 내면화되는 것"이고 "광범위하게 경험된다"라고 표현한다. 이러한 점에서 〈인베이더스!〉와 같은 '카운터 게임'들에 의해 제기된 이데올로기적 비평들을 이해하기 위해서는 먼저 주류적 슈팅 게임들이 어떻게 헤게모니를 충족시키는 상호작용을 배양하는지에 대해 알아봐야 하는데, 이것은 커뮤니케이션 연구에서 가장 논란이 되면서도 가장 어려운 개념 중 하나에 대한 연구를 요한다.

뉴미디어와 관련된 용어 중에서 '상호작용성(interactivity)'만큼 흔하게 쓰이면서도 뜻이 모호한 단어는 없다. 커뮤니케이션 연구자들은 오랜 시간 동안 이질적인 뉴미디어 기술의 여러 가지 이용 방식과 그 효과를 파악하는 경험적 연구에 사용할 수 있는 상호작용성의 조작적 정의를 정립하기 위해 노력해 왔다.[58] 또한 게임학과 미디어학 연구자들도 비디오 게임의 형식적인 특성이 사용자들과의 상호작용을 어떻게 구축하는지에 관해, 그리고 이러한 과정이 관련 산업과 게임에 미치는 장점과 (폭력 및 공격성, 젠더, 인종, 성적 관심, 게임이 교육에 미치는 영향 등의) 단점에 관해 많은 논의를 벌였지만, 이 모호한 개념 때문에 논의 과정에서 난항을 겪었다.[59]

기술이 가져올 유토피아를 부르짖으며 이 개념을 어설프고 과장된 방법으로 사용했던 언론과 학계가 이 개념의 뜻을 둘러싸고 벌인 논쟁의 역사에도 불구하고,[60] 이 프로젝트에서는 다음 두 가지 뜻으로 "상호작용"을 사용한다. 우선, 상호작용은 플레이어의 유희적 경험을 구축하고 인도하는 플레이 역학을 뜻한다. 그다음으로 상호작용은 상점 진열대에 출시된 디지털 상품들의 기획 및 판매를 위한 업계의 기술을 묘사하기 위해, 개인 거실과 공공장소에서 나와 합체된 게이밍 문화의 거대한 얼개를 설정하기 위해 사용된다. 요컨대 상호작용성은 게임학자인 에스펜 오르세트(Espen Aarseth)가 말한 "텍스트적 기계(textual machine)"[61]로서, 이는 비디오 게임이 가진 사이버네틱적 또는 에르고드적인 책략을 묘사하는 동시에 비디오 게임과 광범한 문화적 형식과 장르, 서사의 틀을 연결하는 복잡한 상호 텍스트성을 일컫는다. 형식과 문화적 위치(cultural positioning)라는 이원화된 개념으로 구축된 이 용어는 데이비드 마셜(P. David Marshall)이 제시한 "상호 텍스트적 상품(intertextual commodity)"[62]으로서의 올드 미디어라는 개념을 통해 뉴미디어와 비디오 게임을 설명할 수 있게 만든다. 따라서 "텍스트적 기계"와 "상호 텍스트적 상품"이라는 두 가지 개념을 통해 게임이 어떻게 상호적·교류적으로 실천해서 잠재적 부를 만들어내는지를 보여줄 수 있다.[63]

인터랙티브한 픽션을 구성하는 공식적인 요소들에 대한 첫 번째 장기적 분석을 통해 오르세트는 "모의(謀議, intrigue)"라는 개념을 사용해 미스터리 소설과 어드벤처 게임에서 텍스트적 조직이 어떻게 작동하는지를 다음과 같이 밝히고 있다.[64]

극적인 모의와 에르고드적인 모의는 전자의 경우 수용자들이 완전한 지식을 가진 상태에서 디에게시스적·하위적 허구 단계의 세부적 구성이 존재한다는 것을 뜻하는 반면에, 후자는 무엇이 어떻게 돌아가는지에 대해서 알아내야 할 사용자에 대항해 설정된다는 점에서 차이가 있다. 또한 에르고드적인 모의의 경우 하나 이상의 명시적인 결말을 가져야 하기 때문에 성공 여

부를 판단할 수 없으며 이는 플레이어에게 달려 있다.[65]

에르고드적 모의에서 플레이어는 '모의자'이며 "전략적으로 동일시하느냐 혹은 플레이어와 꼭두각시를 합체시키느냐에 따라" 초월적인 존재로 간주된다.[66] 플레이어와 캐릭터의 결합은 게임 연구에서 인기 있는 논의 중 하나인데, 이는 동일시와 학습의 의미를 알아볼 수 있기 때문이 아니라 이를 통해 사용자의 선택과 통제에서 나오는 즐거움을 알아볼 수 있기 때문이다.[67] 이와 관련해 오르세트는 "독자의 즐거움은 안전하지만 무력한 관음증에 걸린 사람의 기쁨이라고 볼 수 있다. 그러나 사이버텍스트의 독자들은 안전하지 않은 대신 독자가 아니라고 주장할 수 있다. 사이버텍스트는 독자라고 볼 수도 있는 사람들에게 독자임을 거부할 수 있는 위험을 안겨줄 수 있다"라고 말한다.[68] 이러한 불확실성의 상태는 플레이어에게 에르고드적 작업에 대한 상당한 통제권을 부여하며, 유희적 병사 캐릭터를 통해 영화나 텔레비전 프로그램과 같은 비(非)에르고드적인 밀리테인먼트가 주지 못하는 쾌감을 끌어내도록 설정된다.

한편 마셜은 게임의 텍스트 형식이 운영되는 것을 넘어 수용자들이 미디어 상품을 해석하는 데 중요한 역할을 하는 광고업자, 그리고 관련된 공동체의 행동에 대해서도 관심을 가질 것을 촉구한다. 그가 제시한 "상호텍스트적 상품"은 수용자들이 어떻게 기술적 플랫폼에서 텍스트와 즐겁게 교감할 수 있도록 이끌리는지에 대해 초점을 맞추고 있다. 상호작용성과 플레이는 생산자의 제품 디자인과 마케팅 기술만큼 사용자의 쾌감 계발에 중요한데, 마셜은 이를 [바넘(P. T. Barnum)의 공개적 스턴트 묘기가 그랬듯] 문화산업이 작동하는 표준적 과정으로 보았다. 그러나 디지털 기술과 소셜미디어의 발전으로 UCC(user-created content)들이 등장하면서 이러한 상호 텍스트적 행렬은 더욱 복잡해졌고, 플레이를 상업적 전략으로 제도화시켰다. 이에 대해 마셜은 "새로운 상호 텍스트적 상품은 업계로 하여금 게임의 룰을 제공하는 업계의 역할을 재확인시키는 한편, 플레이어들이 규칙을 만들어내고 이를 고치고 바꾸는 데에 게임이 가진 즐거움이 있다는 것을 인식하게 한다"라고 말한다.[69] 따라서 상호작용성이 생산자와 소비자, 텍스트와 마케팅 수단 사이에 공유되는 사용자 행동 및 텍스트적 행동 유도성(affordances)의 복잡한 결합체로 이해되는 상황에서, 이 개념은 능동적(상호작용적) 수용자들에 대한 지루한 논의들을 불러일으킨다 하더라도 기술결정론적 개념 혹은 고정된 개념으로 인지된 생산자·텍스트·수용자 사이의 관계를 복잡하게 만든다.[70]

상호작용성의 핵심적 존재론은 공개적인 유희 공간의 안팎에서 플레이가 이루어지는 것을 가능하게 한다. 게임 디자이너이자 학자인 이언 보고스트도 동료 게임 디자이너이자 학자인 케이티 샐런(Katie Salen)과 에릭 짐머만(Eric Zimmerman)의 정의를 빌려, 플레이란 "엄격한 구조 안에 있는 자유로운 활동 공간"이라고 주장한다.[71] 물론 이 장난기 가득한 "활동"이 어떤 공간이나 상호작용적인 기술을 요구하는 것은 아니다. 오히려 이 "더 엄격한 구조 안에서 벌어지는 자유로운 움직임의 공간"은 단어 퍼즐 속에서 이루어지는 상상력의 활동과 흡사할 것이다. 반대로, 기술의 존재 자체만으로는 플레이의 상호작용적인 상태를 만들어낼 수 없다. 예를 들어 회의에 늦은 변호사에게는 엘리베이터의 버튼이 장난감으로 여겨지지 않을 것이다. 하지만 그 변호사의 조숙한 쌍둥이 딸들에게는 이 버튼이 매력적인 장난감이 될 수 있다. 분명 엘리베이터 버튼에는 장난을 치도록 하는 본성이 존재하지 않지만, 그렇다고 해서 이 버튼들이 유희적 태도를 받아들여 상상력을 펼치고자 하는 이들의 놀이에 사용될 수 없다고 단정하기는 어렵다. 이런 복잡함 때문에 연구자들은 뉴미디어 사용자들을 재정의할 때 시청자나 독자와 같은 기존 용어 대신 "플레이어",[72] "뷰저(viewser)"(viewer와 user의 합성어 _옮긴이),[73] "모의자(intriguee)",[74] "가상시민군(virtual citizen-soldier)"[75] 등과 같은 신조어를 사용한 것이다[요컨대 변호사의 딸들을 "버튼 누름이(button-pushers)"라고 부를 수 있을 것이다]. 어떤 용어를 사용하든 간에, 사람들은 게임을 가지고 플레이하는 것을 문화적 행위로 받아들인다는 점을 기억하는 것이 중요한데, 실제로 **게임은 문화**이기 때문이다. 그러므로 유희적 전쟁이 벌어지는 이 가능성의 공간을 자유롭게 탐색한다는 것은 9·11 이후로 마법의 원들이 가진 문화적 상상력과 플레이에 대한 전산 규칙이 조정되고 있다는 것을 의미한다.

〈인베이더스!〉: 유희적 불쾌감과 마법의 원의 정치화

네덜란드의 사회학자이자 게임학의 수호성인이라고 부를 수 있는 요한 하위징아(Johan Huizinga)는 인류의 놀이가 가진 문화적 요소들에 대해 처음으로 연구한 사람 중 하나로서, 놀이를 둘러싼 이 요소들을 감싸는 사회적 장막을 "마법의 원(magic circle)"이라고 명명했다.[76] 특정한 시공간에서 생기는 이 원은 유희적이지 않은 활동으로부터 재미를 지켜내는 롤플레잉이나 규칙과 같은 의례적인 성질을 가지고 있다. 하위징아의 마법의 원에 대해서는 지나치게 이상적이고 관념적이라는 비판이 꾸준히 제기되었다. 하지만 이 개념을 플레이어를 세상으로부터 격리시키는 형이상학적인 보호막이 아니라, 특정한 요소만 걸러내고 나머지는 흡수하는 사회적 필터로 해석하는 것이 바람직하다. 이러한 맥락에서 우리는 가상공간의 세계나 플레이의 공간이 왜 문화적으로 의미 있는지 확인할 수 있다. 또한 이

원은 어떤 성문화된 규정이 아니라 사람들의 존재가 생명력을 불어넣은 개념이기 때문에, 문화가 역동적이라는 사실을 확인시켜 준다. 게임 연구자들은 하위징아가 제시한 마법의 원을 보다 광범위한 문화적 문제와 플레이 실천을 연결하는 유용한 개념으로 선택해 이를 보완해 왔다.

상업적인 슈팅 게임은 게임과 플레이어, 게임과 업계, 플레이어와 게임 산업 간의 관계를 구축하는 동시에, 군사화된 마법의 원들을 플레이할 수 있게 하는 상호작용적인 상태를 만들어낸다(유희적 전쟁이 겹치는 부분에 대해서는 〈그림 2〉에 나오는 벤 다이어그램을 참조할 것). 인터랙티브 게임 체제에서 주고받음의 과정은 비디오 게임의 내적 논리'뿐만 아니라' 게임 스튜디오가 게임을 제작할 때 감안해야 할 산업적·경제적·문화적 압력도 반영한다. 이는 규칙이 담긴 비디오 게임의 텍스트적 자유와 제약이 게임을 만들어내는 업계에도 존재한다는 것을 의미한다. 상호작용적인 회로들은 게이머들로 하여금 특정 게임을 계속해서 플레이하게 만들며, 이 게임은 업계로 하여금 유희적 전쟁의 경험의 범위를 만들어내기 위해 대중이 상상할 수 있는 갈등을 재활용하고 재매개하도록 한다.

그러나 스탠리의 〈인베이더스!〉가 보여주는 것처럼, 모든 게임이 사용자들의 쾌감을 불러일으키도록 디자인된 것은 아니다.[77] 아티스트들과 활동가들의 개입은 대중문화가 교섭된 영역으로서 존재한다는 것을 상기시키는 동시에 밀리터리 게임에도 팬과 비판자들이 적절히 공존한다는 것을 보여준다. 9·11 공격이 가져온 정서적인 파급력을 감안하면, 허구적인 게임 공간에서 최근의 비극을 감히 다루고자 한 〈인베이더스!〉의 시도가 비판받는 것은 결코 놀라운 일이 아니다. 이 작품은 **말 그대로** 세계무역센터를 보호하는 것을 놀이로 다룰 수 있도록 참여자들을 초대했지만, 트라우마로 가득한 9·11의 이미지를 철지난 오락기로 다루는 것은 많은 이들에게 감당하기 어려웠다. 그리고 말로만 들었을 뿐 그 일을 겪어보지 못했던 이들은 실제로 게임을 할 때 또 다른 좌절로부터 빠져나와야 했을지도 모른다.

동작 민감성을 사용하는 스탠리의 이 작품에서, 플레이어는 프로젝터가 쏘는 화면에 손을 흔드는 방식으로 날아오는 적들에게 사격을 가했는데, 정확하지 않은 초기 보고들과 달리 플레이어는 분명히 쌍둥이 빌딩을 지키기 위해 분투했다. 하지만 끊임없이 다른 침략자들이 날아오는 상황에서 플레이어는 결국 실패를 맞이할 수밖에 없었다. 따라서 〈인베이더스!〉는 이길 수 있는 '게임'이 아니었고 플레이어를 좌절하게 만들 뿐이었는데, 이 프로젝트의 아티스트들과 지지자들은 바로 여기에 미국 정부가 9·11 이후 시행한 정책에 대한 평가가 함축되어 있다고 주장한다. 요컨대 스탠리는 블로그에서 자신의 게임을 해보지도 않고 비난한 사람들에 대해 "적어도 내게 비디오 게임은 항상 그 게임플레이의 어떤 지점에 대한 것이었다"[78]라고 비꼬면서 다음과 같이 말했다.

비록 정형화되어 수동적인 반응으로 이루어진 8비트짜리 재현이라는 점을 감안하더라도, 게임에서 쌍둥이 빌딩을 보호하는 것은 확실히 모호한 작업이기 때문에 이것이 다소 노골적이고 이상한 느낌을 줄 수 있다는 점을 인정한다. 그러나 어떠한 방식으로 결론이 나더라도, 나는 게임의 세계에서는 게임의 내적 논리를 통해서 게임플레이의 역학을 이해하고 비유를 존중해야 한다는 말을 수없이 들어왔다.[79]

이러한 스탠리의 반응은 정교한 인터랙티브 놀이가 불러일으키는 복잡한 의미를 어떻게 해석해야 할 것인지에 관한, 미디어와 게임 연구의 핵심적인 문제제기와 맥락을 같이한다. 나는 성공적인 게임 연구가 되기 위해서는 게임의 규정들이 가진 구조와 플레이가 이루어지는 사회적 맥락을 포함해서 재현 전략을 분석해야 한다는 입장에서 스탠리의 의견에 동의한다. 가령 세계무역센터가 지켜질 수 없는 상황에서 이 아케이드 스타일의 게임을 한다는 것이 무엇을 의미하는가? 전시에 참여한 다른 이들이 답답해하고 무력해지기 전에 게임이 가져다주는 패배의 감정은 어떻게 해야 할 것인가?

〈인베이더스!〉는 감정적인 측면과 표현의 방식에서 다른 게임들과 다르지 않음에도 불구하고 매우 도발적인 카운터 게임이다. 오늘날 전쟁을 상업적으로 재현하는 것은 오리지널 디지털 게임부터 제작 변형 게임(game modifications), 머시니마(machinima, 비디오 게임플레이 콘텐츠를 단편영화에 맞게 재구성한 장르), 게임 안에서 벌어지는 시위에 이르기까지 반전(反戰)의 맥락에서 비평의 대상이 된다. 가령 곤잘로 프라스카(Gonzalo Frasca)의 〈9월 12일(September 12th)〉(2003)은 더 급진적인 테러리스트를 양성하는 부수적인 피해를 입히지 않고서는 테러리스트를 분쇄하는 것이 불가능하다는 것을 보여준다.[80] 그리고 존 그리그(Jon Griggs)가 1인칭 슈팅 게임(First-person Shooter: FPS)인 〈카운터 스트라이크(Counter-Strike)〉(1999)를 가지고 만든 머시니마인 〈좌절(Deviation)〉(2005)은 이 게임 장르에서 당연하게 받아들여진 규약과 되풀이되는 폭력에 대해 의문을 던진다. 또한 벨벳-스트라이크(Velvet-Strike)라는 예술팀은 〈카운터 스트라이크〉를 활용해 플레이어가 가상의 전투 공간에 정치적인 메시지를 던질 수 있도록 페인트 스프레이로 반전의 상징들을 새겨놓았다. 마찬가지로 디지털 아티스트이면서 연구자인 조셉 드라페(Josept DeLappe)는 자신이 만든 게임 〈이라크에서의 죽음(dead-in-Iraq)〉에서 시위의 일환으로 미군의 대표적인 모병용 게임인 〈아메리카즈 아미(America's Army)〉의 공개 채팅 창에 작전 중에 순직한 미군들의 이름을 끊임없이 입력했다.[81] 이러한 시도는 주류 슈팅 게임이 상업적으로 설계되는 양상과는 다르게 이루어진다. 〈인베이더스!〉와 같은 게임은 일반적인 슈팅 게임과는 달리 현실도피에 기반한 쾌감을 게이머에게 제공하지 않고, 표면적으로는 안전한 것처럼 보이는 비디오 게임이 지닌 마법의 원의 척도를 불안정하게 만든다.[82]

매개된 절망에서 (예비)매개된 부활로: 감정의 유희적 구조

밀리테인먼트 제작에서 게임 업계는 다른 업계보다 더 많은 상업적 성공을 이루었지만, 오늘날에 벌어지는 갈등을 콘텐츠로 만들어 판매하는 것은 미디어 영역에서 어려운 작업으로 남아 있다. 이는 글로벌 테러와의 전쟁이 정치적 의제로서 원칙이나 탁월성을 가지지 못했기 때문이다.[83] 미국의 대중들이 군사개입에 대해서 의구심을 품기 시작한 것은 제2차 세계대전 말엽이었다. 이러한 흐름은 베트남전쟁을 거치면서 점차 강해졌고 냉전의 종반부에 이르러 완전히 분명해졌다. 가령, 인기 있는 지식인으로 알려진 문화사학자 톰 엥겔하트(Tom Engelhardt)는 『승리 문화의 종말(The End of Victory Culture)』에서 "냉전이 끝나고 '적이 사라지면서', 미국 문화가 국가의 목적과 정체성에 대해서 근본적인 질문을 던지는 위기의 시대로 진입한 것이 일상이 된" 과정에 대해서 조망한다.[84] 하지만 이러한 정치적 도전은 이미 냉전 이전부터 이루어지고 있었다.

제2차 세계대전이 끝난 1945년부터 베트남에서 미군이 철수한 1975년까지의 연대기를 통해 엥겔하트가 이야기하는 미국 "승리 문화"의 몰락은 20세기에 국가 방위의 기본 형태로 여겨졌던 전면전이 이제는 진부하게 여겨지는 문화적 징후와 연결된다. 히로시마와 나가사키에 투하된 폭탄들은 이제 전면전이, 혹은 국가의 자원을 총동원한 국민국가의 갈등 해결 방식이 더 이상 실현 가능한 방위 정책이 아니라는 것을 의미했다. 이러한 핵의 사용은 전면전 시나리오에서 참전국들이 핵을 사용했을 때 승패를 가리는 것이 무의미하다는 걸 보여줬다. 오랜 기간 동안 모의 전쟁연습을 통해 이루어졌고 군사전략가들 사이에서 적절한 분쟁 방식으로 여겨져 온 대칭적 전쟁은 핵무기로 가득한 세계에서는 전략적으로 불가능하다.

핵에 대한 잠재적인 공포로 인해 미국의 완벽한 승리 대신 무서움으로 가득한 원자력의 시대로 이어지는 상황에서, 더 이상 이어질 수 없는 전면전이 끝남과 더불어 전쟁에 대한 대중적 재현과 베이비부머들의 전쟁 플레이는 달라질 수밖에 없었다. 이에 대해 엥겔하트는 다음과 같이 말한다.

> 1950년대의 아이들은 승리의 문화가 가져다준 즐거움을 신념의 행동으로 받아들이고 핵 문화의 공포는 믿을 수 없는 엉터리로 치부해, 승리와 우스꽝스러운 공포를 반대 개념으로 보지 않고 받아들였다. 이런 식으로 그들은 — 세계에서 미국이 차지한 지배적인 군사적·경제적 위치에도 불구하고 — 당시 성인문화의 본질 중 하나인 승리뿐만 아니라 승리주의자의 좌절도 받아들였다.[85]

핵 확산이 가속화되고 미국과 소련이 핵무기 생산을 점차 늘려감에 따라 냉전의 교착상태가 거의 반세기 동안 지속되는 상황에서 "승리주의자의 절망"적 상황은 조금도 수그러들지 않은 채로 계속되었다. 이에 따라 미국과 소련은 고조되는 긴장이 자칫 상호확중파괴로 이어질 수 있는 상황에서 상대에 대한 직접적인 공격을 피하면서 쿠바 미사일 위기, 인권을 유린한 칠레의 아우구스토 피노체트(Augusto Pinochet) 정권에 대한 미 중앙정보국(Central Intelligence Agency: CIA)의 지원, 소련·아프가니스탄 전쟁 등의 대리전을 통해 자신들의 정치적 이익을 관철시키고자 했다. 그러나 이러한 실랑이들 중 어떤 것도 베트남전쟁처럼 미국인들의 뇌리에 깊은 상흔을 남기진 않았다.

베트남전쟁에서 미국이 패배한 이후, 미국의 엔터테인먼트는 상상할 수도 없던 이 전례 없는 군사적 충격에 대해 전사(戰士)들에 대한 숭앙을 재구성하는 방식으로 대응했다. 사회학자이자 사학자였던 제임스 깁슨 (James William Gibson)은 이를 "새로운 전쟁(the New War)"이라고 일컬었다. 깁슨은 이 "새로운 전쟁" 문화가 싸구려 소설과 실제 액션에 기반한 전쟁 게임, 그리고 수정주의적인 견해를 가진 할리우드 영화를 비롯한 수많은 문화상품을 통해, 미군이 페미니스트·평화운동가, 그리고 참견만 하고 소신은 없는 정치인들이[86] 초래한 문제들을 해결할 두 번째 기회를 부여함으로써 국가를 "고치려고" 시도했다고 주장한다. 이들 '새로운 전쟁'의 문화적 놀이도구 중에서 가장 중요한 것은 베트남으로의 귀환을 다룬, 그리고 압도적인 화력에도 불구하고 국가적 위협에 대처하지 못했던 결과를 환상으로 만들어놓은 전투 영화였다. 이러한 영화들 중 상당수는 내셔널리즘적 환상을 뛰어넘어 무너져버린 사회질서를 강한 전사들이 어떻게 회복시키는지 보여줌으로써 예상을 뛰어넘는 진정한 가이드로서의 역할을 했다. 이에 대해 깁슨은 "미국은 항상 전쟁과 전사들을 기념해 왔다. 오랫동안 깨지지 않았던 우리의 군사적 승리는 국가 정체성의 측면에서도, 남성들에게 특히 그렇겠지만 미국 국민 개인들의 정체성의 측면에서도 매우 중요하다"라고 설명한다.[87] 깁슨이 "새로운 전쟁"으로 제시한 밀리테인먼트의 놀이도구들은 엥겔하트의 "승리 문화"에서의 도구들과 마찬가지로 포스트모던 전쟁의 시대에서 겪는 국가적 트라우마에 대한 집단 반응이라는 점에서 유사하다. (미국의 압도적인 기술적·재정적 자원에도 불구하고) 베트남에서의 패배와 (핵폭탄을 개발한 최초의 국가임에도 불구하고) 미국이 핵공격에 대해 가진 취약함은 "만약 미국이 더 이상 승자가 아니라면 누가 승자가 될 것인가?"[88] 혹은 엥겔하트가 말했던 "적이 없거나 저들의 살육 이야기와 우리의 승리를 다룬 이야기가 없더라도 과연 '미국'을 상상할 수 있는가?"[89]라는 두 가지 질문을 남겼다. 승리주의자의 좌절이라는 관점에서 던져진 이 질문들은 제2차 세계대전 때에 시작되어 베트남의 수렁 속에서 공고해졌고 냉전과 탈냉전 초기 시대에도 몇 년 동안 계속되었지만, 어느 맑은 화요일에 맨해튼 남쪽에서 생긴 일을 통해서 **겉보기에는** 거의 사라졌다.

미디어 전문가들은 한결같이 "9·11이 모든 것을 바꾸었다"라고 성급하게 의견을 피력했다. 그러나 테러리스트가 저지른 공격들은 뿌리 깊게 자리 잡은 보복에 대한 공포를 끄집어냈고, 탈냉전 시기 미국을 불사신으로서 여겨온 국가적 신화를 깨뜨렸다[프란시스 후쿠야마(Francis Fukuyama)와 같은 정치학자들이 서구의 자유시장 경제체제가 우리를 사회적 진화의 궁극적 단계에 이르게 했다며 "역사의 종말(end of history)"을 주장한 것을 돌이켜보라[90]]. 사실 제2차 세계대전의 최후를 장식한 두 차례의 공격 속에서 죄책감의 씨앗과 궁극의 징벌은 이미 예정되어 있었다고 볼 수 있다. 엥겔하트는 이에 대해 다음과 같이 언급한다.

설령 9·11이 미국인들에게 트라우마적 충격으로 다가왔다고 해도, 우리는 이 공격이 예정된 것이라는 점을 속으로 충분히 알고 있었다. 음모론자들이 상상하는 방식은 아닐지라도, 몇몇 고위층뿐 아니라 우리 모두가 지난 몇 주나 몇 달이 아니라 50년 넘게 말이다. 왜냐하면 미국인들은 히로시마에 첫 번째 핵폭탄이 떨어졌을 때부터 9·11과 같은 상황을 상상하고 있었기 때문이다. 그래서 충격에도 불구하고, 적어도 어느 정도까지는, 이 공격이 결코 낯설지 않았던 것이다. 히로시마와 나가사키가 잿더미가 된 지 몇 달 안 되었을 때부터 이미 핵 공격에 대한 공포를 드러낸 표징들은 지천에 널려 있었다. 신문들은 미국의 주요 도시들에 대해 가상의 핵폭탄을 투하하는 원점에서부터 이에 따른 파괴 범위를 동심원으로 그려놓았고, 잡지들은 수백만 명의 미국인들이 죽었다고 가정하며 조국을 모든 것이 증발해 버린 황무지로 그려내지 않았던가.[91]

국가적인 상처에 대해 튀어나온 미국인들의 이러한 자동반사적 반응은 심리적·정치적 트라우마의 뿌리를 보여주기도 하지만, 대중의 담론과 미디어 문화에 담긴 반동적 내지 보수적인 이상을 다시 한 번 확인시켜 준다. 수전 팔루디(Susan Faludi)는 미국인들이 어떻게 "스스로를 셀룰로이드 번데기로 감아놓은 채 그 안에서 베이비붐 세대의 어린 시절을 추억하는지"에 대해 적고 있는데,[92] 엥겔하트처럼 그녀도 9·11과 관련된 터져나온 젠더적·성적 반응은 공격을 야기한 진짜 문제에 대해서는 외면하고 싶어 하는 일반적인 인식을 드러낸다고 보았다. 그랬기 때문에 사람들은 왜 미국의 기술이 뚜렷한 국적 없이 부유하게 살고 있는 테러리스트들에게 이용당하는 것인지에 대해 질문하기보다는 평온했던 "과거"의 이상을 재현해낸 문화상품을 찬양하는 식으로 반응했다.[93] 미국인들은 세계에서 유일하게 올바른 군사적 초강대국이라는 자신들의 국가적 신화를 재확인시켜 주는 마니교적인 도덕관과 개척자 영웅을 담아낸 허구적 엔터테인먼트에 급속하게 빠져들었다.

전반적으로 이 날 벌어진 공격과 그 공격이 가져다준 담론적 유산, 초자연적 트라우마, 셀 수 없이 많았던 미디어 재현을 비롯한 수많은 문화적 부산물은 하나의 문화적 배열(cultural formation)로서 공고해졌다. 『9·11 문화(9/11 Culture)』에서 제프리 멜닉(Jeffery Melnick)은 "9·11은 독자적인 어휘와 문법, 조성(調聲)을 가진 언어"라고 일컬었다.[94] 문화연구의 전통에 기반해 그는 문화적 배열을 "중요한 사회·정치 기관들과 수사학적 실천, 그리고 개인들의 행동이 중첩되고 섞여서 특정 관점에서 역사적인 순간이라고 볼 수 있는 문화적 에너지의 임계점이 탄생하는 지점"이라고 정의했다.[95] 이러한 맥락에서 슈팅 게임들은 연구자들에게 테러리즘과 반(反)테러리즘이 어떻게 기념되고 포장되는지에 대해 새로운 구성물을 제공하는 것을 넘어, 이 표현력 있는 매체가 역사적 배열이 가진 문화적 에너지를 어떻게 즐거움을 주는 플레이의 기회로 탈바꿈시키는지에 대해 보여준다.

9·11 이후 출시된 다수의 밀리터리 슈팅 게임들은 전투에 관해 극단적인 편견을 가지고 가상의 악당들에게 반격하는 상호작용적인 기회를 만들어냈다는 점에서 팔루디가 일컫는 반동적인 미디어의 범주에 포함된다. 사실 베트남전쟁 이후 할리우드가 만들어낸 레이건주의의 냄새가 가득한 영화들이 1980년대의 새로운 전쟁문화를 만들어냈던 것처럼 밀리터리 슈팅 게임들도 21세기 초반의 미국 전사의 정체성을 만들어내고 매개하고 지키기 위해 모든 준비를 마쳤다. 게다가 이 게임들은 (3장에서 자세히 설명하겠지만) '부시 독트린'이라고 불리는 외교정책을 위시한 전반적인 미국 예외주의를 경험하는 즐거움을 제공하는 수단이라는 점에서, 역사적으로 알카에다의 세계무역센터 공격이 불러일으킨 테러와의 전쟁과 2003년 이라크 침공을, 일본군의 진주만 공습과 뒤이은 미국의 제2차 세계대전 참전에 결합시키고 영구화시킴으로써 도덕적인 정당성을 부여한다.[96] 요컨대

9·11 테러 직후 터져나온 정치평론과 같은 맥락에서 밀리터리 슈팅 게임들은 역사적인 사실을 축소시키는데, 가령 반세기 동안 지속되어 온 미국의 개입주의적 외교 정책과 '정의의 전쟁'에 대한 도덕적 명분을 확보하기 위해 수없이 벌였던 대리전을 고의적으로 생략하려고 시도한다(이 텍스트적 '누락'에 대해서는 2장을 참조하라).

하지만 슈팅 게임들은 단순히 과거를 가지고 "게임을 플레이하는 것"이 아니다. 미래를 상상하며 만들어진 이러한 게임들은[97] 9·11 테러가 불러일으켰던 트라우마가 또 다시 닥칠 수도 있는 가능성을 차단하기 위해 앞으로 닥칠 전란을 "예비매개(premediate)"한다.[98] 이 개념은 리처드 그루신(Richard Grusin)이 자신과 제이 볼터(Jay David Bolter)가 앞서 제시한 "재매개(remediation)"라는 개념을 보완하기 위해 만들었다.[99] 하지만 후자가 뉴미디어가 가진 새로운 형태와 포맷에 맞추기 위해 이전의 커뮤니케이션적 표현을 재구성하고 업데이트하는 것이라면, 전자는 잠재적이고 앞으로 닥칠 상황에 관한 것이라고 할 수 있다. 그루신은 이 두 개념이 어떻게 연결되는지에 대해 다음과 같이 설명한다.

> 미래를 예비매개하는 것은 과거를 재매개하는 것을 포함한다. 예비매개는 역사를 재구성하는 작업, 그중에서도 9·11과 관련된 역사, 그리고 이것이 가져올 미래를 해결하는 데 적극적으로 개입한다. 9·11이라는 역사적 사건은 이제 과거가 아니라 지금까지 이어져 온 오늘의 사건처럼 느껴지게 되는데, 이는 최근에 있었던 일련의 역사적 사건을 가리키는 한편, 안보라는 명목으로 이루어지는 정부와 미디어들의 다른 행동을 정당화하고 가능하게 만든다.[100]

실제로, 〈액시스 앤 얼라이즈(Axis & Allies)〉처럼 제2차 세계대전의 여러 전장을 정교하게 재매개한 보드게임, 냉전 당시 벌어질 수 있었던 갈등에 대해 미국 정부가 컴퓨터의 도움을 받아 수행한 시뮬레이션,[101] 걸프전 당시 미국 정부가 개발한 가상전 전산 시뮬레이션, 혹은 미 해병대가 전략 훈련 차원에서 개발했다가 상용화 작업을 걸쳐 출시한 〈둠 2(Doom II)〉(1994) 등은 모두 게임 시스템이 정확한 예측을 위해, 혹은 역설적으로 무엇이 벌어질 것인지에 대해 다른 형태의 역사를 알기 위해 의사결정의 순간을 재구성한 예라고 볼 수 있다. 그러나 이런 것들은 예비매개의 주된 목표가 아니다.

인간 플레이나 정치적 신화와 마찬가지로, 예비매개는 실제 벌어진 상황과 관련 있는 것이 아니다. 오히려 판단을 축소시키고 압도하는 정서적 효과를 개발하는 것과 깊은 연관이 있다.[102] 그러므로 "예비매개는 미래를 올바르게 하기 위해 있는 것이 아니라, 미래에 관한 여러 해결 방식을 확산시킴으로써 지금의 공포심을 낮추고 9·11을 경험한 미국과 그와 연결된 세계들이 받고 있는 엄청난 미디어 충격이 되풀이되는 것을 방지하기 위해 있는 것이다".[103] 밀리터리 슈팅 게임들은 9·11이 남긴 문화적 기억을 자신들이 만들어내는 유희적 전쟁 안에서 재현한다. 예측 가능한 정확성에 기반한 이 게임들은 플레이어의 상상 속에 다시 만들어진 9·11이 원래의 공포스러운 모습과는 다른 결말을 그려볼 수 있도록 함으로써 플레이어에게 희망을 갖게 하는 데 그 목적을 두고 있다. 이는 왜 많은 게임들이 미국이 공격받기 직전 혹은 직후를 자신들의 서사구조로 설정했는지를 설명한다. 가령, 〈그림 3〉에서 묘사된 폭력을 예로 들어보자. 이 장면은 〈모던 워페어 3(Modern Warfare 3)〉(2011)의 마케팅을 위한 메인 이미지 중 하나인데, ≪타임(Time)≫지가 자사 고유의 테두리와 제목 폰트를 상업적 목적으로 사용하도록 허용한 첫 번째 사례이다. ≪타임≫의 발행인인 킴 켈러허(Kim Kelleher)는 전례가 없었던 이 사건에 대해 "여기에 소년들이 있으니까"라고 언급하면서, 액티비전(Activision, 〈모던 워페어 3〉 제작사)과의 협업에 대해 "그동안 소통할 수 없었던 수백만 명과 연결될 수 있었던 좋은 방법이었다"라고 의미를 부여했다. [104]

이 게임들이 플레이어들로부터 많은 인기를 얻을 수 있었던 이유는 단순히 9·11이 가져온 트라우마를 서사적으로 예비매개했던 것도 있겠지만, 실제로 다양한 적과 위기에 반격할 수 있는 여러 방법을 플레이어에게 제공했기 때문이다. 요컨대 플레이어가 직접 행동할 수 있도록 한 것은 텔레비전에 나오는 실제 공격이나 비슷한 주제와 상상력을 통해 관객들을 모으던 허구적 영화에서는 제공할 수 없던 반응이었다. 이는 전쟁 게임을 다루었던 이전의 논문들과 이 책이 다른 지점이기도 하다. 구체적으로 마틴 반 크레벨드(Martin Van Creveld)의 『위게임즈(Wargames)』나 필립 폰 힐거(Philip von Hilger)의 『전쟁 게임들(War Games)』처럼 광범위한 문화사를 다룬 저작들이 실제상황(live-action), 전자기기(electronic), 그리고 보드게임(tabletop) 장르를 비롯해 멀티미디어를 통해 이루어지는 게임플레이가 함축하는 문화적·실제적 유용성이 군사 전략가들이나 정부 당국자들에게 어떤 미래를 제시할 것인지에 대해 다루고 있다면, 이 책은 이러한 문화적 신화가 정치적 격변의 상황에서 게임플레이를 통해 어떻게 전달되는지에 대해 다룬다. 또한 감정에 휘둘리지 않고 플레이할 것을 요구했던 냉정한 전략게임과 달리 밀리터리 슈팅 게임은 플레이어로 하여금 쉴 새 없는 사격전 속에서 정서적으로 친밀감을 가질 것을 요구한다. 바로 여기에 다른 밀리테인먼트와 구별되는 슈팅 게임만의 끌림이 있다. 이 게임들은 이를 통해 지나간 승리의 신화를 되살리도록 도우며, 플레이어를 게임

그림 3 파괴된 뉴욕을 표지 사진으로 실은 ≪타임≫지를 활용한 〈모던 워페어 3〉(2011)의 마케팅용 포스터

플레이로 유도하는 중요한 정서적 기제가 된다.

이 책에서 게임의 상업화 과정과 사회적 회로 간의 상호작용 속에서 즐거움이 어떻게 만들어지는지 알아보는 것은 밀리터리 게임플레이와 국가 정체성에 관한 중요한 질문, 예를 들어, 유희적 즐거움은 무엇인가, 9·11 이후 전개된 미국 문화에서 이러한 형태의 전쟁 플레이가 가리키는 것은 무엇인가 같은 질문을 포함한다. 이 질문에 대한 대답은 이 책의 종반부에서 다룰 것이지만, 유희적 전쟁의 헤게모니적 기쁨이 문화적 믿음의 기저를 어떻게 제공하는지 미리 알아보는 것도 좋을 것이다.

레이먼드 윌리엄스(Raymond Williams)의 개념을 빌린다면 유희적 전쟁의 경험은 매개된 "감정의 구조(structure of feeling)"를 대변한다. 이 개념은 역사적 순간에 대한 통찰과 함께 대중으로 하여금 문화적 배열을 끄집어내는 물리적 과정에 대해 알아보는 데 주로 사용되었다.[105] 정작 활발한 활동을 벌이던 와중에도 그는 이 개념에 대해 명확한 정의를 내리지 않았는데, 이에 대해 몇몇 비평가들은 이러한 그의 태도가 전략적이라고 주장했다. 짐작해 보건대, 윌리엄스는 "즉각적으로 연결되고 갈등상태로 바뀌는 특정한 내적 관계"를 포함한 상태에서 사회적 가치들이 만들어지고 의미들이 "활발하게 살아 있다고 느껴지는" 광범위한 실험적 단계로서 이 개념을 해석하고자 했던 것 같다.[106] 실제로 감정의 구조는 "문화적 가설로서 한 세대나 시기의 구성요소들 및 이것들이 연결된 상태를 이해하기 위한 시도였고, 그를 입증할 흔적들을 적극적으로 요구했다".[107] 마찬가지로 윌리엄스가 만들어낸 더 유명한 개념이었음에도 불구하고 충분히 이론화되지 않았던 텔레비전의 "흐름(flow)"[108]처럼, 감정의 구조도 강력한 이론적 구축물이라기보다는 문화를 경제와 좀 더 긴밀하게 연결해 해석해 내고 누군가의 즐거움을 특정한 역사의 맥락에서 매스미디어의 구조 및 그 상

업적 목적과 결합시켜 탐색할 것을 연구자들에게 요구했던 일종의 비판적 도발로 보는 것이 타당하다.[109]

상업적 밀리터리 슈팅 게임들은 미군 병사들과 국가의 적들이 치러야 할 전투 시나리오를 게이머의 유희를 위한 목적으로 상정한다. 이어질 장에서 이 책은 밀리터리 게임플레이의 상호작용적인 회로들이 어떻게 헤게모니적인 즐거움을 만들어내는지, 윌리엄스의 말을 빌리자면 이 상호적인 구조가 어떻게 "유희적 전쟁의 감정"을 만들어냄으로써 게임의 상업적 성공을 추동하는지, 이를 통해 유희적 전쟁의 행동이 어떻게 남성적이고 군사주의적 냄새가 물씬 풍기는 국가 정체성을 쌍둥이 빌딩의 잿더미에서 불사조처럼 부활시키는지 알아보고자 한다.

이 책에 관하여

멜라니 스왈웰(Melanie Swalwell)과 제이슨 윌슨(Jason Wilson)처럼, 이 책은 게임플레이를 중요한 실험적 현상으로서 비판적으로 분석하기 위해, 게임이 주는 즐거움이 플레이어와 게임의 상호작용을 넘어 어떻게 텍스트 외적인 힘들과 공명하는지 탐색한다.[110] 이러한 맥락에서 이 프로젝트는 게임 제작자와 마케팅 업체들, 플레이어들이 실제 생활의 맥락에서 밀리터리 게임이 가진 상업적·문화적 문제점을 어떻게 조정하는지 알아본다. 갈등과 전략(내적 텍스트), 국가가 개입한 폭력을 묘사하는 데 있어 사회적으로 납득할 수 있도록 상업화하는 것(외적 텍스트), 매개된 게임플레이가 사회적 환경과 조율되는 것(맥락)을 총체적으로 알아볼 목적으로 여러 사례연구를 사용해 종합하는 연구 전략[111]을 프로젝트의 연구 방법론으로 삼는다. 이 실천이 이루어지는 여러 지점을 구체적으로 탐색해, 주드 러길

(Judd Ruggill)과 켄 매캘리스터(Ken McAllister)가 말한 것처럼 비디오 게임이 그야말로 표현할 수 없는 마법 주문을 어떻게 던지는지에 대해 알아본다.[112]

1장에서는 밀리터리 슈팅 게임의 포맷이 다른 밀리테인먼트 장르들을 괴롭히는 원근적 거리감과 정치적 좌절감에 대응해 플레이어에게 친숙한 전장의 풍경과 실천적인 자유를 제공함으로써 어떻게 가상에서의 갈등을 즐겁게 하는지에 대해 '게임플레이의 양식'이라는 관점에서 알아본다.[113] 게임은 두 가지 측면에서 이에 대응하는데, 한편으로는 상징적인 차원과 주제 면에서 세속적인 갈등을 엮어냄으로써 '현실적으로' 보이도록 만들면서도, 다른 한편으로는 플레이어에게 매체만의 특성을 통해 게임이 가져다주는 즐거움을 경험하도록 유도한다. 수십 년에 걸쳐 제작되어 온 게임플레이들의 공통점과 차이점에 주의를 기울임으로써, 미디어 학자들은 게임 기술과 플레이의 역학에 따라 어떻게 가상의 전쟁 경험이 근본적으로 구축되는지에 대해 알아볼 수 있게 되었다. 이러한 맥락에서 1장에서는 게임 산업이 점차 몰입적이고 서사에 기초한 밀리터리 게임플레이를 만들어내는 경향에 대해 게임을 맵시 있게 포장하고 판매해 플레이하게 함으로써 포스트모던 시대에서 전쟁이 갖는 의미를 둘러싼 위기를 수습하고자 하는 시도라고 본다.

2장은 인기가 절정에 이르렀던 〈모던 워페어(Modern Warfare)〉 시리즈의 3부작인 〈콜 오브 듀티 4: 모던 워페어(Call of Duty 4: Modern Warfare)〉, 〈모던 워페어 2(Modern Warfare 2)〉(2009), 〈모던 워페어 3(Modern Warfare 3)〉(2011)를 통해 1인칭의 게임플레이 양식을 알아본다. 이들은 플레이어들을 '병사**이자** 시민'으로서 전장에서 싸우고 죽는 존재로 상정한다는 점에서 분석의 의의를 가지고 있다. 이러한 관점의 변동은 시공간을 초월하고 개인전에서 즉각적으로 등장하는 역설적인 주체성을 만들어낸다. 이러한 개인들의 플레이 양식은 이들을 '희생적인 시민(sacrificial citizenship)'으로 묘사하는데, 이는 9·11 이후 미국의 정치적 정체성으로서 모든 시민을 사실상 전쟁을 위해 징집함으로써 어떤 순간에서든 가장 높은 수준의 개인적 희생을 요구하는 것을 의미한다.[114]

　3장은 톰 클랜시(Tom Clancy) 계열의 두 슈팅 게임 시리즈가 저자의 따분한 하이테크 추리소설을 어떻게 유희적 형태로 변환시켜 플레이어들에게 플레이가 가진 상호작용적 의미를 미국 예외주의의 맥락에서 제공하는지 알아본다. 3장에서는 이러한 게임들이 부시 행정부가 9·11 이후 취했던 선제적인 군사력 사용 정책을 지지한다고 본다. 이러한 게임들이 우리에게 요구하는 것이 무엇이고 이 게임들이 미군 병사들을 어떻게 묘사하는지 클랜시의 상업 제국에 대한 비판적 평가를 통해 주의 깊게 관찰함으로써, 새로운 세기에 미국 예외주의의 핵심 가치로 무장한 이 테크노 전사들이 느끼는 즐거움에 대해 알아볼 수 있다.

　4장에서는 글로벌 테러와의 전쟁이 종반부에 접어들 무렵이던 오바마(Obama) 행정부 때 출시된 일련의 밀리터리 슈팅 게임들을 통해 무인 지상 무기 및 '드론'이라고도 알려진 무인항공기가 묘사되는 다양한 모습을 알아본다. 이전 장들에서 살펴본 게임들의 주전론적인 관점과 달리, 4장에 등장하는 게임들은 드론을 문화적 신화를 유지하는 데 장애가 되는 기술로 묘사하고 있다. 예를 들어 〈콜 오브 듀티: 블랙 옵스 2(Call of Duty: Black Ops II)〉(2012)에서 드론은 군사력의 측면에서 난공불락이라는 미국의 신화를 깨뜨린다. 또한 〈스펙 옵스: 더 라인(Spec Ops: The Line)〉(2012)에서도 공중 감시기의 무분별한 사용은 드론이 가지고 있던 실증적인 관측 능력에 대한 신화를 깨뜨린다. 마찬가지로 〈언맨드(Unmanned)〉(2012)

에서도 되풀이되는 지루한 드론 비행은 고귀한 전사로서의 신화를 무너뜨린다. 이는 이들 게임에서 미군이 처해 있는 기본적인 문화적 믿음의 문제를 넘어 슈팅 게임이 전통적으로 가지고 있던 인터랙티브한 즐거움에도 적용된다.

5장에서는 게임플레이에서 유희적 전쟁문화를 구축하는 마케팅, 그중에서도 게임 텍스트를 제외하고 마케팅에 영향을 미치는 동력에 대해 알아본다. 5장에서는 제작자 인터뷰, 언론의 평가, 온라인 비디오 게임 광고와 같은 외적 텍스트 요소가 '군사적 현실주의(military realism)'에 어떻게 이상적으로 기여하는지, 2007년에 가장 많이 팔린 밀리터리 슈팅 게임인 〈콜 오브 듀티 4: 모던 워페어〉의 사례를 통해 확인한다. 〈콜 오브 듀티〉는 21세기에 출시된 첫 번째 게임 시리즈이고, 제작사에게 상업적 성공을 가져다줌으로써 제2차 세계대전으로부터 냉전 시기 대리전 갈등을 거쳐 가까운 미래의 복잡한 관계로 제작의 방향을 결정적으로 바꾸어놓은 증거라는 점에서 사례연구의 의의가 있다. 〈콜 오브 듀티 4〉의 바깥에 존재했던 이 텍스트들은 게임의 흥미를 불러일으키고 판매를 이끌 뿐만 아니라 유희적 전쟁을 알림으로써 대중으로부터 받을 수 있는 역풍의 위협에 대응하는 데 유희적 전쟁이 가진 즐거움을 사용하려는 목적도 가지고 있다.

6장에서는 한 상업적 게임장을 배경으로 다른 이들과의 유희적 전쟁 플레이에서 발생하는 사회적 즐거움, 그리고 이 공간에서 '하드코어한' 게이머로서 스스로의 정체성을 유지하는 것이 가지는 즐거움과 문제점에 대해 알아본다. 6장에서는 밤새 이 공간에서 플레이했던 나의 체험, 게임장의 손님과 매니저들을 대상으로 진행된 반구조화(semi-structured)된 인터뷰, 그리고 단골손님들과 가졌던 포커스 그룹 인터뷰 등의 자료를 종합해, 부분적으로는 외부자 및 일반론적 관점에서 이 놀이문화의 특성을 설명하고, 마찬가지로 부분적으로는 내부자적 관점에서 그들의 언어를 통해 플레이어의 활동을 설명한다. 이를 통해 가상의 전장에서 쓰이는 규칙과 관계들이 물리적인 게임 공간에서 표현될 수 있다는 점에서 유희적 전쟁의 경험이 때로는 매개된 한계를 벗어날 수 있다는 것을 발견한다. 나아가 게이머는 자신의 게임 자본을 늘리기 위해 게임플레이 커뮤니티에서 꾸준히 유희적 전쟁 플레이 양식을 조정해야 한다.

결론에서는 밀리터리 슈팅 게임이 9·11 이후 비디오 게임 장르의 전형일 뿐만 아니라 현대 밀리테인먼트의 절정이라는 것을 주장한다. 여기에서는 유희적 전쟁의 감정 구조가 포스트모던한 전쟁의 유산을 어떻게 기술적·도덕적 결함으로부터 지켜내는지를 이론화한다. 요컨대 이렇게 매개된 전투들은 가상전을 재미있고 유쾌하게 만듦으로써 승리 문화의 신화를 '초기화'한다. 이를 통해 궁극적으로 이 책은 게이머들의 '마음과 정신'을 겨냥한 이 유쾌한 캠페인들이 어떻게 비디오 게임의 가상적 전장에서 지속되는지, 그리고 9·11 이후의 미국 정체성과 게임 문화에서 이 매개된 갈등이 표방하는 것은 무엇인지 알아본다.

/

제1장

닌텐도 전쟁 2.0
유희적 전쟁 플레이의 새로운 양식을 향하여

참 아이러니하죠.
핵무기가 가져올 대재앙의 공포로 고통받는 아이가
만들어낸 이에게 종말의 악몽을 선사한 게임에서
즐거움을 찾아야 한다는 것.
붉은 픽셀들로 뿜어나오는 버섯구름과
꿈을 만들어내는 이가 스스로 만들어낸 것 때문에 고통받는 것.

그러는 동안,
나는 마지막 기지를 잃었어요.
내 미사일을 너무 일찍 날려버려서 놀랐죠.
주체할 수 없어서 "세상에, 우린 다 죽었구나" 생각했죠.
그리고 그렇게 되었어요.

게임 오버라는 화면이 떠오르고
손바닥에 땀이 흥건한 채
나는 우리가 다 아는 삶의 마지막을 경외하며 읊조렸죠.
"어렵다……"

즐거운 게임.

- 「미사일 커맨드(Missile Command)」, 세스 바칸(Seth Barkan)의 비디오 게임에 관한
창작물 모음집 『블루 위저드 이즈 어바웃 투 다이(Blue Wizard Is About To Die)』[1]

들어가며

이라크와 아프가니스탄에서 미군이 이끄는 군사 개입이 예상보다 길어

지면서, 오늘날 전쟁영화를 찾는 관객들의 수도 줄어들고 있다. 빈자리가
확연하게 눈에 띄는 영화관의 좌석들과 마찬가지로, 거실에 앉아 텔레비
전으로 전쟁 프로그램을 보는 시청자들도 줄었다. 미디어 및 전쟁학 학자
인 수전 캐러더스(Susan Carruthers)는 최근의 갈등을 다룬 다큐멘터리들
(그 초점이 군대나 미디어 또는 민간인 중 어디에 있는지와 상관없이)과 픽션으
로 제작된 전쟁영화들이 특별히 더 잘 만들어지지도 않았으며 전쟁 엔터
테인먼트를 외면하는 관객들에 대해 "주의가 산만해진 상황"이라고 말하
면서, 이에 대해 미디어 학자들과 전쟁학 학자들이 이를 개념화하고 역사
화해야 한다고 정확하게 짚어낸다.[2] 이와 관련해 리처드 콜리스(Richard
Corliss)는 《타임》에 기고한 칼럼 "전쟁영화는 다 어디로 갔나?(Where
are the War Movies?)"에서 할리우드가 보여주는 이라크 및 아프가니스탄
전쟁에 대한 무관심에는 여러 요소, 예컨대 이 전쟁들에는 쉽게 각색될 수
있는 전투들과 정치적 합의가 없다는 점, 상대적으로 미국인에게 감동을
준 전쟁이 아니었다는 점, 영화가 갖는 문화적 형태로서의 위상이 약화되
었다는 점 등이 복합적으로 작용했을 것이라고 보았다.[3] 실제로 같은 기간
동안 꾸준히 출시된, 인기 장르인 제2차 세계대전 관련 영화들의 흥행 성
적도 신통치 않았는데, 9·11 이후 출시된 이 영화들 중 9·11 이전에 출시
된 〈씬 레드 라인(The Thin Red Line)〉(1998), 〈라이언 일병 구하기(Saving
Private Ryan)〉(1998), 〈진주만(The Pearl Harbor)〉(2001) 등이 각각 전 세계
에서 기록했던 수익인 9800만 달러, 4억 8200만 달러, 그리고 4억 5000만
달러에 근접한 것은 고작 몇 편뿐이었다.[4]

　　흥미롭게도, 전쟁 엔터테인먼트 영화의 상업적 죽음까지는 아니더라도
쇠퇴를 예고한 이러한 주장들은 비디오 게임을 간과한 경우가 많다. 이와
관련된 가장 강력한 예시가 바로 액티비전(Activision)의 〈콜 오브 듀티〉 시

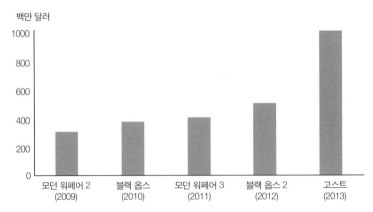

백만 달러

그림 1-1 〈콜 오브 듀티〉 시리즈의 연간 첫날 판매량
주: 〈모던 워페어〉(2007)와 〈월드 앳 워(World at War)〉(2008)의 자료는 존재하지 않음

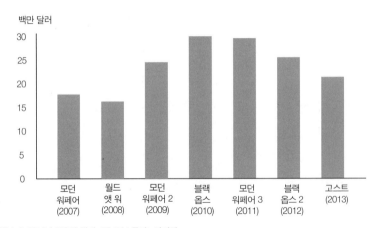

백만 달러

그림 1-2 2014년 5월 전 세계 〈콜 오브 듀티〉 판매량

리즈인데, 2012년 11월 13일 출시된 〈콜 오브 듀티: 블랙 옵스 2〉는 단일
엔터테인먼트 장르로는 처음으로 출시 첫날에 5억 달러가 넘는 판매고를
기록했고,[5] 15일 만에 10억 달러를 돌파했다.[6] 이 수치는 믿기 어려울 순
있어도 놀랍지는 않은데, 이미 2007년 〈콜 오브 듀티 4: 모던 워페어〉가

출시된 이래 매해 시리즈의 판매 기록이 전년도의 기록을 갱신해 왔기 때문이다.[7] 이 게임이 미국에서만 1400만 명에게 보급되었으며, 시리즈의 이전 제품인 〈블랙 옵스〉역시 전 미국 가정의 1/8에 보급되었다는 사실도 이 시리즈의 흥행을 보여주는 또 다른 지표이다.[8]

액티비전의 〈콜 오브 듀티〉시리즈 중 〈모던 워페어〉와 〈블랙 옵스〉의 경우, 업계에서 가장 많이 팔린 밀리터리 슈팅 게임으로 남아 있다. 이런 상업적 트렌드는 전쟁을 다룬 다른 매체들이 받았던 평가들과 다소 상반된다. 이 책, 특히 이 장에서는 이 차이점에 대해서 알아보고자 한다. 밀리터리 엔터테인먼트가 외면 받는 상업적 환경하에서 유독 현대 전쟁 게임이 각광 받는 이유는 무엇인가? 이러한 성공을 추동한 맥락적인 동력과 매체 특유의 특성에는 어떤 것이 있는가?

당연한 이야기이겠지만, 전투 게임의 유희적 전쟁 경험을 인기 있고 재미있게 만드는 이유에 대해 설명하는 어떤 '명백한 증거'는 가상의 것이든 아니든 간에 존재하지 않는다. 오늘날 밀리터리 슈팅 게임이 누리는 인기에 대해 주류적인 입장에서 처음 분석한 ≪뉴욕 타임스 매거진(New York Times Magazine)≫ 편집장 크리스 수엘런트롭(Chris Suellentrop)은 〈모던 워페어〉를 비롯해 이와 유사한 게임 시리즈들이 "플레이어에게는 자신의 대학 룸메이트나 자신의 아들이 싸우고 있을지도 모를 전쟁에 그들을 연결시켜 준다고 주장하는 게임에 대한 욕구가 있을 것"이라고 주장한다.[9] 물론 현실주의에 대한 미학적·서사적 강조 그리고 개인적 인연은 몇몇 게이머에게는 의심할 나위 없는 사실일 것이다. 그러나 이러한 내용이 전부를 설명해 주는 것은 아니다. 서문에서 이야기한 것처럼, 어떤 매체의 생산물이든 그 생산물의 내적·외적 텍스트와 맥락적 요소가 경제적·정서적 성공에 기여한다는 점을 감안한다면 밀리터리 슈팅 게임의 인기를 미디어가 주는 즐거움만 가지고 논할 수 있다는 해석은 지나치게 과장된 설명이다. 미디어의 즐거움에 내재된 복합성은 문화산업이 가진 다양한 간(間)텍스트적(intertextual)인 생산방식과 마케팅 활동 속에서 더욱 복잡해진다. 미디어 및 게임 연구자들은 1인칭 슈팅 게임과 같은 몰입형 게임을 즐겁게 만드는 몰입(immersion)과 존재(presence),[10] 대리자(agency)와 통제(control)[11] 같은 텍스트적 요소부터 주류 할리우드 영화[12]와 실험적인 영화 제작[13]과 게임을 연결하는 시각적·서사적 간(間)텍스트성, 그리고 게임의 경험을 확장하고 정치적 위기 상황[14]에서 게임의 규칙들을 바꿔내는 참여적 커뮤니티[15]를 포함하는 다양한 구성적 요인에 대해 훌륭하게 분석해 왔다.

사실 이 장이 현존하는 정치적 환경을 고려하여 밀리터리 슈팅 게임을 처음으로 설명한 연구는 아니다. 실제로 지금까지 여러 학술적 자료가 탈냉전 이후의 군사정책과 기술들을 긍정적으로 프레이밍(framing)한 21세기 비디오 게임의 재현 양상에 대해 광범위하고 상호보완적인 분석을 통해 비판적으로 접근해 왔다. 가령, 연구자들은 지금까지 〈블랙 호크 다운(Black Hawk Down)〉의 영화판과 게임판이 담론적으로 얼마나 충실한지,[16] 이러한 형태의 플레이가 일상생활의 군사화에 어떻게 기여하고 망 중심의 전쟁행위를 어떻게 시도하는지,[17] [〈람보(Rambo Story)〉처럼] 약자인 한 병사가 다수를 상대하는 이야기에서 게임의 서사가 엘리트 팀이 수적으로는 밀려도 압도적인 기술 지원과 전투 기술로 무장함으로써 "승부가 나지 않는 서사"로 어떻게 바뀌는지 등에 대해 연구해 왔다.[18]

이러한 통찰력을 바탕으로 이 장에서는 1인칭 슈팅 게임의 형식이 포스트모던 시대의 갈등이 가진 유쾌하지 않은 측면에도 불구하고, 이를 어떻게 매력적인 텍스트적 수단을 만들어내는지에 대해 알아본다. 특히, 이 장에서는 밀리터리 슈팅 게임이 포스트모던 시대의 군사 개입을 개인화하고 이야기하는 구조적인 플레이 양식이라고 주장할 것이다. 영화계에서 상업적인 호소력이 줄어든 것이 보여주는 것처럼, 포스트모던 시대의 전쟁에는 대중적인 재현을 어렵게 만드는 특성이 있다. 반면 1인칭과 3인칭 밀리터리 슈팅 게임은 국제적인 갈등 속에서도 가상 전쟁을 유쾌하게 만들어내는 양식을 가지고 있다.

이 장의 전반부에서는 제프 킹(Geoff King)과 타냐 크르치윈스카(Tanya Krzywinska)가 제시한 "게임플레이 양식(gameplay modality)" 개념을 통해, 비디오 게임이 가진 스스로의 기대와 태도(비디오 게임만의 "맥락 정의적 프레임")가 다른 매체들과 상호작용하는 과정에서 어떻게 이해되는지, 또 다른 매체들과 어떻게 분리되는지 알아본다.[19] 전투 비디오 게임의 촘촘한 맥락적·형식적인 양식을 드러내는 신호는 이 게임이 플레이어로 하여금 게임이 가진 매개된 공간에서 제재 받을 수 있는 활동에 참여하도록 초대하고 동시에 플레이어가 함께 플레이하도록 유도하는 대상이라는 것을 의미한다. 다시 말해, 설혹 스크린에 보이는 콘텐츠가 다른 장르의 전쟁 엔터테인먼트나 뉴스 보도와 외형, 음향, 그리고 주제 면에서 분명 유사하다해도, 이 게임은 플레이어로 하여금 다른 매체들이 제공하지 못하는 수행적인 자유(performative liberties)를 제공한다. 이 점에서 밀리터리 슈팅 게임은 두 가지를 추구하는데, 상징적·주제적으로 다른 전쟁 매체와 연결시켜 게임이 '현실적으로' 보이기를 바라면서도, 동시에 플레이어에게 즐거움이 가득한 비현실을 제공할 수 있는 매체만의 텍스트적 지원성을 강조한다.

물론 모든 유희적 전쟁이 시간에 따라 바뀌는 역동적이면서도 가변적인 텍스트 배열을 담은 특정한 게임플레이 양식을 바탕으로 자신이 가진 고유의 역사적 순간과 생산양식을 반영한다는 점에서, 같은 방식으로 제작된 것이라고 하긴 어렵다. 이와 관련해 이 장의 마지막 절에서는 세대에 따라 게임 기술과 플레이 역학이 변화하는 것이 어떻게 게이머의 유희적 전쟁 경험에 근본적으로 영향을 끼치는지를 알아보기 위해, 수십 년의 간격을 두고 만들어진 두 개의 밀리터리 슈팅 게임 간의 주된 공통점과 차이점에 대해 알아본다. 끝으로, 이 장에서는 보다 몰입적이고 서사적으로 유희적 전쟁을 제작하는 방식은 포스트모던 시대에 전쟁의 의미가 처한 위기를 완화하기 위한 목적을 가지고 있다고 주장한다.

포스트모던한 전쟁과 이에 대한 불만

포스트모던한 전쟁의 담론적 지형과 이에 관한 비평가들의 논쟁은 밀리터리 슈팅 게임과 이 게임이 다루는 유희적 전쟁이 가진 쾌감을 설명해 주는 주요한 정치적·역사적 바탕이다. 실제로 상업적 밀리테인먼트는 시장에서 성공하기 위해 엄청난 노력을 기울였다. 이는 오늘날 전쟁의 서사와 이미지, 기사들이 신뢰를 잃은 상황에서 전쟁 엔터테인먼트가 어떻게 사실처럼 보일 수 있을 것인가에 대한 질문처럼 '분명하게' 포스트모던한 전쟁이 가졌던 다양한 인식론적·존재론적 문제 때문이었다. 이러한 상업적·재현적 문제에서 비디오 게임도 결코 자유롭지 않았지만, 게임 제작자들은 게임만이 가진 고유한 양식을 활용해 포스트모던한 전쟁이 시장에서 직면한 장애물에 대처했다. 앞으로 포스트모던한 전쟁의 개념적·역사적 유산에 대해 알아봄으로써, 우리는 왜 밀리터리 슈팅 게임이 일련의 텍스트적 즐거움을 만들어내는지, 마케팅 담당자들은 자신들의 디지털 제품을 어떻게 전략적으로 사전 프레이밍(pre-frame)하는지, 그리고 게이머는 가상의 전쟁 플레이와 실제 세계에서 벌어지는 전투 사이에 발생하는 모순을 어떻게 조정해 내는지에 대해 알 수 있을 것이다.

전쟁학자이자 미디어 연구자인 크리스 그레이(Chris Hables Gray)는 현대전에 대해 포스트모던이라는 이름표를 붙여야 한다면서 두 가지 이유를 제시한다.[20] 우선, 근대 이후의 전쟁은 16세기의 '총력전'(전투에서 이기기 위해 한 국가가 가용자원을 모두 동원하는 것)에 그 기원을 두고 있는데, 히로시마와 나가사키에 폭격이 가해진 이후, 이제 핵폭탄까지 사용하는 총력전 시나리오는 승자와 패자의 구별이 무의미하다는 인식과 함께 역사 속으로 사라지게 되었다. 다음으로, 현대전의 재현과 그 실체는 명확하지 않다는 점에서 포스트모더니즘의 역설적인 문화적 현상과 상당히 유사하다고 할 수 있다. (그레이에 따르면) 현대전의 역설은 새로운 기술, 근대주의자들의 합리성에 관한 논리, 그리고 19세기와 20세기에 걸쳐 출현한 사회 조직들에 의해 강해진다. 물론 그레이가 [기술철학자이자 역사가인 루이스 멈포드(Lewis Mumford)나 문화비평가인 폴 비릴리오(Paul Virilio)처럼] 전쟁의 변화를 추동하는 데 기술혁신이 가진 영향력을 무비판적으로 강조하고 있지만, 그는 정보가 전사들의 연장 도구들 중에서 매우 탁월한 무기라고 주장한다. 그레이는 "무기이자 신화이며, 전력의 승수임과 동시에 칼날, 수사, 인자, 그리고 자산으로서의 정보(그리고 정보를 처리하는 컴퓨터와 멀티미디어, 그리고 정보를 재현해 내는 시스템과 같은 요소들)는 포스트모더니티의 핵심적인 신호이다"라고 주장한다.[21] 같은 맥락에서 프리드리히 키틀러(Friedrich Kittler)와 비릴리오는 현대전을 "정보전(infowar)"이라고 지칭한다.[22] 키틀러는 냉전 말엽 이래로 펜타곤이 "디지털 기술에 대해 디지털 기술로 대응하거나" 전자기적 스펙트럼을 통제하기 위한 발판으로, 현대전을 전자전 체제로 바꾸었다고 주장한다.[23]

이와 달리 다른 미디어 학자들과 전쟁학자들은 정보 통제와 기술 진보가 가진 영향력에 한계가 있다고 지적한다. 필립 해먼드(Philip Hammand)는 자신의 저서 『미디어, 전쟁, 그리고 포스트모더니티(Media, War and Postmodernity)』에서 포스트모던한 전쟁이 병사들을 목표물로부터 떨어질 수 있도록 해준다는 스마트 기술을 지나치게 부풀리고 있으며, 뉴스 회사들과 문화 산업이 현실과 가상, 사실과 소설을 합성해 만들어내는 수행적 미디어 스펙터클이 가지는 효과가 과장되어 있다고 지적한다.[24] 그는 이른바 '포스트모던한 전쟁'을 주장하는 학자들을 두 가지 부류로 나누었는데, 하나는 1차 걸프전쟁(1990~1991년) 때 선보인 정밀 기술 무기와 생중계에 가까운 보도를 근거로 포스트모던한 전쟁의 절정을 주장한 [제임스 데어 데리언(James Der Derian), 크리스 그레이, 더글러스 켈너(Douglas Kellner), 그리고 장 보드리야르(Jean Baudrillard)[25] 등을 비롯한] 학자들, 그리고 다른 하나는 볼품없는 기술을 가진 역내 개발도상국가들의 갈등 또는 지역 정치와 조직적으로 이루어진 범죄로 몸살을 앓는 동유럽 등지에서 벌어지는 전투들을 포스트모던한 전쟁이라고 주장하는 사람들이었다.[26] 해먼드에 따르면, 이들의 차이는 전자는 포스트모던 시대 전쟁의 가장 중요한 특징으로 기술과 미디어 스펙터클을 강조한 데 비해 후자는 지역적 정체성의 정치에 그 초점을 맞춘 데 있다고 설명한다. 이에 대해 해먼드는 다음과 같이 언급한다.

　　냉전 이후로도 지속된 전쟁과 개입은 서구 지도자들이 자신과 자신들 공동체의 목적의식과 그 의미를 회복하고자 하는 목표에서 비롯되었다. 이는 점차 이미지, 스펙터클, 그리고 미디어의 재현을 강조하는 양상으로 발전되었다. 하지만 몇몇 기자와 평론가들이 이 과정에 공모했다고 해서 미디어 자체가 문제라고 보기는 어렵다. 중요한 것은 전쟁의 변화하는 성격과 이를 이끄는 서구 사회의 근본적인 정책 변화인데, 이는 '더 이상 좌우 대립은 문제되지 않는다'로 요약된다.[27]

이러한 비판적 맥락들을 엮어내면, 우리는 포스트모던한 전쟁이 모더니티와 갈라지게 된 원인이 정보 중심의 기술적 변환을 **통해 전달되는** 정치적 파열에서 비롯되었다는 것을 확인할 수 있다. 이러한 점에서 냉전의 종말이 포스트모던한 전쟁의 존재론적 위기를 악화시켰다는 지적은 역설적이다. 자키 라이디(Zaki Laidi)[28]의 논의에 근거해 해먼드는, 공산주의자라는 돌격할 적이 없어진 탈냉전의 시기가 서구의 정부들에게 '의미의 위기(crisis of meaning)'를 가져왔다고 주장한다. "말하자면 베를린 장벽의 붕괴가 세계에 알린 것은 공산주의의 몰락뿐만 아니라 가까운 미래에 벌어질 공동의 진보적 목표의 종말이기도 했다. 포스트모던의 관점에서 냉전의 종말은 대서사의 붕괴이기도 했다."[29] 서구에게 '타자'를 잃은 것은 정치적 상상력의 진공상태를 만들어냈는데, 이를 다른 이들의 희생에 대한 '세계인으로서의 개입'이나 인도주의적인 임무를 수행하는 것으로 채우기는 쉽지 않았다. 이에 대해 해먼드는 "다른 이들의 고통에 대한 동정과 희생은 개인이 가진 인간적인 허약함과 취약함을 강조하는 최소공배수적 접근방식이다. 이는 우리가 가질 수 있는 미래지향적인 공동 목표와는 거리가 멀다"라고 분명히 말한다.[30] 이러한 추상적인 정치적 계획은 희생을 어떻게 정의해야 하고, 왜 특정한 인도주의적 임무를 수립해야 하며, 우리가 언제 이를 '완수함으로써 승리를 쟁취해야 할 것인지'에 대한 반문에 직면한다. 이는 앞선 논의들에서 확인할 수 있듯이, 서구가 만들어내는 전쟁의 지배적 양식 및 포스트모던함이 미디어에서 대중적 재현을 이끌어내는 방식을 설명하는 데 동원된다. 결국 이들 학자에게 포스트모던함이란 무비판적 혹은 새로운 것에 대한 선험적인 찬양도 아니었고, 과거와는 인식론적으로 단절된 순수한 내용도 아니었다.

해먼드는 걸프전 이후 미국이 1990년대에 (소말리아나 코소보 등지에서) 수행한 인도주의적 사업과 평화유지 활동이 정치적으로 불만족스러웠다면서, "(해먼드 자신이 만든 개념인) 치유를 위한 전쟁(therapeutic war)"은 강렬하고 내셔널리즘적인 색채가 짙은 정치적 의제를 가졌던 갈등과 비교할 때 실망만 가져왔을 뿐이라고 역설한다. 해먼드에게 있어 인도주의에 기초한 군사적 개입주의의 대두는 "정치적 영역의 붕괴"에 따른 결과였다.[31] 나아가 그는 다음과 같이 주장한다. "실제로 이러한 담론이 가졌던 커다란 흡인력은 이 담론이 반정치적이었다는 데 있었다. '현실정치'와 기득권 위에 도덕성을 강조함으로써 특정 지지층을 겨냥하거나 이익을 노린 것이 아니라고 호소할 수 있었다."[32]

미국 문화에서 치유를 위한 전쟁을 만드는 담론은 전혀 새로운 것이 아니다. 수사학자인 다나 클라우드(Dana Cloud)는 이것이 "사회적·정치적 문제를 개인의 책임과 치유의 언어로 치환하는 담론적 양식"이며 1960년대 후반 미국이 겪었던 사회적 혼란 이후 미국 대중문화를 지배하는 정치적 전략이자 모티프가 되었다고 말한다.[33] 해먼드(그리고 그레이나 더글러스 켈너와 같은 비평가)가 포스트모던한 전쟁이 어떻게 수행되는지, '베트남 신드롬'과 1990년대 시행된 인도적인 사업들이 촉발시킨 대내적인 위기가 어떻게 인지되는지에 대해 설명한 것과 맞물려, 베트남전쟁 기간 동안, 그리고 그 이후에 치유와 관련된 담론이 확산된 점은 많은 것을 설명한다. 따라서 탈냉전 초기에 벌어졌던 낮은 강도의 갈등은 기술 발전의 결과라고 해석하기보다는, 이들이 강하고 단합된 정치적 목표를 공유하지 못한 상태에서 해먼드가 "인도주의적 스펙터클은 …… 해결책이 아니라 의미의 위기를 보여주는 징후"라고 말한 것과 맥락을 같이한다고 보아야 한다.[34] 1990년대에 벌어졌던 인도주의적 사업들은 치료로서의 전쟁이라는 담론의 언어로써 이를 구체화하도록 이끌었다. 탈냉전이 불러온 의미의 위기, 그리고 정치적으로 힘을 잃은 개입은 2001년 9월 11일의 화염 속에서 적어도 표면적으로는 막을 내린다.

테러와의 전쟁은 포스트모던 시대에 전쟁이 겪는 정체성의 위기를 해결할 수 있는 수단은 아니었다. 정체가 불분명했던 이 전쟁은 부시 행정부의 악명 높은 전략적 착오들로 인해 그나마 가지고 있던 명분도 몇 년 만에 잃어버렸다. 사실 조지 W. 부시(George W. Bush)가 두 번째 임기를 시작한 지 얼마 되지 않아, 침공 당시에 열광적인 지지를 아끼지 않았던 주류 언론들은 아프가니스탄과 이라크 점령에 대해 정치적인 의구심을 제기했고 이것이 심지어 미국에 해를 끼친다고 규정했다. 포스트모던 시대에 벌어지는 전투들에 대해 끊임없이 제기되는 대중적 불신은 다큐멘터리화된 뉴스의 실체가 가지는 효험과 군사적 개입을 정당화하는 정치적 동력이라는 두 가지 요소와 연결된다. 실제로 대중과 언론은 외교정책 목표의 변화를 추동하는 정치적 이상이 가지는 진실성에 대해 의문을 제기했는데, 이는 9·11 이후의 밀리터리 엔터테인먼트에게도 적용되는 정치적인 불안감이기도 하다.

테러와의 전쟁을 상품화하기 어렵게 만드는 주된 이유 중 하나는 이라크와 아프가니스탄 전쟁에 대해 매일 보도되는 기사들이 관객에게 호소력을 갖는 할리우드 상품처럼 만들어졌기 때문일 것이다. 테러와의 전쟁 초기 단계부터 기자들과 평론가들은 이를 가리켜 미국과 우방들이 너무나 명확하게 "결의에 차 있는 이미지를 만들어내기 위해"[35] 적나라하게 계산한 행위라고 보았다. 이처럼 언론이 자신들이 생산해 내는 전쟁 보도의 질에 대해 스스로 인식하고 있는 상황에서, 연합군의 명분이 정당하고 올바르다고 주장하는 것은 설득력이 약할 수밖에 없었다.

미국 정부가 노골적으로 이미지와 정보들을 조작했음을 입증하는 증거는 수없이 많다. 단적으로 (미군의 심리전단 지휘하에) 2003년 4월 9일 이라크 시민들이 바그다드에 있는 사담 후세인의 동상을 끌어내려 부수고,[36] 도버(Dover) 미 공군기지로 돌아오는 미군들의 유해 송환 장면을 사진 찍어 내보내는 것을 금지한 것(1991년 당시 조지 H. W. 부시 대통령 때 만들어진 제한 조치였으나 2009년 오바마 행정부에 의해 폐지되었다),[37] 이라크의 정권교체와 미국의 정책적 노력을 지원하기 위한 목적으로 정부가 생산한 뉴스를 미국 전역으로 전파한 것,[38] 제시카 린치(Jessica Lynch) 일병과 팻 틸먼(Pat Tillman) 상병의 영웅적 일화를 만들어낸 것 등[39] 냉소를 불러일으킬 뿐 전쟁 노력을 무색하게 만든 사례들이 존재한다[대중들에게 잘 알려지지 않았지만, 실제로 린치의 구출은 정교하게 만들어진 미디어 이벤트였으며, 틸먼은 아프간 민병에 의해 죽은 것이 아니라 '동료에 의한 죽음'이었다[40]].

여러 사례 중에서 미국 정부가 보여준 '가장 인상적인' 선전물은 테러와의 전쟁 초기에 부시 대통령이 전투기를 몰고 항공모함에 내려 "임무가 성공했음"을 밝히는 연설일 것이다.[41] 100만 달러가 투입된 이 방송 연출극에 대해 기자들과 정치인들은 그의 재선 캠페인과 노골적으로 직결된 곡예라고 강하게 비판했다. 그러나 이라크와 아프가니스탄에서 벌어진 전쟁에 대한 보도에 깔려 있던 미디어의 냉소주의에도 불구하고, 정작 사람들이 이미지에 대해 품었던 의구심과 이에 대한 명확한 '의견'들은 미국 매체들에 퍼져 있던 전쟁에 대한 전반적인 지지를 약화시키거나, 잘못된 정보를 퍼뜨리는 일에 공모한 언론인들을 끌어내리는 데 별다른 영향을 미치지 못했다[주디스 밀러(Judith Miller)가 ≪뉴욕 타임스(New York Times)≫에 내보낸 기사를 상기해 보라). 냉소에도 불구하고 목숨을 건 투쟁은 시청률에 요긴하게 쓰인다.

이러한 점에서 대량살상무기를 찾겠다고 하다가 사담 후세인을 끌어내려 이라크 국민들에게 정의와 자유를 주겠다고 말을 바꾸고, 나중에는 중동 사람들에게 민주주의를 선사하겠다면서 전쟁의 전략적 목적에 대해 끊임없이 말을 바꾸었던 입안자들과 그들이 가졌던 정치적 의도를 둘러싼 회의론이 커지는 상황에서, 문화상품 기획자들이 도덕적으로 덜 논란이 되는 전쟁을 판매하고자 한 것은 당연했다.

따라서 2000년대 초반에 할리우드가 제2차 세계대전을 재조명한 것은 대중들에게 나라가 전쟁 상태에 있다는 경각심을 불러일으키면서 동시에 미국이 승리할 수 있다는 낙관론을 유지하도록 정교하게 짠 상업적 전략이었다(오사마 빈 라덴의 '생사'도 파악하지 못했던 것을 비롯해 침공 이후 연합군이 벌인 수많은 실수는 미국이 승리할 수 있다는 낙관론을 더 이상 옹호할 수 없게 만들었다). 덧붙여 제작자들이 제2차 세계대전으로 눈을 돌리게 된 데에는 경제적인 입장뿐만 아니라, 9·11과 1941년 일본군의 진주만 공격이 연결될 수 있다는 문화적인 인식도 작용했다.[42] 역사적 사례들과 조국에 대한 공격을 연결하는 시도는 ─ 하와이의 침몰하는 전함을 보여준 흑백 뉴스 영화와 연기가 피어오르는 뉴욕의 빌딩을 촬영한 손바닥 크기의 컬러 영상처럼 트라우마를 유발하는 사건에 관한 영화가 그랬듯이 ─ 집단기억을 끄집어내고 군사력 사용에 대한 정당성을 확립하려는 공통의 목표를 가지고 있다.

진주만과 9·11을 비교하는 것은 전투를 영상으로 재현하는 것이, 이들 영상이 보여주는 갈등이 명확한 허구임에도 불구하고, 왜 전쟁 엔터테인먼트의 도덕적 타당성에 대한 대중적 논의와 연결되는지를 보여준다. 이는 불확실한 역사적 사건에 소비자들도 연루되었음을 보여준다는 점에서 테러와의 전쟁을 다루는 미디어에게 복잡한 문제라고 볼 수 있다. 심지어 9·11 이후 만들어진 허구적 전투 엔터테인먼트조차 테러리스트의 공격과 이에 대한 미군의 대게릴라 작전을 은연중에 드러낼 수밖에 없었다. 이는 오늘날 전쟁 관련 미디어의 문화적 특징을 이루는 원천이지만 이와 동시에 전쟁의 재현이 잘못되었을 때 잠재적 장애물로도 작용한다. 다음 장에서도 언급하겠지만, 이와 관련해 영상학자인 니콜라스 미르조에프(Nicholas Mirzoeff)는 다큐멘터리에 나오는 전투 이미지들에 대해 "…… 특히 전쟁 이미지는 보일 수 있는 것에 대해 정부의 허가가 요구된다는 점에서 완전한 신뢰와 신용을 확보한 것으로 보인다. 이는 동일시와 비동일시의 감각을 만들어내는 사건이라고도 볼 수 있다. 결국 지구적 문화로서 전쟁을 재현하는 것은 영상 이미지로서 개인들을 역사 안에 재배치하는 것을 뜻한다"라고 언급한다.[43] 그러므로 전쟁 이미지는 단순히 전장에서 무엇이 벌어지는지를 알려주는 약간의 사실이나 병사들이 직면하는 매일매일의 상황을 보여주는 것 이상의 의미를 갖는다. 궁극적으로 전쟁 이미지는 국가의 역사와 이상적인 시민을 포함한 정치적 신화들과 수용자를 동일시하는 과정이다. 다시 말하지만, 전쟁 게임과 전쟁 미디어는 동일하게 만들어진 것이 **아니다.** 이 밀리테인먼트들은 개인들과 그들이 속한 상상의 공동체로서의 국가를 매체가 가진 특정한 방법과는 서로 다른 결말로 매개해 낸다. 그렇다면 이제 어떻게 밀리터리 슈팅 게임이 실제 갈등을 어떻게 연결하는지(혹은 연결하지 않는지) 알아보자.

미디어 양식과 현실을 플레이하는 것

이 장에서 다루고 있는 것처럼, 밀리터리 슈팅 게임이 다른 영상 매체와 달리 어떻게 테러와의 전쟁을 상품화해서 상업적인 성공을 거둘 수 있었는지에 대해 알아보는 것은 전쟁과 매체 간의 서로 다른 형식, 소비자가 실제로 인지하고 있는 것과 허구적 매체가 묘사하는 전투 간의 일치, 불일치에 대해 이용자가 가지고 있는 기대에 관한 더 어려운 질문들로 이어진다. 다행스럽게도 우리는 "행동에 대한 어떤 태도와 그 행동이 어떻게 현실 세계에서 이해되어 자리 잡는지"를 '양식'이라는 개념을 통해 설명할 수 있다.[44] 그러나 이 개념은 (재현적 혹은 서사적 기제를 전달하는 양식처럼) 어떤 기호학적 체계가 정서적 경험을 만들어내는 수단으로서도 등장하기 때문에 문제를 어렵게 만들 수 있다. 조심스럽지만, 이 장에서는 두 가지 측면에서의 양식을 모두 사용한다. 이는 아이디어들이 서로 연결되어 있으며, 오늘날 밀리터리 슈팅 게임플레이의 양식은 전쟁 게임과 현실의 일반적인 관계에 대한 사용자의 기대(게임의 맥락에 관한 양식)임과 동시에 밀리터리 슈팅 게임이 만들어내는 한계적(liminal)이면서도 정서적인 게임 경험에 관여하는 디자인 기술(여기서 양식은 무엇을 해내는 기호학적 체계를 말한다)을 포괄하는 합성된 경험 체계이기 때문이다. 따라서 미디어 양식에 대해 생각해 봄으로써 우리는 서로 연결된 실천으로서의 게임 문화를 이해하기 위한 이 연구의 방법론적인 부분을 되짚어볼 수 있다.

미디어 연구자이자 게임학자인 제프 킹과 타냐 크르치윈스카는 비디오 게임이 다른 매체와는 다르게 (프레임의 맥락적 방향성과 내적 텍스트적 특성처럼) 자신만의 기호학적 사용자 표지를 가지고 있다는 점에서 독자적인 양식을 가지고 있다고 주장한다.[45] 더욱이 이 매체는 잠재적인 플레이어로 하여금 매체의 전산화된 알고리즘을 경험하게 하고, (때때로) 플레이어를 플레이하고 탐험할 수 있게 하는 **게임으로서** 몰입시키는 서사를 경험하게 한다. 호지(Hodge)와 트립(Tripp)은 아이들이 텔레비전에 대해 가지고 있는 현실 및 환상과 관련된 지각에 대해 연구할 때 사용할 목적으로 언어학에서 가져온 '양식(modality)'의 개념을 차용한다.[46] 언어학자들에게 '양식'은 지각된 현실 혹은 주어진 메시지의 확실성을 의미하는데, 텔레비전 콘텐츠에 대한 호지와 트립의 연구처럼 킹과 크르치윈스카도 비디오 게임이 어떻게 다른 영상매체와는 다르게 허구와 현실을 재현하는지, 사용자들이 이 엔터테인먼트 매체에 대해 기대하는 바가 게임과 관련된 논의를 어떻게 이끌어가는지를 알아보기 위해 이 개념을 사용한다.[47]

분명한 것은 ― 그것이 정치적 메시지이든 광고 간판이든 혹은 만화영화이든 간에 ― 메시지가 가진 현실주의적 감각 혹은 인지된 비현실이 메시지가 가지고 있는 절대적인 진실성과 동일시되는 것은 '아니'라는 것이다. 우리가 말하는 것은 재현이 가지고 있는 **인지된** 진실에 관한 것이자, 이것이 사회적 작용 속에서 얼마나 어떻게 공유되는지에 관한 것이다. 호지와 트립은 이에 대해 다음과 같이 분명히 구별하고 있다.

진술이 가지고 있는 양식은 현실과의 실제 관계나 진실, 거짓, 혹은 어떤 것을 의미하는 것이 아니다. 그것은 화자가 만들어내고 원하는 것이자, 이에 따라 청자들이 만들어내는 관계를 판단하는 것이며, 이는 동시에 청자들이 잠재적인 도덕적 판단의 근거가 되는 수많은 단서 중에서 선별해 만들어내는 판단과도 연결된다.[48]

미디어 양식은 전통적인 재현 요소들을 가지고 공상과학이나 판타지처럼 미학적·포괄적인 범주로 나누는 것이 아니며, 현안에 대해 진실을 주장하는 단일한 개념도 아니다. 오히려 메시지가 가진 양식은 사실을 둘러싸고 이해관계자들이 끊임없이 조정되는 사회적 논쟁이 이루어지는 복잡한 공간으로서, "(양식은) 거의 항상 복잡하고, 주장과 반박으로 가득한 모순적인 공간이다".[49] 게임과 관련 없는 메시지를 나르는 양식의 예로는 2009~2010년 미국 건강보험 개혁 논의에서 언론을 달구었던 이른바 "사망선고위원회(death panels)"에 대한 논쟁을 들 수 있다. 알래스카 전 주지사이자 부통령 후보였던 새라 패일린(Sara Palin)이 공론화시킨 이 문제적 용어는 연방정부에게 의료 비용을 결정하는 더 많은 권한을 부여함으로써 결과적으로 아픈 미국인들이 진료 받을 기회를 제한할 것이라는 의미를 담고 있었다. 올드 미디어와 뉴미디어를 가리지 않고 벌어진 논쟁들은 주장의 진실성에 대해 엄청난 논란을 불러일으켰고, 이후에는 반대 진영을 향해 제도 개혁을 요구하는 논란으로 변질되었다. 이 과정에서 사망선고위원들이 현실에 존재하는 사람인지에 대한 본래의 논의는 줄어들고, 사망선고위원회라는 아이디어 자체가 정부가 관리하는 건강보험이 가진 위험성을 내포하는 오래된 서사로서 기능하게 되었다.

미디어 메시지와 현실 간의 연관성에 대한 논의는 존재론적·인식론적 우위에 대한 논쟁을 넘어서 사회적 통제에 대한 활동과도 직결된다. 호지와 크레스(Kress)는 이에 대해 다음과 같이 말한다.

사회적 통제는 현실 재현에 대한 통제로서 판단과 행동의 기반이 된다. 이러한 통제는 기호학적 과정을 통해 유포되는 모방된 콘텐츠를 통해 직접적으로 표현될 수도 있고, 양식에 대한 판단을 통제함으로써 간접적으로 이루어질 수도 있다. 양식을 통제하는 자는 어떤 현실이 기호학적 과정에서 타당한 방식인지 선택할 수 있는 권한을 갖는다.[50]

게다가 현실과 재현 사이의 관계에 대한 논의에는 텍스트적 혹은 재현적 층위(예를 들어 무엇이 묘사될 것인지에 대한 논의), 그리고 맥락적 혹은 사회적 층위(사실을 전할 수 있는 매체의 능력에 관한 공적 토론)라는 두 가지 차원이 존재한다.

킹과 크르치윈스카는 같은 기호학적 체계 내에서도 양식을 표기하는 방식이 다를 수 있다는 사실을 언급하고, 이러한 표기들이 특정한 기호학적 체계가 가진 일반적인 범주 안에서 변이들을 즐길 수 있다고 지적한다.[51] 가령 유사한 통제 체계를 가진 1인칭 슈팅 게임이라고 해도 공상과학 슈팅 게임인 〈둠(Doom)〉(1993)과 2차 세계대전을 배경으로 한 슈팅 게임인 〈메달 오브 오너: 얼라이드 어설트(Medal of Honor: Allied Assault)〉(2002)가 가지는 허구의 기호에는 상당한 차이가 있다.[52] 텍스트적 다양성은 각각의 양식에 대한 사용자의 기대에 영향을 미칠 뿐만 아니라 이 게임들을 둘러싸고 벌어지는 논의의 방향성을 결정한다. 킹과 크르치윈스카는 다음과 같이 말한다.

> 현지화된 양식의 기호가 현실주의·진정성(authenticity) 쪽으로 기울어지는 상황에서 게임은 현실 세계의 문제에 대해 벌어지는 논쟁의 주된 주체가 된다. 역사적 경험인 제2차 세계대전을 사실적으로 재현해 내는 것과 관련해 〈메달 오브 오너〉는 이것을 적절하게 시뮬레이션했는지의 차원에서 스스로를 잠재적인 비판에 노출시킨다.[53]

이러한 설명은 폭력적이면서 극적으로 기상천외한 슈팅 게임이 종종 공격성이나 폭력과 연관된 미디어 효과에 대한 논의를 불러일으키는 반면, 오늘날의 밀리터리 테마 게임이 전쟁사의 재현이나 잠재적 모병과 연결된다는 비판을 불러일으키는 이유를 보여준다.[54]

그림 1-3 〈둠〉(1993)에서 BFG 9000을 쏘는 플레이어

그림 1-4 〈메달 오브 오너: 얼라이드 어설트〉(2002)의 배경인 프랑스 노르망디에서 총알을 피하는 플레이어

현실적이든 그렇지 않든, 게임 장르 양식이 지닌 기호 사이의 다양성은 게임과 게임이 재현해 내는 문자 그대로의 현실 세계 간의 차이보다 더 크다. 요컨대 슈팅 게임이 주장하는 '현실적'이라는 말은, 궁극적으로 전쟁 게임을 불변의 전쟁영화나 텔레비전 프로그램, 그리고 뉴스와 같은 장르와 차별화하는 게임플레이만의 수행적인 요구임을 의미한다.[55] 플레이의 실천에서 기인한 이 근본적인 차이는 어떻게 이 엔터테인먼트 텍스트가 (즐겁든 즐겁지 않든 간에) 과거, 현재, 그리고 미래의 전투를 매개하는 것으로 해독될지를 결정하는, 실험적이면서도 가능성을 가진 차이를 만들어낸다. 전쟁영화는 전투를 스크린으로 **볼 것**을 유도하고, 전쟁 게임은 스크린을 통해 전투를 **플레이할 것**을 요구한다. 여기에 미디어 상호작용의 근본적이면서도 중대한 분기점이 나타나는데, 이는 부분적으로 대중이 왜 이 간(間)텍스트적인 구성물을 다른 전쟁 상품과 다르게 받아들였는지를 설명해 준다. 〈그림 1-5〉는 이 두 가지 양식의 축을 토대로 밀리테인먼트를 범주화한 것이다. X축은 현실과 연결되는(혹은 그렇지 않은) 양식의 기호를 뜻한다(맥락적 양식). 이 스펙트럼에서 왼쪽은 추상화된 재현을 뜻하고, 오른쪽은 특정성(specificity)과 현실 간의 유사성이 강하다는 것을 의미한다. 반면 Y축은 상호작용적인 장치로서 미디어를 플레이할 수 있는 기회를 의미한다(텍스트적 양식).

　킹과 크르치윈스카가 설명한 '고유 영역(distinctive realm)'은 요한 하위징아의 유명한 개념인 "마법의 원"처럼 규정하기 어려운 개념이다. 서론에서 이야기한 것처럼, 이 네덜란드 사회학자가 소개한 이 개념에 대해서는 꾸준히 비평이 이루어져 왔고 정교하게 다듬어져 왔는데, 이 개념을 통해 게임이 가진 경험적 질이 참여를 유도하는 성질을 가지고 있다는 것을 확인할 수 있다. 플레이 행동은 말 그대로 행동이기 때문에, 플레이를 단순

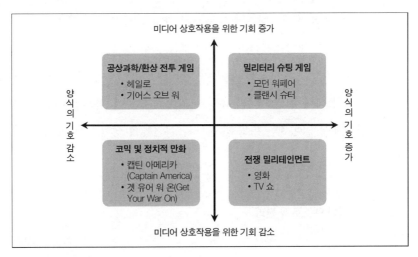

그림 1-5 밀리테인먼트의 양식에 관한 벡터

히 우발적이거나 환영적인 재현으로 인식하는 것은 플레이를 이해하기에
충분하지 않다. 하위징아는 커뮤니케이션과 게임 연구와 관련해 다음과
같이 상기시킨다.

> 의식 혹은 '의례적 행동(ritual act)'은 자연적인 공정에 대한 엄청난 사건
> 을 재현한다. 하지만 '재현한다'는 것은 정확하게 행동을 의미하는 것이 아니
> 다. 적어도 오늘날에 가지는 '재현'은 '인지(identification)'에 관한 것, 즉 사
> 건이 '다시 제시'되거나 신비롭게 반복되는 것을 함축한다. 그리스인들이
> "모방하는 것보다는 공유하는 것"이라고 말한 것처럼, 의식은 단순히 행위에
> 서 **실제로 재생산되는 것을 비유적으로 보여주는** 효과 이상을 의미한다.[56]

게임이 어떻게 현실 세계를 연결시키고 평가하든, 게임플레이는 문화적
인 의미를 가지기 위해 다양한 방면에서 현실과 연결될 수 있도록 노력해

야 한다. 대부분의 플레이어가 컨트롤러를 잡고 다른 세계로 들어가는 걸 기대한다고 해도, 게임플레이가 가지는 텍스트적 양식은 주어진 것이 아니다. 현실과 유사한 세계에서 벌어지는 전쟁에 대해 제기되는 다양한 상호작용적 주장 속에서 밀리터리 슈팅 게임이 가지는 양식은 주어진 게임 플레이 상황에서 벌어지는 다양한 전략과 실천을 설명할 때 비로소 이해될 수 있다.

미디어 양식과 텍스트적 전파

근본적으로 전쟁 미디어는 담론들이 복잡하게 얽혀 있는 장이다. 숨 막히는 전투병의 이미지와 가슴을 두근거리게 하는 이야기는 밀리터리 블로거들이 유튜브에 업로드한 동영상에서부터 라디오 저널리스트들의 팟캐스트, 그리고 할리우드의 메이저 제작사들에 이르기까지 광범위하게 활용되는 표현적 유형을 재매개한 것이다. 할리우드는 미국의 군사적 개입을 서사화하고 기념하는 데 많은 성과를 거두었는데, 이는 영화가 스펙터클하고 본능적인 감정을 불러일으키는 역사를 정확하게 재현해 낸다는 인식 (혹은 적어도 정확하게 재현해 낼 가능성)에 기인한다. 영화의 양식적 기법과 사진의 정확도가 가지고 있는 미학적 디자인, 서사적 형태, 복합적인 사운드 디자인 등이 합쳐졌을 때, 영화가 만들어내는 허구는 신뢰도를 부여받는다. 상대적으로 짧은 역사에도 불구하고 게임은 영화가 가진 스토리텔링의 전통과 시각적 스펙터클을 모방했고, 지난 수십 년간 할리우드 전쟁 영화와 텍스트 측면에서 또는 산업적 영역에서 교류를 지속해 왔다.

이처럼 게임이 영화에 지고 있는 빚에 못지않게,[57] 1인칭 슈팅 게임의 포맷은 매체만의 양식을 가지고 고유의 즐거움을 만들어낸다. 슈팅 게임도 다른 포스트모던적 전쟁 미디어처럼 시각적인 어휘와 재현적 비유에 의존하고 있으며, 이러한 기호와 기법을 유희적 게임공간에서 만들어낸다는 점에서 슈팅 게임의 서사적 주체성은 문화적으로 공감을 불러일으킨다. 1인칭 슈팅 게임의 역사를 간략하게 짚어봄으로써, 우리는 1인칭 슈팅 게임의 양식이 어떻게 텍스트적 매개물로서 게임플레이와 의심스러운 포스트모던 시대 전쟁의 정치적 의제에 대한 광범위한 시각적 계보학을 연결시키는지 명확히 할 수 있다.

1990년대 초반에 선보인 이래, 1인칭 슈팅 게임은 지속적으로 대중들이 선호하는 장르였다. FPS(First-person Shooter)라는 이름이 보여주는 것처럼, 이 장르는 관점과 총싸움이라는 두 개의 본질적인 디자인 전통을 가지고 있다. 이 구성물들은 1970년대와 1980년대에 출시된 일련의 비디오 게임에서도 함께 쓰였으며, 영화의 시각사(史)에서 더 오래된 역사를 가지고 있다.[58] 하지만 FPS는 1992년 텍사스에 소재한 게임 스튜디오인 이드 소프트웨어(id Software)가 초월적인 3차원 공간에서 쉴 새 없이 벌어지는 추격전 게임플레이를 다룬 PC 게임인 〈울펜슈타인 3D(Wolfenstein 3D)〉를 출시하기 전까지는 상업적으로 성공할 수 있는 장르로 여겨지지 않았다. 〈울펜슈타인〉의 성공 이후 이 업체가 출시한 〈둠(Doom)〉(1993)[59]과 〈퀘이크(Quake)〉(1996)까지 덩달아 성공을 거두면서, 이드 소프트웨어는 오늘날까지 이어지는 FPS의 포괄적인 전통을 만들어냈다. 하지만 이 게임들이 가진 폭력성에 대해 비난이 쏟아지면서, FPS는 게임사에 오점을 남겼다.

물론 게임이 재현하는 군사적 폭력이 현실과 환상을 모호하게 구분한다는 비판은 9·11 이후에 출시된 슈팅 게임에 국한된 것이 아니었다. 이러한 우려는 제1차 페르시아만 걸프전 당시 언론인들이 이 전쟁을 "닌텐도 전쟁(Nintendo War)"이라고 불렀을 때부터 존재했다. 텔레비전 매체들은 화려하면서도 자극적인 이 기술적 수사에 현혹되었는데, 이는 서구의 뉴스 매체들이 전 세계로 중계되는 이 탈냉전기의 분쟁에 대해 "깨끗한" 군사적 개입이라고 소개했기 때문이자(이는 미군 부상자가 거의 없었다는 측면에서 그렇다는 것이고, 실제로 수천 명의 인명 피해를 입어야 했던 이라크인들의 감정은 배제되었다), 국방부가 전쟁에 관한 보도들을 텔레비전에 알맞도록 꾸준히 다듬어왔기 때문이다. 이 "닌텐도 전쟁"을 담은 영상 중에서 가장 기념비적인 것은 공격 차량 및 로켓에 장착된 카메라가 이 "스마트한" 무기들의 마지막 순간을 비디오로 송출한 장면일 것이다. 이 전쟁의 이미지는 오락실과 거실에서 플레이했던 〈미사일 커맨드(Missile Command)〉(1980)와 〈배틀존(Battlezone)〉(1980) 같은 게임이 픽셀화되어 만들어낸 파괴의 이미지와 비슷하다.

그래픽의 유사성만큼이나 놀라운 것은 걸프전이 벌어졌던 1990년대와 2000년대 사이에 게임 산업과 주류 뉴스가 채택한 스토리텔링 기법의 발전 양상과 양 산업이 9·11 이후의 전쟁을 시각적으로 서사하는 양상 사이의 중요한 연관성이다. 일례로 첨단 무기를 부각시켜 페르시아만전쟁을 유명하게 만들었던 관점은 디지털 십자선을 군사화된 게임플레이에서 핵심으로 변형시킨 1980년대 아케이드 슈팅 게임에서 이미 보여주었던 것이다. 그러나 이 매개된 시선에는 화면에서 보여주는 파괴에 맥락을 부여하는 서사가 결여되어 있었다. 군 당국자들과 기자들은 마치 아케이드 게임 유저들이 추상적인 아케이드 총격전에 담긴 이야기를 만들어낸 것처럼 저녁 뉴스에서 방송할, 픽셀로 만들어진 이 비디오에 어떤 의미를 담아야 할지 고민했다.

2003년 이라크 침공 이전까지, 1인칭 슈팅 게임에서 사용된 스토리텔링은 엄청난 발전을 이루었다. 복잡한 공간 디자인은 일련의 맞춤형 게임플레이 옵션으로, 그리고 화면에서 벌어지는 폭력을 추동하는 캐릭터 및 서사로 보완되었다. 또한 미 국방부도 전쟁 정보를 관리하는 데서 비슷한 인식을 갖게 되었는데, 1990~1991년 걸프전에서 전사들을 기자회견에 등장시키는 것과 사전검열된 이미지와 영상만으로는 만족하기 어려웠던 국방부는 몇몇 기자로 하여금 이라크에서 싸우고 있는 남녀 군인들과 동행하게 했다. 이 기자들은 과거에 보여주었던 전쟁의 이미지보다 더 스펙터클한 모습을 시청자들에게 보여주지는 못했지만, 대신 이라크에서 자신들의 모습을 날것으로 대중에게 전달하는 데에는 성공함으로써, 미국 대중들이 전쟁에 투입되는 노력과 자기 스스로를 동일시하도록 만들었다.[60] 전쟁 입안자들이 저널리스트들을 전장으로 투입한 이 정책적 결정에 상업 게임 시장에서 이루어진 디자인 혁신의 과정이 미친 영향력은 분명 미미했다. 하지만 중요한 사실은 전쟁영화가 오랫동안 가지고 있는 운동감각적 시각 작용과 개인적 영웅주의의 서사 같은 요소가 케이블 뉴스 프로그램의 보도 관행과 전쟁 게임의 디자인에 지속적으로 영향력을 행사해 왔다는 것이다. 대중문화는 포스트모던한 전쟁이 겪는 '의미의 위기'를 상쇄하기 위해 어떤 밀리테인먼트 장르이든 가리지 않고 찾아냈다.

두 걸프전 사이의 10년 동안, 1인칭 슈팅 게임은 (3D, 고해상도 그래픽, 고속 인터넷 접속의 확산, 인공지능의 발전 등과 같은) 관련 기술의 상당한 발전 덕분에 지속적인 발전을 이루었고, 그 결과 픽셀 속에서 이루어졌던 그들의 옛날 모습은 거의 남지 않게 되었다.

이러한 발전에도 불구하고, 슈팅 게임 장르를 지속시키고 설명하는 두 가지 근본적인 구조는 유지되고 있다. 앤드류 쿠르츠(Andrew Kurtz)는 ('1인칭'이라는) 관점과 ('슈팅 게임'이라는) 액티비티가 게임플레이를 개인화시키는 데 어떻게 공명하는지에 대해 다음과 같이 설명한다.

그림 1-6과 그림 1-7 전쟁 매체들이 동일한 시각적 언어를 사용하는 모습. 군인들이 문을 부수는 실제 상황(위)과 〈메달 오브 오너〉에서 게이머들 문을 부수는 상황(2010, 아래)

게임의 세계를 주인공의 눈으로 바라보면, 플레이어는 어떤 컴퓨터게임에서든 마치 자신이 키보드, 마우스, 혹은 조이스틱과 같은 입력장치를 통해 게임 공간과 협상하는 것으로 느끼게 된다. 더욱 매끄러운 1인칭 환경을 구현하기 위해 플레이어는 자신이 선택 가능한 몇몇 무기를 손에 쥔 채 엉덩이 높이로 맞춰진 플레이어의 화면을 통해 주인공·플레이어의 "눈 속"에 있는 비디오 공간으로 뛰어들어 감으로써 주인공의 손이 재현되는 것을 보게 된다. 이 관점에서 플레이어는 〈울펜슈타인 3D〉나 〈패스웨이즈 인투 다크니스(Pathways Into Darkness)〉에 등장하는 방 크기의 미로부터 〈마라톤(Marathon)〉과 〈하프 라이프(Half-Life)〉 시리즈와 같은 게임에 사용되는 정교한 실외 환경에 이르는 다양한 배경 속에서 주인공을 움직인다. 서사가 가지고 있는 복잡성의 다양한 척도 안에서, 1인칭 슈팅 게임의 궁극적 목표는 A지점에서 B지점까지 가로지르면서 배경 속에서 살고 있는 적들을 제거하는 것이다.[61]

텍스트적 장치로서 슈팅 게임은 플레이어에게 자신의 선택이 자신만의 전쟁 이야기 플롯을 구축해 우주의 변화를 추동하는 인물이 되도록 설정한다. 또한 문화적 장치로서 슈팅 게임은 정치적 불안감을 플레이와 즐거움의 기회로 바꾸어내는 역할을 한다.

1인칭에서 '하나의 개인화된' 슈팅 게임으로

이 책의 주요 내용 중 하나는 비디오 게임의 의미와 양식이 사회적으로 구축되어 있으며 표지 그림, 레벨 설계, 뉴스 보도에 이르기까지 다양한 영역을 매개한 결과라는 데 있다. 또 다른 전제는 게임은 기술적·문화적 합성물로서 그 게임이 만들어진 시기와 방식을 반영할 수밖에 없다는 점이다. 그렇기 때문에 게임플레이에 관련된 문화적 비평이 의미를 가지기 위해서는 게임이 가지고 있는 창조적 디자인이 지닌 광범위한 사회적·정치적 맥락을 고려해야 한다. 앞서 설명한 것처럼 양식이란 어떻게 게임이 현실을 재현하고 현실과 연결되어 있는지를 이해하기 위해, 혹은 게임플레이가 '현실 세계와 관련해 어떻게 위치를 설정했는지'를 알아보기 위해 만들어진 개념이다.[62] 마찬가지로 양식은, 형식이 어떻게 플레이어를 또 다른 실험적 영역으로 연결하는 텍스트를 이동시키는 수단으로서 작동하는지 알아보는 데에도 유용하게 쓰일 수 있다.

십여 년 전에 만들어진 인기 슈팅 게임과의 비교를 통해 우리는 유희적 전쟁의 쾌락을 만들어내는 게임 플랫폼의 상이한 능력이 (당대의 기술과 문화적 의제를 반영함으로써) 역사적으로 특정되어 있다는 것과 게임 플랫폼의 상이한 능력이 시대를 초월해 (장기적으로 지속된 매체 특유의 속성들과) 미학적 구조를 확보할 수 있는 방식을 밝혀낼 수 있다. 이를 통해 현실을 주장하는 — 양식과 전달 수단으로서의 — 양식이 가지는 상호 연관된 문제들을 규명하게 된다. 지금부터 시작할 두 인기 게임에 대한 통시적 분석은 제한적이며, 동전이 필요했던 1980년대의 아케이드 게임이나 2000년대의 1인칭 슈팅 게임 전체를 반영하지 못한다는 한계가 있다. 그러나 냉전 시기에 만들어진 〈미사일 커맨드〉(1980)와 테러와의 전쟁 국면에서 탄생한 〈콜 오브 듀티 4: 모던 워페어〉(2007)는 각각의 게임이 이루어지던 시대를 상징적으로 보여주고 있으며, 게임플레이 양식이 당대의 기술을 통해 어떻게 디자이너에게 개인화된 유희적 전쟁의 방향성을 제시할 수 있는지 알아보는 예시가 된다.

〈미사일 커맨드〉와 〈콜 오브 듀티 4〉는 비슷한 점이 별로 없다. 아타리

(Atari)가 1978년에 출시한 〈스페이스 인베이더스〉[63]에서 착안해 출시한 〈미사일 커맨드〉는 여섯 개의 대도시와 세 개의 미사일 방어 기지만으로 짜인, 픽셀로 된 평면의 세계를 배경으로 한다. 이 게임이 제공하는 특정한 관점에 맞게 짜인 세계관을 가진 플레이어는 레벨이 올라갈수록 더 공격적이며 더욱 강해지는 미사일로부터 도시를 지켜야 하는 임무를 부여받는다[사실 캐릭터의 이동 및 사격과 관련해 〈배틀존(Battlezone)〉과 〈콜 오브 듀티〉의 게임플레이 사이에는 보다 분명한 대칭이 존재한다. 그럼에도 불구하고 〈미사일 커맨드〉를 비교 대상으로 선정한 것은 당시 〈배틀존〉보다 〈미사일 커맨드〉가 더 많은 인기를 누렸으며, 〈미사일 커맨드〉에서 냉전을 재현하는 모습이 벡터 그래픽으로 이루어진 탱크 게임이 가진 공허하고 생경한 배경보다 더 분명했기 때문이다]. 플레이어가 〈미사일 커맨드〉를 깰 수 있는 방법은 없다고 봐도 무방한데, 이는 게임의 레벨이 올라갈수록 강해지는 로켓 세례를 플레이어가 감당할 방법이 없기 때문이다.[64] 이 아케이드 게임에는 서사를 전달하는 (가령 왜 플레이어가 공격 받는지를 설명하는) 사운드트랙이나 비디오 클립이 없으며, 황량한 세계 속에 존재하는 게임 주인공의 관점을 바꿀 수단도 없다.[65]

이와는 대조적으로 〈콜 오브 듀티 4: 모던 워페어〉는 사진처럼 정밀하게 현실을 묘사하는 멀티 플랫폼 게임으로서 다양한 무기와 장비, 수송 수단이 동원된 상태에서, 게이머를 총성이 빗발치는 한가운데에 배치한다. 게임이 가진 서사적 단계에 따라 게이머는 다양한 전선에서 싸워야 하는 각기 다른 전사로 자신을 설정한다. 〈콜 오브 듀티 4〉의 생산 가치는 할리우드 영화와 비슷하며, 사람들을 사로잡는 서사와 점수 체계, 그리고 (익히 알려진 멀티플레이어 모드를 비롯해) 수없이 많은 게임플레이 모드로 극찬을 받았다. 이러한 시청각적·게임플레이적 차이점을 감안할 때 두 게임은 어

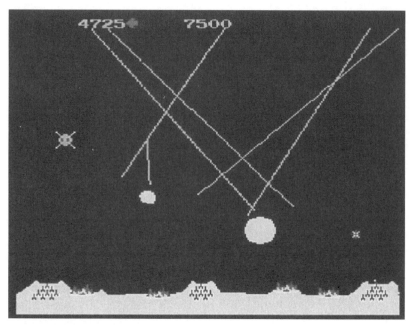

그림 1-8 〈미사일 커맨드〉(1980)

그림 1-9 〈콜 오브 듀티 4〉(2007)

떤 공통점을 가지고 있는 것일까?

재닛 머레이(Janet Murray)가 지은 『홀로덱의 햄릿: 사이버스페이스가 가진 서사의 미래(Hamlet on the Holodeck: The Future of Narrative in Cyberspace)』에 따르면, (비디오 게임을 포함해) 사용자의 즐거움을 유발하는 사이버 드라마의 미학적 구조는 몰입(immersion), 대리자(agency), 변형(transformation)의 차원에서 설명될 수 있다.[66] 머레이의 개념을 통해 〈미사일 커맨드〉와 〈콜 오브 듀티 4〉를 바라보면, 유희적 전쟁의 디자인 전략이 어떻게 컴퓨터 그래픽, 인공지능, 그리고 처리 능력의 진화에 맞춰 변화했는지 알 수 있다. 동시에 상업 게임은 머레이가 이야기한 세 가지 개념을 최대한 실현해 내도록 맞춰져 있다. 이러한 특성이 이 인터랙티브한 픽션이 상당한 형식적 변화를 맞이했음에도 불구하고 역사를 초월한 디자인의 연속성을 게임에 부여했다. 이제 제한적으로 비교를 진행함으로써 앞 장에서 이야기한 미디어 양식의 맥락적·담론적 측면을 살펴보는 한편 기술적·문화적 조건이 어떻게 전쟁 게임의 현실주의를 결정하고 한계점을 설정하는지 설명하고자 한다.

몰입

머레이의 첫 번째 개념인 몰입, 혹은 가상의 영역으로 옮겨진 존재의 경험은 기술적 솜씨에 그치는 것이 아니라 플레이어와 텍스트가 함께 만들어내는 것이다. 그에 따르면 우리는 몰입을 경험하고 싶기 때문에 "세계를 포장해 내는 것에 집중하고, 우리가 경험한 현실에 대해 의구심을 가지기보다는 강화하는 데 우리의 지능을 사용하며", 디지털 환경은 사용자들에게 "이러한 신념을 능동적으로 만들어낼 수 있는 새로운 기회"를 제공한다.[67] 믿음을 만들어내는 과정에서 공간과 이야기가 창조되는 것은 중요한 요소이다. 게다가 아바타, 혹은 매개된 세계에서 게이머를 기본적으로 재현한 것은 디에게시스적 게임 공간과 이야기를 합치는 핵심 요소이다.

〈콜 오브 듀티 4〉와 〈미사일 커맨드〉가 이야기와 공간을 구축하는 과정은 완전히 다른데, 이 차이점은 게임이 어떻게 경험되는지에도 영향을 미친다. 예를 들어 〈콜 오브 듀티 4〉에서는 플레이어가 3차원적 공간에서 수없이 많은 물리적·전술적 장애물을 통과하면서 자신의 병사를 움직이고, 여러 극적인 시나리오 속에서 적들을 물리치기 위해 플레이어가 아닌 캐릭터들과 협력한다. 반면 〈미사일 커맨드〉의 플레이어는 2차원으로 만들어진 취약한 대도시의 하늘을 뒤덮은 로켓들을 조준하고 있으며, 당시의 전산적 한계로 인해 개인화된 아바타나 인물적 형태는 존재하지 않는다. 머레이와 마찬가지로 비디오 게임 연구자이자 역사가인 마크 울프(Mark J. P. Wolf)는 비디오 게임에서 가장 중요한 영상적 요소 중 하나로 플레이어 캐릭터들(player-characters)을 꼽았으며, 이 캐릭터들은 (아바타에 대한 3인칭적 관점을 뜻하는) "대리적(surrogate-based)"이거나 [플레이어가 마치 1인칭 슈팅 게임에서처럼 캐릭터가 가진 관점을 공유하거나 '문명(Civilization)'이나 '심시티(Simcity)' 계열에서 나오는 것처럼 세계를 통제하는 관리 가능한 인터페이스가 존재하는] "함축적(implied)"인 성격을 가진다고 설명한다.[68]

공간과 서사를 매개하는 과정에서 두 게임이 가지는 차이점에도 불구하고 두 게임의 플레이어에게 가장 중요한 영상적 대리물은 바로 십자선이다. 이 "함축적 플레이어 캐릭터들"은 (〈콜 오브 듀티〉에서처럼) 어디에 탄환을 쏠 것이며, (〈미사일 커맨드〉의 경우) 지대공 로켓이 타격에 성공할 수 있을지에 대해 알려주는 지표이다.[69] 하지만 〈콜 오브 듀티〉에서는 놀라운 3차원적 공간 디자인과 정교한 서사를 통해 플레이어 캐릭터를 자세하고 함축적으로 만들어내는 반면, 〈미사일 커맨드〉에서는 별도의 장치 없이 플레이어를 2차원적 세계를 지켜내도록 체화된 조작자로 설정한다. 여기에는 플레이어로 하여금 조준을 더 잘할 수 있게 독려하는 응원도, 영화에서 나올 법한 극적인 배경을 보여주는 장면도, 그 세계에 살고 있는 사람도 없다. 이는 〈미사일 커맨드〉에는 디에게시스적 존재로서 게이머를 설명해 내는 서사나 3차원적 공간과 같은 몰입적 요소가 없고, 아케이드 슈팅 게임의 추상적인 양식이 만들어내는 유희적 전쟁 경험이 상대적으로 덜 몰입적이기 때문이다.[70]

대리자

사이버 드라마의 구조를 설명하는 머레이의 두 번째 개념은 대리자인데, 이는 "의미 있는 행동을 취하기 위한 힘을 충족시켜 우리의 결정과 선택의 결과를 보는 것"을 뜻한다.[71] 대리자는 상호행동성(interactivity)의 정의를 둘러싼 논쟁의 핵심에 서 있으며, 뉴미디어에 참여적 성격을 부여하는 주요한 특성이기도 하다. 단순하게 말하자면, 대리자는 '플레이'를 '게임플레이'에 부여하는 것으로, 다수의 FPS 게임에서처럼 대리자는 동작과 슈팅에서 표현된다. 하지만 의미 있는 게임플레이는 단순히 플레이어의 조이스틱 조작 효과를 보여주거나 마우스를 클릭한 것이 화면에 표시되는 것 이상을 뜻한다. 이와 관련해 머레이는 다음과 같이 서술한다.

그렇다면 대리자는 참여와 행동을 넘어선다. 미학적 즐거움으로서, 자신 스스로를 음미하기 위해서, 전통적인 예술 형태에서는 제한되어 있던 대리자의 기능이 우리가 게임이라고 부르는 구조화된 행동에서 보다 더 일반적으로 사용된다. 그러므로 우리가 컴퓨터에 서사를 부여한다는 것은 우리가 이미 게임의 구조에 의해 짜인 영역에 이 대리자를 놓는다는 것을 뜻한다.[72]

게임, 특히 서사가 지배하는 게임이 대리자의 요소를 부각시키는 데 뛰어난 이유는 이러한 게임이 가지고 있는 구조화된 행동이 플레이어로 하여금 의미 있는 롤플레잉을 할 수 있도록 프롬프트를 보내고 허구의 세계에서 의도성(intentionality)을 행사할 기회를 주기 때문이다.[73]

가장 일반적인 게임 유형이자 우연찮게도 가장 초기의 서사 형식은 "상대방과의 경연 혹은 대회"이다.[74] 머레이에 따르면 이는 "단순히 쏘고 끝나는 비디오 게임은 권투경기와 엘리자베스 1세 시대에 벌어졌던 복수극 같은 매우 광범위한 극적 전통을 따르고 있기" 때문이다.[75] 마찬가지로 〈미사일 커맨드〉와 〈콜 오브 듀티 4〉도 한쪽은 게이머가 보이지 않는 상대방의 미사일 세례를 피해야 하고, 다른 한쪽은 비좁은 곳에서 테러리스트를 제거해야 한다는 점에서 같은 전통을 따른다고 볼 수 있다. 이와 관련해 머레이는 "총과 무기와 유사한 인터페이스는 쉽게 몰입할 수 있도록 해줄 뿐만 아니라 대리자의 개념을 분명하게 제공한다. 또한 인간의 본성에서 폭력적인 공격성이 차지하는 비중이 크기 때문에 쏘고 끝내는 게임이 존재할 수 있는 것이다. 하지만 이것이 단순화된 폭력만으로 형태가 제한된다는 것을 뜻하지는 않는다"라고 부연한다.[76] 우리는 단순화된 폭력이 장르 자체를 규정짓는 것은 아니라는 것도 덧붙여야 한다. 오랫동안 폭력의 묘사가 단순화되어 있었다는 제약에도 불구하고, 모든 전쟁 게임이 사실상 '쏘고 끝나는' 것은 아니다(물론, 몇몇 전투 게임은 이렇게 낮은 평가를 받아야 마땅하겠지만). 〈미사일 커맨드〉와 〈콜 오브 듀티 4〉 모두에서 폭발을 다룬 폭력 장면이 등장하고, 기본적으로 대리자는 그들의 가상 총구를 사용한다. 하지만 이러한 단순한 설명은 보다 큰 부분을 간과하게 만든다. 가상 사격이 의미하는 것은 게임마다 다른데, 이는 각각의 게임을 둘러싼 서사구조와 미학, 그리고 플레이의 맥락이 다르기 때문이다. 예를 들어, 〈콜 오브 듀티 4〉에 나오는 자세하고도 정교한 여정은 게임 안에서의 행동에 서사와 윤리적 동기를 부여한다. 〈미사일 커맨드〉에는 이러한 서사적 장치가 없으며, 이는 가상전투의 경험을 덜 감정적으로 만든다.

　같은 맥락에서 두 게임에서 총을 가지고 벌이는 플레이의 양상도 다르다고 볼 수 있다. 〈미사일 커맨드〉에서 무기를 조작하는 플레이어는 공간을 가로지를 수도, 무기를 바꿀 수도 없다. 아무리 플레이어가 고정된 사격 자세를 통해 정확도와 효율성을 높인다고 해도 〈미사일 커맨드〉의 결말은 항상 똑같다. 플레이어의 기술에 관계없이, 이 아케이드 게임은 핵 재앙과 함께 동전이 기계로 빨려 들어가는 것으로 끝난다. 반면 〈콜 오브 듀티〉의 플레이어는 다양한 전략적 결말을 위해 수없이 많은 무기를 고를 수 있는데, 근접사격에서는 산탄총을 쏘고 적들의 차량을 타격하기 위해 로켓발사기를 사용하며, 정찰할 때는 무음 저격총을 들고 다닌다. 플레이어는 각 레벨의 규칙에 따라 행동해야 하지만, 자신이 사용할 수 있는 무기에 관계없이 상대적으로 자유롭게 적들에게 접근할 수 있다. 어디로 가며 어떤 무기로 언제 쏠 것인지는 게임의 목적에 대한 플레이어의 욕망에 달려 있으며 이를 통해 개인적인 안배가 만들어진다. 내 주장을 과장할 생각은 없다. 게임 안에서의 행동이 사실상 플레이어 대리자의 신호로 해석되거나 (확실히 그럴 수 있지만) 상호작용성을 보여주는 경험적인 증거라고 할 수는 없다. 다만, (광범위하게 해석될 수 있겠지만) 게임 장치가 만들어진 세계의 허구를 강화하고 게이머의 생생한 경험과 연결되는 환경을 만들 수 있다면, 게임에서 행동이 가지는 의미는 상당하다고 볼 수 있다. 냉전의 정치적 환경이 1980년대 〈미사일 커맨드〉를 플레이하기 위해 오락실에 갔던 사람들에게 유희적 경험을 제공했듯, 테러와의 전쟁도 오늘날 〈콜 오브 듀티〉를 플레이하는 사람들의 게임 경험을 채색한다. 〈콜 오브 듀티〉의 시각적·서사적인 통제 기제들이 다소 복잡하고 사용자 맞춤형인 텍스트를 만들어내지만, 이것이 보다 단순한 게임이 미치는 영향을 부정하는 것은 아니다. 사실 플레이의 역치 상태는 매우 개인적이며 근본적으로 유동적이라서 이러한 경험은 우리가 우리 자신을 보는 방식, 우리를 둘러싸고 있는 매개된, 그리고 매개되지 않은 세계를 보는 방식을 바꿀 수 있다.

변형

사이버 드라마의 기쁨과 관련해 머레이가 제시한 세 번째 특성은 변형인데, 이는 인터랙티브한 픽션이 사용자에게 다양하게 펼쳐지는 과정(또는 일련의 과정)을 볼 수 있도록 많은 상상적 역할과 기회를 제공하는 능력을 뜻한다. "컴퓨터게임에서 우리는 우리의 인생, 심지어 하나의 문명에도 만족하지 않는다. 뭔가가 잘못되었거나 같은 경험이더라도 다른 해석을 해보고 싶다면, 다시 플레이하면 된다."[77] 만들어진 세계에서 스스로를 몰입하게 만들고 목적에 따라 행동함으로써 이야기와 공간을 다양한 방향으로 변환시키는 (그리고 수없이 많은 여정에서 계속하는) 능력은 다른 미디어 예술 장르가 제공하기 어려운 (몇몇은 제공하지만) 대단히 유쾌한 느낌이다. 머레이는 "컴퓨터는 절차형 매체이기 때문에, 인쇄매체나 영상처럼 단순히 행동적 패턴을 묘사하거나 관찰하는 것이 아니라 이를 구현하고 실행해 낸다. 또한 참여를 유도하는 매체로서 컴퓨터는 이러한 수행 과정에 우리가 함께할 수 있도록 허용한다"라고 주장한다.[78] 게임의 과정과 알고리즘적 절차에 참여함으로써, 우리는 게임과 이야기의 일부가 된다. 현명하게도 머레이는 이러한 애착과 규칙이 존재의 중립적인 상태가 아니며, 체현된 경험은 사회적 선이나 집단적 악에 기여할 수 있다는 것에 대해서도 주의를 당부하고 있다.[79]

게임은 우리로 하여금 일상에서는 쉽게 경험할 수 없는 여러 행동의 영향을 고민하도록 한다는 점에서 잠재적으로 변형적인(transformative) 매체이다. 전쟁 게임에서 가장 중요한 행위 중 하나는 다른 사람들을 죽이고 우리 자신의 죽음을 경험하는 것이다. 〈미사일 커맨드〉와 〈콜 오브 듀티 4〉에 대해 앞서 언급한 바를 따른다면, 게이머의 최후에 대해 이들 게임이 묘사하는 바가 다르다는 사실은 이상할 것이 없다. 비디오 게임 비평가이자 역사가인 헤르츠(J. C. Herz)는 자신의 유명한 저서인 『조이스틱 네이션(Joystick Nation)』에서 〈미사일 커맨드〉가 가지고 있는 피할 수 없는 패배에 대한 자신의 감정을 회상한다. 이 회상은 그가 가상을 만들어낸 이를 조우하는 순간과 과정에서 느끼는 역설적인 기쁨에 대해 잘 말해주고 있다.

〈미사일 커맨드〉에서 가장 치열했던 때는 끝자락에 이르러 대륙간탄도미사일이 쏟아지고 당신이 패배를 직감할 때쯤 그것이 큰 행복으로 다가오는 이상하고도 미칠 것 같은 순간이었다. 이미 몇 초 사이에 모든 것이 검은색으로 바뀌고 당신이 죽을 것이라는 것을 알았기 때문이다. 당신은 3초 안에 죽을 것이고, 당신이 죽는 것은 찰나이다. 당신은 죽어가고 있다. 그리고 당신은 죽었다. 그러고 나서 당신은 예쁘기 그지없는 폭발을 볼 것이다. 불꽃의 향연이 끝난 후 당신은 다시 시작이라는 버튼을 누를 것이고, 당신은 다음 충돌이 일어나 당신을 죽일 때까지 다시 살아 있을 것이다. 당신은 단순히 형형색색의 빛만 가지고 플레이하는 것이 아니다. 당신은 죽음의 개념을 가지고 놀고 있는 것이다.[80]

"레이더 체제를 운영하는 사람에게 과부하가 걸리기 전에 얼마나 많은 핵무기를 탐지할 수 있는지 알아보기 위해 만들어진 군사 시뮬레이션"이었던 〈미사일 커맨드〉는 냉전이 불러일으킨 대학살의 공포감을 유쾌하면서도 효과적으로 상품화했다는 점에서 의미 있는 성과라고 볼 수 있다.[81]

〈콜 오브 듀티 4〉도 죽음에 대해서 플레이한다는 점에서는 비슷하지만, 냉정함을 유지했던 〈미사일 커맨드〉보다는 더 개인적인 차원에서 플레이가 이루어진다. 멀티플레이어 게임에서 죽임을 당하면 플레이어는 "킬캠(Killcam)"을 통해 플레이어가 어떻게 죽었고 그가 죽인 이들이 누구인지 알 수 있다. 하지만 〈콜 오브 듀티 4〉가 죽음에 대해 불러일으키는 가장 친밀하면서도 사람 마음을 움직이는 묘사는 1인칭 플레이어의 내러티브 캠페인에서 드러나는데, 이때 묘사되는 죽음에는 타이틀 사이의 유희적 차이가 가장 잘 드러나 있다. 마지막으로 이러한 비교 대조는 우리로 하여금 슈팅 게임이 배양할 수 있는 (헤게모니, 인기, 비판을 포함해) 즐거움의 범위와 슈팅 게임이 가진 정치적 의미에 대해 생각해 볼 수 있도록 안내한다.

[〈콜 오브 듀티 4: 모던 워페어〉(2007), 〈모던 워페어 2〉(2009), 그리고 〈모던 워페어 3〉(2011)를 포함한] 〈모던 워페어〉 시리즈는 9·11 이후의 밀리터리 슈팅 게임이 가지고 있는 눈에 띄는 서사와 (다음 장에서 자세히 이야기하겠지만) 개인적 희생을 강조하는 정치적 필요성을 담은 유희적 도구를 상징적으로 담아내고 있다. 〈콜 오브 듀티 4: 모던 워페어〉에 등장하는 첫 번째 죽음은 오프닝 크레디트에서 중동의 이름 없는 가상 국가의 대통령인 야

그림 1-10 〈콜 오브 듀티 4: 모던 워페어〉에서 플레이어 캐릭터가 죽음에 직면한 상황을 텔레비전으로 중계하는 화면

그림 1-11 〈콜 오브 듀티 4: 모던 워페어〉에서 핵폭발로 인한 방사능 낙진을 묘사한 모습

시르 알풀라니(Yasir Al-Fulani) 캐릭터로 플레이어가 설정되었을 때 등장한다. 분리주의자가 '갑자기' 일으킨 군사쿠데타에서 납치범들이 알풀라니를 맡은 플레이어를 차 뒷좌석으로 끌고 가고 대통령을 태운 차가 시내 거리를 질주하는 동안 플레이어는 반란군에 의해 파괴된 시가지와, 그곳에서 벌어지는 공개 처형과 약탈을 목격하게 된다. 마침내 플레이어는 광장에서 반란군의 수장인 칼리드 알아사드(Khalid Al-Asad) 앞으로 끌려가고 알아사드는 권총으로 알풀라니를 처형하기 전에 작은 비디오카메라를 통해 소감을 밝힌다.

죽음에 관한 다음 장면은 핵 장치가 폭발을 일으키면서 플레이어가 맡고 있던 역할인 미 해병대 병장 폴 잭슨(Paul Jackson)이 헬리콥터에 탑승하고 있다가 사라진 직후에 등장한다. 플레이어 캐릭터가 깨어났을 때 잭슨은 핏기 없는 모습으로 방사능에 오염되어 폐허가 된 중동 어느 도시의 잔해 속에서 비틀거리고 있다. 부상으로 인해 곧 죽음을 맞이하게 된 상황에서 존슨이 된 플레이어가 이 황량한 모습을 볼 수 있는 시간은 매우 짧다.

각각의 레벨에서 플레이어는 무기력하게 자신에게 닥치는 가상의 죽음을 지켜볼 뿐이다. 겉보기에는, 1인칭 슈팅 게임에 빠지지 않고 등장하는 총도 주어지지 않고 이 상황에 대해 어떻게 해볼 도리가 없다. 또한 이 순간이 강렬하게 느껴지는 또 다른 이유는 이 장면이 1인칭 관점으로 전달되기 때문이다. 알렉산더 갤러웨이는 영화와 게임에서 장황하게 묘사되는 1인칭 시점의 차이에 대해 "영화에서는 주체의 시점이 문제 인식을 반영하기 위해 등장하지만, 게임에서는 인식을 **만들어내기 위해** 사용된다"라고 설명한다.[82] 반란군의 총구에서 나온 불꽃과 피어오르는 버섯구름이라는 이 두 장면을 통해 플레이어는 자신의 죽음을 둘러싼 분위기와 원인을 경험하게 된다. 이 장면은 본능적인 반응을 유발하고 동시에 게이머에게 피할 수 없는 운명이라는 점을 보여줌으로써, 역설적으로 이를 잠재적으로 개인화시킬 수 있는 순간으로 만든다. 다음 장에서 보다 자세히 이야기하겠지만, 호기심을 유발하는 이러한 디자인의 채택은 슈팅 게임이 즐겨 활용해 왔던 방식대로 대리자를 뒤바꿔 놓고 얽히게 한다. 물론 (게임의 서사를 바꾸는 능력과 같은) 텍스트적인 변형이 없다고 해서 개인화될 가능성 자체가 완전히 배제되는 것은 아니다. 결국 대리자와 몰입처럼 변형도 단순한 비인격적 행동이라고 보기는 어렵다. 오히려 사이버 드라마가 가지고 있는 이 세 가지 미학적 구조는 플레이어와 그를 둘러싼 무국적 테러리스트나 대량살상무기처럼 현실에 존재하는 문화적 우려와 상호작용하면서 인터페이스를 구축하고, 이를 통해 그 플레이어가 가진 권력을 행사한다. 그리고 〈미사일 커맨드〉와 〈콜 오브 듀티 4〉는 보이지 않는 침략자 혹은 무국적 테러리스트 집단으로부터 가해지는 핵 공격의 염려에 대해 다른 식으로 플레이된다.

9·11 이후의 슈팅 게임은 플레이어에게 몰입적 환경, 사진을 방불케 할 정도로 실제처럼 묘사된 영상, 마음을 사로잡는 서사, 정교화된 아바타 컨트롤, 그리고 끝없이 변형될 수 있는 디지털 세계가 만들어낸 충격적인 게임플레이 경험을 제공한다. 나는 〈콜 오브 듀티 4〉와 같은 게임이 〈미사일 커맨드〉처럼 추상적인 그래픽을 가지고 있는 게임보다 질적으로 더 나은 유희적 전쟁 경험을 제공한다고 주장하고 싶지는 않다. 하지만 이 두 게임은 가장 확실하게 '서로 다른' 유희적 전쟁이다. 마리 로르 라이언(Marie-Laure Ryan)은 각 시기에 있었던 게임을 비교하면서 아래와 같이 이들을 구별한다.

게임 속 세계가 만들어내는 감각적 재현에 쏟아지는 관심을 통해 오늘날의 게임이 제공하는 즐거움은 '무엇을 하는' 것을 '그곳에 있는' 것처럼 만들었다. 전략적인 관점에서 [〈둠(Doom)〉, 〈미스트(Myst)〉, 그리고 〈퀘이크(Quake)〉를 비롯한] 새로운 게임은 [〈팩맨(Pacman)〉이나 〈테트리스(Tetris)〉와 같은] 오래된 게임보다 우월하다고 볼 수는 없지만, 더 몰입적이라는 점은 분명하다.[83]

이에 따르면 어떤 게임이 다른 게임보다 선천적으로 더 미학적이라는 것은 아니지만, 〈콜 오브 듀티 4〉의 상호작용적인 전쟁 이야기가 냉전 위기 속에서 〈미사일 커맨드〉가 보여준 비서사적인(혹은 스펙터클을 기반으로 한) 게임보다 9·11 이후 대중이 가진 우려를 보다 더 강하게 표현하고 있다고 볼 수 있다. 이는 전자가 더 정교하게 짜인 매체이기 때문이다. 〈미사일 커맨드〉와 같은 고전적 아케이드 슈팅 게임이 〈콜 오브 듀티 4〉처럼 수백만 달러의 제작비를 들여 탄생한 게임으로 이어지면서 유희적 전쟁의 제작 과정에 가져온 변화는 슈팅 게임이 1인칭에서 **하나의 개인화된(first-personal) 시점으로** 이어지는 변화를 보여준다. 나아가 이러한 형태의 진화는 밀리터리 슈팅 게임이 가진 게임플레이 양식이 다른 전쟁 엔터테인먼트가 보여주지 않거나 보여주지 못하는 포스트모던 시대의 전쟁이 야기한 정치적 불안감과 왜 공명하는지에 대해 설명해 준다.

유희적 전쟁 플레이의 새로운 양식을 향하여

우리 시대, 미국과 전 세계 국가들의 평화에 대한 희망과 함께 뉴욕의 쌍둥이 빌딩은 피로 물들인 파편조각으로 변해버렸다. 오판하지 말자. 우리는 누군가와 전쟁을 치르고 있고 삶이 지속되는 한 이 수수께끼로 가득한 적들과의 전쟁은 계속될 것이다.

– 2001년 9월 12일,
곤조(gonzo) 저널리스트 헌터 톰슨(Hunter S. Thompson)의 글에서[84]

앞서 이루어진 〈미사일 커맨드〉와 〈콜 오브 듀티 4〉 간 비교는 두 게임
이 출시된 30여 년 사이에 이루어진 다수의 기술이나 게임 디자인에서 이
루어졌던 수없이 많은 혁신을 간과한 것이 아니며, 덜 정교한 게임은 지속
적이며 환기시키는 경험을 만들어낼 수 없다는 것을 주장하기 위함도 아
니다. 대신 이는 유희적 전쟁과 그 전쟁이 제공하는 즐거움으로서의 게임
플레이 양식이 어떻게 실험적인 '움직이는 타깃'을 추적하는 수단으로 기
능할 수 있는지를 연구자들에게 설명한다. 〈미사일 커맨드〉가 보여주는
픽셀로 채워진 비인격적 전장은 〈콜 오브 듀티〉가 가까운 미래의 전쟁 이
야기를 친밀하게 묘사해 주는 것과 다르다. 그러나 게임은 역사적·산업
적·미학적 맥락에서 서로 교류하게 하는 구조적인 구성물을 가지고 있다.
따라서 미디어 양식의 개념은 이질적으로 보이는 슈팅 게임을 연결해 내
는 중요한 연속성의 형태가 있다는 것을 상기시킨다.[85]
　〈미사일 커맨드〉가 뚜렷한 이야기 없이 냉전을 저해상도의 핵 열전(熱
戰)으로 묘사했다고 해서 추상적이라고 하는 것은 사실 어폐가 있다. (게
임 자체가 그런 것처럼) 게임의 서사는 분명하게 많은 의미를 함축하고 있
다. 이 게임은 플레이어로 하여금 25센트씩 내게 하면서 절망적인 미래의
모습이 어떨지 생각하도록 만들고, 피할 수 없는 대재앙을 촌각을 다퉈가
며 최대한 막아내도록 유도한다. 단순한 묘사에도 불구하고, 〈미사일 커
맨드〉의 유희적 전쟁은 이 장의 도입부에서 언급했던 바칸의 시처럼 냉전
이 지닌 파괴력을 오랫동안 뇌리에 남게 만든다. 하지만 〈콜 오브 듀티 4:

모던 워페어〉는 비유적이지 않고, 소름끼칠 만큼 정교한 그래픽으로 묘사된다.

(멀티플레이어 모드에서도 마찬가지이지만) 각각의 플레이어가 서사적 행동을 통해 얻는 게임의 재미뿐만 아니라, 밀리터리 슈팅 게임이 가진 대중적·지구적 영향력에 대해서도 상기할 필요가 있다. 이는 공유된 현실감을 만들어내는 데서 이 장의 두 번째 정의인 전달로서의 양식이 첫 번째 정의인 현실로서의 양식과 상호 연계되는 지점이며, 왜 시민들이 9·11 이후의 전쟁에 대한 공유된 인식을 가지고 게임을 하는 데 더 확대된 의미를 가지고 있는지를 보여주는 것이기도 하다. 여기서 다루고 있는 슈팅 게임은 미국의 군사개입의 정당함에 관한 일반적인 지식을 담고 있는데, 크게 봤을 때 이는 정부가 이 상품들을 만든 것이 '아니기' 때문이다. 그리고 이러한 문화적 상품은 조셉 나이(Joseph Nye)가 "소프트파워(Soft Power)"라고 일컬은 것을 만들어낸다.

소프트파워는 다른 사람들로 하여금 당신의 목표를 받아들이도록 매혹하거나 설득함으로써 당신이 원하는 것을 얻어내는 능력을 말한다. 이는 다른 이들이 당신의 의지대로 움직이도록 경제적·군사적 힘에 기반해 당근과 채찍을 쓰는 하드파워와는 다르다. 테러리즘과의 전쟁에서는 하드파워와 소프트파워 모두 유용하게 쓰이지만, 매력은 압박보다 훨씬 비용이 적게 든다는 점에서 발전시켜야 하는 자산이다.[86]

게임플레이 양식은 현실에 대한 주장이자 텍스트를 나르는 형태로서 인식되고, 허구가 가지고 있는 소프트파워가 전쟁을 재미있게 만듦으로써 국가가 자행하는 하드파워에 기여할 수 있도록 작동한다. 이어질 세 개의 장에서는 9·11 이후의 밀리터리 슈팅 게임에 대해 자세히 고찰함으로써 양식과 즐거움 사이의 상관관계에 대해 더 자세히 알아보고자 한다. 이어지는 2장은 〈모던 워페어〉 프랜차이즈 게임들이 가지고 있는 몰입적 관점과 정교한 서사가 어떻게 9·11 이후의 국가가 병사들과 시민들의 희생을 정당화하도록 플레이어의 주관성의 유형을 만들어내는지에 대해 분석한다. 3장에서는 톰 클랜시 브랜드의 슈팅 게임이 어떻게 플레이어를 조국을 지켜내는 사이보그 전사로 탈바꿈시켰는지, 이것이 신속하고 선제적으로 이루어지지 못했을 때 어떤 비극이 초래되는지 보여줌으로써, 미국 예외주의의 보수적 가치를 주창하는 것에 대해 탐색한다. 마지막으로 4장에서는 몇몇 밀리터리 게임에 등장하는 드론 조종이 가진 즐거움과 정서적 불협화음에 대해 알아본다. 텍스트에 초점을 맞춘 이 4장을 통해 밀리터리 슈팅 게임이 주전론적 헤게모니의 유쾌함을 지녔을 뿐만 아니라 디자인 면에서도 긍정과 부정 양면이 공존하며 비판받을 부분이 있다는 것을 확인한다.

제2장

/

하나의 개인화된 슈팅 게임
모던 웨페어 시리즈에서의 서사의 주관성과 희생적인 시민성

> 진짜 전쟁 이야기는 일반화되지 않는다. 이러한 이야기는 분석이나 추상적으로 비춰질
> 수 있는 성격이 아니다. 예를 들어, "전쟁은 지옥이다"라는 말을 보자. 윤리적 선언으로
> 서 이 오래된 진리는 언뜻 사실인 것처럼 보이지만 추상적이고 일반적인 말일 뿐이다.
> 달라지는 것은 없으며 오로지 직감으로 이해될 뿐이다. 진정한 전쟁 이야기는 사실로서
> 이야기될 때 신뢰를 얻는다.
>
> – 팀 오브라이언(Tim O'Brien), 『그들이 가진 것들(The Things They Carried)』[1]

들어가며

앞 장에서 나는 밀리터리 슈팅 게임의 플레이 양식은 포스트모던 시대
의 갈등이 가진 정치적·문화적 불안감에 대해, 그리고 존재 자체와 관련
된 불안감에 대해 매체 특유의 방식으로 다루고 있다고 언급했다. 또한
이 인터랙티브한 엔터테인먼트 산업은 게이밍 기술과 디자인을 혁신함으
로써 전쟁을 상품화하는 데 있어서 제작자들에게 기술적 기반을 제공할
수 있게 되었다고 설명했다. 대리자, 몰입, 그리고 변형이라는 미학적 이
상이 완전히 실현되는 동안 유희적 전쟁 경험은 보다 더 친밀해지고 개인
화되었다. 이는 1인칭에서 **하나의 개인화된** 슈팅 게임으로의 변화를 표

상한다.

이 장에서는 오늘날의 밀리터리 슈팅 게임이 어떻게 게임플레이의 매력을 만들어내는지 더 자세히 알아보고자 한다. 보여주기만 하는 다른 밀리테인먼트와 달리, 9·11 이후 출시된 슈팅 게임은 플레이어로 하여금 대게릴라전을 상상하는 데 '접속(interface)'하도록 한다. 나는 여러 가지 이유로 접속이라는 단어를 의도적으로 사용했다. 우선, 이 단어는 오늘날의 무기체계를 통제하는 접속이 어떻게 대중매체에서 재현되는지, 이것이 어떻게 관심을 불러일으키는지를 비롯해 게임이 제시하는 플레이가 대중들이 전쟁에 대해 가지고 있는 개념과 묘사를 바탕으로 상호 텍스트적인 맥락에서 이루어진다는 일반적인 의미를 가지고 있다. 둘째로, 〈콜 오브 듀티: 모던 위페어〉(2007), 〈모던 위페어 2〉(2009), 그리고 〈모던 위페어 3〉(2011)로 이어지는 〈모던 위페어〉 3부작이 상호 연결된 서사를 통해 게이머를 수없이 많은 병사들과 시민들로 설정하는 특유의 방식과 관련되어 있기 때문이다. 싱글 플레이어 모드를 통해 게이머는 가상의 화자가 되고 플레이를 통해 영웅주의 및 희생의 이야기와 서사적으로 접속하게 한다. 덧붙여 게임 속에서 뒤바뀌는 관점은 앞 장에서 다루었던 포스트모던 시대의 전쟁이 가지고 있는 두 가지 주요 딜레마인 원근법적 거리감과 정치적 무의미성에 응답하는 전쟁 행위와 관련해 플레이어에게 이를 초월하는 시각을 제공한다.

〈모던 위페어〉 시리즈를 포괄하는 관점은 숙련된 병사의 시선이라고 볼 수 있다. 하지만 다른 슈팅 게임과 달리 〈모던 위페어〉 시리즈는 플레이어를 다른 전장에서 싸우고 죽어가는 군인과 시민들로 설정한다는 점에서 주목할 만하다. 게임만의 시선은 개인 간의 전투에서 그리고 시공간을 넘나들면서 역설적인 주관성을 만들어낸다. 이러한 전쟁 플레이 양식은 플레이어로 하여금 9·11 이후 미국 정치의 정체성을 규정하는 '희생적인 시민(sacrificial citizenship)'의 모델이 되게 만든다. 이는 미국 시민에게는 어떤 상황에서든 징집되는 것이 개인이 할 수 있는 최고의 희생이라는 것을 의미한다.

이 장은 개인화된 서사적 주관성을 만들고자 하는 게임 산업의 추세가 미국의 대테러전 독트린과 공명하는 맥락에서 이루어진다는 내용으로 시작된다. 이후 나는 〈모던 워페어〉 시리즈가 허구의 전쟁 이야기를 전달하면서 9·11 이후에 벌어진 전쟁에 투입된 노력과 냉전을 연결해 내는 가상의 희생적인 시민을 만들어내는지에 대해 살펴본다. 마지막으로 이 시리즈는 플레이어에게 다른 전쟁 '비용'에는 포함되지 않는 수행적 자유와 친밀한 전장 묘사를 제공함으로써 게이머와 그들의 희생적 아바타 사이에 감정을 이입하게 만드는 유대감을 만들어낸다. 그리고 그들의 죽음은 공화국의 정치적 건전성을 수호하기 위해 필요한 피의 희생으로 효과적으로 합리화된다.

대테러전의 서사적 주관성

제1차 페르시아만전쟁은 기술의 시대에 일어났다. 사담 후세인의 군대와 기갑 사단의 진로는 냉전 이후 군사 업무 혁명(Revolution in Military Affairs: RMA)을 단행한 미군이 갖게 된 압도적인 네트워크 기술과 첨단무기들에 의해 쉽게 꼬리가 밟혔다. (때때로 혁신이라고도 불리지만) RMA는 통신 및 컴퓨터 기술의 발전을 재래전의 전력을 향상시키는 데 사용함으로써 미군을 더욱 강하고 신속하게 만들었다. 그러나 9·11 이후 아프가니스탄과 이라크에서 벌어진 전쟁에서 미군이 군벌과 반란군이 사용하는 비대칭적 전술과 맞닥뜨렸을 때, 이러한 전통적인 기술은 무용지물이 되었다. 이후 RMA는 대테러전(counterinsurgency)을 방어 전술로서 해석하게 되었고, 전쟁에서 이기기 위해 기술의 역할보다는 문화의 역할을 강조했다.[2]

(싱크탱크와 군사 전문가 집단에서 COIN이라고도 불리는) 대테러전은 문화적인 원조활동과 더불어 압도적인 기술적 우위를 바탕으로 (테러단체의 준동 등으로 인해) 정치적으로 실패한 국가에서 벌어지는 "오래된 전쟁"에서 정치적·군사적 승리를 확보하기 위해 미국으로 하여금 국가 재건 사업을 수행하도록 이끄는 군사적 독트린이었다.[3] 그렇기 때문에 대테러전은 세계 곳곳에서 벌어지는 갈등과 이를 판단하고 조정하는 미국의 중심적 역할을 강조하는 뚜렷한 이데올로기적 시선으로 이해되어야 한다. 데이비드 퍼트레이어스(David Petraeus) 장군은 비대칭적 전쟁에 대응하기 위해 군사적·문화적 전략을 담은 대테러전 매뉴얼을 만들었는데, 여기에서 니콜라스 미르조에프(Nicholas Mirzoeff)는 COIN이 장기간에 걸쳐 지속되는 일종의 글로벌 문화전쟁과 다를 바 없다고 설명한다. 그는 "문화전쟁은 **시각성(visuality)이 중심적인 역할을 하는 상태에서** '문화'를 전쟁의 수단, 장소, 그리고 목적으로 상정하며 …… 미국이 세계의 경찰관 역할을 하고 있는 상태에서 전쟁은 대테러전이며 대테러전의 수단은 문화적이다. 전쟁은 문화이다"라고 설명한다(강조는 필자 추가).[4] 시각성이 대테러전 접근방식의 핵심이 된 상황에서, 밀리터리 슈팅 게임이 어떻게 미군이 치르는 전투에 대한 신뢰를 높이고 이 전투를 확산시키며 정서적 경험을 만들어내는지에 대해 알아보는 것도 중요해졌다.

시각성은 역사적으로 시각이 가진 특정한 유형인데, 이 책에서는 일종의 미디어 양식이라고 해석할 수 있을 것이다. 똑같진 않지만, 시각과 시각성은 연관되어 있는 개념인데, 전자의 경우는 신체적인 **능력**을 지칭하며 후자는 문화적 **실천**을 의미한다. "시각성은 …… 오늘날 벌어지는 혼돈을 이해할 수 있고 시각화된 방식으로(지시하고 이야기해 준다)."[5] 시각성은 담론이며, 일련의 해석 틀에 대해 개인의 감각기관이 알아들을 수 있도록 그 감각기관을 원인과 결과의 순서에 따라 조직한다. 미디어 양식이 그랬던 것처럼, 시각성을 사회적으로 구축하는 것은 의미와 사회 권력 사이의 갈등이 벌어지는 장이다.

미르조에프가 주장한 것처럼 만약 전쟁이 문화이고 현대전이 시각 문화라면,[6] 포스트모던 시대의 전쟁은 시뮬레이션의 문화이다.[7] 덧붙여 슈팅 게임이 가진 시각적 양식은 시뮬레이션 문화에 최적화된 군사적 시각성이라고 볼 수 있다. 왜냐하면 〈모던 워페어〉 시리즈나 다음 장에서 분석할 '톰 클랜시' 브랜드의 게임은 군사적으로 인증된 기술이 어떻게 탈냉전 시대에 기능한지, 대테러전의 개입이 어떻게 이루어졌고 앞으로 어떻게 이루어져야 하는지에 대해 알려주기 때문이다. 1인칭 슈팅 게임을 21세기 초기에 보여줄 수 있는 **이상적인** 시각적 양식이라고 일컫는 것은 결코 과장된 표현이 아니다. 실제로 미르조에프는 상업적 슈팅 게임과 대테러전 노력을 동일시하는 것이 간과되는 경향을 경계하면서 다음과 같이 말한 바 있다.

전장의 장교들이 읽어야 할 대테러전 매뉴얼에서, 시각성은 지도를 마음으로 읽어내어 어떤 순간에서든 지도 안에 자신을 가져다 놓을 수 있는 필요성으로 정의된다. 이러한 방식으로 지도를 읽어내는 것은 "작전이 펼쳐지는 지역의 사람들, 지형학, 경제, 역사, 그리고 문화"(미 육군부 7-7)에 대해 알아내는 것과 더불어 인지적인 영역이다. 그렇기 때문에 대테러전은 친숙하지 않은 영역을 비디오 게임에 나오는 "완전하게 작전이 가능한 공간"을 이루는 시뮬라크르(simulacrum)로 만들어 장교가 가진 전술적 불이익을 전략적 통달로 치환한다(Galloway, 2006: 63). **비디오 게임에 나오는 것처럼 병사들이 행동한다는 것은 실제로 자주 벌어지는 일이며, 이는 비유가 아니다.** 외부의 삶이 가진 다양한 측면을 하나의 서사로 묶어냄으로써, 대테러전은 마치 1인칭 슈팅 비디오 게임의 플레이어가 되어 있는 느낌을 준다. 이러한 맥락에서 게임플레이어가 감정적으로 게임 '속'에 있다고 느끼는 것처럼 지휘관도 지도 안에 있다고 느끼게 된다.[8](강조는 필자 추가)

페르시아만전쟁을 거치며 유명해진 1인칭 시점 무기들은 9·11 이후의 슈팅 게임이 보여준 대테러전의 몰입적 시각화에서 미학적인 척도로 작용했다. 하지만 1장에서 설명한 것처럼, 슈팅 게임의 양식 측면에서 단행된 디자인 혁신은 극적으로 이루어진 몇몇 그래픽 차원의 업그레이드나 플레이 역학이 핵심이었던 것이 아니다. 슈팅 게임을 이전의 인터랙티브한 게임이나 다른 밀리테인먼트와 구별되게 만든 **서사적 주관성**의 탄생이 그 핵심이었다.

서사적 주관성과 전쟁의 시각화는 9·11 이후의 슈팅 게임을 설명하는 데 있어 떼어놓을 수 없는 개념이다. 전쟁의 시각화는 전장이 가진 모든 복잡성을 알아내는 능력을 말한다. 다시 말해 이는 체스판에서 플레이어가 나이트와 루크, 비숍을 옮기는 것처럼 다양한 전쟁 단위가 어떻게 서로 작동하는지 이해하게 되는 것을 뜻한다. 그런 의미에서 "시각화는 대테러전을 구성하는 다른 요소들을 통합하는 핵심적 통솔 전술이다".[9] 하지만 시각화는 단순한 시각의 차원이나 감정에 치우치지 않고 계량화될 수 있는 전술의 차원을 넘어선다. 또한 전쟁의 시각화는 군사개입을 정당화할 근거를 이해하고 여기에 투입될 피와 얻어낼 전리품에 대한 위협을 이해하게 한다. 이 점에서 슈팅 게임은 이전의 전쟁 게임과 차별화된다. 9·11 이후의 슈팅 게임이 보여준 유희적 전쟁의 시각화는 미국이 새로운 시대에 정치적 영향력을 행사하는 것을 가능하게 만든 병사들'과' 시민들의 희생을 다룬 이야기에 공감한다는 것을 뜻한다. 게이머의 행동과 대테러전이 펼쳐내는 서사를 연결시킴으로써, 스크린상에서의 전쟁 이야기는 게이머의 이야기가 된다. 〈모던 워페어〉의 사례에서 볼 수 있듯, 플레이어가 다양한 활동을 통해 국제적인 병사로서 작전을 경험하는 상황에서, 게임의 변화하는 주관성은 개별적인 작전 속에 있거나 시공간 및 단일 관점을 넘어선 지점에 존재하는 역설적인 밴티지 포인트(vantage point)를 만들어냄으로써 게이머로 하여금 이 서사적 행위에 더 빠져들게 만든다. (적이 나를 쏘거나, 내가 적을 쏘는 것처럼) 게임플레이의 행위는 개인적인 것이기도 하고, '또한' (다른 아바타의 신발을 신은 것처럼) 개인들 간에 이루어지는 것이기도 하다.

미르조에프는 "대테러전은 그 정당성을 만들어내기 위한 제국주의자들의 기술이 디지털 차원에서 매개된 형태"라고 상정한다.[10] 상업적 밀리터리 슈팅 게임은 대테러전의 노력이 어떤 모습이고 어떤 느낌일지 상상해볼 수 있는 특유의 능력을 통해 정당성을 생산하는 문화적 노력의 전형적인 일부분이다. 우리는 이 점을 〈모던 워페어〉에서 다양한 캐릭터를 플레이하는 게이머를 통해, 그리고 클랜시 브랜드의 슈팅 게임에서 9·11 이후 정치적 신념이 된 미국 예외주의를 영속시키고 테러리스트로부터 조국을 지켜낼 수 있다고 믿게 하는 최첨단 군사 무기 시스템과 전술을 통해 알아본다.

1차 걸프전쟁은 그래픽적 차원에서 매우 추상적이고 이야기가 결여된 게임 공간으로 그려졌는데, 이를 8비트짜리 전쟁인 "닌텐도 전쟁(Nintendo War)"이라고 불렀다. 이에 반해 2차 걸프전쟁은 모든 것이 매개된 사건이었다. 픽셀의 한계 속에 캐릭터도 설정되지 않은 전장을 보여주었던 1980년대의 게임에 비해 2000년대의 1인칭 슈팅 게임은 몰입적이며 맞춤화된 공간에서 전쟁을 경험하게 만든다.[11] 이러한 가상 전쟁은 더 이상 8비트 평면의 모습이 아니라, 정교하게 짜인 3차원의 세계이다. 이 모의 전쟁에는 고함을 지르고 비명 속에 피 흘리며 죽어가는 병사들이 있으며, 이들은 같은 레벨을 리플레이할 때 디지털 세계에서 다시 살아난다. 2003년 미군이 사담 후세인을 쫓아내기 위해 다시 이라크에 침공했을 때, 1인칭 슈팅 게임은 이미 플레이어들에게 유희적 전쟁 플레이가 가진 새로운 양식을 제공하고 있었다.

9·11 이후의 밀리터리 슈팅 게임은 제작자와 플레이어가 전투에 대해 가지고 있던 느낌과 인상에 대한 **믿음**을 사진만큼 사실적인 시각적 묘사와 몰입적인 이야기로 담아냄으로써 시장에서 지속적인 성장을 거둘 수 있었다. 덧붙여 이러한 서사적·절차적 요소는 애국주의에 대한 가상의 감각을 만들어낸다. 보수주의 정치 철학자인 로저 스크러턴(Roger Scruton)은 애국주의를 "국가, 국민, 그리고 그들을 하나로 묶는 문화에 대한 **자연스러운** 애정"이라고 지칭한다(강조는 필자 추가).[12] 스크러턴과 그와 비슷한 의견을 가진 학자들에게 애국주의는 국민국가를 구성하는 중요한 요소였는데, 이는 애국주의가 시공간을 뛰어넘어 시민들에게 상상의 공동체로서 국가의 단결을 이끄는 사회적 유대감이었기 때문이다. 애국주의는 백과사전에나 나올 법한 지루한 개념이 아니라 살아 있고 생동감 있는 개념이다. 〈모던 워페어〉 시리즈도 게이머와 아바타들 사이의 유대감을 통해 가상의 애국주의를 만들어낸다. 대테러전이 비대칭적 위협에 맞서기 위해

단순한 전투를 뛰어넘어 전술과 전략, 그리고 **개인적 비용**에 대한 깊은 성찰을 바탕으로 이론화된 강력한 정책적 개념이라는 점을 상기하자. 〈모던 워페어〉 게임은 플레이어에게 대테러전이 요구하는 인간의 희생이 어떤 모습일지 보여주며, 병사들과 시민들을 애국주의자로 변모시키는 실천을 통해 구체화된다. 이 장의 남은 부분에서는 이 베스트셀러 게임 시리즈가 어떻게 정서적 영향력을 만들어내는지, 혹은 소설가인 팀 오브라이언(Tim O'Brien)의 경구처럼 〈모던 워페어〉가 어떻게 "뱃속까지 믿게 하는지(the stomach believe)"에 대해 알아본다.

〈모던 워페어〉 시리즈에 나오는 희생적인 시민성

〈콜 오브 듀티 4: 모던 워페어〉는 제2차 세계대전을 다루어왔던 기존의 관행에서 벗어난 첫 번째 프랜차이즈 게임 시리즈였다. 이 게임은 콘솔 시장에서 1700만 부가 팔릴 정도로 인기를 끌었고, 게임 비평가들과 평단으로부터도 거의 만장일치로 찬사를 받으면서 큰 성공을 거두었다.[13] 2년 후 출시된 속편 게임은 단순하게 〈모던 워페어 2〉(2009)라고 이름 붙여졌는데, 2500만 부가 판매되는 기록을 남겼지만 평단의 반응은 다소 미적지근했다. 그리고 2011년에 출시된 세 번째 시리즈인 〈모던 워페어 3〉는 3000만 부가 팔리는 진기록을 남겼다.[14] 〈모던 워페어〉의 성공에는 온라인 멀티플레이어 모드에서 각 플레이어가 팀을 이루어 빠른 속도로 미션에 따라 플레이할 수 있게 한 것을 비롯해 〈콜 오브 듀티〉 시리즈의 흥행 요소를 계승한 것도 한몫했다. 평단과 언론으로부터 상대적으로 짧은 캠페인이라는 비판을 받았음에도 불구하고(하나의 캠페인은 대략 6시간 정도 소요된다) 〈모던 워페어〉 게임의 1인용 플레이가 가진 서사는 플레이어에게 여러 전장에서 반복되는 캐릭터를 가지고 플레이하게 만든다는 측면에서 〈콜 오브 듀티〉가 가지고 있었던 구조와 유사하다. 하지만 〈콜 오브 듀티〉 시리즈와 유사한 역학에도 불구하고, 〈모던 워페어〉가 가지고 있는 텍스트의 힘은 제2차 세계대전을 다룬 전작들에서는 찾아보기 어려운 것이었다.

〈콜 오브 듀티〉에서 게이머는 엄청난 기록들로 가득한 이 세계대전에서 다국적 군인들(예컨대 미군, 영국군, 소련군, 캐나다군, 폴란드군)을 가지고 플레이할 수 있었다. 이러한 모습들은 〈모던 워페어〉가 보여준 가까운 미래를 다룬 허구적 전투에서는 찾아볼 수 없었다. 게이머가 플레이하는 특수부대 병사는 당대의 공포가 낳은 싸움을 치러야 한다. 오늘날의 비국가적 테러리스트들과 가상에서 치러야 하는 〈모던 워페어〉의 전투는 나치를 상대했던 제2차 세계대전을 다룬 슈팅 게임들과는 다른 정치적 불안을 만들어낸다. 예를 들어 역사적 고증과 관련해, 제2차 세계대전을 다룬 게임플레이들은 킹과 크르치윈스카가 제기한 것처럼 이 전투가 이런 식으로 묘사될 수 있는지, 군복과 무기들은 제대로 만들어진 것인지 등에 대해 여러 논란을 만들어냈다. 하지만 가까운 미래에 일어날 전투를 과감하게 상상해서 만든 게임의 양식에는 이러한 우려가 적용되지 않는다. 제2차 세계대전을 다룬 밀리테인먼트들은 또한 윤리적 의구심에 관한 논란을 초월한 것으로 보이지만, 테러와의 전쟁 및 이를 활용한 상품들은 그렇지 않다. 〈모던 워페어〉 그리고 이와 유사한 게임들은 미국인의 희생을 정당화하기 위해, 이를 가지고 플레이하는 것을 정당화하기 위해 갖은 노력을 쏟아부어야 한다. 〈모던 워페어〉 게임들도 극적인 방법을 통해 자신들의 텍스트를 정당화하고자 한다.

〈모던 워페어〉의 1인 플레이 캠페인은 고결한 방식으로 요약하기 어려운 복잡한 이야기와 다양한 캐릭터를 가지고 있다. 〈콜 오브 듀티 4: 모던 워페어〉에서 플레이어는 여러 전선에서 벌어지는 대테러전을 배경으로 영국군 특수부대 SAS(British Special Air Service)와 미 해병대(United States Marine Corps: USMC) 대원으로 설정된다. 그는 이름 없는 중동 국가에서 활동하고 있는 러시아 국가주의자들과 이슬람 분리주의자들이 벌이는 국제적인 소요를 진압하기 위해서 투입된다. 임란 자카에프(Imran Zakaev)가 이끄는 러시아 국가주의자들은 이름 없는 국가의 군사쿠데타를 재정적으로 지원했으며, 이를 통해 칼리드 알아사드와 그의 반란 세력은 정부를 전복시킬 수 있었다. 미군은 알아사드를 생포하거나 죽이기 위해 해당 중동 국가를 침공하고, 영국군은 알아사드의 러시아 후원자들을 추적한다. 이때 게이머는 이 중동 국가의 정치체제를 선출제로 회복시키고 자카에프 일당이 핵탄두가 장착된 대륙간탄도미사일을 미국으로 발사하는 것을 막기 위해 SAS나 미 해병대원의 역할을 맡는다. 그리고 이 게임은 미 해병대와 SAS가 자카에프를 사살하고 대서양 상공에서 해당 미사일을 파괴시키면서 끝난다.

〈모던 워페어 2〉에서 벌어지는 사건은 몇 년 후 자카에프가 정치적 성자로 추앙되고 국수주의자들이 러시아를 통치하게 되면서 시작된다. 플레이어는 다국적 대테러전 집단인 "태스크포스 141(Task Force 141)"이나 미 육군 레인저스(The U.S. Army Rangers) 요원이 되어 미군과 영국군의 통제력을 확보하기 위해 다시금 다양한 전장에 투입된다. 자카에프의 옛 부관이었던 블라디미르 마카로프(Vladimir Makarov)는 유럽을 겨냥해 숱한 테러 공격을 진두지휘하는 한편 러시아 공항에서 벌어진 민간인 학살을 미군 특수요원의 짓으로 꾸미는 데 성공함으로써, 러시아가 미국에 전쟁을 선포하도록 한다. 태스크포스 141은 세계 곳곳을 돌아다니며 공항에서 벌어진 참사가 미국과 무관하다는 증거들을 확보하고, 레인저스는 버지니아와 워싱턴 D.C를 러시아로부터 방어하는 임무를 맡는다. 몇 차례의 반전을 통해 미군과 러시아군 수뇌부가 이중적이며 권력에 굶주린 호전광이라는 사실이 알려진 후, 레인저스는 수도를 지켜내고 태스크포스 141은 반역적인 군부 지도자들을 제거한다.

〈모던 워페어 3〉는 미군이 뉴욕에서 러시아의 공격을 막아내는 것으로 시작된다. 몇 달 후 마카로프는 핵무기 암호를 탈취하고 스스로 러시아 대통령의 지위에 오르기 위해 대통령인 보리스 보르셰브스키를 납치한다. 그동안 마카로프의 병사들은 러시아에 병합시킬 목적으로 유럽의 주요 대도시에 다량의 화학무기를 수송한다. 이 화학무기 공격으로 인해 유럽의 방위력이 파괴되면서 미국이 갑작스레 지원에 나서게 된다. 결국 미군의 델타포스 팀(Delta Force Team)이 시베리아의 다이아몬드 광산에서 보르세브스키 대통령 일가를 구출하고, 그가 권좌에 복귀하면서 미국과 러시아 사이의 적대감은 가라앉는다. 게임의 마지막 대목에서 미국 전문가들은 마카로프가 아라비아 반도의 커다란 호텔에 숨어 있는 것을 발견한다. 그리고 호텔에 대한 대규모 공격 끝에 마카로프는 죽음을 맞이한다.

〈콜 오브 듀티 4〉가 출시된 이후 수석 디자이너인 지드 리케(Zied Rieke)와 테크니컬 아트 디자이너인 마이클 분(Michael Boon)은 인피니티 워드(Infinity Ward) 스튜디오의 〈모던 워페어〉 제작 과정에서 제기된 창작의 자유(creative liberties)에 대해 다음과 같은 의견을 피력한다.

오늘날의 전쟁은 사람들에게 매우 감정적으로 다가오는데 이는 양가적이다. 우리는 현실에서 벌어지는 전쟁을 차용하는 것을 최대한 피하고자 했다. 또한 이전 타이틀이 보유한 숫자와 기술 면에서 비슷한 두 개의 거대한

적으로 이루어진 게임플레이의 성격도 바꾸고 싶지 않았다. 그래서 우리는 러시아군으로부터 떨어져 나온 무장집단을 상대하는 전선과 중동에서의 두 번째 전선이라는 양면 전쟁을 만들어냈다.[15]

이는 다음과 같이 이어진다.

이야기에 대해서도 약간의 노력을 기울였지만, 이는 우리 게임의 다른 요소들에 비해 그 중요성이 떨어졌다. 하지만 제2차 세계대전에서 벗어나 가상의 전쟁을 다루기로 한 이상 이러한 접근방식은 통하지 않았다. 우리는 많은 시간을 들여 군사 자문가들과 기획회의를 갖고, 전면전을 가능하게 하는 그럴듯한 시나리오를 짜내려고 노력했다. 그리고 몇 주에 걸쳐 플레이어가 흥미를 느낄 만한 서사를 짜줄 작가들을 접촉했다. 그 결과, 셰익스피어만큼까지는 아니더라도 우리는 세계적인 찬사를 받을 수 있게 되었다. 이제 우리는 새로운 기술을 가졌다고 판단하고 이에 기반해서 앞으로의 프로젝트들을 입안할 생각이다.[16]

첫 번째 게임이 가진 이야기에 대해 "그럴듯한 시나리오"라고 말한 것은 확실히 논란의 여지가 있다. 또한 〈모던 워페어 2〉와 〈모던 워페어 3〉에 등장하는 자극적인 서사는 게임의 신뢰도에 대해 제기된 여러 논란을 증폭시킨다. 하지만 이에 대해 디자이너들은 "오늘날의 전쟁은 대규모의 군대가 벌이는 전면전이 아니라는 점에서 기존의 전쟁과는 매우 다르다. 그 대신 각기 다른 저강도 분쟁과 특수부대들이 벌이는 작전이 펼쳐지는 다양함을 가지고 있다"라고 정확히 지적한다.[17] 이 게임들은 서구 국가들과 잘 훈련받고 풍부한 자금력을 갖춘 적들 간에 벌어지는 전투를 상상한 대테러전을 보여준다. 이러한 점에서 이 가상 전쟁에 등장하는 두 개의 전선도 동등한 전력을 만들어내기 위한 것이라고 볼 수 있다. 군사적 균형을 맞추기 위한 이러한 시도는 (가령 비슷한 규모의 적과 맞붙게 된 대결처럼) 플레이어가 치르는 가상의 전쟁 경험에서 정치적인 면에서나 유희적인 면에서 만족할 수 있도록 숙련된 역할을 하며, 탈냉전시대의 군사개입을 통해 플레이어가 기대하는 소규모의 전투들과 유사해지는 효과를 가지고 있다. 그러나 실제로 이 게임과 속편들은 (게임 레벨이 특수부대의 작전에 따라 짜여 있음에도 불구하고) 비대칭적이라기보다는 전통적인 전면전을 상정하고 있다. 이러한 조합은 이 게임이 가지고 있는 이데올로기적 매력을 설명하는 부분 중 하나이다. 〈모던 워페어〉의 시나리오는 제2차 세계대전(연합국 대 추축국)과 냉전(미국 대 소련)을 상징했던 이원론적 정치적 역학을 일방적인 군사적 충돌로 이루어진 9·11 이후의 시대에 재현해 냈다는 점에서 정치적 만족감을 선사한다. 이러한 디자인은 제2차 세계대전을 내건 프랜차이즈의 성공적인 판매 기록과 비교했을 때에도 설득력을 가진다. 하지만 이 게임이 인기를 얻게 된 데에는 더 중요한 속임수가 작용했다.

〈모던 워페어〉가 가진 캠페인들은 게이머로 하여금 오늘날의 환경에서 전투를 치르도록 유도하고 게임을 지배하는 숙련된 병사의 모습으로 게임의 시각적 양식을 맞추는 데 목적이 있다. 하지만 이 1인칭 플레이어의 캠페인에서도 다른 캠페인과는 확연히 다른 순간들이 존재하는데, 이때 플레이어는 더 이상 영웅적인 노련한 병사가 아니다. 언뜻 보기에 탈인간화시키는 전쟁 병기의 기술적 매개 또는 시대가 가지는 의미의 정치적 위기 같은 것과 연결될 수 있는 이러한 장면들은 정신없는 전투 속에서 포스트모던 시대 전투가 지닌 실존적·정치적 불안을 끌어내는 황망한 요소로 볼 수 있다. 이러한 장면들은 경험적인 측면에서 말 그대로 시선을 사로잡는다. 짧게 말하자면, 이 장면들 속에서 플레이어는 평상시처럼 자신을 움직이거나 지켜낼 수 없게 되고 이를 통해 플레이어는 〈모던 워페어〉의 게임 타이틀 속에서 도덕적·정치적 세련미를 순간적으로 지각할 수 있게 된다. 이러한 장면들은 전장에서의 '진실'이라는 복잡하면서도 알아내기 어려운 것이며, 마찬가지로 전쟁에서 '승자와 패자'를 가려내는 것도 게임이 부여하는 점수의 기준이 보여주는 것처럼 불확실하다는 것을 암시한다.

하지만 비대칭적인 대테러전을 전통적이고 대칭적인 전쟁으로 만들어내는 디자인 장치처럼, 이러한 장면들도 텍스트적 숙련도를 보여주는 역할을 한다. 역설적으로 이 장면들이 보여주는 급진적인 일탈은 이 게임을 따분한 게임플레이로부터 벗어나게 해줌으로써 게임의 주요 활동을 합리화하고 정당화한다. 내가 '희생적인 시민(sacrificial citizenship)'의 순간이라고 일컫는, 현재 검토된 서사적 순간은 슈팅 게임이 아닌 엔터테인먼트에서는 찾아보기 어려운 공포를 개인들에게 시각화하고 경험하게 해줌으로써 군사적 각성을 유지시킨다.

〈모던 워페어〉가 보여주는 주체성의 전환은 '희생적인 시민'에 대한 확연한 지각을 불러일으키는데, 이는 게임이 가진 대테러전에 우호적인 이데올로기를 구성하는 핵심적인 정서적 요소이다. 희생적인 시민은 오늘날까지 충분히 이론화되지 않았으며 학계에서도 산발적으로 등장하는 개념이다. 일반적으로 이 개념은 미국의 정치적 정체성을 구성하는 핵심적인 요소로서, 시민들의 지속적이면서도 자발적인 자기희생을 바탕으로 시민권에 대한 권리가 확실해지고 정치적 통일체로서의 정치적 건전성에 다시 활기를 불러일으킬 수 있다는 것을 의미한다. 이러한 희생은 현실적으로 비유로 작동할 수도 있고 문자 그대로의 뜻으로 해석될 수도 있다. 예를 들어 법학자인 폴 칸(Paul Kahn)은 재판정의 판사가 개인적인 전문성으로써

가 아니라 "법에게 스스로를 바침으로써" 희생적인 시민의 모델이 될 수 있는지에 대해 논의한다.[18] 커뮤니케이션 연구자인 캐럴린 마빈(Carolyn Marvin)은 성조기가 가지는 상징 권력과 국기를 태우는 것에 대한 논쟁을 제시하면서 이 개념을 언급한다. 마빈은 성조기를 일컬어 "국체(國體)라고 인정받지 않았어도 강력한 상징으로서 …… 이 국체는 희생에 의해 신성화된 특별한 존재이다"라고 주장한다.[19] 이 밖에도 여러 사례를 통해서 희생적인 시민은 신체적 자아와 상징적으로 교환되거나 담론적으로 전이될 수 있는 의미를 담고 있음을 알 수 있다. 판사는 법이 아니지만, 법을 담는 그릇이다. 국기가 병사는 아니지만, 조국을 위해 목숨을 바친 이들에 대한 상징이다. 마찬가지로 〈모던 워페어〉에 나오는 희생적인 시민도 화면의 양면에서 벌어지는 가상의 교환을 담고 있다. 요컨대 캐릭터가 벌이는 이타적인 행동은 다양한 스토리라인과 연결되고, 이 개념은 게이머가 캐릭터의 희생을 플레이할 때 드러난다. 이러한 텍스트적 요소는 서로 맞물려 작동하면서 매개된 거리감과 포스트모던 시대의 전쟁이 가진 의미가 낳는 혼란을 상쇄하는 경험적 양식을 만들어낸다. 이제 이것이 가진 유희적 발작에 대해 알아본다.

원근법적 거리를 줄이는 '노 러시안', '세컨드 선', '데이비스 패밀리 버케이션'

〈모던 워페어〉 게임에서 주목해야 하는 군인과 민간인의 죽음은 짜인 사건들의 결과이다. 이는 플레이의 실력에 관계없이 어떤 캐릭터는 게임의 스토리상 죽을 수밖에 없는 운명이라는 것을 뜻한다. 앞 장에서 소개한 것처럼, 첫 번째 〈모던 워페어〉 게임은 축출된 알풀라니 대통령이 방송을 통해 처형되는 것과 소규모의 핵폭발 이후 미 해병 폴 잭슨이 죽어가는 소름끼치는 모습처럼 누군가의 가상적 죽음에 대해 실감나는 장면을 제공한다. 이때 플레이어는 자신의 캐릭터가 겪는 마지막 순간을 지켜보는 것 이상의 일을 할 수 없도록 차단되어 있다. 〈모던 워페어 2〉와 〈모던 워페어 3〉에서도 이러한 모습들은 반복되고, '노 러시안(No Russian)', '세컨드 선(Second Sun)', '데이비스 패밀리 버케이션(Davis Family Vacation)'의 세 가지 레벨을 포함한 이 시리즈의 가상공간에서 플레이어는 무력감을 느끼는 순간을 세세히 겪게 된다.

'노 러시안'이라는 레벨은 〈모던 워페어〉 시리즈, 나아가 〈콜 오브 듀티〉 프랜차이즈 중에서도 가장 논란거리가 많은 계책으로 가득한 플롯을 가지고 있다.[20] 이 레벨은 게이머로 하여금 미국과 러시아 간 갈등의 빌미가 된 대량 살상 사태가 벌어지고 있는 공항의 한복판에서 플레이하게 만든다. 이때 게이머는 CIA 비밀요원인 조셉 앨런(Joseph Allen)이 되어 블라디미르 마카로프가 이끄는 러시아 테러리스트 집단에 침투해 임무를 수행한다. 터미널의 엘리베이터에서 테러리스트 집단의 우두머리는 (앨런이 된 플레이어를 포함해) 소속원들에게 그들의 진짜 국적이 드러나지 않도록 사격이 시작되는 순간부터 러시아어를 일절 쓰지 말도록 지시한다. 마침내 엘리베이터 문이 열리고 다섯 명으로 이루어진 소대는 보안 검색대와 터미널의 다른 곳들을 점거해 가면서 관광객들을 향해 총기를 난사하기 시작한다.

게임의 서사는 앨런이 된 플레이어가 학살에 가담하는 것을 정당화하는 동시에 이에 대한 처벌을 받게 하는 것에 상당한 시간을 할애한다. 이 레벨에서 희생적인 시민이라는 개념은 두 가지 차원에서 드러난다. 우선 앨런은 마카로프를 정의의 심판대에 세우기 위해 그의 도덕성을 시험대에 올려놔야 하고 이는 결국 엉망이 되어버린 임무 속에서 목숨을 잃는 것으로

그림 2-1 〈모던 워페어 2〉에서 공항에서 벌어지는 총기 난사에 가담하는 플레이어

이어진다. 이와 관련해 플레이어가 앨런이라는 캐릭터를 수행하기 이전에 등장하는 컷 신(cut-scene)에서는 이 레벨과 관련해서 요원이 희생되어야 할 필요성을 설명하고 있다.[21]

'노 러시안' 미션이 준비되는 동안 화면에서는 유럽과 아프리카의 군사적 요충지를 감시하는 미국 국방부 소속의 가상기관인 국제정보그리드망(Global Information Grid)이 보유한 정찰위성이 감시하는 지구의 모습을 보여준다. 이때 내레이션을 맡은 세퍼드(Shepherd) 장군은 앨런이 애국적인 활동에 나서야 할 필요성을 절실하게 설명한다. 이때 위성사진은 마카로프의 오랜 잔혹성에 대한 디지털화된 신문 기사 모음과 기타 자료들로 바뀌며, 이때 장군은 앨런이 된 플레이어에게 다음과 같이 말한다.

어제의 자네는 전선에 있던 병사였지. 하지만 오늘, 전선이라는 개념은 이제 역사 속의 것이네. 군복은 이제 유물이 되었어. 모든 곳이 전장이 되었고 피해자들도 있겠지. 마카로프라는 작자는 그만의 전쟁을 치르고 있고 규칙이라는 게 없어. 경계라는 것도 없고. 그는 고문, 인신매매, 그리고 대량학살도 주저하지 않아. 그는 국가나 조국, 그리고 어떠한 이상들에도 충성하지 않아. 단지 피와 돈을 맞바꿀 뿐이지. …… 그는 이제 자네의 가장 친한 친구야. 우리가 자네를 그의 옆에 붙여두기 위해 얼마나 많은 대가를 지불했는지 굳이 알고 싶지 않겠지만, 자네 스스로가 그 대가가 될 거야. 하지만 자네가 구해낼 것에 비하면 그건 아무것도 아니지.[22]

셰퍼드 장군은 테러와의 오랜 전쟁이 어떤 국가에도 속하지 않은 이 괴물스러운 적들을 쓰러뜨려야 할 특수부대 요원을 필요로 한다는 것을 합리화한다. 병사들이 자기 스스로 더 커다란 선을 위해 희생한다는 것은 밀리테인먼트가 가지고 있는 '표준적인(pro forma)' 주제 의식이다. 하지만 이러한 '희생'은 비무장 시민들로 가득한 공간에 총기를 들이대며 쏘아보는 게이머 자신을 발견하는 순간 엄청난 중요성을 가지게 된다.

개인적인 희생과 관련된 또 다른 장면은 이 레벨의 마지막 순간에 등장한다. 이때 마카로프와 그의 수하들은 공항의 보안 요원들을 피해서 도주하는데, 플레이어는 그들이 탑승한 밴에 오르고 마카로프는 뒤돌아서 그를 쏜다. 죽기 전에 앨런은 리더가 "이 미국놈은 우리를 속일 수 있을 것이라고 생각했나 보군. (러시아 당국이 앨런을) 찾는 순간, 전 러시아는 전쟁에 나서게 될 것이야"라고 자신의 수하에게 하는 말을 듣게 된다. 앨런은 학살에 가담했으며 마카로프의 범죄행위의 희생양이 되었다는 이유로 처벌받는다(이는 플레이어가 군부의 잘못을 바로잡지 못하거나 미국이 범죄행위에 가담했다는 것을 부인할 수 없게 한다는 점에서 뜻밖의 결말이라고 볼 수 있다). 그럼에도 불구하고 이 레벨에서 논란이 되는 대목은 탈냉전시대의 국가이익을 위해 도덕적으로 의심받는 비밀 임무나 저강도의 대리전 같은 대테러 작전에 병사들을 참여시키는 것이다. '노 러시안'은 플레이어에게 문제가 되는 군사작전을 가까이에서 관찰하고 국가안보라는 미명 아래 전쟁범죄를 저지를 수 있도록 허가한다.

〈모던 워페어 2〉에서는 주인공인 플레이어가 그래픽을 통해 부수적 피해(collateral damage)를 겪을 때, 그가 부수적 피해를 **입는** 뇌리에 남을 장면을 보여준다. 게임의 3단계이자 마지막 단계인 '세컨드 선' 레벨에서 게이머는 미군 레인저스 이병인 제임스 라미레즈(James Ramirez)의 역할을 맡아 러시아 침략군으로부터 워싱턴 D.C.를 지키게 된다. 라미레즈의 팀은 격추된 헬기 옆에 자리 잡았고, 수적으로 우세함에도 탄약이 부족한 상태이다. 적군의 공격용 헬기가 레인저스들을 향해 오고, 헬기의 조명 때문에 라미레즈가 눈부셔 하는 사이 게임의 배경은 갑자기 궤도를 도는 우주정거장으로 바뀐다. 이제 플레이어는 무중력 상태에서 걸어 다니는 우주인이 되어 제어 능력이 줄어든다. 휴스턴의 관제 센터는 이 우주인에게 헬멧에 장착된 카메라로 지평선 너머로 보이는 불빛을 촬영하라고 지시하고, 얼마 지나지 않아 플레이어는 의문의 불빛이 이전 레벨의 러시아 잠수함에서 발사된 미사일임을 알게 된다. 갑자기 저궤도에서 로켓이 폭발하면서 국제 우주정거장은 파괴되고 게이머가 플레이하는 우주인은 한 줌 재로 사라진다. 하얗게 변한 화면은 다시 플레이어를 헬리콥터 밑에서 구부리고 있는 라미레즈로 변신시킨다. 아까 로켓의 폭발이 만들어낸 전자기펄스는 미군과 러시아군의 무기와 차량을 비롯해 도시의 전기, 전자 기능을 마비시킨다. (9·11을 연상시키는 저급한 술책이지만) 하늘에서 비행기와 헬리콥터들이 떨어지고 라미레즈와 레인저스들은 이 기회를 노려 포위된 백악관을 향해 나아간다.

그림 2-2 〈모던 워페어 2〉의 '세컨드 선' 레벨에서 폭발하는 로켓이 우주 정거장을 파괴하고 우주 공간에서 플레이어가 손을 쓸 수 없게 되는 장면

'세컨드 선'과 비슷한 맥락에서 〈모던 워페어 3〉의 '데이비스 패밀리 버케이션'도 플레이어를 군사작전에서 끌어내서 민간인 복장을 한 채 개인용 캠코더의 렌즈를 통해 보게 한다. 젊은 미국인 여성과 그녀의 딸은 아버지가 잡고 있는 카메라 렌즈에 대고 빅 벤(Big Ben)을 여행한 것에 대해 이야기하는데, 이때 빅 벤이 배경으로 보인다. 데이비스 일가가 (검은색 택시라든지, 축구공이라든지, 한 사진에 찍힌 적어도 두 곳의 선술집처럼) 전형적인 런던 거리를 이야기하며 자신들의 휴가를 기록하고 있을 때, 승합차 한 대가 주차하는 장면이 배경에 등장한다. 아버지는 트럭이 폭발하기 수초 전에 운전사가 달아나는 것을 알아차리지 못하고, 아내와 딸은 사라지며, 캠코더는 땅에 곤두박질친다.

홀로 서 있는, 이러한 서사적 순간은 오늘날의 분쟁이 가지고 있는 허무하면서도 암울한 면을 보여준다. 무장하지 않은 시민들을 무참하게 죽이거나 알려지지 않은 죽음을 맞이하는 군인과 민간인의 모습은 황망하지만, 비디오 전쟁 게임의 역사 그 자체라고 볼 수 있는 오늘날의 전투 게임이 민간인도 잔인함도 없는 상태로 전투를 묘사하는 경향을 뒤바꾼다는 점에서 혹자는 반길 수도 있을 것이다. 하지만 '노 러시안', '세컨드 선', 그리고 '데이비스 패밀리 버케이션'에 등장하는 장면들은 독립적인 레벨이 아니다. 이들은 서로 연결된 게임의 서사구조 속에서 해석되도록 짜여 있다. 이 1인칭적 죽음은 서로 연결된 이야기 구조 속에서 정당성을 얻고, 이를 통해 게이머에게 포스트모던 시대의 전쟁이 가진 계율을 상기시킨다. 그리고 시민들의 죽음은 서사적·이데올로기적 차원에서 대테러전을 수행하는 과정에서 발생한 유감스러우면서도 필요한 희생으로 정의된다. 그리고 이들은 미국이 오랜 기간 동안 치러야 할 테러와의 전쟁을 지속시키는 인적자원이 된다.

역사적 거리를 좁히는 '올 길리드 업', '원 샷, 원 킬'

오세아니아는 이스타시아와의 전쟁을 치르고 있었다: 오세아니아는 언제나 이스타시아와 전쟁 중이었다.

_ 조지 오웰, 『1984』[23]

프라이스 대위(Capt. Price): "친정부주의자들이 우리가 북쪽으로 500m 이동하길 바라고 있어. 움직여."

가즈(Gaz): "친정부주의자들이라고요? 좋은 러시아인들인가요, 아니면 나쁜 러시아인들인가요?"

프라이스 대위: "흠, 우리를 보는 순간에 바로 쏘진 않을 거야. 그게 자네가 묻는 것이라면."

가즈: "예, 그 정도면 충분합니다."

_ 〈콜 오브 듀티 4: 모던 워페어〉에 나오는 영국 SAS 병사들의 대화[24]

〈모던 워페어〉와 비슷한 슈팅 게임들은 텍스트적 차원에서 몰입적인 1인칭, 3인칭 시점을 통해 가상의 전투를 시각화함으로써 포스트모던 시대의 전쟁이 가진 불안감에 대응한다. 이러한 유희적 전쟁에는 페르시아만 전쟁을 통해 유명해진 항공기들이 제공하는 매개된 시선뿐만 아니라 지상에 있는 병사들도 참여한다. 하지만 포스트모던 시대의 전쟁이 처한 정치적 위기가 갖는 의미를 단지 고도로 발전된 커뮤니케이션 기술에서 실제적인 경험을 제거한 결과라고 단정 짓기는 어렵다. 앞 장에서 말한 것처럼, 이 위기는 탈냉전시대에서 그럴듯한, 이데올로기적 '타자'가 없어졌기 때문에 발생한 것이기도 하다. 이에 대응하기 위해 〈모던 워페어〉 게임들은 냉전기의 위협적인 존재들과 21세기에 활동하는 비국가적 테러리스트들 간의 역사적 연결고리를 설정하고 이러한 군사적 역사를 풀어내는 데 게이머를 참여시킴으로써 이러한 불안감을 분산시킨다. 〈모던 워페어〉 3부작은 연결된 레벨을 통해 이를 알림으로써 오늘날의 전투 작전에 제기되는 정치적·이데올로기적 우려에 '대응한다'.

〈콜 오브 듀티 4〉의 '올 길리드 업(All Ghillied Up)'과 '원 샷, 원 킬(One Shot, One Kill)' 레벨은 이 게임 시리즈가 가지고 있는 유이한 회상 시퀀스라는 점에서 주목받는다.[25] 이전 레벨에서 존 프라이스(John Price) 대위의 지휘를 받던 플레이어는 게임의 주된 이야기가 펼쳐지는 상황에서 15년 전의 프라이스 소위로 플레이한다. 스코틀랜드 SAS 지휘관인 맥밀런(McMillan) 대위와 파트너가 되고, 그와 플레이어는 우크라이나 프리피야트(Pripyat)의 야외 회동에서 임란 자카예프를 암살하는 임무를 받게 된다.

치명적인 방사선 물질과 적들의 감시 속에 은밀하게 움직이던 두 병사는, 버려진 고층건물에서 저격할 위치를 잡는다. 자카에프가 참석한 회동이 시작되자, 맥밀런은 프라이스가 된 플레이어에게 먼 거리에서도 저격할 수 있는 강력한 저격용 라이플의 사용 방법과 문제점에 대해 설명한다. 바람과 다른 요인들을 반영해 준비를 마친 후, 프라이스는 자카에프에게 총을 쏘고 총탄은 이 러시아인의 몸과 왼쪽 팔을 분리시킨다. 맥밀런은 (정확하지 않게) 부상 상태가 심각하다고 말한 후 프라이스에게 짐을 싸서 서둘러 탈출 지점으로 갈 것을 지시한다. 맥밀런과 프라이스는 착륙 지점에서 강력한 저항에 부딪히지만 가까스로 헬리콥터에 안전하게 탑승한다. 찰나의 순간이지만 오늘날의 유럽과 중동이라는 배경에서 벗어나 과거를 다루고 있는 이 두 레벨은 자카에프의 반군들과 프리피야트라는 공간을 통해 역사의 시각화 및 희생적인 시민과 연결된 게임의 유희적 즐거움을 향상시키는 데 있어 두 가지 이데올로기적 기능을 수행한다.

임란 자카에프라는 캐릭터는 이데올로기적 타자의 빈 공간을 채워낼 뿐만 아니라 냉전시대의 공산주의자들과 테러와의 전쟁의 '이슬람 파시스트(Islamofascist)'들을 연결하는 '잃어버린 고리'로서의 역할을 수행한다. 이 이데올로그(ideologue)는 러시아로 하여금 자본주의 이전 시대의 영광을 되찾아주었을 뿐만 아니라 알풀라니 대통령을 축출하고 살해한 중동 테러리스트들의 주된 자금줄이기도 했다. 하지만 자카에프는 러시아 극우주의 정당의 당수로 취임하고 이 일을 저지르기 15년 전에, 소련의 붕괴라는 상황을 이용해 자신의 잇속을 채웠던 악덕 무기상이었다. 자카에프는 (1984년 4월 26일 폭발을 일으켰던 악명 높은 장소인) 체르노빌 원자력발전소에서 빼낸 핵연료봉을 몰래 팔고자 했는데 당시 프라이스와 맥밀런은 이것을 좌절시켰다. 1990년대 암시장에서 사라진 우라늄을 팔고자 했던 1990년대와 2010년대의 핵무기 폭발을 연결해 내는 서사를 통해, 이 게임은 러시아의 무기 거래와 핵확산이라는 문제에서 중동의 테러리즘을 연상시키도록 연결한다. 자카예프는 SAS의 암살 시도로부터 살아남는데, 이를 통해 게임은 목표물이 살아남아 몇 년 후에 다시 문제를 일으키는 일이 없도록 특수부대가 극단적인 군사적 수단까지 사용해야 한다는 주장을 암묵적으로 강조한다.[26]

다른 레벨들과 비교했을 때 프라이스와 맥밀런의 암살 임무가 다른 맥락을 가지는 또 하나의 이유는 이 레벨이 〈모던 워페어〉의 첫 번째 시리즈에서 현실 세계의 알려진 공간에서 플레이가 이루어지는 몇 안 되는 게임 가운데 하나이기 때문이다.[27] 우크라이나의 프리피야트를 배경으로 한 이 레벨에서 〈모던 워페어〉는 게임 속 허구의 세계에 갑작스레 속세의 공간을 주입시킨다. 역사상 최악의 원자력발전소 사고라는 역사적 기억은 이 레벨에서 미끄러지는 기표(sliding signifier)가 된다. 요컨대 이 게임은 도시의 비극적인 역사를 통해 원자력 생산이 가진 문제점과 같은 객관적인 교훈을 부각시키는 것에 그치지 않고, 세계가 얼마나 무법천지인지를 보여주는 서사적 배경으로 활용한다. 이제 프리피야트는 테러리즘의 온상이 된 무력해진 국가의 파탄을 의미하게 되고, 이를 통해 서구 세계가 감독해야 할 필요성을 부각시킨다. 여기서 나는 대량살상무기의 위험성 또는 방치되거나 부실하게 감독되고 있는 핵탄두를 노리는 무기 밀매상과 테러리스트들의 능력에 대해 논의하려는 것이 아니라는 점을 분명히 하고자 한다. 이 게임 시리즈가 장소에 대해서 특별하게 신경 쓰지 않았다는 점을 감안할 때, 허구로 만들어진 역사 속에서 현실의 공간을 선택한 것은 매우 의외라는 점을 이야기하는 것이다. 실제로 여정 중에 맥밀런은 플레이어에게 "이 장소를 봐. 5만 명의 사람들이 이 도시에 살았는데, 이제는 유령도

그림 2-3 〈콜 오브 듀티 4〉가 만들어낸 프리피야트와 황폐해진 도시의 모습
자료: http://callofduty.filefront.com/potd/96531

시가 되었군. 이런 곳은 본 적이 없어"라고 강조한다.

　게임이 가진 허구적인 디에게시스가 현실과 연결되는 이 극적인 순간은 ("이슬람 파시스트"라는 어설픈 신조어처럼) 서구 세계의 역사적 순간마다 등장했던 적들과 결합되어 오늘날의 갈등을 이해하고 궁극적으로 옹호할 수 있는 서사를 만들어낸다. 기능적인 측면에서, 프리피야트 레벨은 프라이스와 자카예프 사이에 오래된 적대감을 만드는 계기가 되고, 〈모던 워페어 3〉의 마지막 순간까지 이어지는 다양한 레벨에서 둘이 만났을 때 벌이는 폭력적 장면을 가능하게 한다. 하지만 이데올로기적 측면에서 이 시퀀스는 우리의 운명이 프리피야트의 전철을 밟지 않으려면 서구 열강들이 자신의 군사력을 마음껏 휘두를 수 있도록 해야 한다는 점을 암시한다. 이 레벨들에 등장하는 희생적인 시민성은 결국 대가성 협정에 관한 것이다. 즉, 군인은 시민을 위해 희생하고 있으므로, 그 대가로 시민들은 군사작전이 어떻게 진행되는지, 그리고 군사적 행위 때문에 누가 희생되는지에 대해 알고자 하는 욕구를 희생하는 것이다.

'엔드 크레디트'와 '뮤지엄': 양식을 통해 이루어지는 플레이

〈모던 워페어 2〉의 '엔드 크레디트(End Credits)'와 보너스 레벨인 '뮤지엄(Museum)'은 플레이어에게 동전의 양면이라는 옛 이야기처럼 게임이 역사와 인간의 희생을 어떻게 다루고 있는지를 보여준다. 1인칭 플레이어 모드의 결론을 충실히 따르는 '엔드 크레디트'의 경우, 게임에 등장하는 허구적 세계 전쟁을 기념하는 박물관 전시회의 성격이라고 볼 수 있다. 제작자들을 소개하는 장면이 내려가면서, 이 가상의 여행은 플레이어에게 시민 사회가 어떻게 전쟁과 전사들을 찬미하는지 상기시키고, 승자들이 자신들의 이야기를 역사로 축성(祝聖)해 내는 것을 보여준다. 한편, 보너스 레벨인 '뮤지엄'은 박물관이라는 같은 공간을 바탕으로 이루어진 인터랙티브한 버전이라고 할 수 있다. '엔드 크레디트'에 나오는 사회적 과정이 여기에서는 부주의하게 다뤄지며, 이는 비디오 게임의 형태에서만 가능한 텍스트적 전복을 보여준다. 프리피야트를 다룬 〈콜 오브 듀티 4〉에서의 회상이 실제 역사가 디에게시스로서 어떻게 게임의 서사적 신뢰도를 높이고 허구의 전쟁이 가진 정서적 측면을 다양하게 만드는지를 보여준다면, 〈모던 워페어 2〉에서의 '엔드 크레디트'는 승자들이 이 승리를 공식적인 기록으로 남기고 영웅적인 신화로 만드는 물질주의적 과정을 보여주기 위해 게임에서 벌어지는 허구적인 사건을 구체화하는 역할을 한다.

〈모던 워페어 2〉의 1인칭 시점 캠페인에서 플레이어가 표리부동하고 권력을 갈구하는 셰퍼드 장군을 꺾으면, 화면은 암전하고 [유명한 영화음악 작곡가인 한스 짐머(Hans Zimmer)가 참여한 오케스트라 음악을 배경으로] 게임 크레디트가 등장한다. 다시 밝아진 화면에는 프라이스 대위가 다른 게임 캐릭터들이 다양한 포즈를 취한 채 굳어 있는 것을 작은 배 위에 앉아서 보는 장면이 나온다. 이 장면은 게임의 마지막 레벨인 '엔드게임(Endgame)'에서 프라이스와 [코드명이 "소프(Soap)"인 맥태비시(MacTavish) 대위 역을 맡은] 플레이어가 아프가니스탄의 강을 따라 셰퍼드를 쫓는 것을 재현한 것이다.

이 정적은 행인의 등장으로 인해 갑작스레 깨지고, 굳어 있던 캐릭터들이 다시 움직이게 된다. 이때 이 캐릭터들이 누구인지 보여주는 명패들이 함께 등장한다. 이를 통해 우리가 역사 박물관의 전시실에 있다는 것이 분명해지고, 박물관을 관람하는 사람들은 이제 '진짜'가 된다. 이들은 다른 사람들과 이야기를 나누고, 전시물들을 들여다보고, 누군가와 전화를 한다. 직전까지 플레이할 수 있었던 아바타와 캐릭터들은 이제 로봇[오토마톤(automaton)]이 되었다.

이처럼 캐릭터들이 움직이는 모습을 보여준 후, 카메라는 왼쪽으로 렌즈를 돌리는데, 여기에는 미군 레인저스가 러시아군으로부터 워싱턴 D.C.를 지켜낸 순간을 담은 전시가 보인다. 이 세트장에는 (이 레벨에서 플레이어가 맡았던) 제임스 라미레즈의 분대가 잿더미가 된 백악관을 배경으로 서 있는 모습이 보인다. 카메라는 다른 전시물들이 보관된 더 큰 전시실로 렌즈를 돌리는데, 여기에는 〈모던 워페어 2〉에 등장했던 다양한 무기와 자동차들이 유리관 속에 진열되어 있다. 크레디트가 흐르는 동안, 카메라는 리우데자네이루의 인구 밀집 지역이면서 빈민가인 '파벨라(Favelas)'

에서 벌어지는 총격전에서부터 카자흐스탄의 얼음 절벽, 경비가 삼엄한 바다 한가운데의 석유 굴착 시설로 헤엄쳐가는 모습에 이르기까지, 게임에 등장했던 상징적인 장면들이 나오는 박물관의 전시실들을 보여준다. 그리고 나서 화면은 다시 암전하고 크레디트가 계속 흐른다.

'엔드 크레디트'의 박물관 소개는 단순히 인피니티 워드 디자인 스튜디오가 이 게임을 제작했음을 보여주는 '커튼 콜'이나 가상 등장인물을 소개하는 것 이상의 의미를 가지며, 이를 통해 이 게임의 주제가 갖는 군사 기록학적 의미가 드러난다. 이 주제는 〈모던 워페어 2〉에서 각 게임이 로딩될 때 화면에 등장하는 내레이션에서 확실해진다. 예를 들어 셰퍼드 장군은 반역적인 자신의 계획에 대해 이런 설명을 덧붙인다.

우리는 인류 역사상 가장 강력한 군사력을 가지고 있어. 여기서 벌어지는 일들은 모든 곳의 문제라서 모든 싸움은 우리의 몫이지. 우리는 쉴 틈이 없어. 현대전에서 사용되는 장비들을 쓰는 방법을 익히는 것은 총체적 파괴와 인류 번영 사이의 차이와 직결되지. 그래서 우리는 자네에게 자유를 줄 수 없어. 대신 자네에게 이것을 배우는 노하우를 전수해 줄 수 있지. 전우들은 고철 덩어리로 가득한 저 기지나 다른 모든 것보다 훨씬 더 소중해. 바야흐로 영웅들의 시대이고, 전설들의 시대야. 역사는 승자에 의해 쓰이지. 한번 해보자고.[28]

군사력 사용의 당위성에 대한 셰퍼드의 의견은 데이비드 페트레이어스 장군의 대테러전 매뉴얼에 소개된 (예컨대, 미국은 "장기전"에 참여할 수밖에 없고, "자유"를 얻기 위해 다른 국가들을 훈련시킬 필요성을 직시해야 한다는) 전략적 열망, 그리고 미르조에프가 분석한 (예컨대 "고철 덩어리로 가득한 군사

기지"와 같은 무기 더미를 서구 세계의 문화로 대체하는 것을 핵심으로 하는) 독
트린의 문화적 목표와도 맥락을 같이한다. 하지만 세퍼드가 게임에서 자
주 쓰는 "역사는 승자에 의해 쓰인다"라는 표현은 호기심을 불러일으키는
'엔드 크레디트'의 관점을 가장 잘 설명하며, 가상의 박물관 소개가 게임이
내장한 코드를 어떻게 드러내는지를 보여준다.[29]

베네딕트 앤더슨은 자신의 뛰어난 저서 『상상의 공동체(Imagined
Communities)』를 통해 수없이 많은 문화적·정치적 기능을 수행해 내는 국
가적 체제로서의 박물관에 대해 이야기한다.[30] 그에 따르면, 가장 중요한
것은 국가의 역사와 시민권을 정의함으로써 통치 엘리트가 대중적 이해
를 통해 정통성을 확보하는 것이다. 지도나 통계 같은 사회적 기술과 마
찬가지로 박물관은 이곳을 찾는 이들에게 식민 정복의 추악한 역사를 윤
색해 내고 시민들에게 상상의 공동체로서의 국가로 단결할 수 있도록 사
회적 접착제를 제공한다.[31]

만약 박물관 구경이 칙칙하고 조용하게 느껴진다면, 그것은 게임을 상
징하는 치열한 싸움이 등장하지 않기 때문일 것이다. 그도 그럴 것이, 박
물관에서는 플레이어가 개인적 차원에서 체험했던 수위 높은 몇몇 폭력이
윤색되고 병사 개개인이 가진 희생적 이야기가 생략되었기 때문이다. 최
종 레벨 직전에 등장하는 '저스트 라이크 올드 타임스(Just Like Old Times)'
에서 프라이스 대위는 자신과 맥태비시 대위 역할을 하는 플레이어가 함
께 수행하고자 하는 자살 공격 임무를 정당화하며 다음과 같이 말한다.

제정신인 사람이라면 아침에 일어나 오늘이 삶의 마지막 날이라고 생각
하지는 않겠지. 하지만 나는 이런 것이 저주가 아니라 사치라고 생각해. 마
지막에 이르렀다는 것은 일종의 자유야. 뭔가에 대해 …… 곱씹어볼 수 있

는 좋은 시간이지. 화력도 압도적이고, 사람 숫자도 훨씬 많아. 우리는 자살 공격이라는 임무에 미쳐 있지만, 모래와 돌들은 수천 년 동안 전쟁을 치러 왔고 이것들이 우리를 기억할 거야. 수없이 많은 악몽 속에서 이것이 우리 가 우리를 위해 선택하는 유일한 것이니까. 지구에서 내쉬는 숨처럼 우리도 나아가는 거야. 힘차게, 그리고 (셰퍼드 장군을) 죽이겠다는 하나의 목표를 위해.

이 허구의 전쟁 역사와 관련해 플레이어의 체험은 박물관에 전시된 것 이상으로 확장된다. 플레이어는 각 전시실에서 보여주는 수없이 많은 전 장을 둘러보았고, 전시대 위에 안전하게 놓인 총들을 쏘았고, 무대에 서 있 는 병사들과 싸우고 피 흘렸다. 하지만 이것만이 박물관이라는 공간에 등 장하는 유일한 재현은 아니다. 게임에 대한 또 다른 재현은 결코 신성화된 모습으로 나오지 않는다.

'뮤지엄' 보너스 레벨은, 윤리적 맥락을 감안해 게이머에게 군사적 행동 의 서사적 동기를 제공하는 정서적인 전쟁 이야기와는 배치된다. 비(非)디 에게시스적이면서 비서사적인 이 레벨은 그러한 목적과는 거리가 멀다. 또한 이 레벨은 밀리터리 슈팅 게임의 상대방이 몹시 못마땅하게 여기는 불안정하면서도 즐거움을 제공하는 게임플레이의 저의를 함축하고 있다. 이 레벨은 "빠른 트위치(Quick Twitch)"라는 게임플레이를 수행하게 한다 는 점에서 슈팅 게임의 멀티플레이어 모드와 상당히 유사하다. 이는 다자 간의 대결이 이루어지는 가상공간에서 자주 등장하는데, 여기에는 서사적 장치도 없고, 플레이어는 압도적인 적들로부터 살아남기 위해 자신들의 무기 자산과 전투 기술을 사용해야 한다.

1인칭 플레이어의 게임이 끝나면 앞서 '엔드 크레디트' 시퀀스에 대해 이야기할 때 언급되었던 박물관의 공간이 이제 플레이가 가능한 공간으로 다시 등장한다. 이 수수께끼 같은 레벨은 "미국 캘리포니아주 엔시노 (Encino)에서 펼쳐지는 〈모던 워페어 2〉 전시회. 인피니티 워드와의 저녁" 이라는 제목과 함께 시작되고, 플레이어는 진열대에 놓여 있는 무기들을 꺼내 쏴보면서 박물관에 있는 세 개의 건물을 돌아다닌다. 이때 게이머는 박물관의 안내 데스크에 있는 두 개의 빨간 버튼을 발견하게 되는데, 불길하게도 여기에는 "누르지 마시오"라는 표시가 붙어 있다. 호기심 많은 플레이어라면 당연히 둘 중 하나의 버튼을 누를 것이다. 그러면 이 공간은 테마파크를 연상시키는 악몽 같은 전시실로 바뀌고, 진열된 병사들이 살아나서 플레이어에게 '일제히' 달려든다.

이렇게 플레이어와 이들 캐릭터가 싸우게 되는 서사에 대한 구실을 주지 않기 위해, '뮤지엄' 레벨은 비서사적 총격전이 가진 운동감각적 기쁨을 즐기게 하는데, 이는 플레이어가 스스로 즐길 수 있는 극적인 장치가 된다. 이 게임의 전투 역학에서 아무것도 구애받지 않고 치르는 총격전은 유희적 전쟁이 비서사적 즐거움을 가지고 있다는 것을 상기시키는 중요한 의미를 갖는다. 이들의 행동이 게임의 구성과 파괴 체계 안에서 이루어진다는 점에서 박물관에서의 총격전이 완벽하게 자유롭다고는 할 수 없지만, 플레이어의 행동을 제약하는 추가적인 규칙이나 서사는 없다. 하물며 게임이 가진 허구적 역사가 불경스럽게 전복됨으로써 발생하는 정당하지 않고 난잡한 **혈투**는 포스트모던 시대의 전쟁이 겪는 '의미의 위기'를 설명하기에 턱없이 부족하다. 이 우스꽝스러운 싸움에는 어떠한 합리적인 이유도 존재하지 않는다. 버튼 하나를 누름으로써 박물관은 사격의 광풍에 휩싸이는 것이다. 이 보너스 레벨이 불러일으키는 당혹스러운 혼란은 9·11 이후 유희적 전쟁의 몰입적인 즐거움을 만들어내는, 대테러전의 서사와 친밀한 관점을 넘어서는 텍스트적 요소 - 다음 장들에서 논의될 대리자나 변형과 같은 요소 - 에 대해 생각해 보도록 하는 출발점이 된다.

결론: 대테러전을 이야기하는 것, 대테러전이 되는 것

전쟁이 지옥이라는 말은 맞지만 이건 절반의 설명도 되지 않아. 왜냐하면 전쟁은 신비로움과 공포, 모험과 용기, 탐험과 신성함, 연민과 절망, 그리고 열망과 사랑이기도 하니까. 전쟁은 더러워. 하지만 전쟁은 재밌어. 전쟁은 스릴 넘치지만 힘들지. 전쟁은 자네를 사내로 만들어주지만 자네를 죽이기도 해. …… 진실은 모순덩어리야. 이를테면 전쟁이 그로테스크하다고 외칠 수도 있어. 사실 전쟁은 아름답기도 해. 무섭지만, 자네는 저 전투가 가져오는 끔찍한 장엄함에 압도되지. 자네는 빛나는 빨간 리본처럼 어둠을 헤집고 날아가는 예광탄을 응시하거나, 차갑고 무심한 달이 떠 있는 밤중에 논두렁에 매복해 있지. 자네는 병사들이 대형을 갖추고 이동하는 모습, 군함에서 거대한 불을 내뿜는 모습, 조명탄, 백린탄, 네이팜탄의 자줏빛 오렌지색의 빛깔, 그리고 로켓의 빨간 섬광을 동경해. 정확히 말하자면 예쁘지는 않아. 눈을 채우는 그 모습이 그저 놀라운 거지. 그것들은 자네에게 명령해. 맞아. 자네는 싫어하겠지만, 자네의 눈은 그렇지 않아. 마치 살인적인 산불이나 현미경 밑에 놓인 암세포처럼, 어떤 전투나 폭격, 포격은 완벽한 도덕적 무관심에서 나오는 미학적 순수함을 가지고 있어. 강력하고 그 무엇과도 바꿀 수 없는 아름다움과 진짜 전쟁 이야기는 진실이 추악하더라도 그것이 무엇인지를 알려주지.

_ 팀 오브라이언, 『그들이 가진 것들(The Things They Carried)』[32]

이 장의 마무리는 팀 오브라이언이 주관적이고 모순적인 '진실'을 비롯해 (베트남전쟁의) 전투의 경험을 담아내는 창의적인 픽션의 능력에 대한 시선을 휘어잡는 묘사에서 시작한다. 이러한 허구적 진실은 미디어 양식과 주체의 문제와 관련해 그 내용과 형식에 대해 질문을 던진다. 무엇이 전쟁 이야기를 '진실'인 것처럼 느끼게 하는가? 어떤 이야기는 "역겨운데" 왜 어떤 이야기는 그렇지 않은가? 왜 같은 전쟁 이야기이더라도 어떤 매체로 접할 때는 마음에 다가오는데 다른 매체로 접할 때는 그렇지 않은가? 혹은 왜 다르게 느껴지는가? 앞선 인용구에서 오브라이언은 ("도덕적 무관심에서 나오는 미학적 순수함 — 강력하고 그 어떤 것과도 바꿀 수 없는 아름다움"이라는) 전쟁의 시각적 스펙터클이 가져오는 원초적인 기쁨에 대해 언급한다. 사진과 맞먹는 현실적인 묘사와 입체음향과 촉감 반응 등을 통해, 밀리터리 슈팅 게임은 오늘날의 전투가 가진 폭력적인 판타스마고리아(phantasmagoria, 환등 장치 _옮긴이)를 성공적으로 재현해 왔다. 하지만 이러한 게임은 "로켓이 가진 붉은 섬광"과 "하늘을 수놓은 폭탄"을 단순히 복제해 놓은 것을 넘어, 병사들의 개인적인 전투 경험을 이야기한다. 그리고 플레이어는 〈모던 워페어〉의 복잡한 서사가 만든 가상적 애국주의가 펼치는 극적인 행동을 보고 여기에 참여한다.

또한 이러한 게임은 텔레비전이 보여주는 전쟁에 대한 시선의 거리를 좁히고, 테러와의 전쟁이 가진 비대칭성을 선과 악의 힘이 벌이는 가장 최근의 가장 거대한 전면전으로 바꾸어냄으로써 미국이 중동에서 벌이고 있는 정책적 책략의 정당성을 강화시킨다. 게임이 가진 전쟁 이야기와 플레이어의 관점이 바뀌는 것은 대테러전에 개입하는 것이 필요하고, 미국과 서방의 이익을 보호하기 위해서는 때때로 시민들의 희생이 필요하다는 시각에 기인한다.

이 장에서 다룬 이야기 중에 예외가 존재할 수 있으므로, 나는 〈모던 워페어〉에 나오는 희생을 정리하면서 이 장을 마무리하고자 한다. 앞서 언급한 것처럼 희생의 순간은 하나부터 열까지 각본에 의해 만들어진 것이다. 플레이어에게는 자신이 맡고 있는 캐릭터가 가상에서의 삶을 바치겠다고 스스로 나서는 것을 결정할 권한이 없다. 가상이든, 자유롭든 그렇지 않든, 스스로의 삶을 바치는 데 선택지가 없다면 이것은 "희생"이라고 불릴 수 없다. 그래서 누군가는 이러한 가상적 죽음이 얼마나 의미 있을지(혹은 얼마나 진정으로 희생적일지) 의문을 제기할 수 있다.

이에 대해 서사적 통일성에 관련된 실질적인 문제로서의 측면과 인식이 이루어지는 과정을 포함한 양식에 관한 측면, 두 가지 측면에서 대답해 볼 수 있을 것이다.[33] 우선 이야기가 담긴 비디오 게임에는 흥미로운 서사를 구축하는 것과 게임플레이의 규칙과 자유를 디자인하는 것을 두고 끊임없는 디자인적 갈등이 존재한다. 희생을 강제하는 몇 안 되는 순간에 〈모던 워페어〉 시리즈는 플레이어의 대리인을 이야기가 가진 문제점에 종속시킨다. 만약 이 특별한 순간에 게임이 (완전히 마비된 것이 아니라) 게이머의 제한된 대리인에 **의해서만** 운영된다면, 이 가상적 죽음은 정치적으로 공허하고 불쾌한 것으로 읽혔을 것이다. 이러한 캐릭터는 이야기에 등장하는 갈등을 증폭시키기 때문에 결국 희생의 길을 택하도록 하는 것이다. 만약 플레이어가 죽음을 선택하지 않는다면, 아마도 병사가 된 플레이어가 겪어야 하는 폭력적인 사격전을 정당화할 인과적인 서사를 구축하는 데 어려움을 겪을 것이다.

앞선 질문들에 대한 두 번째 대답은 사용자가 비디오 게임 캐릭터를 식별해 내는 것과 연결된다. 전쟁영화와 텔레비전 프로그램에 나오는 희생적인 사건에 대해 "희생적이지 않다"라고 말하는 경우는 극히 드문데, 이를 담아내는 영상매체의 확정성에 의심의 여지가 없다고 믿기 때문이다. 그러나 비디오 게임에는 이것이 적용된다고 확실히 말하기 어렵다. 밀리터리 슈팅 게임의 전형적인 요소가 아니라고 할지라도(실제로는 많은 게임이 이러한 요소를 가지고 있지 않지만), 유희적 희생은 기술적으로는 가능하다.[34] ⟨모던 워페어⟩ 시리즈는 (병사가 어떻게 보일지에 대한) 아바타 최적화, (어떻게 적을 공격할지에 대한) 전략, 그리고 무기나 차량 선택을 비롯해 많은 선택지를 제공하지 않는 선형적 서사구조와 공간적 디자인을 압도적으로 가지고 있다. 이는 부분적으로 미디어의 유도성, 그리고 장르에 대한 기대치와 연결되어 있기도 하지만, 사용자가 이를 인식하는 것과도 관련이 있다. 시청자가 영화나 텔레비전에 나오는 병사를 인식하는 것과 플레이어가 컴퓨터 화면에 등장하는 병사를 인식하는 것은 다르다. 플레이어와 캐릭터를 인식하는 것에 제약이 있거나 통제할 능력을 잃어서 인식하는 데 문제가 있다고 한다면 이는 플레이어가 즐기던 권력에의 의지가 갑작스레 망가지는 것을 뜻한다는 점에서 그 영향력은 중요하다. ⟨모던 워페어⟩ 게임은 플레이어에게 극적 구조와 서사적 만족을 위해 자신의 대리자를 희생시킬 수 있는지, 찰나의 불신을 각오할 수 있는지 묻고 있는 것이다.

미국의 정치적 정체성은 9·11 이후 몇 분, 며칠, 그리고 몇 주 뒤에 그 민낯을 드러냈다. ⟨모던 워페어⟩ 게임에서 희생을 보여주는 통제되지 않는 장면들은 무력함과 마비되는 느낌을 자극한다. 이 책의 도입부에서 언급한 것처럼 미국 예외주의의 담론과 교리로의 갑작스러운 회귀는 국가가 잃어버린 통제 능력을 다시 얻기 위한 반동적이면서 대중적인 전략이었다. 이어질 장에서는 이러한 정치적 능력을 가상의 공간을 통해 다시 확보하는 것은 어떤 유희적 의미를 가지는지 톰 클랜시의 테크노 스릴러 (technothriller) 슈팅 게임의 캐릭터와 공간 디자인을 통해 알아본다.

제3장

/

선한 싸움을 (선제적으로) 싸우기
톰 클랜시의 밀리터리 슈팅 게임과 미국 예외주의

"적들로부터 조국을 지켜내는 것은 연방정부의 가장 근본적이고 우선되는 책무입니다. 오늘날 이러한 임무는 극적으로 바뀌었습니다. 과거의 적들은 미국을 위험에 빠뜨리기 위해 거대한 군대와 산업적 능력을 필요로 했습니다. 오늘날, 개인들이 만들어낸 어둠 속의 네트워크는 탱크 한 대보다도 적은 가격으로 우리나라 연안에 엄청난 혼돈과 희생을 불러일으킬 수 있습니다. 테러리스트들은 개방되어 있는 사회에 침투하고, 우리에게 대항해 첨단기술이 가진 힘을 사용합니다.

이러한 위협을 분쇄하기 위해서 우리는 군사력, 더 나은 국토방위, 법 적용, 정보력, 테러리스트의 재정을 끊기 위한 적극적인 노력 등 우리가 가진 수단을 모두 동원해야 합니다. 지구 곳곳에서 벌어지고 있는 테러와의 전쟁은 그 끝을 알 수 없는 거대한 국제 작전입니다. 미국은 테러와 싸우는 데 있어 우리의 도움이 필요한 국가들을 지원할 것입니다. 또한 테러리스트 세력과 함께하는 이들은 문명의 적이므로, 미국은 테러리스트에게 은신처를 제공하는 이들을 포함해서 테러에 굴복하는 국가에게는 그 책임을 분명히 물을 것입니다. 미국과 우리의 우방국들은 테러리스트가 새로운 근거지를 구축하는 것을 용납하지 않을 것입니다. 어떤 경우이든 우리는 그들에게 자비를 베풀지 않을 것입니다.

우리가 처한 가장 심각한 위협은 급진주의와 기술 간의 교점에 있습니다. 우리의 적들은 공공연하게 대량살상무기를 노리고 있다고 밝혀왔고, 실제로 여러 증거가 그들이 이를 끊임없이 수행하고 있다는 것을 보여줍니다. 미국은 이러한 노력이 성공하는 것을 좌시하지 않을 것입니다. 우리는 탄도미사일과 그 수송 수단에 대한 방어 체제를 구축할 것입니다. 우리는 위험한 기술을 습득하기 위한 적들의 노력을 저지하고, 분쇄하며, 이를 용납하지 않는 다른 나라들과 협력할 것입니다. 또한 상식과 자위의 문제에 입각해, 미국은 이러한 위협이 완성되기 이전에 대응할 것입니다. 낙관만으로는 미국과 우리의 우방국들을 지켜낼 수 없습니다. 그래서 우리는 적들의 계획을 분쇄하기 위해 최고의 정보력과 신중함을 통해 대비해야 합니다. 훗날 역사는 다가오는 위협을 인지했음에도 제대로 대응하지 못한 이들을 단죄할 것입니다. 우리가 있는 이 새로운 세계에서 평화와 안보를 위한 유일한 길은 행동을 통해서……"
- 조지 W. 부시 대통령이 발표한 2002년 「국가안보 전략(National Security Strategy)」 중에서[1]

"항상 역사로 만들어라!"
- 프레더릭 제임슨(Frederik Jameson), 『정치적 무의식(The Political Unconscious)』[2]

도입

2002년 9월 20일, 부시 행정부는 테러리스트의 잠재적 위협을 분쇄하기 위해 일방적으로 선제적 군사행동을 단행할 수 있다는 새로운 국방정책이 담긴 개정된 국가안보전략을 발표했다. 이 공격적인 외교정책은 냉전과 탈냉전 초기 시대를 지배했던 다자간의 전쟁 억제전략이 바뀐다는 것을 의미한다. 전문가들은 부시 행정부가 주의를 주고 외교적 수단을 사용하는 대신 이러한 논조와 태도, 그리고 주장을 내세우는 것에 대해 의문을 제기했다. 반면 지지자들은 (이제 갓 1년이 지난) 9·11이 더 개입주의적인 방위 전략의 필요성을 제시했다고 평가했다. 하지만 『기회의 목표(Targets of Opportunity)』에서 철학자인 새뮤얼 웨버(Samuel Weber)가 지적한 것처럼,[3] 선제적 전쟁 정책으로의 급격한 전환은 미국의 오래된 정치적·문화적 국시 중 하나였던 미국 예외주의(American exceptionalism)가 지속된다는 것을 보여주었다.[4] 19세기와 20세기에 이루어낸 미국만의 고유한 정치적 기원과 경제 및 생산성에서의 성공은 정책입안자들에게 이 믿음 속에서 지속적인 군사적 패권을 추구하도록 하는 모든 정당성을 부여한다. 웨버는 "경제적·기술적 우월성에 기인한 국제정치에서의 **패권**은 '불량국가'들, 심지어 비국가적 '테러리스트' 집단이 가진 파괴적인 기술력을 감안할 때 **극도로 취약하다는 것**을 의미한다"라고 주장한다(강조는 원문).[5]

9·11은 신보수주의(네오콘, neoconservatives)에게, 1990~1991년 페르시아만전쟁이 발발하기 10여 년 전에 만들어진, 탈냉전시대에 대비한 공격적인 국방정책을 밀어붙일 정치적 빌미를 제공했다. 당시 국방장관이던 딕 체니(Dick Cheney)와 그를 따르는 네오콘이던 폴 울포위츠(Paul Wolfowitz), 루이스 "스쿠터" 리비(I. Lewis "Scooter" Libby)는 1992년에 「방

위계획 지침서(Defense Planning Guidance)」라는 기밀문서를 입안했다. 논란이 되는 이 문서에는 미국의 외교정책과 관련해 경쟁하는 열강이 우월해지는 것을 차단하기, 중동의 석유 자원에 대한 통로를 확보하고 이를 유지하기, 그리고 회의에서 언급된 목표에 대한 일방적인 군사 행동의 유효성 확보하기라는 세 가지 기본 목적을 담고 있다.[6] 이후 이 문서는 ≪워싱턴 포스트≫와 ≪뉴욕 타임스≫로 유출됨으로써 세상에 공개되었다. 하지만 보수적 정책 입안자들에게 핵심 교리들은 여전히 매력적이었고, 2002년 9월 마침내 공식적으로 공표되었다. 20세기 후반기에 이루어진 이 작업이 발표된 것은 대중들에게 예외주의가 "자유주의적 합의로부터 보수적인 우위"로 바뀌었다는 시대적 전환을 의미하는 것이었다.[7] 완전히 공식적인 것은 아니었지만, 다시 활기를 찾게 된 탈냉전시대의 공격적·개입주의적 정책은 밀리터리 엔터테인먼트 장르에서도 드러나고 있다. 그리고 톰 클랜시만큼 9·11을 전후해 미국 예외주의와 밀리테인먼트를 일치시킨 브랜드는 없다.

앞선 두 장에서 나는 분석 개념으로서 게임플레이 양식의 유용성에 대해 주장했다. 그리고 포스트모던 시대의 전쟁을 재현하는 과정에서 발생되는 문제를 〈모던 워페어〉의 서사적 주체성이 어떻게 개선하는지를 밀리터리 슈팅 게임의 1인칭 시점에서 재해석하는 현대 대테러전을 통해 알아보려고 했다. 이 장에서도 톰 클랜시 시리즈의 베스트셀러인 〈레인보우 식스: 베가스〉와 톰 클랜시의 〈고스트 리콘: 어드밴스드 워파이터(Ghost Recon: Advanced Warfighter)〉에 등장하는 캐릭터들과 레벨의 디자인을 분석함으로써, 선제적 군사력 사용을 가능케 하는 미국의 정책적 믿음을 반영해 최첨단 군사력이 재현되는 양상에 대해 알아본다. 클랜시 시리즈의 슈팅 게임들은 플레이어를 가상의 위기 속에서 왜 그리고 어떻게 싸워야 하는지에 대해 알고 있는 군 내부자로 변모시킨다. 선제공격의 정당성은 게임 속에서 공간 디자인과 아바타가 서로를 강화시키는 과정에서 등장하고, 그 속에서 2000년대 초반에 유행했던 네오콘의 외교정책이 정당했음을 강조하는 피해망상적인 유희적 상상이 생산된다.

클랜시 브랜드 게임 가운데 여기서 다루는 네 개의 게임을 선택한 데에는 여러 가지 이유가 있다. 먼저, 2010년을 기준으로 〈어드밴스드 워파이터〉(2006)와 〈어드밴스드 워파이터 2〉(2007), 〈베가스〉(2006)와 〈베가스 2〉(2008) 모두 판매고가 게임 업계의 전통적인 흥행 기준인 100만 장을 넘겼다. 둘째로 "군산복합체의 노벨상 수상자"[8]라고 여겨질 정도로, 2013년 타계하기 전까지 클랜시가 내놓은 모든 작품은 멀티미디어 브랜드가 기술적 세밀함과 서스펜스가 넘치는 서사를 바탕으로 어떻게 인터랙티브한 플레이로 거듭날 수 있었는지 이해하는 데 특별한 관점을 제공한다. 마지막으로 〈레인보우 식스〉와 〈고스트 리콘〉 시리즈는 분대를 기반으로 진행되는 전술 슈팅 게임의 원형으로서, 플레이어로 하여금 대테러전 분대장으로서 미션을 완수하기 위해 전술적으로 타당한 조치를 실행하도록 한다. 이를 통해 실제로 허구의 픽션으로 만들어진 테러와의 전쟁에서 플레이어는 군사적 해결책을 입안한다. 이러한 게임들이 흥행하는 데에는 클랜시라는 자산도 확실히 작용했겠지만, 이것이 '제대로' 실행되었을 때 군사력이 가지는 효과를 정확히 구현했기 때문이기도 하다. 이들 게임이 우리에게 무엇을 묻는지, 무엇을 가능하게 하는지, 그리고 어떻게 미군들과 공포에 질린 나라 안의 공간을 묘사하는지에 대해 주의 깊게 알아봄으로써, 우리는 테크노 전사(technowarrior)가 되는 것이 주는 헤게모니적 즐거움을 알아볼 수 있을 뿐만 아니라 이러한 선택지들이 9·11 이후의 보수적 관점에서 미국 예외주의를 어떻게 반영하고 지속시키는지에 대해서도 확인할 수 있다.

톰 클랜시 브랜드가 만들어내는 전쟁

톰 클랜시는 업계에서 그의 이름이 가진 위상에 비해, 자신의 이름을 달고 나온 게임의 생산과정에 상대적으로 적게 개입했다.[9] 오히려 그는 브랜드를 관리하는 데 많은 영향을 주었다고 보는 것이 더 정확할 것이다. 2008년 프랑스의 유명 게임업체인 우비소프트(Ubisoft)가 톰 클랜시의 상표권을 인수했다. 여기에는 게임, 책, 영화를 비롯해 클랜시라는 이름을 붙인 모든 트랜스미디어 저작권이 포함되어 있었는데, 이를 통해 이 회사는 매년 수백만 명의 단골 고객을 확보할 수 있었다.[10] (물론 파리에 본사를 둔 다국적 기업에 이름을 파는 것이 "미국 예외주의"와 어떠한 관련이 있는지는 알기 어렵다.) 오늘날 클랜시라는 이름은 우비소프트 생산 라인의 핵심을 차지하고 있으며 회사의 재정적 여력을 확보하는 데 중요한 자산이 되고 있다.

하지만 클랜시 브랜드를 가진 게임들이 포스트모던 시대의 전쟁이 가진 일련의 기술적·정책적 신념을 공유한다고 해서 단일한 작가적 관점이나 게임플레이 장르를 가지고 있다고 보기는 어렵다.[11] 〈고스트 리콘〉과 〈레인보우 식스〉 시리즈는 국방부 관계자들이 전쟁을 사업이나 과학을 다루듯 하는 기술전의 담론에 입각해 군사주의화된 미국 예외주의가 누리고 있는 기술적 풍요로움에 찬사를 보낸다.[12] 이 담론은 병무 행정에서 벌어진 혁신의 중요성과,[13] 병사들을 실시간 정보 그리드 속의 사이버 교점으로 변모시키는 네트워크 중심의 무기 기술들을 구현하는 기술 중심적 해결책이 가진 중요성을 설명하며 (집착은 아니라고 할지라도) 여기에 방향성을 두어야 한다고 강조한다.[14] 가까운 미래에 쓰일 이러한 최첨단의 정보 및 무기 기술들은 군의 특수부대를 더욱 기민하고 치명적이며 보이지 않도록 만든다. 적시 납품(just-in-time)이라는 생산문화의 언어로 이를 표현한다면, 아마 적시 파괴(destruction-on-demand)라고 말할 수 있을 것이다.[15] 〈고스트 리콘: 어드밴스드 워파이터〉의 사용설명서에 따르면, 클랜시의 게임들은 플레이어를 "미래의 병사"로 탈바꿈시킨다. 설명서는 "최첨단 군사기술에 대한 완벽한 통제를 바탕으로, **당신**은 전장에서 가장 우수한 기술을 가진, 가장 위협적인 병사로 거듭나게 됩니다"라고 설명한다.[16] 사이보그 병사로서 플레이하는 것이 주는 즐거움은 클랜시의 테크노 스릴러 픽션에 담긴 정치적 의미에 강한 영향을 미친다.

클랜시의 친미적 테크노 스릴러 장르 ─ 군으로부터 승인받은 기술 및 이 기술의 은밀한 사용, 그리고 이와 연결된 기술전의 담론으로 이루어지거나 오늘날의 전투기술과 생산을 가능하게 하는 경제력을 배경으로 자본주의적 노력[17]과 결합시킨 서스펜스들로 이루어진, 서사적 요소들을 담은 ─ 는 친군사적 허구를 유희적 방식으로 재매개하기 위해 필요한 모든 요소를 가지고 있다.[18] 예를 들어 클랜시의 문학적으로 저속한 규범들은 (병사나 정부 요원 같은) 주인공이 (테러리스트 집단이나 불량국가 등의) 국제적인 위협으로부터 기술적으로 준비된 작전을 수행함으로써, 미국 예외주의의 정치적 정당성을 강조하는 내용을 담고 있다. 일반적으로 테크노 스릴러 픽션, 그중에서도 클랜시 브랜드가 제공하는 것은 국방부의 공식·비공식 프로그램을 우호적으로 재현함으로써 극도로 군사주의화된 미국 예외주의를 지지하고 있다. 마찬가지로 클랜시 계열 소설들에 대해 다수의 비평은 작가의 마니교적(Manichaean, 이원론적)·도덕적 세계관과 전투 기술 및 전략에 대한 작가의 집착에 초점을 맞추고 있다.[19]

클랜시의 초기 작품들이 거둔 성공은 이후 테크노 스릴러의 포괄적인 기준이 되었는데, 이 브랜드가 이후에 내놓은 다양한 제품은 소비자들이 클랜시라는 이름에 대해 무엇을 기대해야 할지를 확고하게 만들었다. "상품화는 장르를 브랜드명과 등치시키고 …… 사회적 계약을 품질보증서로 만들었다."[20] 클랜시 계열의 게임들은 냉전 후반기에 로널드 레이건 (Ronald Reagan) 대통령이 클랜시가 1984년에 지은 허구적이면서도 통속적인 정치소설『붉은 10월(The Hunt for Red October)』에 대해 찬사를 보내면서 결정적으로 첫 상업적 성공을 거두었다. ≪라이프(Life)≫의 저널리스트였던 라운던 웨인라이트(Loundon Wainwright)에 따르면, 레이건은 이 소설을 "완벽하게 과장된 긴 이야기"라고 불렀고, 이 이야기가 "비록 레이건이 매일 받았던 정보 브리핑과 당황스러울 정도로 비슷한 부분이 있었다고 하더라도, 칙칙한 삶의 현실로부터 해방시켜 주었기 때문에" 즐겼다고 언급했다.[21] 현실에서 벗어나고 싶은 대통령의 독서에 대해 설명한 대목에서, 웨인라이트는 클랜시 소설이 가진 매력에 대해 처음으로 비판을 가한 사람 중 하나가 되었다. 통찰력을 바탕으로 그는 다음과 같이 이야기한다.

단언컨대 이 책이 많이 팔린 이유 중 하나는 모든 것이 결말에서 잘 해결되기 때문이다. 이 책은 우리가 가진 익숙한 신념과 악랄한 러시아인들에 대한 우리의 우월성을 재확인한다. 마치 제2차 세계대전 당시 할리우드가 내놓았던 해피 양크(Happy Yank) 영화들처럼 이 책도 프로파간다와 희화화로 가득하다. 애국심을 내세워 사리를 좇는다는 소설 자체의 내용은 평범하다. 문제는 대통령을 비롯한 많은 이들에게 미국인이 가진 선의와 독창성, 용감함을 보여주는 이 소설을 읽고 몇 시간 동안 최고의 소련군 지휘관들이 ('원문' 그대로) 패배하기를 바라면서, 질서정연하게 잘 짜인 세계에서 잔인하고 썩어빠진 이데올로기에 맹종하는 약해져 버린 자들을 쓸어버려야 한다는 환상을 재확인시킨다는 것이다.[22]

클랜시가 『붉은 10월』 이후에 내놓은 십여 편의 소설은 문학적 구성과 이데올로기적 성향이 서로 비슷하다. 앤드류 바체비치(Andrew Bacevich) 는 『새로운 미국의 군사주의(The New American Militarism)』에서 저자의 **모든 작품**에 대해 큰 틀에서 다음과 같이 언급한다.

> 클랜시가 내놓은 모든 소설에서 국제질서는 무자비한 수많은 적이 중무 장한 채로 미국을 공격하는 공간으로 등장한다. 미국인들이 대재앙을 피할 수 있었던 것은 단 한 가지 사실에 기인하는데, 그것은 군복을 입은 미국의 남녀 군인들과 정보 요원들이 이러한 위협을 막아냈기 때문이다. 클랜시의 소설들은 일반적으로 국가를 방위하는 이들이 가진 기량, 명예, 뛰어난 기 술적 소질, 순결한 품위를 노골적으로 찬양한다. …… 클랜시와 이 (테크노 스릴러) 장르에 가담하는 다른 이들에게 베트남전 이후 병사들에게 전달된 유언비어에 반박하는 것은 그들의 임무 중 하나가 되었다.[23]

당연하겠지만, 클랜시의 가장 큰 지지자들은 미군 당국과 보수적인 여 론 주도층이다. 저자가 레이건 대통령, 뉴트 깅그리치(Newt Gingrich) 전 하원의장, 퇴역 장성인 콜린 파월(Colin Powell), 올리버 노스(Oliver North) 대령을 자신이 가장 좋아하고 영감을 얻는 공직자로 꼽는 것을 감안하면, 이 존경은 쌍방향적이다.[24]

그가 쓴 여러 작품에서 확인할 수 있듯, 그는 테러리스트와 의회를 가장 증오한다. 저자는 "의회에 있는 많은 이들은 …… 자신들의 자식인 군대를 감싸기보다는 쓰레기통에 처박아 버리려는 사람들이다"라는 유명한 말을 남기기도 했다.[25] 미국의 저명한 대표들이자 선출된 이들이 정부의 다른 행위자들과 토론하고 견제하며 펼치는 통치행위로 이루어진 숙의적 정치 제도는 저자가 선호하는 애국적 기술 관료들과 병사들이 펼치고자 하는 결정적 행동에 불편한 걸림돌이 될 뿐이다. 그가 그려낸 허구의 영웅들처럼 클랜시는 행동을 위한 숙의 과정을 배제한다.

그의 통속소설(pulp fiction)이 거두었던 상업적 성공은 클랜시가 제작한 영화와 비디오 게임에서도 이어졌다. 소설과 마찬가지로, 영화와 비디오 게임의 텍스트도 포스트모던 시대의 전쟁이 가지고 있는 정치적 이해관계들을 풀어내고 있고 (〈24〉 같은 텔레비전 프로그램처럼) 국가가 개입한 폭력을 시각적으로 재현하기 때문이다.[26] 그러나 클랜시의 게임들은 플레이어로 하여금 통속소설 독자나 텔레비전·영화 시청자와는 다른 실험적인 공간으로 플레이어를 이끈다. 클랜시 계열의 게임은 비국가적 테러리스트들에게 필요한 실전 전략을 본뜸으로써 내레이션이나 시각화를 넘어, 아니면 둘 다를 넘어 장르를 한층 더 재매개한다. 사용자들이 미국의 전쟁 신화를 경험하고 올바른 테크노 전사가 되는 기회를 제공한다는 측면에서, 클랜시 브랜드의 비디오 게임들은 클랜시의 테크노 스릴러 세계를 가장 완벽하게 구현한 텍스트라고 볼 수 있다. 다시 말해 이 게임들은 테크노 스릴러 픽션이 가지고 있는 테크노 전쟁 담론과 미국 예외주의를 구현하는 것을 넘어, 게이머가 전 지구적 정치 헤게모니를 확고하게 하는 군사력을 가지고 플레이할 수 있게 해준다. 이러한 텍스트적 유도성은 게임의 인기와 더불어 게임 유통업체인 우비소프트에 대한 전반적인 브랜드 가치를 설명해 준다. 클랜시 게임들은 2008년 5월 기준으로 전 세계에 5500만 장이 팔

렸는데, 이는 〈레전드 오브 젤다(The Legend of Zelda)〉, 〈소닉 더 헤지호
그(Sonic the Hedgehog)〉, 〈레지던트 이블(Resident Evil)〉 시리즈가 거둔
수익을 뛰어넘는, 베스트셀러 10위에 해당하는 기록이다.[27]

　〈고스트 리콘: 어드밴스드 워파이터〉와 〈레인보우 식스: 베가스〉 시리
즈는 비슷한 이야기와 게임플레이 디자인을 통해 포스트모던 시대에 이루
어지는 군사개입의 정치적 당위성과 전략적 효험을 설명한다. 〈어드밴스
드 워파이터〉와 〈베가스〉의 서사는 가까운 미래(출시 당시에는 미래였던,
〈워파이터〉의 경우 2013년, 〈베가스〉는 2010년)의 북미를 배경으로 멕시코의
도심 거리에서 시작되어 미국에서 마무리되는 갈등을 다루고 있다. 두 프
랜차이즈는 각각 1인칭(〈베가스〉)과 3인칭(〈워파이터〉)의 시점에서 게이
머가 실내 공간(〈베가스〉)과 넓게 펼쳐진 바깥(〈워파이터〉)에서 총격전을
벌이도록 한다. 이때 그들이 역할을 맡은 대테러전 요원들은 테러를 저지
하기 위해 무기와 통신 장비들을 가지고 있다. 두 게임이 가진 유사성에도
불구하고, 이 게임들은 각각 독자적으로 평가받을 수 있는 고유의 요소도
가지고 있다. 〈어드밴스드 워파이터〉의 경우, 최첨단 무기와 통신 기술을
적절하면서도 신중하게 사용하려는 모습은 국방부가 21세기의 위협에 맞
서는 최고의 수단으로 평가하며 2000년대 초중반에 내세웠던 "네트워크
중심"의 전쟁 접근법을 연상시킨다. 한편 미국을 포함한 아메리카주의 주
요 인구 밀집지역을 배경으로 한 〈베가스〉의 경우, "그곳에서 싸워 여기서
싸울 필요가 없게 하라"라는 선제타격 정책의 필요성을 부각시킨다. 클랜
시 브랜드의 전술 슈팅 게임이 보여주는 게임플레이 양식은 서사를 구성
하는 텍스트 도구로서, 그리고 어떻게 이 세계가 작용하는가에 대한 믿음
으로서 이해된다. 이는 미국인에 대한 무서운 공격을 막아내고 9·11 이후
에도 지속될 **미국의 시대(Pax Americana)**를 지켜내기 위해, 기술적으로 뒷

받침된 군사적 선제타격의 도덕적 정당성과 그 효과를 표현하는 것이다.

어떻게 싸울 것인가: 〈고스트 리콘: 어드밴스드 워파이터〉를 통해 바라본 기술적 예외주의의 시각화

〈어드밴스드 워파이터 1〉과 〈어드밴스드 워파이터 2〉의 설명서에 따르면, 플레이어는 압도적인 수의 적들을 이겨내고 테러리스트가 시민들과 주요 시설에 가하는 공격을 분쇄하기 위해서 자신이 훈련받은 것과 이를 바탕으로 한 기술적인 우위를 사용해야 하는데, 주요 내용은 다음과 같다.

> 스콧 미첼(의 역할을 하는 게이머)이 지휘하는 〈고스트 리콘〉 분대는 불가능해 보이는 군사적 상황에서도 살아남을 수 있는 정교한 군사전략을 사용하는 데 전문가이다. 현실을 방불케 하는 이 분쟁 속에서 '달리고 쏘는' 행동은 성공할 수 있는 옵션이 아닐뿐더러 죽음만 재촉한다. 살아남기 위해서 스콧 미첼은 자신이 가진 전술 자산을 최대한 활용해야만 한다.[28]

첫 번째 〈워파이터〉 게임에서 "고스트"라고 불리는 플레이어의 최정예 부대는 2013년 니카라과의 반군 세력이 미국의 군사 장비를 탈취한 후 이를 멕시코의 불법 무장단체에 넘기려고 하는 상황에서 멕시코시티에 투입된다. 그러나 북미 정상이 북미공동안보협정(the North American Joint Security Agreement treaty)의 체결을 발표하기 위해 만나는 동안 쿠데타가 벌어지고 이들은 장비를 회수하기 전에 이 쿠데타로부터 미국과 멕시코 대통령, 그리고 캐나다 총리를 지켜내기 위해 다시 멕시코의 수도로 투입된다(두 게임 모두 안보 체제 및 협상과 관련한 테러 위협이 등장한다). 교전 과정에서 캐나다 총리가 사망하고 미국 대통령은 행방불명된 상황에서, 플레이어는 미국 대통령인 제임스 발렌타인(James Ballantine)을 구해내고 군사기술 유출을 막아내 멕시코의 반란을 진압해야 하는 48시간짜리 미션을 시작하게 된다. 비슷한 맥락에서 〈어드밴스드 워파이터 2〉에서는 미첼의 고스트 팀이 1년 후 미국의 핵 방어 체계를 위협하는 같은 반군 조직이 가진 핵무기 장치를 무력화하기 위해 시우다드 후아레스에 파견된다.

클랜시의 테크노 스릴러 시작법(詩作法)에 입각해, 〈어드밴스드 워파이터〉 타이틀은 **수없이 많은** 플롯 변형을 통해 지루한 이야기 전개 과정을 개선한다. 그러나 더 중요한 것은 이처럼 자세한 개요에도 불구하고 이 게임의 강점인 테크노 전사들과 전술을 밝히는 데 실패한다는 점이다. 물론 이야기와 게임의 전개가 무관하다는 것을 주장하려는 것은 아니다. 실제로 이들은 앞 장에서 논의한 서사적 주체성을 만들어내는 데 필수적인 요소이다. 플레이어가 취할 수 있는 행동들이 **어떻게** 매력적인 밀리터리 사이보그로서의 정체성을 만들어내는지 규명하는 것은 더 어렵다.

〈어드밴스드 워파이터〉에서 플레이어는 탈냉전시대의 전장에서 상호 연결된 인공지능 무기체계하에서 고성능 의사결정 모드(〈그림 3-1〉 참조)를 통해 예상되는 적들과 대면한다.[29] 게임의 주요 시각 인터페이스는 "통합 전투원 시스템(Integrated Warfighter System)"으로서, 지금은 사용되지 않는 미래 전투 시스템 프로젝트 2003~2009[30]에서 주요 무기를 다루는 세부 체계인 미 국방부의 "미래의 전사(Future Force Warrior)"의 가상 버전이라고 할 수 있다(〈그림 3-2〉 참조).[31] 통합 전투원 시스템의 핵심적인 특징들은 고스트 요원과 지휘관을 서로 연결하는 최첨단 통신기기와 네트워크 광학, 그리고 (요컨대 증강현실을 비롯해) 지형과 주변 사물에 대한 가상 정보를 실시간으로 보여주는 정교한 상방시현기(heads-up display: HUD)를

그림 3-1 국방부의 "국제 정보 그리드망"이 상호 연결된 전투원 체제를 기반으로 정보 우위를 차지하고자 하는
모습

그림 3-2 〈어드밴스드 워파이터 2〉에서 사이보그 병사에게 실시간으로 제공되는 정보가 실제 요소들 위에 펼쳐
져 있는 모습

포함한다. 플레이어는 추가적인 화력과 정찰 능력을 가진 (정찰용 드론과 개인화된 무기 수송 장비와 같은) 일련의 운송 수단을 원격으로 조종한다. 다음 장에서 자세히 다루겠지만, 클랜시의 게임들은 이러한 이용이 문제가 될 수 있다는 것을 부정하면서 원격조작 로봇 기술과 네트워크의 힘을 사용하는 것을 주저하지 않는다.

클랜시의 밀리터리 판타지 브랜드가 실현되는 데 있어 정보통신 기술은 특히 중요하다. 이는 정보통신 기술이 플레이어가 자신을 [〈어드밴스드 워파이터〉의 스콧 미첼, 〈베가스〉의 로건 켈러(Logan Keller), 〈베가스 2〉의 비숍(Bishop) 같은] 게임의 대테러전 요원으로 인식하는 것을 매개하기 때문이다. 아바타가 장착한 상방시현기가 바로 이 인식의 핵심이다. 이 시각적 디스플레이는 디지털화된 표지와 영상으로 가득한데, 이를 통해 게이머는 인공두뇌 무기 시스템처럼 적대적인 환경을 내면화하게 된다. 미션을 수행하면서 플레이어는 무인비행기, 카메라를 장착한 동료들, 그리고 지표면을 통해 감지되는 무기들로부터 얻는 데이터를 분석할 필요성을 느끼게 된다. 플레이어가 전장과 관련된 정보들을 충분히 확보하고 이에 따라 고스트 요원들을 배치하면, 플레이어는 비로소 적을 상대하게 된다.[32]

〈어드밴스드 워파이터〉 게임의 테크노 스릴러 서사와 게임이 기반하고 있는 테크노 전쟁 담론은 컴퓨터의 규칙 및 작업과 함께 미래의 전사들 및 그들이 가진 무기의 효능과 관련된 수사적 신념을 만들어낸다. 클랜시 게임은 소규모이지만 기술적인 지원을 받는 팀이 첨단무기와 정치적 의지를 적절하게 배합함으로써 많은 장애물을 극복하고 '한 수 위(overmatching)'의 승리를 거둔다는, 이데올로기적으로 안정된 환상을 담고 있다.[33] 게이머가 오늘날의 군사개입에 사용되는 첨단기술에 대해 이미 알고 있는 상황에서 소설, 영화, 그리고 게임에 등장하는 전투들은 신뢰를 얻게 된다.

(조지 W. 부시 행정부에서 국방장관을 지낸 도널드) 럼스펠드(Rumsfeld)는 2003년 상원 국방위원회에 출석해 "21세기에는 '압도적인 힘'보다 작지만 기술적으로 우위에 있는 힘을 바탕으로 한 '한 수 위'가 더 중요하다"라고 증언했다.[34] 게임플레이 양식이 무기체계와 특수부대의 야전 전술을 충실하게 재현하는 것처럼 **보인다는 점에서** 클랜시의 전쟁 게임들은 사람들을 사로잡는다. 이 게임들은 즐거움을 가져다주지만, 상방시현기를 통해 보이는 디스플레이와 게임에서 사용할 수 있는 활동을 통해 매개되는 플레이어의 행동이 한 수 위의 군사적 승리를 안겨주고 플레이어를 톰 클랜시의 전형적인 영웅으로 탈바꿈시킨다.[35]

사이보그의 무기체계에 대해 알아보는 것은 클랜시 브랜드와 9·11 이후에 등장한 다른 슈팅 게임들이 보유한 유희적 전쟁이 가진 즐거움의 핵심이다. 그러나 이러한 강력한 무기들을 가지고 플레이하는 것에 대한 환상이 새로운 것은 아니다. 문화사학자 브루스 프랭클린(H. Bruce Frankin)은 적어도 19세기 후반부터 미국인의 상상력이 어떻게 초강력무기들에 대한 강박 속에서 구축되어 왔는지, 공상과학이 외교정책과 방위산업의 개발에 영향을 미쳤는지에 대해 설명했다. 그는 조지 W. 부시 행정부의 네오콘적인 자문역과 공상과학 장르물의 작가 사이에 간헐적으로 존재하는 연결고리에 대해 다음과 같이 언급한다.

새로운 미국의 시대(New American Century)의 작가들은 (자신들이 사이버전이라고 부르는 것에 따르면) 우주로부터, 우주 안에서 그리고 사이버 공간 안에서 벌어지는 전쟁을 통해 진심으로 황홀해 한다. 이제 전략 문서들과 로버트 하인라인(Robert Heinlein) - 벤 보바(Ben Bova) - 제리 포넬(Jerry Pournelle) - 뉴트 깅그리치로 이어지는 호전적이면서 기술 성애적인 공상과학을 구별해 내기 어렵게 되었다. 하지만 공상과학은 21세기 펜타곤이 추구하는 전략적 화신의 일부분이 된 지 오래이다.[36]

그리고 여기에 클랜시라는 이름이 가진 문화적 화폐가치가 존재한다. 클랜시라는 브랜드는 **단순히** 공인된 소비자 인구학이나 제조법을 활용한 익숙한 마케팅 기법을 넘어(물론 이것도 맞지만), **어떻게** 게임이 디자인되고 가상 세계가 상상되고 만들어지는지에 대한 규칙을 규정한다. 클랜시의 시학(詩學)은 "회사 고유의 스타일"을 만들어내고, 그의 책은 텔레비전의 모병(募兵) 광고에서부터 '새로운 미국의 세기를 위한 프로젝트(Project for the New American Century)'를 위해 만들어진 정책처럼 클랜시와 상관없는 시각 디자인과 정치적 상상력에도 영향을 미친다.[37]

만약 미국 문화에서 대량살상무기를 가지고 플레이하는 환상이 더 이상 새로운 게 아니라면, 이 게임들에서 혁신적인 것은 아마도 플레이어를 환상적인 '스마트' 무기로 변모시킨다는 점일 것이다. 플레이어는 **대량** 파괴를 위한 무기가 아니라 **정확한** 파괴를 위한 무기가 된다. 게임은 최고의 능숙함을 바탕으로 많은 장애물을 통과하는 정확하고 특화된 군사력을 가진 사이보그 전사의 표본으로 플레이어를 구현함으로써 미국의 기술적 예외주의를 강조한다. 클랜시 게임에 등장하는 타격 부대는 대군이라는 군사적 존재가 "맞춤화되고 정보에 따라 배치된 힘"으로 대체된, 방위산업의 논리에서 나온 자연스러운 결과물로 볼 수 있다.[38] 〈어드밴스드 워파이터〉는 다음 세기의 기술들이 엄청난 "피와 재물"의 희생으로부터 미국을 자유롭게 해주리라는 오래된 환상을 유희적으로 표현해 낸다. 랜디 마틴(Randy Martin)은 군사기술이 어떻게 더 정확하고 치명적인 군사행위자를 만드는지 다음과 같이 설명한다.

...... 새로운 컴퓨터 모델링은 핵공격 버튼을 누르는 것부터 전장의 병사들까지 결정하는 사람들의 권한을 분산시킨다. 이 네트워크는 정보 흐름의 측정 가능한 결과물로서의 사람과 사물, 기계와 해병, 노동과 자본의 모든 활동을 정보 흐름의 측정 가능한 결과물로 탈바꿈시켜 이들을 통합하는 것을 의미한다. 조지 W. 부시가 이라크 점령을 시작하면서 발표한 바에 따르면, 변형이란 "크기에 대한 의존을 줄이는 대신 기동성과 신속성을 강화시켜 배치와 그 유지를 더 용이하게 하고 스텔스 기술과 정확한 무기, 그리고 정보기술에 대한 의존도를 높이는 것"에 있다.[39]

이렇게 엄청난 군사적 변환은 컴퓨터 기술에 기반한 외과수술식 개입이 "베트남 신드롬(Vietnam Syndrome)"과 같은 정치적 역풍을 피하면서 전 세계의 다양한 이권을 지키기 위해 선제적인 대응을 가능케 한다는 믿음에 기초하고 있다. 일반적으로 기술적 예외주의는 미국 예외주의를 위해 정당화되며, 21세기에 "어떻게 싸우는가"는 "우리는 왜 싸우는가"에 비추어 이해할 수 있다.

우리는 왜 싸우는가: 〈레인보우 식스: 베가스〉에 드러난 정치적 예외주의의 탐색

체니는 "만약 파키스탄 과학자들이 알카에다의 핵무기 개발을 도와줄 가능성이 1%라도 있다면, 우리는 확실하다고 판단해서 이에 대응해야 한다"라고 말했다. 그는 자신이 한 말에 대해 잠시 생각한 후 "이것은 우리의 분석에 관한 것이 아니라 ...... 우리의 대응에 관한 것"이라고 부연했다.

— 딕 체니 부통령[40]

〈어드밴스드 워파이터〉 게임들이 미래의 대테러전 전사로서 게이머에게 첨단기술을 활용하는 작전을 상상하는 경험을 제공하는 데 반해 톰 클랜시의 〈레인보우 식스: 베가스〉 게임이 가진 게임플레이 양식은 병사들과 이들이 취하는 선제적 행동이 9·11 이후에 어떻게 당위성을 확보하게 되었는지를 강한 서사와 공간적인 용어를 통해 보여준다. 〈베가스〉 타이틀은 〈워파이터〉 시리즈와는 달리 (플레이어가 보호 장구를 발견할 때에는 3 인칭 시점으로 바뀌지만) 1인칭 시점에서 입체감을 보여주며, 실외보다는 내부 공간에서 총격전이 벌어진다는 점에서 다르다. 특히 이름에서도 드러나듯, 이 게임들은 미국 영토에 있는 테러리스트를 상대하는 것에 초점을 맞추고 있다. 다음에 설명할 첫 번째 〈베가스〉 게임 포장지가 이러한 작전들을 충분히 보여주고 있다.

> 라스베이거스. 세계의 엔터테인먼트 수도. 수천 명의 무고한 시민들이 매일 찾는 곳. 그리고 훨씬 더 많은 사람들은 이곳을 집이라고 부른다. 하지만 이날, 뭔가가 대단히 잘못되었다. 번화가들은 이제 전쟁터가 되었다. 프리몬트가(Fremont Street)는 더 이상 안전하지 않다. 그리고 카지노는 하나씩 파괴된다. 이날, 레인보우 식스는 도시의 마지막 희망이다.[41]

이 프랜차이즈는 민간인과 국내 시설물을 타깃으로 한 테러리스트로부터 조국을 지켜낼 기회를 제공한다. 그리고 〈어드밴스드 워파이터〉에서 미래 무기체계를 긍정적으로 묘사하고 있는 것과 마찬가지로 〈베가스〉 게임에 등장하는 나라 안의 공간들은 공포로 가득한 '이야기 지도(story map)'를 만든다.

이 인지 지도(cognitive map)에 대해 게임학자인 마이클 니체(Michael

Nitsche)는 '이야기 지도'를 플레이어가 어떻게 가상공간을 경험하는지 설명하는 개념으로 접근한다.[42] 인지 지도가 현실 혹은 허구 공간의 특징이나 차원에 관한 정신적 해석이라면, 니체의 이야기 지도는 플레이어가 가상 영역에서 몰입적·서사적 구성물을 경험할 때 이를 어떻게 받아들이게 되는지에 관한 것이다. 니체에 따르면 "인지 지도가 기본적으로 방향성을 설정하기 위해 만들어진 것이라면, 이야기 지도는 유클리드 공간(Euclidian space)을 정확하게 이해하는 것뿐만 아니라 드라마, 영화, 그리고 상호작용적인 공간을 결합시켜 공간화된 드라마와 그 설정까지 이해하는 것을 지향한다".[43] 그러므로 이야기 지도는 게임 공간을 만들어내는 '목적'을 가진 것도, 기본적인 공간에 관한 것도 아니다. 대신 이야기와 그 공간적 탐험을 의미 있게 하고 맥락화하는 다른 극적 요소들에 의미를 부여하는 과정에서 게임의 건축학적 설계를 이끌어내는 경험론적 전체라고 볼 수 있다.

〈베가스〉 프랜차이즈는 재정 기반이 탄탄한 잘 조직된 테러 집단이 파괴한 주요 미국 도시를 배경으로 플레이어들에게 공포가 엄습한 상황에서 이들을 인도하는 정확성을 담보하지 못하는 이야기 지도를 제공한다. 게임이 다루고 있는 가까운 미래에 대한 서사에서 초국가적 테러리스트들은 [〈베가스〉에서 후버댐(Hoover Dam)이라고 나오는] 네바다 댐(Nevada Dam)과 같은 국내 시설물을 파괴하거나, (〈베가스 2〉에서처럼) 화학무기를 밀반입하려고 한다. 공포로 가득한 게임 공간은 부통령을 지낸 딕 체니의 유명한 "1% 독트린(one percent doctrine)"의 가능성을 완벽하게 지켜내지 못한 것에 대해서 객관적인 교훈 또는 시뮬레이션을 보여준다. 저널리스트인 론 서스킨드(Ron Suskind)는 9·11 이후 보여준 체니 전 부통령의 클랜시적인 안보관에 대해 다음과 같이 말한다.

불량국가는 무기의 출처를 알 수 없다는 것이 확실하게 보장된다면, 재앙이 될 무기나 몇 파운드의 강화 우라늄을 비국가·'초국가' 행위자에게 몰래 넘겨줄 수 있다. 하지 못할 이유가 없지 않나. 정체를 알 수 없는 후원자가 꿈만 꿀 뿐, 할 수는 없었던 더러운 일들을 테러리스트로 하여금 대신 하게 함으로써 **미국을 굴복시킬 수 있는데**. 체니의 답은 이랬다. "만약 이런 행동에 1%의 가능성이라도 있다면, 우리는 이것이 확실하다고 여기고 행동해야 한다."(강조는 원문)[44]

〈베가스〉의 미션에 등장하는 민간인들의 공간에는 시내 거리, 휘황찬란한 카지노, 초호화 호텔, 위락시설, 컨벤션센터가 포함된다. 울려대는 전화기, 버려진 커피 잔, 선혈이 낭자한 칸막이 벽들, 그리고 도망치는 시민들과 겁에 질린 인질들이 있었던, 과거 인간들의 자취를 보여주며 전율스러운 흔적이 남겨진 이 공간을 전술적인 이유로 수색하는 것은 공포스러운 이야기 지도를 만들어낸다. 이는 전술적 슈팅 게임의 절차적 명령과 테크노 스릴러 픽션의 서사적 요소를 반영하는 것이며, 동시에 인지된 위협에 대한 선제적 혹은 신속한 대응의 필요성을 예측하는 정책을 심판대에 올리는 것이다.

게임 공간과 이야기 지도가 어떻게 게임플레이의 양식을 해석하는지 생각해 보는 것은 적어도 두 가지 이유에서 어려울 수 있다. 우선, 니체가 지적한 것처럼 우리가 게임 공간을 설명하기 위해 사용하는 기술(記述)적 은유는 그 은유가 가진 언어학적 바탕 없이는 이해될 수 없다.[45] 게임이 '모래상자(Sandbox)', '놀이터(Playground)', 혹은 '정원(Garden)'이라고 묘사하는 것들은 의미 없는 이름표가 아닐뿐더러, 게임 내 움직임의 구조가 아니라 공간 자체의 경험적 가치를 더 정확하게 묘사하는 것이라고 볼 수 있다. 예를 들어 엄청난 상업적 성공을 기록한 〈그랜드 테프트 오토 4(Grand Theft Auto 4)〉(2008)는 플레이어가 서사에 기초한 퀘스트들을 달성하거나, 도시를 돌아다니며 혼란을 주거나, 혹은 관광객처럼 평화롭게 구경하는 등 자유롭게 다른 행동을 취할 수 있는 어드벤처 게임이기 때문에 '모래 상자'라고 불릴 수 있다. 게임에 등장하는 가상 도시는 가상적 모래 상자로 불리는데, 이 게임은 다양한 플레이의 선택지를 제공하며 서사 캠페인을 따를지 여부에 대해 제한적인 자유를 허용한다. 게임 공간 구조의 설명에서 두 번째 난관은 가상 세계가 일련의 재현적 요소에 의해 안내되고 있다는 점에 기인한다. 텔레비전과 영화의 연속 편집처럼, 클랜시 게임의 서사적 공간도 컴퓨터가 만들어낸 책략을 숨기고 있다(물론, 게임을 인상적인 이야기 지도로 경험하도록 만드는 복잡한 레이어들 때문이라고 보는 것이 정확하겠지만).

클랜시의 〈고스트 리콘〉과 〈레인보우 식스〉 슈팅 게임을 이루는 공간적 구조는 공연장의 구조와 매우 유사하다. 〈고스트 리콘〉의 경우 실외 장소에서, 〈레인보우 식스〉의 경우 고층 빌딩에서 플레이어가 출구로 나가는 길에 있는 목표를 수행하도록 두 프랜차이즈 대테러전 분대를 특정한 입구에 놓는다. 니체에 따르면 "공연장의 공간적 배열은 종종 전투나 춤, 연설처럼 아바타가 기술을 갖추고 작전을 수행할 것을 요구하면서 때때로 다른 이들과 협력하거나 경쟁하는 행사들을 뒷받침해낸다".[46] 라스베이거스의 주거용·업무용 빌딩에 대한 전술적 수색은 도시를 여러 개의 작은 공연장으로 탈바꿈시키고 이곳에서 게이머는 적을 향해 자신의 장비와 기술을 시험하게 된다.

〈어드밴스드 워파이터〉와 〈베가스〉의 공연장에서 끊임없이 되풀이되는 이 총격전은 선형적이거나 트랙을 따라가는 방식으로 이루어졌던 앞선 다른 게임들과 이 게임을 차별화시킨다. 예를 들어 앞 장에서 다루었던

〈콜 오브 듀티〉의 경우 좀 더 제한된 환경에서 게이머가 상대적으로 좁은 길을 따라 움직이도록 만들어져 있다. 게이머를 이끄는 이러한 구조는 정확한 사격술과 부산한 움직임을 강조함으로써 플레이어가 이 게임을 통해 경험하는 유희적 전쟁을 다르게 윤색한다. 지금부터는 〈베가스 2〉의 극적 움직임에 대해 보다 자세히 분석함으로써 클랜시 브랜드의 이야기 지도가 어떻게 가상공간에서 서사적 행동을 일치시켜 내는지에 대해 알아본다.

〈베가스 2〉에서 게이머는 레인보우 식스의 베테랑으로서 위협적인 테러리스트들이 라스베이거스를 점령하려는 것에 맞서 싸우는 임무를 부여받은 비숍의 역할을 수행한다.[47] 플레이어는 세 명으로 이루어진 분대를 이끌고 도시 안팎에서 테러리스트들을 사살하고 폭탄을 해체하며, 인질들을 구해내는 일련의 작전을 지휘하게 된다. 게임 중간에 비숍이 이끄는 팀은 화학무기를 찾기 위해 거대한 체육시설인 호킨스 위락시설(Hawkins Recreational Facility)로 향한다. 그곳에서 플레이어는 시설 사무실, 체육관, 마당을 거쳐 가며 총격전을 벌인다. 비숍의 분대가 호킨스 경기장에 이르렀을 때 테러리스트들은 자신들이 가진 화학무기를 터뜨려 안에 갇혀 있는 생면부지의 민간인들을 죽인다. 플레이어가 너무 늦게 도착한 상황에서, 그는 잠겨 있는 문을 통해 치명적인 가스가 새어나오는 것을 쳐다보며 화면 바깥으로 터져 나올 듯한 비명을 듣게 된다. 앞 장에서 〈모던 워페어〉를 다룰 때 언급했던 희생적인 시민과 게임플레이의 마비 상태와 비슷한 맥락에서, 수색할 수 없도록 공간이 막혀 있고, 결과가 바뀔 수 없다는 점에서 이 악몽 같은 시나리오는 게임에서 가장 강한 정서적 영향을 미치도록 짜놓은 각본 중 하나이다.[48] 테크노 스릴러의 정치학에 입각해, 플레이어는 이 때늦은 개입으로 인한 공포를 목도한다.

또 다른 인상적인 사건은 경기장 참사 직후에 발생한다. 비숍의 분대는 테러리스트의 수장 중 한 사람인 미구엘 카브레로(Miguel Cabrero)를 쫓아 도시의 주거지역으로 향한다. 플레이어가 이끄는 분대는 뒷마당을 재빠르게 이동하면서 카브레로의 탈출을 돕고 있는 테러리스트들을 사살한다. 중산층의 뒷마당은 사실상 전술적인 싸움터로 전락한다. 비숍은 분대원들에게 "사격을 조심해. 집은 쏘지 마라"라고 경고한다(물론 민간인을 죽이는 것과 마찬가지로 집에 사격을 가한다고 해서 받는 불이익은 없다. 오히려 가까이에 있는 적을 살상할 목적으로 집 바깥에 있는 그릴의 프로판 가스통에 총격을 가함으로써 전술적 이익을 얻는다). 이 레벨은 그릴과 자전거, 화분과 같은 가재도구가 곳곳에 널려 있고 개 짖는 소리와 아기 우는 소리가 흘러나오도록 디자인되어 있다. 〈베가스〉의 이야기 지도는 만약 승리를 거둘 수 있다면, 우리는 특수부대에게 뒷마당의 의자와 정자까지 내줘서라도 테러와의 전쟁을 끝내야 한다는 의미를 가지고 있다.

〈베가스 2〉에는 테러와의 전쟁을 직업과 관련된 게임으로 다루면서 플레이어로 하여금 신병이 될 것을 제안하는 레벨도 있다. 비숍의 팀이 테러리스트들을 쫓아 라스베이거스 국제 컨벤션센터로 이동할 때 그들은 메이저 리그 게임(Major League Gaming: MLG) 전시장을 지나치게 되는데, 이를 통해 이 레벨이 게임에서 가장 자기 지시적인 성격을 가진다는 것을 확인할 수 있다. MLG는 플레이어들이 상금과 전문적인 스폰서십을 걸고 경연을 벌이는 프로페셔널한 비디오 게임 리그이다. 잘 모르는 사람들에게는 전시장이 단지 책상과 컴퓨터로 가득한 방처럼 보일 뿐이지만, 게이머들과 치열함으로 가득한 이스포츠(e-sports)를 좋아하는 팬들에게는 빠른 게임을 위해 네트워크 컴퓨터가 놓여 있고 MLG 광고로 장식된 전시장이 공식적인 경연장으로 보일 것이다. 〈베가스 2〉의 제작사인 우비소프트는 MLG와 논의를 거쳐 근거리 통신망으로 연결된 멀티플레이어 지도를 만들었고, 리그 측은 이를 이용해 〈베가스 2〉를 종목으로 채택했다.⁴⁹ 요컨대, 이 "거울로 이루어진" 플레이 공간에서 실제 세계의 능력 있는 게이머들은 클랜시의 세계에서 병사로 플레이하고, 이들의 아바타는 실력 있는 사람이 벌이는 게임 경연을 상징하는 방 안에서 가상의 싸움을 벌이고 있는 것이다.

〈모던 워페어 2〉의 보너스 레벨이었던 '뮤지엄'처럼, 컨벤션 센터의 자기 지시적인 MLG 전시실은 9·11 이후 슈팅 게임의 플레이 양식이 가진 특성을 끊임없이 애매모호하게 하는 경계선을 묘사한다. 하지만 여기에는 또 다른 의미가 담겨 있다. MLG가 나오는 무대는 게임 주체들에게 잠재적인 전사가 될 것인지를 묻고 있다는 점에서 간접광고 이상의 의미를 갖는다. 이러한 경연용 전시실에 총격전을 배치함으로써, 이 타이틀은 게이머들이 이스포츠 게임장을 비롯한 일련의 공간에서 군사 전술을 현실화하는 노하우를 보여주고, 클랜시의 테크노 스릴러 이데올로기에 공감하도록 인식시킨다.

〈베가스〉의 이야기 지도는 9·11 이후 선제적인 군사개입의 당위성을 역설하면서 체니의 "1% 독트린"과 같은 개입주의적 정책이 가지는 이상을 정당화한다. 체육관과 게임방, 우리의 뒷마당에 이르기까지 〈베가스〉 게임들은 나라 안의 어떤 공간도 테러리스트와 대량살상무기로부터 안전하지 못하다고 알려준다. 반면에, 이들은 전술과 기술적 지원이 제대로 이루어진다면, 미군이 보호해 주지 못할 곳은 없다는 입장도 드러낸다. 〈베가스〉가 가진 게임플레이 양식은 열정적인 게이머들에게 미래에 벌어질 테러와의 전쟁에 참여할 자격을 얻었다는 메시지를 보내는데, 이는 이들이 미국 예외주의의 가치를 입증해 냈고 가상이긴 하지만 선제공격이 가진 유용성을 경험했기 때문이다.

사회는 선제적으로 보호되어야 한다: 예외로서의 게임인 클랜시 게임들

"이러한 현실을 알게 된 이상, 미국은 자신을 향해 가해지는 위협을 묵과할 수 없습니다. 위험에 대한 명백한 증거에 직면한 상황에서 우리는 버섯구름의 형태로 우리에게 닥칠 수 있는 마지막 증거, 스모킹 건(smoking gun, 명백한 증거 _옮긴이)을 기다릴 수는 없습니다."

– 조지 W. 부시 대통령, 2002년 10월 7일[50]

"테러리스트들의 값비싼 목표물에 대해 행동을 취할 수 있는 정보를 가지고 있는 상태에서 만약 (파키스탄의) 무샤라프(Musharraf) 대통령이 행동하지 않는다면, 우리가 행동할 것입니다."

– 버락 오바마 대통령, 2007년 8월 1일[51]

이 장과 앞 장에서 다루었던 게임들은 미국이 이른바 "선제적 전쟁"을 치르기 위한 근거를 시각적으로 보여주는 것 이상의 역할을 한다. 이 게임들은 포스트모던 시대의 분쟁이 어떻게 수행되어야 하고, 이러한 행동이 9·11 이후의 외교정책이 가진 믿음과 어떻게 논리적으로 연결되는지를 보여준다. 〈어드밴스드 워파이터〉와 〈베가스〉 게임들은 잘 훈련된 병사들이 미래의 전장에서 승리를 거두고 미국 예외주의의 정치적 약속을 지키는 엘리트 테크노 전사로 탈바꿈하는 수단으로서의 첨단기술을 선보인다. 캐릭터, 설정, 역학이 시리즈의 상업적 흥행을 유지하는 핵심적인 구성 요소이긴 하지만, 이 게임들을 진정으로 돋보이게 하는 것은 바로 이들이 클랜시의 테크노 스릴러 장르를 재매개함으로써 플레이어로 하여금 클랜시의 책과 영화를 통해 대중화된 미국 예외주의를 영속시키도록 한다는 점

그림 3-3 MLG 전시실에서 싸우는 플레이어들

에 있다. 그리고 게이머는 군사화된 "예외 상태"를 만들어내는 기술전의 전사가 된다.[52]

"특별한" 유희적 병사를 통해서 플레이어는 클랜시 계열의 게임들이 가져다주는 헤게모니적 즐거움에 직접적으로 몰두할 수 있다. 클랜시의 전사는 무기체계, 통신 기술, 각종 능력치, 그리고 법 적용의 예외에 이르기까지 뛰어난 기량을 가지고 있다. 클랜시 슈팅 게임들이 즐거움을 줄 수 있는 것은 "블랙 옵스" 미션처럼 정부의 공식 승인을 받을 수 없는 미션임에도 그러한 행동에 정당성을 부여함으로써 플레이어로 하여금 막강한 힘을 휘두를 수 있게 하기 때문이다. 예를 들어 2011년 미 해군의 씰 팀 식스(SEAL Team Six)는 야음을 틈타 초법적인 방식으로 오사마 빈 라덴을 사살했다. 하지만 이를 법적·정치적·윤리적으로 모순인 상태에 초점을 맞추는 유희적 아포리아로 보기보다는, 클랜시 게임들, 그리고 이와 유사한 디자인을 가진 밀리테인먼트가 전제적·초법적인 방식을 통해 국가의 민주적 법질서를 수호함으로써 나오는 역설적인 기쁨을 즐긴다고 보는 것이 타당할 것이다.

하지만 예외가 끝없는 특권은 아니며, 상당수의 주류 슈팅 게임은 자신들이 가진 텍스트의 틈을 통해 밀리터리 엔터테인먼트 복합체의 문화정치에 대해 완곡하지만 명확하게 비판을 가하고 있다. 최근 들어 제기되는 비판에는 무인지상차량이나 공중 드론처럼 새로운 세기를 상징하는 로봇 시스템도 해당된다. 원격으로 조종될 수 있는 이 첩자들과 암살자들이 군 간부에게는 소중할 수 있겠지만, 이들은 다양한 형태의 유희적 전쟁을 만들어낼 수 있다는 불안과 연결된, 법적·윤리적 우려를 가득 안고 있는 예외적인 무기들이다.

/

제4장

드론을 통해, 은밀하게
디스토피아적 유희적 전쟁에 대한 통찰

"친구들, 사샤와 말리아(오바마의 두 딸 _옮긴이)가 엄청난 팬이라고 해도 꿈도 꾸지 마. 자네들에게 해줄 말은 딱 두 마디야. 프레데터 드론(Predator Drone). 자네들은 이 게 오는지도 모를 거야."

— 노벨 평화상 수상자인 버락 오바마 대통령이 2010년 백악관 출입기자단과의 만찬에서 조나스 브라더스(Jonas Brothers)를 향해 날린 농담[1]

"배나 증기선을 발명한다는 것은 난파선을 만드는 것과 같죠. 기차를 발명한다는 것은 열차 탈선사고를 발명하는 것과 같고요. 그리고 가정용 자동차를 발명하는 것은 고속도 로에서 벌어지는 연쇄 추돌을 만드는 것이기도 합니다."

— 문화비평가이자 철학자 폴 비릴리오[2]

도입

이른바 "상황실"이라고 불리는 사진이 2011년 5월 2일, 미 동부 시간으로 오후 1시에 백악관의 플리커(Flickr) 계정에 올라왔고, 이 사진은 곧 이 유명한 사진 공유 사이트에서 가장 많이 조회된 사진 중 하나가 되었다. 지금은 상징이 되어버린 이 이미지에서, 버락 오바마 대통령과 그의 참모들은 파키스탄의 아보타바드에 있던 오사마 빈 라덴의 비밀 은신처를 기습하는 야간 작전을 중계하는 드론이 보내주는 실시간 영상을 보고 있었다. 해당 이미지에 대해 리엄 케네디(Liam Kennedy)는 "상황실의 사진을 통해 국가가 폭력적인 힘을 발휘하는 것을 목도하게 된다. 첨단기술을 통해 외국 영토에서 드론과 다른 수단을 가지고 원격으로 '외과수술식(surgical)' 살해 작전을 벌이는 이러한 형태의 국가 폭력은 충격과 공포로 다가온다"라는 세심한 분석을 내놓았다.[3] 신문부터 케이블 보도 채널, 그리고 소셜 미디어에 이르기까지 올드 미디어와 뉴 미디어를 가리지 않고 쏟아졌던 이 사진에 대한 관심과 더불어 이 사진이 미국의 공적 1호가 사라졌음을 부분적으로 보여주는 증거라는 점을 감안할 때, 이것이 인터넷 밈(meme)으로서 무수한 방식으로 변형될 수 있는 원재료가 되었다는 점은 결코 놀라운 사실이 아니다.[4]

게임 블로그들의 유명한 합성본 중 하나는 〈콜 오브 듀티〉 이미지가 노트북 화면에 합성된 상태에서 대통령이 게임 컨트롤러를 쥐고 있는 합성 사진이다. 숱한 패러디 사진과 마찬가지로 게임에서 영감을 얻어 제작된 이 합성사진은 원본 사진에 대한 의구심을 드러낸다. 단지 상황실 사진 자체가 조작되었다기보다는 오바마 행정부가 이 사진을 대중에 배포한 과정이 갖는 분명하면서도 계산된 절차에 관한 문제라고 볼 수 있는데, 케네디는 "힘의 사용을 상징적으로 만들어내는 이 사진은 사진의 주된 구성요소가 투명성이라는 환상이 틀렸음을 입증해야 한다. 사진이 현실의 어떤 순간을 투명하게 담아낸다는 생각은 이것이 (조작이 아니더라도) 꾸며지거나 편집된 것일 수 있다는 다른 해석을 무시한다"라고 설명한다.[5] 물론 이러한 비판은 정부가 홍보용으로 승인하여 공개한 어떤 사진들에도 적용될 수 있으며, 이른바 정치적 투명성을 자주 내세우는 행정부에게는 더욱 중요하다. 그러나 게임의 영향을 받아 제작된 이 합성본은, 밀리터리 게임 제작자들이 부시 행정부 후반기에 논쟁을 벌였고 오바마 재임기에 공론화된 군사용 드론의 의심스러운 사용에 대한 불편한 진실을 보여준다.

그림 4-1 "상황실" 사진의 수없이 많은 수정본 중 하나로, 노트북 화면에 〈콜 오브 듀티〉가 보이는 가운데 오바마 대통령이 게임 컨트롤러를 잡고 있는 사진
자료: Gary Kline, Cytherians, ""Obama Situation Room: Hunting Osama Bin Laden," http://i716.photobucket.com/albums/ww169/cytherians/fringe/Obama_situation-Room_observer-800.jpg.

이 날아다니는 감시장치이자 무기 시스템은 무인항공기(Unmanned Aerial Vehicles: UAV), 원격조종 무인항공기(Remotely Piloted Vehicles: RPV), 원격조종항공기(Remotely Piloted Aircraft: RPA) 등 여러 명칭과 별칭으로 불리지만 일반적으로 '드론'이라고 불리며, 각국 정부와 민간 기업들이 전술적·전략적 목적으로 그 사용량을 확대하고 있다. 예를 들어 드론은 이라크와 아프가니스탄에서 군사 지원을 하며, 소말리아, 예멘, 파키스탄에서는 프레데터와 리퍼(Reaper) 같은 무장 드론이 헬파이어(Hellfire) 미사일을 탑재한 채로 테러리스트로 의심받는 이들을 살해한다. 또한 마약 카르텔의 활동을 감시하는 데 사용되기도 하고, 자연 재해와 관련된 환경

정보를 확보하고 미국과 멕시코 국경의 불법 월경을 감시하는 데 사용되기도 한다. 이러한 예들이 확실히 보여주는 것처럼 드론은 공식적인 전장이나 '안보 지대(security-scapes)'의 경계 모두에서 활동한다.[6]

드론은 어떤 방식으로 사용되든, 장거리 원격조종 능력을 갖춘 놀라운 전투로봇으로서, 혹은 정치적·윤리적·법적 경계를 모호하게 하는 존재로서 포스트모던 전쟁에 사용되는 기술을 가장 상징적으로 보여준다. 그리고 게임화된 상황실 사진은 드론의 놀라운 이점을 알리는 것과 오용에 대한 공포를 인식하는 것 사이에서 벌어지는 갈등을 표상한다. 오바마가 전쟁 게임을 한다는 이 명백한 허구는 첨단무기를 정부가 통제하지 않는 불안한 현실을 담고 있다. 이에 대해 케네디는 다음과 같이 주장한다.

요컨대 상황실은 선제적 폭력이라는 독트린을 실천하는 군사적·정치적 권력 네트워크의 핵심 장치라고 볼 수 있다. 이러한 장치는 많은 시민들에게 (게임, 텔레비전, 그리고 영화를 비롯한 미국 대중문화에서 흉내 내고는 있지만) 기술적으로 가능하지 않은 ('대통령의 눈'으로 대표되는) 시각의 군사적 확장을 형상화해 주며, 먼 거리에서 '적들'을 감시하고, 목표물로 설정하고 파괴하는 전지전능한 지정학적 시선이기도 하다. 지구상의 모든 곳을 감시함으로써 원격으로 선제적 전쟁을 수행할 수 있고, 드론을 통해 사람들을 죽일 수 있으며, 이른바 외과수술식 타격이라고 불리는 다른 형태의 작전도 수행할 수 있다. 이 같은 맥락에서 이 이미지는 처벌받지 않는 폭력을 행사하는 미국의 주권을 묘사하며, 드론의 시대를 보여주는 전쟁의 상징적 사진이라고 볼 수 있다.[7]

만약 조작되지 않은 사진이 끊임없이 벌어지는 전쟁을 보여주는 상징적인 이미지라고 본다면, 조작된 사진(〈그림 4-1〉과 같은)은 대중이 상상하는 유희적 전쟁이 무엇인지를 보여준다.

이 장에서는 무인항공기와 드론과 유사한 관련 기술이 2012년에 출시된 〈콜 오브 듀티: 블랙 옵스 2〉, 〈스펙 옵스: 더 라인〉, 〈언맨드〉 등에서 재현되는 양상에 대해 알아본다. 앞 장들과 달리, 여기서 검토하는 게임들이 모두 베스트셀러인 것은 아니다. 우선 〈블랙 옵스 2〉는 확실히 블록버스터로 볼 수 있고 여러 콘솔에서 2500만 장이 팔렸다. 〈스펙 옵스: 더 라인〉은 100만 장에 육박하는 판매 기록을 가진 멀티플랫폼 게임이다. 그리고 〈언맨드〉는 상업용 게임이 아니며 부분적으로 유료인 인디 게임이다.[8] 〈스펙 옵스: 더 라인〉과 〈언맨드〉를 분석하는 이유는 이들의 서사가 〈블랙 옵스 2〉와 마찬가지로 드론을 다루고, 세 게임의 텍스트 모두 이 로봇 시스템을 군사적으로 전용(轉用)하는 것에 대해 비판적인 시선을 가지고 있기 때문이다. 더 정확히 말한다면 세 게임에서는 데이비드 던(David Hastings Dunn)의 유용한 개념인 "와해적 기술(disruptive technology)"을 통해 드론을 서사적·상호작용적으로 다루고자 한다.[9] 서사적 요소로서의 드론이 등장함에 따라 밀리테인먼트에서 줄곧 다루어져 왔던 상당수의 전투 신화에 균열이 생긴다. 예를 들어 (〈블랙 옵스 2〉에서는) 미국의 군사기술 패권의 신화를 깨뜨리고, (〈스펙 옵스: 더 라인〉에서는) 드론이 가진 전지적인 시각 능력이라는 믿음에 의문을 제기하며, (〈언맨드〉에서는) 고결한 전사라는 확신을 무너뜨린다. 즉, 이 게임들은 드론을 끌어들인 결과 벌어지는 윤리적 문제점에 초점을 맞춰 불안을 만들어냄으로써 전통적인 슈팅 게임의 인터랙티브한 즐거움을 혼란에 빠뜨린다.

이 게임들이 드론을 어떻게 다루는지 알아보기 전에, 오바마 대통령 재임 기간 동안 무인항공기 사용이 극적으로 증가된 과정을 알아보고, 드론의 무기화를 개념화하고 이론화시킨 중요한 문헌들을 알아보는 작업이 필요하다. 이를 통해 오바마가 게임 컨트롤러를 쥐고 있는 이 조작된 이미지가 어째서 역설적으로 불안을 이끌어내는지 알 수 있을 것이다. 나아가 이를 통해 이 장에서 다루는 유희적 허구로서의 밀리터리 슈팅 게임들 같은 픽션이 최첨단 무기 기술과 통제받지 않는 행정적 특권 간의 위태로운 결합에 관한 진실에 어떻게 도달하는지를 보다 심층적으로 알 수 있을 것이다.

오바마의 로봇화된 테러와의 전쟁

드론은 제1차 세계대전에서 방공 활동의 목적으로 사용되었고, 운항 중 소음으로 악명 높았다. 이후 베트남전쟁에서 무인항공기들이 지상 정보를 확보하기 위해 도입되었다. 더 나아가 드론은 1999년 나토(NATO)의 코소보 작전 때 처음으로 탄약을 장착했다.[10] 그러나 오늘날과 같이 로봇 공학이 미군에서 생산되고 사용된 것은 9·11 이후였다. 현재 미국은 1만 1000대가 넘는 무인항공기와 1만 2000기 이상의 지상 로봇을 비롯해 가장 많은 군사 로봇 기술을 가지고 있다.[11]

금세기에 이르러 자동화 기술이 확산된 것은 일정 부분, 기동력을 강화하고 다양한 형태의 국제적 잠재 위협에 대응하도록 군을 재편하기 위해 도널드 럼스펠드 국방장관이 내걸었던 네트워크 중심의 "군사 업무 혁명"의 결과라고 볼 수 있다(럼스펠드가 제시한 군사업무 혁명에 대해서는 3장을 참조할 것). 점령으로 변질되어 실패해 버린 부시 행정부의 침공 작전은, 어떻게 '민주주의를 전파하고 국가를 세울 것인지'에 관한 집권 네오콘의 정책적 신념에 대해 심각한 불신을 불러일으켰지만, 이 같은 정책 실패와 정권교체에도 불구하고 드론은 (감시와 사살 수단으로서) 살아남았다. 잘 알려진 『로봇과의 전쟁(Wired for War)』의 저자인 피터 싱어(Peter W. Singer)는 기술이 전쟁이 수행되는 근간에 가져온 "근본적인 변화"가 드론의 생존을 가능케 했다고 설명한다.[12]

장궁(張弓)이든, 총이든, 항공기이든, 심지어 원자폭탄이든, 이 신무기들이 가져온 변화는 속도, 거리, 그리고 전쟁의 파괴력을 바꾸었다. 하지만 전장에 등장한 무인 시스템은 우리가 어떻게 싸워야 할 것인지를 넘어 보다 근본적인 차원에서 누가 싸워야 할지를 바꿔놓은 최초의 사례였다. 이것은 전쟁의 능력을 바꾼 것이 아니라 전쟁 행위자 자체를 바꾼 것이다.[13]

여러 행정부와 기관은 이러한 변화를 적극적으로 받아들였으며, 그 결과 드론의 숫자는 급속도로 증가하고 있다. "국방부의 무인항공기 재고 조사 결과에 따르면, 2002년부터 2010년까지 그 수가 40배나 증가했으며, …… 2012년 정부의 재정적자가 최고조에 달했을 때에도 미국의 납세자들은 39억 달러를 (CIA와) 국토안보부(Deparyment of Homeland Security)의 드론 관련 예산에 쏟아부었다."[14] 같은 시기 공군은 이 무인항공기들의 비행시간을 31배 늘려, 매일 1500시간에 육박하는 비행을 통해 영상과 정지화면에 대한 상시 촬영을 수행하고 있다.[15]

무인항공기의 종류는 크기나 모양 면에서 다양해졌지만, 일반적으로 우리가 생각하는 드론은 MQ-1 프레데터나 MQ-9 리퍼이다.[16] 이 기계들이 대중의 의식을 지배하는 이유는, 이것들이 전투를 치르는 미 육군을 지원하고 의심스러운 활동을 감시하며, 혹은 표적 암살을 수행하는 미국의 군사력을 가장 극적으로 보여주고 있기 때문이다.[17]

드론에 의지한 오바마의 대테러전 정책은 국내 지지자들과 국제 우방들로부터 정당성을 인정받는 데 어려움을 겪고 있다. 우선 오바마는 공식적인 입법 절차를 피하면서 쿠바의 관타나모만에 있는 억류 시설을 폐쇄하는 것에 우선순위를 두었다(그가 시설을 폐쇄하겠다고 처음 밝힌 지로부터 5년이 지났지만 여전히 이 작업은 현재진행형으로 어려움을 겪고 있다). 다른 한편으로 오바마는 자신의 공화당 전임자가 이끌던 정부의 무인항공기 프로그램을 비약적으로 확대시켜[18] 입법부가 간여할 여지가 적은 CIA나 (더 비밀스러운 조직인) 합동특수전사령부(Joint Special Operations Command: JSOC) 같은 은밀한 조직에까지 무인항공기의 사용을 허가했다.[19] CIA와 JSOC는 자신들이 어디에서 드론을 사용하는지, 누가 목표물이 되고 죽어야 하는지에 대해 밝히지 않도록 규정하고 있다. 그들은 정보를 제공해 "적들을 도울 수 없다"라는 단순한 이유로 이러한 무책임을 완전히 정당화한다.[20]

그럼에도 불구하고 우리는 몇 가지 사실을 확인했다. 예를 들어 오바마가 취임하기 전인 2007년에 공군은 드론을 통해 74건의 공격을 수행했다고 밝혔다. 오바마가 재선하기 직전인 2012년에 이 숫자는 333건으로 치솟았다. 미군이 이라크에서 철군하고 아프가니스탄으로 재배치되었을 때에도 드론을 이용한 활동은 급증했다. 미 공군의 경우 2012년에 한 달 평균 33건에 이르는 드론 공격을 단행했는데, 이는 아프가니스탄에서 10년 넘게 계속된 미국의 작전 기간 동안 단행된 것보다 많은 수치이다.[21]

중앙정보국장인 레온 패네타(Leon Panetta)와 그 전임자인 마이클 헤이든(Michael Hayden)이 정보기관의 드론 사용에 대해 함구했음에도 불구하고, 이들이 드론에 크게 의존하고 있다는 것은 널리 알려진 사실이다. 패네타는 "정말 솔직하게 말해서, 알카에다의 리더십에 대항하고 알카에다를 붕괴시키기 위해 벌어지고 있는 유일한 작전이다"라고 말하며 구체적

인 사실을 언급하는 것을 거부했다.[22] 하지만 2008년에 미국의 '고급 표적'
이었던 20명의 군벌 지도자 중 11명이 드론 공격으로 사망했다는 것을 보
더라도 오바마와 CIA가 드론에 대해 얼마나 많은 애착을 느끼고 있는지
확인할 수 있다.[23] 4년 후, CIA는 드론 비평가이자 코드핑크(CODEPINK)의
공동 창립자인 메디아 벤자민(Medea Benjamin)이 "(기관의 역할을) 9·11 이
전의 첩보기관에서 준군사 조직으로 역할을 전환시켜 온 10년"이라고 평
가한 것처럼 자신들의 활동 반경을 확대해 나갔다.[24]

군사로봇 기술의 활용을 확대하는 것이 비단 CIA만의 현상은 아니다.
수많은 다른 정부기관과 군사 조직도 날아다니는 무인 기기의 사용을 확
대하고 있다. 이는 생산 주문량이 증가하고 이 로봇 함대를 보관하기 위한
기반시설이 늘어나고 있다는 사실에서 확인할 수 있다. 『제국의 바뀌는
얼굴(The Changing Face of Empire)』에서 닉 터스(Nice Turse)는 미국의 드
론 작전과 관련해 전 세계에 최소 60곳의 기지가 존재한다고 설명하고 있
다.[25] 한 걸음 더 나아가 그는 다음과 같이 말한다.

칸다하르 공군기지에 드론 전쟁을 수행할 새로운 정보기관 시설이 드론
과 관련된 행정·정비 업무와 더불어 로봇 항공작전을 수행하기 위해 비슷한
규모로 조성될 예정이다. 한 번에 180명을 동시에 수용할 수 있으며 500만
달러가 투입되는 이 사업은 MQ-1 프레데터와 이보다 더 중무장한 고성능
후속작인 MQ-9 리퍼를 사용하는 공군과 아마도 중앙정보부의 작전을 수행
하기 위한 것으로 추정된다.[26]

이 기술적 인프라는 악명 높은 블랙워터 시큐리티(Blackwater security
firm)를 비롯한 민간군사기업들과 합작으로 이루어진다. ≪더 네이션(The

Nation)≫의 정보 담당 기자인 제러미 스카힐(Jeremy Scahill)은 미 군사 정보기관 핵심 관계자의 말을 통해, 블랙워터는 본질적으로 중앙정보국과 합동특수전사령부를 위해 드론 프로그램을 운영했다고 보도했다. 덧붙여 스카힐은 블랙워터가 드론 공격이 야기한 대부분의 민간인 사망사건에 책임이 있다고 밝혔다. CIA나 합동특수전사령부에게는 다행일 수 있겠지만, 블랙워터는 보안기관인 CIA나 합동특수전사령부보다도 의회의 감시 밖에 있기 때문에 정부의 질책으로부터 자유롭다.[27]

(예기치 못한 인명 피해를 비롯한 여러 문제는 논외로 하더라도) 작전의 성공적인 수행과 빠른 속도로 진화하는 기술의 추세를 감안한다면 현재 미국 드론 프로그램의 확대 폭은 줄어들 것으로 보이지 않는다. 아마도 이 로봇들의 다음 단계는 스스로가 자율적으로 작전을 수행하는 것이 될 것이다. 머지않은 장래에 드론이 이륙하고 목표물을 식별하며 설계된 알고리즘에 따라 사람들을 사살할 날이 올 것이다. ≪워싱턴 포스트≫의 피터 핀(Peter Pinn)은 "…… 근육도 없고 시간 여행도 하지 않는 공중의 '터미네이터들'을 …… 상상해 보라"라고 조소한다.[28] 이들의 상대적으로 자율적인 작전을 통해서 지상과 해상, 공중에서 일련의 무인기들이 컴퓨터화된 대규모 합동작전을 수행할 수 있게 된다. 미래의 이러한 모습은 언론과 안보 관계자들 사이에서 "무리(The Swarm)"라고 알려져 있다. 피터 싱어는 이러한 혁신을 기술 발전의 다음 단계로 바라보고 있다. 그는 "이렇게 자가 형성된 집단은 일이 어떻게 진행되는지 그 전체를 조망할 수 있게 자율적으로 조직된 그룹이 전체 작동 방식의 핵심을 차지한다. 이 무리가 가진 미학, 그리고 이 미학이 무인전을 수행하는 군사 전략가들에게 매력적인 이유는 매우 단순한 규칙에 따라 움직이는 각각의 부분이 엄청나게 복잡한 임무를 수행하기 때문이다"라고 말한다.[29]

옳든 그르든 간에, 무장한 무인기는 21세기 초 미국의 군사력을 가장 잘 보여주는 '바로 그' 표상이라고 할 수 있다. 이러한 무기체계의 광범위한 실전 배치는, 미국 시민과 언론인들에게 사용 양상과 비용, 그리고 결과가 알려지지 않은 상태에서 정책이 결정된다는 점에서 문제가 된다. 더욱 강해지고 보이지도 않게 된 이러한 군사기술이 대중의 눈으로부터 벗어나게 된다면, 이 무기들은 미국이 작전을 수행하고 있는 (소말리아, 리비아, 파키스탄, 예멘 등) 국가의 영토주권을 침해할 것이고, 이는 비국가 테러리스트 네트워크들이 지원자 모집 동력을 다시 활성화시키거나, 미국의 주권 침해를 다른 정치적 문제에 대한 빌미로 사용할 (중국, 러시아, 북한 등의) 국가에게 외교적 구실을 제공함으로써 역풍을 맞게 될 것이다.

와해적 기술로서의 드론 이론화하기

피터 싱어는 드론이 "전쟁을 수행하는 대리인"을 바꾼다는 측면에서 군사 업무에서 진정한 혁명을 가져온다고 주장한다. 만약 이것이 사실이라면, 이 변환이 가져오는 기술적·외교적·심리적 차원에서의 2차적, 3차적 효과도 마찬가지일 것이다. 이런 파문들은 혁명적이기도 하지만 예측할 수 없기도 하다. 그래서 데이비드 던은 드론을 "와해적 기술"이라고 지칭하면서 "갑작스럽고 예측하지 못한 효과를 가져오고 이전에 행해졌던 것과의 단절을 가져올 수 있는 잠재성을 상징한다"라고 말한다.[30] 드론은 대량살상무기가 아니라 대량 예외 무기(weapons of mass exception)가 된다. 드론은 목표물이 된 잠재적 테러리스트들을 암살하면서 국제법을 완전히 무시하는 공범이 되었지만 부시 행정부가 9·11 이후 입안되고 오바마 재임 중에 확대된 선제타격 정책에 부합하면서, 기술적·윤리적으로 "예외적인" 상태를 유지해 왔다.

　드론은 새로운 군사기술과 오래된 전쟁 이데올로기가 만난 결과물이다.[31] 던에 따르면, 드론이 주는 진정한 새로움은 앞으로 드론이 미국과 서방 동맹국뿐만 아니라 공중의 환경 자체를 바꿔놓을 것이라는 데 있다.[32] 이것은 프랑스 철학자이자 문화비평가인 폴 비릴리오가 상당수의 저작에서 이를 과학 발전의 어두운 면이라고 단언한 것과 맥락을 같이한다. 그는 "무슨 수를 써서라도 사고를 막아내는 것이 과학자와 기술자의 의무이다. …… 사실 사고가 없는 물질은 존재하지 않는다. 그렇다면 어떠한 기술적 물질도 자신과 관련된 사고를 만들어내지 않고서는 발전할 수 없다. 배는 침몰하고, 열차는 탈선하고, 비행기는 추락한다. 그렇기 때문에 사고란 기술 발전의 어두운 면이다"라고 말한다.[33]

　드론이 태생적으로 가지고 있는 와해적인 속성으로 인해 사고가 이미 발생하고 있으며, 이는 다양한 형태로 계속될 것이다. 이 무기체계가 야기한 기술적 실패 사례는 셀 수 없이 많다. 예를 들어, 미 공군은 2009년에 자신들이 보유한 프레데터 모델 드론 중 1/3이 주로 아프가니스탄과 이라크에서 추락했다고 밝혔다.[34] 덧붙여 드론은 조종사의 명령을 듣지 않고 스스로의 수명을 마감하는 '불량품'으로도 잘 알려져 있다. 이렇게 통제되지 않는 기기는 격추되거나 추락하고, (제한된 공중 구역으로 진입하기 이전에) 간혹 복구되기도 한다. 드론이 가진 정보에 대해서도 보안 위반 논란이 많이 제기되어 왔는데, 이러한 보안 위반은 해커들의 바이러스로부터, 그리고 이라크 반란군들이 가지고 있던 휴대용 컴퓨터에서 보안이 해제된 영상이 절취된 채 발견된 것으로부터 발견되었다.[35]

　드론은 정치적 논란을 불러일으키고 외교적 실패를 초래하기도 한다. 예를 들어 마이클 보일(Michael J. Boyle)은 이러한 시스템이 지역 정부의 권력과 정당성을 침해할 뿐만 아니라 더 뿌리 깊고 광범위한 반미 감정을 불러일으키고 급진 이슬람주의자 세력의 모병에 도움을 주는 결과를 낳는 다고 지적한다.[36] 이는 정부 관계자, 정책 입안자, 정치인, 군사 전략가 등 이 '성공적인' 드론 프로그램을 만드는 데 근시안적인 안목을 적용하기 때 문인데, 보일은 이것이 "…… 드론 전쟁이 초래하는 광범위한 전략적 대가 는 고려하지 않고 단순히 전술적 차원에서만 해석되는 약화된 효과성에 기인한다. 민간인 희생을 최소화할 수 있는 효과적인 수단이라고 알려진 드론과 관련된 미국 외교정책은 몇몇의 부분적인 증거만 가지고 매우 선 별적으로 이루어지고 있다"라고 주장한다.[37]

끝으로 아직 완벽하게 위험성이 확인된 것은 아니지만, 미국 드론 조 종사들이 장시간 동안 고도의 집중력을 요구하는 임무를 수행하면서 겪 는 특유의 정신적·심리적 문제점도 있다. 이는 부분적으로는 군인들이 정신 건강에 관련된 도움을 받는 것을 꺼리기 때문인데, 아마도 대중에게 알려지지 않은 임무를 수행하는 드론 조종사에게는 심각한 문제일 것이 다. 비디오 게임을 하는 것에서 유추해 드론 조종에 대한 대중적인 비평 들이 나왔지만, 조종사들에 대한 많은 연구는 게임과 드론 조종이 완전히 다르다는 것을 보여주고 있다. 드론 조종사의 주체성과 관련해, 피터 아 사로(Peter Asaro)는 자신의 뛰어난 논문에 이렇게 기술하고 있다.

드론 조종사들은 비디오 게임을 할 때처럼 무신경하게 자신의 임무를 수 행하지는 않지만, 이 둘 사이의 매우 강한 유사성을 인식하고 있다. 많은 드 론 조종사가 여가 시간에 비디오 게임을 하며, 각각이 가진 기술적 인터페 이스의 유사성을 이미 인정하고 있다. 그러나 드론 조종사들은 자신의 행동 이 초래하는 현실에 대해서도 매우 잘 알고 있으며, 자신이 수행하는 임무가 낳은 치명적인 폭력을 목도하기 때문에, 비디오 스트리밍을 통해 바라보는 지구 반대편 사람들의 삶과 죽음에 자신들이 미치는 결과에 대해서도 잘 알고 있다.[38]

비슷한 맥락에서, 마리사 브랜트(Marisa Brandt)도 화면을 통해 매개되는 전쟁은 조종사가 느끼는 도덕적 책임에 대한 지각을 당연히 자동적으로 배제시킨다고 가정하는 기술결정론적 비평가들에 대해 반박한다. 그는 올슨 카드(Orson Scott Card)의 『엔더스 게임(Ender's Game)』을 예시해 원격조종된 전투와 관련된 대중적 담론들을 분석한 후, 『엔더스 게임』에 대해 문학적·영화적 차원에서 "군이 비디오 게임 미학을 무기 제어 인터페이스 제작에 활용한다고 해서 화면 매개만으로 전쟁과 게임의 구별을 완벽하게 모호화할 수는 없다. 따라서 사이보그 병사들을 전투가 야기하는 트라우마로부터 심리적으로 보호할 수 없다"라고 설명한다.[39] 아사로와 브랜트가 무인항공기 조종사가 개인적 차원으로 감정을 연결시킨다고 주장한 것과 마찬가지로 월과 모나한(Wall and Monahan)도 "이것은 기술적으로 매개된 원격 공격의 재개인화(re-personalization)를 초래할 가능성이 있으며, 그 점에서 조종사는 일정한 트라우마와 책임을 경험하게 된다. 이 현상은 원격 전쟁의 비인간화 경향을 줄이고, 조종사과 일반 대중 모두에게 모니터를 보면서 겪는 그 경험을 내재화하도록 한다"라고 주장한다.[40] 따라서 조종사는 자신의 로봇 시스템과 비디오 게임에 등장하는 유희적 드론 사이에 존재하는 양식적 차이를 인식하고 있다고 볼 수 있다.

던, 월과 모나한, 보일, 아사로, 브랜트 같은 드론 연구자들이 내놓은 연구는 우리와 첨단 로봇 기술 간의 복잡하면서도 때로는 이율배반적인 관계를 어떻게 이해해야 하는지를 분명하게 짚어낸다. 나아가 이 비평가들은 원격조종된 전쟁에 대한 우리의 이해 방식을 형성하고 규정하는 대중적 담론 간의 불협화음을 끄집어내는 데에도 관심이 있다. 그들이 주장하는 진정한 혁신이란 기술보다는 갈수록 강해지고 인공지능화되어 가는 로봇들이 만들어내는 예측 불가능한 미래라고 할 수 있다. 윌과 모나한은 "감시 및 군사 장비로서 드론은 전쟁과 거버넌스에 담긴 기술 정치를 이론화하는 창이 된다"라고 상기시킨다.[41] 이는 마찬가지로 첨단기술로 무장한 전쟁 무기를 다루는 비디오 게임들에도 적용되는 이야기이다.

이제 드론이 만들어내는 와해적 가능성을 알아보기 위해 세 가지 게임에 대한 텍스트 분석과 담론 분석을 수행한다. 이 게임들은 톰 클랜시 계열 타이틀과 미국이 주도한 테러와의 전쟁 초기에 제작된 다른 슈팅 게임처럼 기술만능주의적 시선을 가지고 전쟁을 보다 실증적으로 그려낸 게임들로부터 파생된 것이다. 특히 이 장은 〈콜 오브 듀티: 블랙 옵스 2〉에 등장하는 통제되지 않는 드론, 〈스펙 옵스: 더 라인〉에서 소개되는 드론의 시선 및 기술적 거리와 관련된 윤리적 문제, 그리고 〈언맨드〉에서 드론을 조종하는 전사들에게 드론이 정체성의 혼란을 일으키는 방식에 대해 분석한다.[42]

와해적 기술: 〈콜 오브 듀티〉와 〈블랙 옵스 2〉에 등장하는 드론 통제력의 상실

"우리는 다들 먹통이 된 개인용 컴퓨터가 일으키는 말썽을 겪으며 속을 끓인 적이 있다. 그건 불편하다. 하지만 만약 그것이 M-16으로 무장한 랩톱 컴퓨터라면 훨씬 더 큰 걱정거리가 될 것이다."

　　　　　－ 기술 및 외교 전문 저널리스트 노아 색트먼(Noah Shachtman)[43]

『로봇과의 전쟁』에서 피터 싱어는 남아프리카공화국 군 주도로 이루어진 다국적군 훈련을 하던 도중 "소프트웨어 결함" 때문에 MK5 자동방공시스템에서 발생한 소름끼치는 일을 언급한다.[44] 2007년 10월 12일 아침 9시 직전에 MK5가 고장이 났고, 뒤이어 "제어가 안 된 상태에서" 연이어 프로그램 오류가 발생하면서 이 대공화기의 35mm 포들이 불을 뿜으며 사격을 개시했다. 시스템을 끄기 위한 젊은 여군 장교의 영웅적인 노력에도 불구하고, (해당 장교를 포함한) 9명의 병사가 목숨을 잃었고, 총이 탄약을 소진하는 동안 14명이 부상당했다.[45]

〈콜 오브 듀티: 블랙 옵스 2〉는 알려진 대로 이 장에서 검토된 게임 중 가장 많은 상업적 수익을 거둔 인기 게임이며, 로봇 기술이 대거 동원된 게임이기도 하다. 하지만 〈스펙 옵스〉와 〈언맨드〉에 쏟아진 많은 비판과 달리, 〈블랙 옵스 2〉에 사용된 로봇 기술에 대해서는 평가가 엇갈린다. 텍스트적 양면성은 1인칭 플레이어 캠페인인 납치된 군사용 드론을 다루는 디스토피아적 서사 캠페인과, 플레이어에게 넓게 펼쳐진 전장에서 드론과 자동화기, 그리고 인간 병기를 통합시킨 군사력을 통제하는 "스트라이크 포스(Strike Force)"라는 두 개의 게임플레이 양식에서 등장한다. 캠페인에 나오는 로봇의 악행과 스트라이크 포스 미션에 등장하는 사이보그 군대에 대한 전술적 통제는 극명하게 다른 두 가지 이야기를 알려준다. 하지만 두 가지를 모두 고려할 때, 〈블랙 옵스 2〉의 게임플레이 양식은 컴퓨터가 통제하는 전쟁 기계의 사용과 오용에 대해 진지하게 묻는다.

〈블랙 옵스 2〉가 가진 정치적 양면성은 정치학자이자 21세기 전쟁에 대해 저술 활동을 펼치는 피터 싱어와 보수적 정치 평론가인 퇴역 해병 중령 출신의 올리버 노스(Oliver North)라는 두 명의 자문역을 통해 가장 잘 설명될 수 있을 것이다.[46] 싱어는 게임의 미래전 부분(2025년 내러티브) 설명을 맡았고, 노스는 1980년대에 벌어졌던 일련의 사건을 설명했다. 이러한 주제를 다루는 데 있어 (다음 장에서 보다 더 자세히 다룰, 생산과 관련해 이 사건들이 갖는 고유한 위치를 비롯해) 전문가들이 중요한 것은 이들이 이 대규모 미디어 프로젝트에 신뢰도와 진실성을 제공하기 때문이다. 싱어와 노스는 게임 홍보를 위해 제작된 여러 미니 다큐멘터리에서도 해설자를 맡았다. 미래 군사기술에 대한 싱어의 전문성 및 은밀한 작전과 불법 무기 거래에 관해 (순화시켜 말하자면) 논란을 일으킬 수 있는 노스의 설명 방식은, 게이머들에게 〈블랙 옵스 2〉에 나오는 불량 드론과 충성스러운 드론을 해석하는 다른 관점을 제공함으로써 이들이 서로 경쟁하도록 만들었다. 싱어는 우리가 숙의를 통해 조심스럽게 자동화기의 영역으로 나아가야 한다고 비판적으로 접근했다면, 노스는 잠재적 역풍 가능성과 기술적 논란에도 불구하고 미국이 로봇 무기 경쟁에서 이겨야 한다는 '애국주의'에 집착하는 모습이었다.

앞선 시리즈들처럼, 〈블랙 옵스 2〉의 서사는 미국이 1980년대에 벌인 대리전과 2020년대의 대리전, 그리고 다양한 플레이 캐릭터를 가진 많은 이야기들로 뒤얽혀 있다. 하지만 〈블랙 옵스 2〉는 이야기가 담긴 프랜차이즈 중에서 플레이어의 서사적 경험이 부분적으로 게임 속 행동 및 미션의 성패와 연결되는 이야기 구조를 가진 첫 번째 게임이다. 이러한 디자인의 채택은 40년이나 떨어져 있는 전쟁들을 넘나드는 이야기 구조와 더불어 과거의 군사적 행동이 예측 불가능하고 통제할 수 없는 결과를 낳는다는 점을 강조한다. 이는 게임에 등장하는 부자관계에서 서사적으로 개인화된다. 게이머들은 1980년대에 은밀한 작전을 수행했던 해병 대위이자 CIA 요원인 알렉스 메이슨(Alex Mason)과 2025년에 미래전 전투를 수행하는 그의 아들 데이비드 "섹션(Section)" 메이슨으로 플레이한다. 한편 미래의 이야기에서는 게임에 등장하는 테러리스트 악당이자 포퓰리스트 운동 단체인 "코디스 다이(Cordis Die)"를 이끄는 롤 메넨데즈(Rol Menendez)가 로스앤젤레스에서 열리는 주요 20개국 회의(G20)에 참가한 정치인과 외교관들을 공격하기 위해 미국 드론 편대의 통제권을 손에 넣는다. 메넨데즈가 세계 지도자들과 세계경제에 감행한 공격은 1980년대 미국이 수행한 대리전들에 대한 보복인데, 특히 그가 미국 드론 편대를 장악한 것은 아프가니스탄의 무자헤딘에 대한 미국의 군사적 지원(플레이어가 러시아인들에게 대항해 싸울 때의), 파나마 독재자인 마누엘 노리에가(Manuel Noriega)에 대한 재정적 지원(플레이어가 메넨데즈의 여동생이 죽게 되는 실패한 CIA 작전에서 노리에가와 함께 싸울 때의)과 연결되어 있다.[47] 플레이어가 과거와 미래의 전쟁을 오가는 것은 아버지가 저지른 정치적 죄악이 그의 아들에게 어떻게 영향을 미치는지 보여준다. 즉, 〈블랙 옵스 2〉는 테러리스트들이 정치적 진공상태에서 태어난 것이 아니라, 부분적으로 미국의 외교정책 결정에 따른 산물임을 강조한다.

서사적 캠페인이 막판으로 치달으면서 데이비드 메이슨이 체포된 메넨데즈를 U.S.S 오바마호에 태우려고 준비하고 있을 때, 브릭스(Briggs) 제독과 국방장관인 데이비드 퍼트레이어스가 나누는 대화는 게임의 허구적 공격과 9·11 간의 연결고리를 보여준다.

> 브릭스 제독: 수천 기의 드론이 명령을 수행하기 위해 준비를 마치고 대기 중입니다. 만약 러시아 혹은 전략 방위 연합(the Strategic Defense Coalition)에 좋은 수가 생기면, 퍼트레이어스 장관님은 실수하지 마십시오. 당신의 군대는 준비되어 있습니다.
>
> 퍼트레이어스 장관: 데프콘 3(DEFCON 3)이 마지막으로 발령된 것은 거

의 25년 전 럼즈펠드 장관 때였습니다.

브릭스 제독: 알고 있습니다. 제가 그날 직접 정찰비행을 나갔습니다.

물론 이 캐릭터들은 메넨데즈가 로봇 편대를 탈취하기 위해 스스로 체포되었다는 것을 알지 못한다. 오바마 대통령의 이름을 따서 명명된 항공모함에 함재되어 있는 이 드론 편대를 탈취하려는 시도는 사실, 테러리스트들이 자신의 적이 가진 기술적 이점을 그 적에게 비대칭적 대항 수단으로 사용하는 것에 관한 오랜 역사와 관련이 있다. 던은 다음과 같이 말한다.

9·11 공격은 부분적으로 가해자들이 독창적인 생각을 할 수 있고, 이전에는 없었던 기술과 전술을 사용해 전략적 놀라움과 충격, 그리고 파괴를 가져다줄 수 있다는 것을 극명하게 보여주었다. 그들은 펜타곤이나 세계무역센터처럼 상징적인 목표물을 공격했는데, 이는 이들이 잘 방어되고 있고 이전에도 공격받았던 적이 있기 때문이었다. 같은 목표를 공격함으로써 이들은 취약함 없이 완벽하게 통제되는 것은 없다는 점을 보여주고 싶었던 것이다.[48]

미국의 기술적·정치적 오만이 합쳐져 만들어진 합성물은 메넨데즈가 드론 편대를 해킹하고 이를 이용해 로스앤젤레스의 G20 정상들을 공격하는 결과를 만들어냈다.

게임에서 이러한 디스토피아적 이야기 구조와 대비되는 장면으로는 드론을 반갑게 맞이하는 "스트라이크 포스" 미션이 있다. 이 두 게임플레이 양식을 구별 짓는 결정적인 요소로는 시점과 통제 능력을 꼽을 수 있다. 플레이어는 전장을 하나의 1인칭 시점으로 바라보지 않고 행동을 취하는 과

그림 4-2 〈콜 오브 듀티: 블랙 옵스 2〉에 등장한 로스앤젤레스에 대한 드론 공격

정을 공중에서 지켜볼 수 있으며, 다양한 군사 자산을 통제할 수 있는 능력을 가지고 있다. 게다가 플레이어는 자신이 가진 로봇 및 인간 병기에게 특수한 임무를 맡기거나 특정 부대를 직접 통제함으로써 무인 기기를 효과적으로 '조종할 수' 있다. 게임의 스트라이크 포스 모드(Strike Force mode)는 1인칭 시점이 가진 친밀도와 (1인칭 시점의 슈팅 게임과 실시간 전략 게임의 인터페이스를 효과적으로 결합시킨) 공중에서의 동떨어진 시선을 결합시켜, 다양한 로봇 부대의 효과적 관리를 즐겁게 만든다. 고정 화기, 지상용 드론, 사이보그 군인을 비롯해 다양한 로봇에 내재된 주체성을 통해 이 양식은 고도의 군사적 하드웨어를 완벽하게 작동하는 기술로 구체화된다. 사실 드론을 조종하는 것이 가져다주는 유희적 즐거움은 〈블랙 옵스 2〉의 게임플레이 양식을 구성하는 핵심적 요소로서 액티비전의 마케팅 활동에 기여한다. 게임의 한정판인 (정가 180달러인) '케어 패키지(Care Package)' 판에 담긴 아이템은 조그마한 쿼드콥터(quadcopter)인 드래곤파이어 드론

(Dragonfire Drone)이다. 이 장난감은 원격 조종되는 드론이 얼마나 재미있는지 보여줄 뿐만 아니라 게임의 서사를 상기시킴으로써 매우 빠르게 확산되는 기술이 이 플레이어가 플레이하는 공포를 현실화시킬 수 있다는 것을 보여준다.

드론이 대중화되고 저렴해지고 사용하기 쉬워지면서 정부와 테러리스트 같은 세력이 이를 오용할 가능성도 높아졌다. 메디아 벤자민은 미국 국회의사당과 펜타곤을 폭발물이 실린 드론들로 공격해 국회의사당의 돔을 "산산조각 내려는" 음모를 꾸민 혐의로 노스이스턴 대학교(Northeastern University)의 대학원생이 체포된 이야기를 언급한다.[49] 드론 비평가들은 미국 시민들과 정치인들에게 취미용 장난감과 테러 무기 사이에는 분명한 선이 있다고 이야기해 왔는데, 던은 이에 대해 다음과 같이 설명한다.

> 드론이 가진 여러 성질이 잘 조합되었을 때, 이는 21세기에 벌어질 테러 공격의 이상적인 잠재 수단이 될 수 있다. 드론은 먼 거리에서 익명으로 조종이 가능하며, 조종하는 사람들에게 해를 끼치지 않거나 해를 끼치더라도 미미한 수준이고, 싸고 쉽게 구할 수 있으며, 단순하고 안전하게 조종이 가능할 뿐만 아니라, 혼자서든 (사용 가능성과 가격에 달려 있겠지만) 여럿이서든 파괴적인 효과를 낼 수 있다.[50]

그러나 드론이 문제가 되는 것은 단순히 잠재적인 오용 가능성 때문만이 아니다. 끊임없이 계속되는 시선이 만들어내는 드론의 객관성이라는 환상은 또 다른 문제이다.

와해적인 시선: 〈스펙 옵스: 더 라인〉에 담긴 "드론의 눈빛"에 관한 윤리(학)

"사람들이 에어컨이 작동 중인 먼 나라의 지휘소에 앉아, 무인항공기의
시력이나 GPS 피아식별장치(Blue Force Tracker)의 상징성에 대해 확신하
는 것은 말도 안 되는 소리이다. 전쟁에서 싸우기 위해서는 '전쟁터를 걸어
다녀야' 한다. 항공유도폭탄(Guided Bomb Units: GBU)이 투하되고 무인
항공기들이 착륙한 후에도 전쟁은 사람들의 몫으로 남아 있다. 원격지의 티
크재로 치장된 방에서 라떼와 크로와상을 먹으면서 할 수 있는 것이 아니
다. 이것은 먼지 속에서 차를 마시고 대화하며 상호 이해된 상황에서 이루
어진다."

_ 익명의 미 육군 장교[51]

게임 비평가들과 팬들은 2K 게임즈(2K Games)와 야거 디벨롭먼트
(Yager Development)가 제작한 〈스펙 옵스: 더 라인〉의 영리한 '유인 상술
적' 게임 디자인과 서사적 스토리텔링에 찬사를 보냈다.[52] 표면적으로 이
게임은 3인칭 시점에서 전개되는 다른 밀리터리 슈팅 게임들과 다르지 않
아 보인다. 캠페인의 서사에서 게이머는 미 육군 대위인 마틴 워커(Martin
Walker)로 플레이하여 두바이를 덮친 모래폭풍 속에서 사라진 (일명 "빌어
먹을 33"이라고 불리는) 33대대 병사들을 찾아내야 한다. 델타 포스 팀의 요
원인 애덤스(Adams) 소위와 루고(Lugo) 병장과 함께 워커 대위는 모래가
한바탕 덮친 두바이에서 생존자들과 빌어먹을 33대대의 지휘관인 존 콘래
드(John Konrad) 대령의 흔적을 찾아 떠돌아다닌다. 게임의 기본적인 엄호
은폐 및 사격 시스템은 대단히 친숙하며, 상업적 라이벌 게임들과 비교했
을 때 구식이라고 볼 수도 있다. 게임의 서사적 설정도 마찬가지로 평범하

며 〈헤일로(Halo)〉나 〈기어스 오브 워〉, 〈콜 오브 듀티〉와 같은 인기 프랜차이즈와 비교했을 때 진부하게 느껴질 수 있다. 그렇다면 〈스펙 옵스〉는 시장에 출시된 다른 밀리터리 슈팅 게임들과 무엇이 다른가?

이 질문에 대한 대답으로, 게임은 서사적으로 점차 불확실해지고 슈팅 게임 장르에 맞지 않는 것처럼 보이는 이상한 게임플레이를 보여준다. 예를 들어 워커는 자신의 판단력을 점차 환각에 의존하게 되고, 플레이어와 그의 동료들은 같은 미군과 싸우고 이들을 죽이며, 그의 팀은 무고한 시민들을 살상한다. 이때 게임의 로딩 영상은 "아직도 영웅이라고 생각하십니까?", "자유는 당신에게 벌어진 것을 가지고 당신이 만드는 겁니다"와 같은 냉소적인 문구와 수사적 반어로 플레이어를 조롱한다. 캠페인을 따라 플레이해 가면서, 게임이 보여주었던 처음 모습이나 주장했던 것과 실제 전개가 전혀 '다르다'는 것이 분명해진다. 실제로 〈스펙 옵스〉는 전통적인 슈팅 게임이 가진 기본적인 유희적 즐거움에 도전하는 게임 업계에서 첫 번째 반전(反戰) 게임으로서 중요한 의미를 갖고 있다.[53]

기억에 남을 만한 장면들로 가득한 〈스펙 옵스〉에서 정서적 영향력이 가장 강한 장면으로는 '8장: 더 게이트(Chapter 8: The Gate)' 레벨을 꼽을 수 있다. 게임 관련 언론에서는 이른바 "백린(White Phosphorus)"이라고 알려져 있는데, 이 장은 "꾸밈없는(냉철한)" 공중 감시와 전쟁이 벌어지는 지상 현실 사이의 차이를 부각시킨다. '더 게이트'에서 우리의 영웅들은 민간인 인질을 구출하기 위해 압도적인 적과 싸워야 한다. 워커와 동료들은 백린탄이 장착된 박격포를 가지고 포격할 것을 택하는데, 실제로 미군은 베트남과 [반란군에 대해 이른바 "뒤흔들고 굽는(Shake-and-Bake)" 작전이 전개된] 이라크 팔루자에서 이것과 동일한 소이탄을 사용했다. 백린탄은 일반적으로 연기 흡입이나 끔찍한 2차, 3차 화재를 통해 인명을 살상한다.

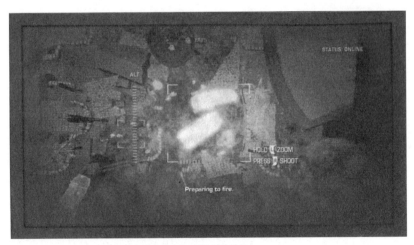

그림 4-3 〈스펙 옵스: 더 라인〉에서 워커 대위가 드론을 통해 본 모습

워커가 옆에 있는 휴대용 컴퓨터를 손에 쥘 때 플레이어는 공중 감시 카메라를 통해 전경을 볼 수 있다. 이후 플레이어는 자신이 탄 거대한 군사 차량에서 흑백으로 보이는 재빠른 목표물을 "클릭하여" 박격포를 조준한다. 당연히 이 행동은 냉정하고 정확하며, 위키리크스(WikiLeaks)나 유튜브(Youtube), 그리고 다른 새로운 소셜 미디어에 게시된 전투 장면을 연상시킨다.

이 무장 기기가 보여주는 독특한 형태의 시선은 윌과 모나한이 "드론의 눈빛(the Drone stare)"이라고 지칭한 것과 연결된다. 저자들은 드론의 눈빛이 "목표물에 대해서 '정확한' 조사와 타격을 가함으로써 조종사와 우방을 직접적으로 보호한다. 드론의 눈빛은 목표물로부터 정치적·문화적·지리적 맥락을 추상화시킴으로써 도덕적 모호성이나 행동을 방해할 수 있는 변형이나 차이, 잡음을 줄인다"라고 말한다.[54] 죽음이 속출하는 상황에서 플레이어가 볼 수 있는 사람은 휴대용 컴퓨터 화면에 이따금 드러나는 워

그림 4-4 워커 대위가 〈스펙 옵스: 더 라인〉에서 바라보는 땅 위의 모습

커 대위의 모습이 유일하다. 아니면 2차원적 공간에서 종종걸음 치는 흑백
으로 만들어진 인간의 모습을 한 적들이다.[55] 이러한 유희적 이미지는 의
심할 여지없이 전 세계의 상황실로 수없이 많은 드론이 보내오는 원거리
의 평면 모습과 비슷하다.

　드론의 눈빛은 단순히 관점을 무너뜨리는 것에 그치지 않는다. 윌과 모
나한에 따르면 드론의 눈빛은 "정체성을 통제와 타격이라는 원격조종 과
정에 사용되는 단일한 인종주의적 정보 클러스터로 환원시킨다. 조종사와
네트워크에 속한 다른 전우가 신체적으로 다르더라도 적어도 문화적으로
가까운 것으로 인식되는 상황에서, 아래에 있는 신체는 추적되고 감시당
하며 체포된 후 죽음을 맞이하는 존재가 된다".[56] 그러나 〈스펙 옵스〉에 등
장하는 매개된 포격 장면을 인상 깊게 만드는 것은 공격 자체가 아니라 그
결과에 있다.

　플레이어는 단순히 다음 포격 장면으로 넘어가는 것이 아니라, 불타고

있는 전쟁터를 돌아다니면서 자신의 행동이 초래한 결과를 직접 목격해야 한다. 간신히 살아남은 소수의 병사는 고통 속에 비명을 지르며, 차라리 죽여 달라고 간청한다. 게임은 플레이어로 하여금 이들을 죽일 것인지 아니면 고통 받게 내버려둘 것인지를 결정하도록 한다. 〈스펙 옵스〉가 원격으로 포격을 가하는 것과 (다른 게임들을 포함해) 〈콜 오브 듀티 4: 모던 워페어〉에서 AC-130 무장 헬기가 안전핀을 제거하고 사격을 가하는 것 간의 차이는, 이 드론 조종사의 경우 사격이 가해진 후 현장을 직접 둘러봐야 한다는 것에 있다. 휴대용 컴퓨터를 가지고 게임과 비슷한 인터페이스로 플레이하다가 자기 자신이 불과 유황으로 가득한 지옥을 방불케 하는 무덤 같은 곳을 돌아다니도록 그 배경이 바뀌는 것은 드론 조종이 가진 텍스트 양식을 폭력적 효과로 치환하는 게임의 중요한 전략을 반영한다.

워커가 이끄는 팀은 자신들이 살리고자 했던 민간인들이 백린탄에 의해 산 채로 불에 탔다는 것을 확인한다. 그리고 플레이어가 공격한 병사들은 사실 워커의 팀(나아가 플레이어)으로부터 민간인들을 보호하려 애쓰고 있었다. 〈스펙 옵스〉의 수석 작가인 월트 윌리엄스(Walt Williams)는 이 게임의 디자인에 대해 다음과 같이 말했다.

우리는 경험을 조작하고 이런 일들을 부여함으로써 플레이어가 이러한 상황에 빠지길 바랐고, 심지어 플레이어가 자신을 속이고 이러한 일들을 겪게 만든 이 게임과 디자이너인 우리를 싫어하기를 바랐다. …… 그들은 이 게임을 계속 할 것인지, 아니면 컨트롤러를 내동댕이치며 분노에 찬 목소리로 "너무하네. 도저히 못 해먹겠다. 빌어먹을 게임 같으니"라고 말할 것인지 선택해야 할 수도 있었다.[57]

그림 4-5 〈스펙 옵스: 더 라인〉에서 부수적 피해로 죽은 민간인들의 모습

　확실히 해둘 것은, 플레이어가 '더 게이트' 레벨을 백린탄을 쓰지 않고 마무리할 수는 없다는 데 있다. 게임이 플레이어를 몰아가는 것이 새삼 특별한 것은 아니다. 대부분의 게임이 플레이어에게 레벨과 이야기 전개를 위해서 특정한 작전을 펼칠 것을 요구한다. 〈스펙 옵스〉가 특별한 것은 이 게임이 어떻게 본질적으로 유쾌하지 않은 디자인을 대놓고 뽐낼 수 있는 지와 연결되어 있다.

　한 가지 끔찍한 사실은 현실 세계에서는 이러한 상상의 시나리오를 연상하는 것이 어렵지 않다는 것이다. 드론의 눈빛은 지역적 차이를 급격하게 무너뜨리고, 여성·아이·노인을 포함한 모든 인간을 로봇의 시선 안에서 잠재적인 군인이자 목표물로 만들어버린다. 벤자민이 『드론 전쟁(Drone Warfare)』에서 한 말을 상기해 보자.

　　탐사보도국(the Bureau of Investigative Journalism)에 따르면, 2004년

부터 2012년까지 CIA는 파키스탄에 350여 건이 넘는 드론 공격을 가했고, 2010년만 해도 118건의 공격으로 인해 2600명에서 3400명 사이의 인명이 희생되었다. ≪뉴욕 타임스≫에 따르면 CIA의 살인 행위는 통제 불능이어서, 국무부 관계자들이 CIA가 "뜀뛰기운동을 하고 있는 남자 셋"을 보면 테러리스트 훈련 캠프로 판단해 드론을 보낸다고 농담할 정도였다.[58]

이들이 제기한 숫자는 오바마 행정부가 드론으로 인한 사상자 집계 방식을 보다 의문스러운 방식으로 바꾸면서 복잡해졌다. ≪뉴욕 타임스≫ 보도에 따르면, 이 집계 방식은 "그들이 사후에 명백히 결백하다는 정보가 확인되지 않는 한, 여러 정부 기관에 따르면, 공격 범위 안에 있는 모든 군 복무 가능한 연령의 남성을 전투원으로 간주한다"(요컨대, 타당한 정보가 없을 경우에는 계속 쏘라는 이야기이다).[59] 이 불분명한 수학은 대테러전 관계자들이 알카에다 조직원과 이 결백한 사람들이 연결되어 있을 것이라고 믿지 않았던 데에서 정당화된다. 버지니아에 위치한 랭글리 공군기지의 전략가들은 아프가니스탄에서 보내는 무인항공기의 영상들에 대해 "죽음의 TV(Death TV)"라고 소름끼치게 묘사했다.[60] 이 영상들이 이처럼 문제되는 별명을 갖게 된 이유 중 하나는 각각의 목표물에 두 개의 헬파이어 미사일을 투하하는 공군의 "연쇄 사격(double tap)" 때문이었다. 이 전술은 피해자를 돕기 위해 나선 개인을 두 번째 미사일로 타격함으로써 추가적인 '부수적 피해'를 불러일으킬 가능성을 비약적으로 상승시켰다. 영국에 본부를 둔 탐사보도국은 적어도 50명의 민간인이 이 "연쇄 사격" 전술로 인해 목숨을 잃었다고 보도했다.[61] "연쇄 사격"을 가한 드론의 공격이 증가했음에도 불구하고, 애꿎은 이들의 죽음이 줄어든 것으로 발표된 데에는 오바마 행정부가 내세운 집계 방식의 역할이 컸다고 볼 수 있다.

드론 공격을 놓고 벌어지는 윤리적 찬반 논쟁을 짧지만 명쾌하게 정리하는 차원에서, 자이 갤리엇(Jai C. Galliott)은 반대 측을 위한 두 가지 좋은 근거로 "비대칭적 반대(asymmetry objection)"를 제시한다. 우선 드론 공격은 대다수가 선제타격용으로 이루어진다는 점에서 이는 최후의 수단으로 볼 수 없다. 다음으로 드론 공격은 이를 외교 수단으로 사용할 기회를 미리 차단한다. 갤리엇은 "이것은 드론을 사용하는 것이 **원칙적으로** 잘못되었다고 말하는 것이 아니다. …… 요지는 원격조종으로 인해 죽게 되는 과정에서 윤리적인 문제를 야기하고 실로 충격적인 뭔가가 있다는 것이다"라고 말한다.[62] 〈스펙 옵스〉의 사전 테스트에 참여했던 이들은 이 문제를 분명하게 인지하고 있었다. 월트 윌리엄스는 다음과 같이 언급한다.

(그 장면을) 열심히 테스트하던 사람들이 …… 게임을 잠시 멈추고 방을 떠났다. …… 어떤 이들은 플레이를 계속했고, 플레이가 끝나기를 기다리면서 이런 일이 벌어진 것에 대해 무척 화가 나 있었다. 우리가 그들을 이 특정한 순간으로 몰아넣었고, 이것이 사람들을 매우 감정적으로 만들었다.[63]

〈블랙 옵스 2〉의 스트라이크 부대 미션에서 로봇을 조종하는 것과 드론으로 인해 벌어지는 이 서사적 캠페인 속의 혼란 속에 밀리터리 슈팅 게임의 게임플레이 양식이 존재하고, 〈스펙 옵스〉에서 "드론의 눈빛"으로 보는 이들과 땅 위에서 직접 바라보는 이들 간의 차이가 분명해지는 것은 포스트모던한 전쟁을 게임플레이하면서 발생하는 정서적 불협화음을 끌어내는 유희적 양면성을 보여준다. 미국의 신화가 이상적으로 그려내는 전사의 모습과 드론 조종사로서 끊임없이 반복되고 때때로 치명적인 사무적 작업을 수행하는 현실 사이의 괴리를 담아내는 비디오 게임의 예는 이 밖에도 많이 존재한다.

와해적인 정체성: 〈언맨드〉에 등장하는 드론 조종사의 평범한 주체성

"군에게 있어 신병들이 온라인 게임을 통해 무인 시스템 사용에 익숙해
져 있고 이를 쉬워한다는 점에서 이미 어느 정도 훈련되었다는 것은 중요
한 이점이다. 비디오 게임을 하며 자란 세대는 정말 빨리 배운다. …… 팩
봇(PackBot)을 운전하는 젊은 조종사의 경우 기본을 익히는 데 하루 반나
절밖에 걸리지 않는다. 게임과 마찬가지로 그들이 모든 움직임을 파악하고
전문가 레벨에 이르기까지는 몇 주면 충분하다."

_ 조 다이어(Joe Dyer),

전(前) 아이로봇사(iRobot Corporation) 최고전략책임자[64]

서문에서 언급했던 스탠리의 설치미술작품 〈인베이더스!〉나 카운터 게
임인 〈9월 12일〉을 제외하면, 이 책에서 분석했던 다른 게임들과 〈언맨
드〉는 서로 다르다. 슈팅 게임이 아님에도 불구하고, 〈언맨드〉가 드론과
헤게모니적인 유희적 전쟁의 즐거움에 대해 던지는 메시지를 알아보기 위
해 잠시 다른 길을 가보는 것도 필요하다.[65] 〈언맨드〉는 파올로 페데르치
니(Paolo Pedercini)의 급진적인 비디오 게임 프로젝트의 일환으로 몰레인
더스트리아(Molleindustria)에서 제작한 플래시 기반의 브라우저 게임이다.
카네기 멜론대학교에서 게임 디자인을 가르치고 있는 페데르치니와 그의
동료들은 주류 게임 산업의 교리들과 (조심스럽게 붙이는 용어이지만) 정반
대의 온라인 "게임들"을 토대로 인터랙티브한 경험을 만들어내는 것으로
알려져 있다.[66] 이 집단이 만들어낸 도발적이면서도 논란을 촉발시킨 타이

틀로는 패스트푸드 산업에서 이루어지는 작업을 담은 〈맥도날드의 비디오 게임(McDonald's Videogame)〉, 가톨릭교회의 성추행 사건들을 다룬 〈오퍼레이션: 페도프리스트(Operation: Pedopriest)〉, 서로 다른 신앙을 가지고 거리에서 싸우는 평면 게임인 〈페이스 파이터(Faith Fighter)〉, 저작권과 무료 문화 간에 벌어지는 갈등을 다룬 〈더 프리 컬처 게임(The Free Culture Game)〉, 그리고 전미총기협회(National Rifle Association)가 샌디 후크(Sandy Hook)에서 벌어진 총기 난사에 대해 무장한 "나쁜 놈"에 대응하는 유일한 합리적인 방법은 무장한 "좋은 놈"이라고 언급한 것에서 기인한 〈더 베스트 어멘드먼트(The Best Amendment)〉가 있다. 미 서부에 살고 있는 드론 조종사의 지루함에 초점을 맞추고 있는 〈언맨드〉는 몰레인더스트리아의 좌파적인 작품 경향에 정확히 부합한다. 이 타이틀은 몰레인더스트리아의 이전 작품들보다 더 중요한 것으로 평가받아 2012년 독립 게임계의 국제행사인 인디케이드(IndieCade)에서 '대상'을 수상했다.[67]

〈언맨드〉에서 게이머는 금발에 주걱턱을 가진 무인항공기 조종사이자 남편 그리고 아버지의 역할을 맡는다. 이 게임은 화면이 나누어진 비네트(vignette, 특정한 상황을 보여주는 짧은 글이나 행동 _옮긴이) 속에서 이루어지는 일련의 미니 게임으로 구성되어 있다. 〈언맨드〉의 레벨 중에서 '액션(action)'의 경우, 플레이어가 면도하고, 운전해서 출근하고, 의심받는 과격분자들을 원격 추적하고, 아내에게 전화하고, 아들과 함께 몇몇 밀리터리 슈팅 게임을 즐긴다는 점에서 전혀 스펙터클하지 않다. 주인공이 잠들어 있는 동안에도 미니 게임들은 성난 중동인들로부터 도망치거나 양을 세는 것과 같은 모습으로 진행된다. 게임은 서사적으로 다른 경로를 가능하게 하는 다른 대화의 연결고리들을 가지고 있고, 다양한 방식으로 편안한 플레이를 유도한다. 〈언맨드〉는 주인공의 사무실 업무가 지닌 단조로움과

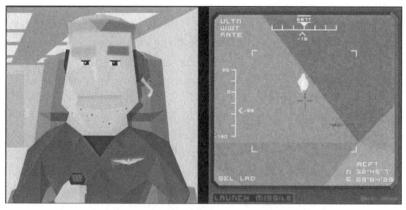
그림 4-6 열심히 일하는 〈언맨드〉의 이름 없는 드론 조종사

그의 일상적인 활동에 초점을 맞춤으로써 고상한 전사의 이미지에 의문을
제기한다. 〈스펙 옵스: 더 라인〉처럼, 이 게임은 전쟁 기계만 비판하는 것
을 넘어 비디오 게임이 재매개하는, 특정한 전투 활동을 강조하는 방식까
지 비판한다.

　나누어진 화면으로 구성된 〈언맨드〉의 시각디자인과 게임의 느린 전개
는 기술 중심적 맥락에서 드론 조종사를 긍정적인 '영웅적 신화'로 해석하
는 시각과 원격으로 전쟁할 뿐이라는 비판적인 '반영웅적 신화' 사이에 벌
어지는 대중적 논쟁을 둘러싼 핵심적인 갈등에 풍부한 표현을 제공한다.
아사로와 던, 월과 모나한을 비롯해 상당수의 드론 연구자는 이러한 담론
사이의 갈등이 로봇 조종사의 매개된 노동을 이해하는 방향을 제시한다고
설명한다. 이러한 갈등은 발전된 로봇 기술이 전통적인 전투의 개념에 야
기한 개념적 논란에 기인하는데, 던은 "역설적이게도, 아프가니스탄과 이
라크 전쟁의 결과로 한때 영웅주의와 자기희생이 대중 담론의 중요한 소
재가 되었던 것과 달리, 드론은 이러한 가치에 대한 안티테제로서 전쟁을

표현한다. 드론은 전쟁을 포스트모던하면서도 탈영웅주의적인 것으로 만들어버린다"라고 언급한다.[68] 이는 로봇 기술, 특히 원격조종되는 무인항공기가 미국이 치르는 전쟁을 상상토록 하는 일련의 대중적 아이디어의 핵심을 모호하게 만들었기 때문이다. 월과 모나한은 이러한 모순에 대해 다음과 같이 설명한다.

> 애매해진 정체성은 반란군과 민간인, 범죄자와 불법이민자, 원격 조종사와 최전방 병사를 포함한다. 군사적 목적으로 드론을 사용하는 것은 전투지역과 경계구역의 정체성과 그 재현을 불안정하게 만들 뿐만 아니라 '우리'와 '그들', 혹은 '문명'과 '야만'이라는 존재론적 경계로 이루어진 전투지역, 그리고 이 전투지역을 만드는 차이를 빠르게 동질화시킴으로써 마찬가지로 개념적인 범주도 모호하게 만들어버린다.[69]

마지막으로 명예로운 전사 또는 드론 조종사가 된다는 것이 가지는 의미를 논하는 데 있어 가장 중요한 점은, 그 정체성이 매우 유사한지 아니면 상호배타적인지에 있다. 드론을 옹호하는 사람들에게 군사로봇 기술은 보다 적은 대가를 치르며 (병사들의) 생명을 지켜낼 수 있고 이들을 신속하고 윤리적으로 행동하도록 해주는 존재이다. 반면 비평가들은 세 가지 반대 논리를 제시한다. 우선 (갤리엇의 "비대칭적 반대"와 비슷한 맥락에서) 같은 방식으로 보복할 수 없는 적을 향해 무인기기를 사용하는 것은 비도덕적이라서 정당화될 수 없다는 것이다. 또한 물리적 거리감이 감성적이고 감정 이입시키는 거리감에 영향을 미치며, 그리고 게임을 방불케 하는 드론의 인터페이스가 "방아쇠를 당기면서 즐거워하는" 조종사들을 만들어낸다는 것이다.[70] 흥미롭게도 〈언맨드〉에서는 이 세 가지 비판점을 모두 다루면서, 드론을 지지하는 미사여구를 늘어놓는 밀리테인먼트에 대해서도 비판한다.

〈언맨드〉는 드론 조종사의 하루 일과를 다루고 있는데, 잠자는 가운데 펼쳐지는 두 가지 꿈이라는 장면으로 마무리된다. 우선 플레이어는 중동에 살고 있는 노인·여성·아이로 이루어진 거주민들로부터 도망쳐야 한다. 만약 플레이어가 그들을 성공적으로 피하면, 그는 무인항공기로 변신해 잠에서 깨기 전에 탈출할 수 있다. 두 번째로 조종사는 양을 세면서 잠에 들고자 시도하는데, 이 미니 게임에서 플레이어는 달리는 양을 제때 클릭해 이들이 울타리를 넘어갈 수 있도록 해야 한다. 만약 제때 뛰지 못하면 이 양들은 폭발해 픽셀로 변해버린다. 두 개의 꿈으로 이루어진 미니 게임에서 플레이어는 자신의 행동에 대한 윤리적 책임을 피하거나 제때 버튼을 눌러야 한다는 불안감(그러지 못하면 불쌍한 양이 죽게 되므로)을 경험하는 식으로 일과 연결되어 있는 악(惡)들 속에서 게임을 치러야 한다.

〈언맨드〉는 전쟁과 살인을 시시한 것으로 만드는 군사 지휘 구조와 매개된 전쟁 기술의 이데올로기적 매력에 비해 드론을 조종하는 인간 조종사들에 대해서는 덜 비판적으로 다룬다. 브랜트의 주장을 빌리면 조종사가 자신의 임무를 깊이 있게 알고 있다는 측면에서 이 게임은 『엔더스 게임』과 유사한 위치를 차지한다고 볼 수 있다. 브랜트는 "비평가들이 전쟁이 화면과 조이스틱에 의해 매개되어 사람들이 살인에 대해 '플레이스테이션'과 같은 사고방식을 갖게 되는 것을 우려할 때, 『엔더스 게임』은 살인이라는 행위가 행사하는 기술적 재분배만으로는 감성적인 거리감을 만들어내거나 도덕적 행위자로서 살인자가 느끼는 감정을 피하게 하기 어렵다는 원격조종된 전쟁에 대한 이론을 만들어낸다"라고 지적한다.[71] 드론 전쟁의 비대칭성은 〈언맨드〉에서 아버지와 아들이 비디오 게임을 하면서 유대감을 갖는 장면에서 극명하게 드러난다. 실제로 플레이어가 총을 맞을 위기에 처하는 유일한 경우는 그들이 스테레오타입으로 진부한 밀리터리 슈팅 게임을 할 때뿐이다. 가상 사격이 벌어지는 이 갤러리에서 플레이어는 〈두더지 게임〉처럼 등장하는 목표물에 총을 쏘지만, 그가 업으로 삼고 있는 드론 작전과 달리 여기서는 목표물도 총을 쏠 수 있다. 게다가 플레이어가 미니 게임에서 맡은 병사 아바타는 다칠 수도, 죽을 수도 있다. 게임을 하면서 아버지와 아들은 〈언맨드〉의 FPS 미니게임에서 드러나는 동일한 갈등양상과 드론 작전이 가진 비대칭적인 힘의 차이를 비롯해 아버지의 일과 게임이 어떻게 다른지에 대해 이야기를 나눈다.

드론 전쟁에 대해 제기되는 두 번째 일반적인 비판은 사냥꾼과 사냥감 사이에 놓인 광범위한 물리적인 거리가 정서적 거리감의 형성에 기여한다는 점이다. 게임플레이가 이루어지는 화면과 대화가 등장하는 다른 화면으로 나누어진 〈언맨드〉의 디자인은 플레이어로 하여금 점차 둘 사이에 괴리감을 느끼게 한다. 덧붙여 플레이어와 그의 동료가 어깨를 마주 대고 앉아 있지만 같은 모니터 세트를 보고 있다든지, 담배를 피우면서 아내와 전화 통화를 한다든지, 그리고 그의 아들과 함께 소파에 앉아 비디오 게임을 한다든지 하는 모습으로 이 게임에 등장하는 모든 인간관계는 특정한 형태로 매개된다. 심지어 주인공이 혼자 있는 순간에도 면도하는 자신의 모습이 거울로 매개되고, 일하러 가면서 운전할 때에도 노래 가사를 기억하려고 애쓰는 식으로 다른 것에 의해 매개된다. 페테르치니는 자신이 제작한 게임의 주제에 대해 다음과 같이 이야기한다.

맞다. 〈언맨드〉를 관통하는 주제는 바로 단절(disconnection)이다. 나누어진 화면과 두 가지 차원에서 진행되는 게임플레이는 정신분열적인 삶을 살고 있는 주인공의 모습과, 생기기 어려운 부자간의 유대감, 주인공과 아내 사이의 잠재적 갈등을 통해 다른 캐릭터들의 삶을 대변한다. 몇몇 대화는 전쟁터와의 관계, 그리고 적과의 관계가 변한다는 것을 암시하고 있다.[72]

이러한 점에도 불구하고, 이 게임은 다른 이들과 교감할 기회를 놓친 상황에서도 시선을 사로잡으며 편안한 상태에서 다양한 플레이를 해볼 것을 요구한다. 군사화된 매개물에 대해서 매우 비판적인 입장을 가진 〈언맨드〉는 무명의 조종사를 인간화시키고자 하는 욕구를 배양하는 데 매우 유용하다.

마지막으로, 〈언맨드〉는 게임을 방불케 하는 인터페이스가 원격 조종과 시각 기술에 합쳐지면서 드론 작전이 조종사로 하여금 "방아쇠를 당기면서 행복해 하게" 만든다는 비판을 광범위하게 반영한다. 많은 슈팅 게임은 실제 무기 인터페이스의 시각디자인을 차용해 자신들이 만들어낸 허구의 전쟁 이야기를 진짜처럼 보이게 한다. 또한 록히드 마틴(Lockheed Martin)이나 레이시언(Raytheon) 같은 방위산업체도 인기 있는 비디오 게임 컨트롤러를 활용해 이미 수없이 많은 시간을 게이머로 살아온 드론 조종사에게 드론 사용을 좀 더 쉽게 느끼도록 하고 있다. 〈언맨드〉는 전통적인 게임 디자인을 기반으로 미니 게임을 만들어내고 게임플레이의 성과에 따라 플레이어에게 메달을 지급함으로써 기술의 양방향적 흐름과 디자인 기술에 대해 제기되는 간텍스트적인 비판점을 드러내고 있다. 페데르치니는 "〈언맨드〉는 게임 문화에 대해 다루면서도 동시에 당신의 삶을 비디오 게임을 통해 보여주는 것이기도 하다. 따라서 나는 여러 단계 속에 다양한 장르를 포함시키고 싶었다. 여기에는 FPS와 유사한 것도 있고, (닌텐도 엔터테인먼트의) 〈F1 레이스(F1 Race)〉를 연상시키는 유사 드라이빙 게임도 있다. …… 그리고 나는 〈기타 히어로(Guitar Hero)〉와 같은 음악 게임도 구현하고 싶었다"라고 말한다.[73] 게임 속에서 플레이어는 따분하게 플레이했다는 이유로 트로피를 수여받는 패러디를 경험하게 된다. 예를 들어 플레이어는 올바른 질문을 고른 공로를 인정받아 "뛰어난 자기 성찰"을 했다고 표창 받고, 깨끗하게 면도했다고 해서 "완벽한 면도"라는 메달을 받는다. 만약 플레이어가 출근길에 차를 세우고 있었다면 "운전 작전" 메달을, 주인공이 아들과 의미 있는 대화를 했다면 "명예로운 아버지 부대"라는 메달을 수여받는다. 이렇게 매 레벨에서 우스꽝스러울 정도로 따분한 것을 때때로 강조하는 것은 일상을 '게임화(gamify)'하는 현실의 압력과 대중화된 디자인 전통을 풍자한 것이다.

　〈언맨드〉가 지닌 지긋지긋한 따분함은 게임과 관련된 존재론적 해석을 이끎으로써 단순히 "인간을 기계에서 떼어놓는다는 것이 무엇을 의미하는가?"라는 질문뿐만 아니라 "기기 무인화는 드론의 눈빛이 감시하는 자'와' 드론의 로봇 기술적 시선을 통제하는 자를 탈인간화시키는가?"라는 질문도 던진다. 드론 조종사가 가진 심리학적 위험에 대해서 정신 건강 전문가들이 뭐라고 결론을 내든 간에, 이러한 활동들의 범위가 늘어나는 상황에서 군인들에 대한 압박은 늘어날 수밖에 없다.[74] 〈언맨드〉가 주는 따분함은 원격조종 전쟁의 정치적 효능에 대한 논의에서 인간성이 첫 번째 피해자라는 것을 사람들에게 상기시키는, 슬프지만 환영할 만한 것이다. 페테르치니는 자신의 게임에 대해 "비록 허구이지만, 매일매일 현실에서 벌어지는 전쟁이 우리로부터 멀어져버린 것을 조심스럽게 결합하려는 시도이다. 우리는 밀리터리 엔터테인먼트의 홍수 속에 있으면서도 정작 미국의 비밀작전이 일상적으로 펼쳐지는 예멘과 소말리아 같은 곳에서는 무슨 일이 벌어지는지에 대해 거의 알지 못하는 역설 속에서 살고 있다"라고 주장한다.[75]

결론

오늘날의 밀리터리 슈팅 게임은 가상전투를 즐겁게 하기 위해서 만들어진 다양한 매개와 재매개의 층 속에서 일상적인 플레이를 제공한다. 이것은 아마도 플레이어가 전투와 정보수집 목적의 시나리오 안에서 드론을 통제하는 것에서 가장 극명하게 드러날 것이다. 〈콜 오브 듀티〉와 〈배틀필드(Battlefield)〉, 〈고스트 리콘〉과 같은 프랜차이즈 게임이 소개하는 무기체계는 플레이어에게 1인칭 플레이어 캠페인을 통해 자신의 인공지능 대상에게 상당한 이익을 제공하며, 멀티플레이어 모드에서는 반대편에 속한 인간 플레이어를 날쌘 목표물로 변환시킨다. 그러나 이 장에서 설명한 것처럼 전장에서 정보를 수집하거나 적을 쓰러뜨리기 위해 안전한 곳에서 무인항공기를 작동한다고 해서 이것이 죄책감 없는 즐거움을 담보하는 것은 아니다.

기술이 그 주인으로부터 분리된다는 것은 주목받는 디스토피아적 이야기이며 〈터미네이터〉, 〈워게임(Wargames)〉, 〈트랜스포머(Transformer)〉, 〈블레이드 러너(Blade Runner)〉, 〈매트릭스(Matrix)〉 3부작 같은 인기 공상과학 영화와 〈배틀스타 갤럭티카(Battlestar Galactica)〉 같은 텔레비전 프로그램, 〈데이어스 엑스: 휴먼 레볼루션(Deus Ex: Human Revolution)〉(2011), 〈매스 이펙트(Mass Effect)〉(2007), 〈메탈 기어(Metal Gear)〉(1987), 〈보더랜드(Borderlands)〉(2009)와 같은 비디오 게임에서 꾸준히 다루어져 왔다. 그러나 드론에 대해 제기되는 비판은 더 이상 공상과학 차원의 이야기가 아니다. 그것은 과학적 사실이다. 드론은 개량될 수 있고 테러리스트에 의해 사용될 수도 있으며, 하늘에 있는 객관적인 눈이라고 보기엔 제대로 작동하지 않는 경우가 너무 많으며, 조종사를 용맹하고 고결한 미국의 전쟁 신화로 만드는 데 지장을 초래한다는 점에서 본질적으로 와해적인 기술이라고 할 수 있다. 이러한 문제들이 대중문화와 비디오 게임에서 재생산되는 것은 의미가 있다. 덧붙여 드론은 중대한 외교적 걸림돌이 될 것이다. 퓨 리서치(Pew Research)가 내놓은 한 보고서에서는 다음과 같이 언급한다.

미국이 일방적으로 행동하면서 다른 국가들의 이익을 고려하지 않는다는 인식이 광범위하게 깔려 있다. 무슬림이 다수를 차지하는 국가들에서 미국의 반테러 활동은 여전히 인기가 없다. 그리고 사실상 모든 국가에서는 오바마 행정부의 대테러 정책의 주된 요소 중 하나인 드론 공격에 대해 상당한 반대가 존재한다. 20개국 중 17개 국가에서 절반이 넘는 사람들이 파키스탄과 예멘, 그리고 소말리아와 같은 국가의 극단주의 지도자들과 그룹을 목표로 한 드론 공격에 반대한다.[76]

이러한 비판적 여론은 드론의 국내 사용 빈도가 높아지고 군사용과 상업용의 구분선이 모호해질수록 심화될 것이다. 2013년 2월, 오바마 대통령은 (드론 제작사들과 이와 연결된 상업적 이해관계자들의 치열한 로비의 결과로) 드론을 2015년 9월까지 국내 항공으로서 일원화시킬 것을 골자로 하는 '연방항공청 현대화 및 개혁에 관한 법률(Federal Aviation Authority Modernization and Reform Act)'에 서명했다.[77] 게다가 산업 분석가들은 전 세계적으로 군사용 드론에 지출되는 금액이 2013년 56억 달러에서 2018년에는 75억 달러로 증가될 것이며, 향후 10년간 누적 지출이 최대 89억 달러에 이를 것이라는 분석을 내놓았다.[78]

드론은 자신을 플레이하는 게이머에게 헤게모니적 유희적 전쟁의 즐거움을 와해시키는 것처럼, 이를 도입하는 국가의 정책과 계획을 와해시킨다. 같은 맥락에서 다음 장에서는 기업 마케팅 관계자가 국제분쟁 중에 대중들에게 유희적 전쟁 게임을 판매할 때 직면하는 도전, 그리고 이 기업들이 전쟁 상품과 자사에 대한 부정적 묘사를 최소화하는 전략에 대해 알아본다.

제5장

/

군사적 현실주의 마케팅
유희적 전쟁의 게임플레이 양식을 파는 법

도입

이 장에서는 유희적 전쟁이 주는 헤게모니적 즐거움을 판매하는 비디오 게임 마케터들의 경향성에 대해서 알아본다. 비판적 미디어 연구에서 마케팅 도구는 중요한 자료로 이용되는데, 이는 게임을 어떻게 이해해야 하는지, (제작자 입장에서 더 중요하게 여겨지는) 게이머가 이것을 왜 사야 하는지에 대해서 플레이어가 될 소비자에게 의미를 부여하기 때문이다. 오늘날의 비디오 전쟁 게임은 일반적으로 컴퓨터를 통해 전해지는 박진감과 끊임없이 발전하는 시각적·청각적 현실주의를 플레이어에게 제공한다는 방식으로 광고한다. 후술하겠지만, 미디어 양식이 불러일으키는 도덕적 공포를 지칭하는 "가상 발열(simulation fever)"은 모든 게임에 잠복해 있으며, 이것이 가상 폭력에 대해 제기되는 비판점이기도 하다. 따라서 밀리터리 슈팅 게임은 일반적인 기술적·미학적 속성을 부각시키면서도 이 게임이 세계 곳곳에서 벌어지는 갈등과 연결된 사회 현실을 본뜬 것에 불과하다는 무능함에 대한 비판은 외면할 수 있다.

군사개입을 다룬 상업적 비디오 게임을 게이머에게 판매할 때 시나리오가 어떻게 흥미를 위해 디자인되었는지 주의 깊게 들여다보도록 하는 경우는 드물다. 앞 장에서 다루었던 비상업적 예술 게임인 〈언맨드〉나 〈스펙 옵스〉, 〈블랙 옵스 2〉에 등장하는 플레이 양식의 변화와 로봇 전쟁이 만들어낸 문제점은 이러한 상업적·디자인적 상투의 예외라는 것을 명심하자. 그 대신 이 장에서는 전쟁 게임을 할 때 나타나는 전투의 몇몇 양상에 대해서 알아보기 위해 〈콜 오브 듀티 4: 모던 워페어〉 마케팅의 주변텍스트(paratext)로 쓰이는 제작 관련자에 대한 인터뷰, 언론의 평가, 그리고 인터넷 비디오 광고를 살펴보고, 이를 통해 "군사적 현실주의(military realism)"가 2007년에 밀리터리 슈팅 게임 중 최고 판매기록을 세우는 데 어떻게 기여했는지 설명한다.[1] 이 마케팅 주변텍스트는 광고를 만들어내고 판매량을 증가시키는 것을 넘어 〈콜 오브 듀티〉에 나오는 전쟁 플레이를 이라크와 아프가니스탄에서 자행되는 폭력과 연결시킬 수 있는 해석과 비판을 강조하는 대신 특정한 방식의 텍스트 해독만을 강조하는 의의가 있다. 여기에서는 텔레비전 광고가 즐거움, 재현, 양식, 그리고 더 완벽한 플레이를 유도하는 것에 대해서 설명한다.

'스탠드오프'와 가상 발열

2005년 5월 12일, 마이크로소프트는 엑스박스 360 콘솔을 출시하면서 텔레비전과 인터넷에서 '점프 인(Jump In)'이라고 불리는 광고들을 통해 시청자가 새로운 온라인 게임을 경험하도록 이끌었다. 이 '점프 인' 캠페인은 게임플레이의 모습을 직접 보여주지 않았다는 점과, 실제 세계에서 함께 플레이하는 다양한 집단의 사람들을 보여주었다는 점, 두 가지 측면에서 인상적이었다. 광고에 나오는 플레이어들의 경우 그동안 비디오 게임의 주된 인적 범주에서 제외되었던 여성, 중산층, 다양한 인종이 부각된 반면 백인 10대 소년의 비중은 눈에 띄게 줄어들었다. 어린이들과 어른들이 도심에서 물풍선 싸움을 하는 모습, '쌍줄 뛰어넘기 놀이(Double Dutch jump)'를 구경만 하던 사람들이 말 그대로 놀이에 '뛰어드는' 광고, 두 무리의 젊은이들이 아파트에서 혼잡한 도심 거리에 이르기까지 '경찰과 도둑 놀이' 하는 것을 보여주는 광고, 그리고 열기구가 소파와 텔레비전, 엑스박스 360과 게임을 싣고 주차장으로 배달해서 이를 보고 있던 사람들을 게이머로 탈바꿈시키는 것에 이르기까지, 광고는 도심 곳곳에서 공개적으로 펼쳐지는 놀이를 담아냈다.[2] 이렇게 실제 행동이 나오는 광고들은 모든 연령의 게이머로 하여금 컨트롤러를 집어 들고 다양한 온라인 게임을 하도록 이끌었다. 사실 이 '줄 뛰어넘기 놀이' 장면은 미국 광고연맹(American Advertising Federation)이 주관하는 2006년 애디 어워즈 갈라(Addy Awards Gala)에서 전국 최우수상(Best of Show-National)과 다문화적 광고에 대해 시상하는 모자이크상(Mosaic Award)을 수상했다. 레오 버넷 월드와이드 (Leo Burnett Worldwide)의 최고 크리에이티브 책임자인 마크 터셀(Mark Tutssel)은 이 장면에 대해 "이 극적인 쌍줄 뛰어넘기 놀이는 새로운 엑스박스 360 세대의 흥분과 사회적 측면을 은유적으로 포착해 냈다"라고 극찬했다.[3]

그러나 '점프 인' 캠페인이 완벽하게 성공적이었던 것은 아니다. 극찬을 받은 '줄 뛰어넘기' 광고를 만든 광고 회사 매캔 에릭슨(McCann-Erickson) 은 마이크로소프트가 미국을 뺀 다른 나라에서 사용할 목적으로 '스탠드 오프(Stand-Off)'라는 광고도 제작했다. 국내에서 불러일으킬 수 있는 논란을 의식해 마이크로소프트는 '스탠드오프'를 유럽에서 짧게 보여주는 것으로 결정했다. 이 광고에 대한 간략한 설명이 마이크로소프트가 망설였던 이유를 납득시켜 줄 수 있을 것이다.

'스탠드오프'는 번잡한 기차역에서 펼쳐진다.⁴ 지나가던 두 젊은이의 눈빛이 마주치고 그들의 시선이 서로에게 고정된다. 그들은 얼굴을 돌려 마주보며 서로를 계속 쳐다본다. 이때 갑자기 한 명이 자신의 검지로 권총을 흉내 내며 자신의 팔을 다른 이의 얼굴에 들이댄다. 다른 이도 재빨리 같은 자세를 취한다. 가까이에 서 있던 또 다른 남성이 같은 동작을 취하면서 마치 바이러스가 역사 전체에 퍼진 것처럼 여행객 모두 순식간에 가짜 총을 휘두르는 행인들의 집단으로 전환된다. 터미널은 정지 상태가 되고 그대로 교착 상태에 빠진다. 카메라는 긴장된 얼굴과 경직된 팔들 사이를 공격적으로 찍고 다닌다. 갑자기 첫 화면에 등장했던 남자가 "빵!" 하고 소리치고, 역 안은 입에서 나온 총소리로 가득 찬다. 사람들은 엄폐를 위해 몸을 날리고, 방어를 위해 탁자 뒤로 숨고, "총을 맞고" 쓰러진다. 이 장면은 다른 광고들처럼 우리에게 "점프 인"하라면서 마무리된다.

이 광고가 미국의 텔레비전 시청자들에게 어떻게 인식될지에 대해서는 짐작만 할 수 있지만, 이것이 왜 미국에서 방송되지 않았는지에 대해서는 쉽게 알 수 있다. [일명 '갓챠(Gotcha)', '킬러(Killer)'라고도 불리는] 초대형 게임인 〈어새신(Assassin)〉에 대한 광고는 현실 세계에서 벌어지는 폭력과 매개된 게임플레이가 주는 즐거움을 자극적으로 연결시킨다. 요컨대 플레이를 통해 죽이는 것, 그리고 죽게 되는 것은 자기도 모르게 매개된 엑스박스 비디오 게임의 경험과 1970년대 출시된 이래 게임 업계를 괴롭혀 온 도덕적 공황 상태에 대한 담론을 필연적으로 연결시킨다. 비디오 게임은 무엇이 옳고 그른지 분별할 수 없거나 생각하기를 꺼리는 10대나 젊은이들에게 폭력적 행동을 주지시킨다는 견해는 그 근거가 없음에도 불구하고

그림 5-1 마이크로소프트의 '스탠드오프' 광고에서 다른 이들을 판단하는 여행자들의 모습

끊임없이 제기되어 왔다. 1999년 4월 20일 콜럼바인(Columbine) 고등학교 에서 벌어진 총기 난사는 짐작컨대 폭력적인 게임이 불러일으킨 가장 잔혹한 범죄로 남아 있다.[5] 그 때문에 마이크로소프트는 '스탠드오프' 광고로 인해 자신들의 제품이나 서비스가 불러일으킬 수 있는 논란을 차단하기 위해 미국 내에서 방송하는 것을 보류했다. 하지만 가상 발열이라는 용어 처럼 마이크로소프트가 광고에서 총을 꺼린 데에는 더 큰 이유가 있다.

비디오 게임 디자이너이자 연구자인 이언 보고스트는 가상 발열이라는 용어를 만들어내고 이를 "게임이 유닛을 조작하면서 현실 세계의 일부분 을 재현해 내는 것과 이 재현에 대한 플레이어의 주체적인 이해가 상호작 용하면서 발생하는 신경 쓰이는 불편함"이라고 정의한다.[6] 왜냐하면 어떤 컴퓨터 자극이나 비디오 게임은 다른 장르와는 달리 일정한 과정을 본뜨 고, 발화된 과정을 사용자가 해석하는 과정에서 잠재적인 마찰이 생길 수 있기 때문에 결국 플레이어는 잠정적으로 불안한 상태가 된다. 이 점에서 가상 발열은 도덕적 공황 상태가 변형된 것이라고 볼 수 있다. 이 책의 주장과 이 개념을 연결시켜 본다면 가상 발열은 게임플레이의 양식이 초래한 불편한 손실이라고도 볼 수 있다. 이는 게임이 텍스트적 작업으로서 기능하는 것과 플레이어의 현실 인식이 가상적으로 연결(단절)되는 것 사이에서 비롯되는 불일치이다.[7] 물론 우리가 앞 장에서 이야기한 것처럼 게임이 반드시 편안한 매개 경험을 만들어낼 필요는 없다. 그러나 거의 모든 경우에서, 비디오 게임은 자신만의 디자인 논리에 부합하고 이를 구성함에 있어 이 논리에 부합하는 일관성을 갖기 위해 항상 노력한다. 예를 들어 비디오 게임과 실제 현실 간의 맥락적 관계를 이해함으로써 뉴욕의 빌딩 사이를 쉽게 통과하는 비행기들을 조종하는 모의비행이 왜 불안함을 가져다주는지 알 수 있다. 이러한 모사는 사용자가 가지고 있는 물리학적 이해와도 맞지 않을뿐더러 9월 11일에 있었던 공격에 대한 생각을 다시 끄집어낼 수 있다.

가상 발열은 비디오 게임에 국한되어 있는 존재론적 징후가 아니라 매개되지 않는 게임에 대해서도 영향을 미친다. 보고스트는 이에 대해 다음과 같이 설명한다.

게임은 완벽하게 고립되어 있는 세계를 대신해, 플레이어와 그 플레이어의 생각이 게임을 쌍방으로 투과할 수 있게끔 양 방향으로 잔여물을 가져가고 남길 수 있는 통로를 제공한다. 이 마법의 원에는 플레이어가 게임 공간 안팎으로 주체를 이동시킬 수 있는 틈이 존재하는데, 만약 마법의 원이 세상에 대해 고립된 안티테제였다면 아예 접근할 수가 없었을 것이다.[8]

그러므로 9·11 이후에 공공장소에서 벌어지는 폭력을 광고가 장난스럽게 재현하는 것이 가지고 있는 문제적 요소들을 볼 때, '스탠드오프'에서 〈어새신〉 게임의 즉흥적 묘사는 실제와 가상 게임에서 가상 발열의 초기 잠재성을 보여준다. 보고스트에 따르면, "가상 발열은 게임으로 돌아가야 한다는 진지함을 암시하고 있으며, 그렇다면 단순히 뭔가를 방해하거나 주의를 돌리는 것을 넘어서 게임이 복잡한 인간의 상태를 드러내고 고민하게 한다는 것을 의미한다".[9] 마찬가지로 '스탠드오프'의 사례는 가상 발열과 도덕적 공황 상태가 게임 마케팅 관계자들에게 중요한 고려 대상이라는 것을 보여주는데, 이는 원하지 않는 게임플레이의 조합이 매체가 가진 재현적 한계를 모두 폭로해 판매를 망쳐버릴 수도 있기 때문이다. 매개의 유무에 관계없이, 모든 게임은 플레이어가 살고 있는 현실과 완벽하게 일치하지 않더라도 관계가 있어야 한다. 이는 바로 마법의 원이 가진 매혹적인 주문을 깨뜨리고자 끊임없이 위협하는 플레이어의 삶에 필요한 연결고리가 되는 것이다. 그러므로 게임플레이의 과정이 현실에 존재하는 비슷한 행동과 맞아 떨어지지 않을 때, 플레이어는 현실이 가진 난해한 측면을 생각하게 되고, 이를 제대로 구현하지 못한 게임의 실패를 고민하게 된다.

친구에게 총을 쏘기도 하고 자신이 총을 맞기도 하는 비디오 게임은 폭력을 우스꽝스럽거나 환상적으로 묘사하고 있음에도 불구하고, 게이머로 하여금 실제로 총을 쏘고 죽는 것에 대해 생각해 보도록 위협하는 매개된 플레이라고 할 수 있다. 누군가의 삶에 대해 생각해 보는 것은 심오한 자기성찰을 요구하는데, 이는 상업적 슈팅 게임이 일반적으로 불러일으키는 행동은 아니다. 그렇기 때문에 슈팅 게임을 판매하는 사람은 자신들의 제품이 불쾌하거나 복잡하게 느껴지지 않고, 수용자가 가진 감정이나 질문이 자신들의 이익을 저해하지 않도록 방어해야 한다. 모든 이들이 무장한

적이라는 시나리오를 담은 '스탠드오프' 광고는 9·11 이후의 피해망상과 폭력에 대해 너무나 쉽게 각성할 것을 요구했던 플레이였다.

사회적 현실주의 대 기술적인 "현실성"

밀리터리 테마의 게임플레이에 등장하는 가상 발열은 군사적 현실주의가 군사적 현실은 **아니라고** 극적으로 강조해 낸다. 전자가 미학적이며 담론적인 범주라면, 후자의 경우 실제 국정(國政)의 문제다. 알렉산더 갤러웨이의 주장처럼 사진만큼 현실적인 디지털 재현이 존재론적 현실주의와 혼동되어서는 안 된다. 게다가 갤러웨이가 지적한 것처럼, 비디오 게임 연구는 현실주의적 게임을 정의하는 데 있어 "갈등과 개인적인 드라마, 그리고 불합리로 가득한 일상의 구체적인 모습을 비판적으로 바라보아야 하기 때문에" 신중해야 한다.[10] 이 장은 갤러웨이가 제시한 시각적·청각적인 "재현의 척도"가 되는 개념인 "현실성(realisticness)"을 이용한다.[11] 상업적 밀리터리 비디오 게임은 본능적인 정서적 체험을 제공하기 위해 기술적·재현적 차원에서 실현 가능함을 사용한다. 그러나 이런 게임이 종종 병사들의 실제 경험을 이해하는 데 실패한다는 점에서, 이 디자인 속성은 그 경험을 현실주의적 텍스트로 변모시키지 못한다(다시 말하지만, 〈언맨드〉와 〈스펙 옵스〉 같은 게임은 여기에 해당되지 않는 드문 예다). 존재론적인 맥락에서 게임이 현실적이기 위해서는 [갤러웨이가 "적합 조건(congruence requirement)"이라고 일컫는] 게임의 내용과, "게이머가 처한 사회적 현실을 엄지손가락으로 끊임없이 게임 환경과 바꿔내는 번역을 이끄는 몇몇 맥락"의 차원에서 플레이어의 주체적 맥락이 일치해야 한다.[12] 갤러웨이는 자신의 주장을 시리아에서 제작된 반(反)이스라엘 전투 게임인 〈언더 애시(Under Ash)〉와 헤즈볼라가 만든 〈스페셜 포스(Special Force)〉를 통해 설명한다. 서구에서 제작된 대부분의 밀리터리 게임과 달리, 이 게임들은 팔레스타인 게이머가 화면 밖에서 벌어지는 정치적 싸움을 통해 플레이할 수 있다는 점에서 현실주의적 텍스트라고 볼 수 있다. 갤러웨이에게 현실주의는 고화질로 벌어지는 스펙터클을 통해 제공되는 어떠한 텍스트적 정확도에 달려 있기보다는 부여된 맥락과 얼마나 일치하는지에 달려 있다. 즉, 이 팔레스타인 1인칭 슈팅 게임이 1인칭 슈팅 게임 장르를 비판한다고 해서 현실주의적 텍스트로 불리는 것은 아니다. 사실 이들 게임도 게임플레이 디자인이 꽤 준수하다. 대신 무엇이 플레이되고 누가 플레이하는지에 대해 개인적·의미적으로 깊은 연결고리를 즐길 수 있도록 하기 때문에 현실주의적 텍스트라고 불리는 것이다(갤러웨이는 아마도 〈언맨드〉 레벨을 사회적으로 현실주의적인 게임이라고 명명할 것이다).

지금 분석하는 마케팅 재료들은 텍스트의 정확도만 가지고 주장한다는 점에서 정반대의 방향에 서 있다. 과거, 현재, 혹은 미래에 이르기까지 전쟁 플레이를 홍보하는 데 쓰인 즐거움은 한계가 확실히 정해진 상황에서 텍스트적 현실임직함(realisticness)이 제공하는 기쁨에서 비롯된다. 대다수 슈팅 게임의 경우, 플레이어와 전쟁의 살아 있는 일상적 현실을 연결시키는 요소를 가지고 있지 않은 경우가 많다. 상업적 밀리터리 슈팅 게임의 마케팅은 텍스트적 현실임직함과 '현실'에 대한 살아 있는 이해의 경계를 무너뜨리고, 필요한 모든 재현적·가상적 **사실들을** 가능케 하는 게임의 세부적 기술을 통해 전자제품을 살 수 있는 모두에게 몰입적 경험을 제공하도록 하는 데 목표를 두고 있다. 그러므로 9·11 이후에 출시된 밀리터리 슈팅 게임의 마케팅 전략은 적이 가진 정교화된 인공지능, 실제 무기처럼 보고 행동할 수 있는 무기와 차량, 진짜 전장을 방불케 하는 전투, 역사적

이면서도 "오늘 자 헤드라인에서 찢겨 나온" 것 같은 몇몇 군사적 현실임직함의 요소만 가지고 판매해 보려고 노력했다. 이 업계는 충성도가 높은 플레이어와 잠재적 고객에게 게이머의 개인적인 플레이 맥락과 관계없이 마치 실제 같은 전투 경험을 약속한다. 다르게 말하면, 군사적 현실주의는 전쟁에 대해 알기를 원하거나 알아야 하는 모든 이에게 유희적 즐거움을 망쳐버릴 수 있는 맥락적 양식 대신 한계가 정해진 텍스트적 게임플레이 양식이라는 특별한 것을 선사할 수 있다고 주장한다.

9·11 이후 슈팅 게임의 군사적 현실주의를 판매하기 위한 수사는 이들 게임이 가진 다양한 마케팅 수단에도 영향을 미친다. 이 장에서는 주변텍스트의 세 가지 형태, 즉 게임 제작 담당자 인터뷰, 언론의 비평, 그리고 바이럴마케팅 광고를 분석해 〈콜 오브 듀티 4: 모던 워페어〉에서 군사적 현실주의가 어떻게 이상적으로 이해되는지 예증한다. 〈콜 오브 듀티〉의 경우 게임 플랫폼과 온라인 게임 서비스에서 매우 인기 있는 타이틀이라는 점뿐만 아니라 2장에서 다룬 것처럼 이야기를 가진 21세기의 첫 번째 프랜차이즈 게임이며, 플레이어로 하여금 9·11 이후에 지구상 곳곳에 있는 테러리스트에 맞서 싸우도록 유도한다는 점에서 유용한 사례연구라고 할 수 있다.[13] 〈콜 오브 듀티 4〉의 마케팅 텍스트의 의미를 구성하는 요소들은 게임의 흥미를 불러일으키고 판매를 촉진할 뿐만 아니라, 플레이어로 하여금 유희적 전쟁이 주는 즐거움을 가상 발열의 위협으로부터 지켜낼 수 있도록 특정한 해독 방식을 제시한다.

비디오 게임의 주변텍스트가 지닌 정치경제적 유용성

『비디오 게임의 의미(The Meaning of Video Games)』의 저자 스티븐 존

스(Steven Jones)는 게임의 주변텍스트를 지속적으로 분석한 초기 미디어 연구자들 중 한 사람이다. 존스는 제라르 주네트(Gerard Genette)가 입안한 개념인 "주변텍스트(paratext)" 혹은 "텍스트를 둘러싸고 텍스트의 수용을 결정하도록 돕는 여러 층으로 된 프레임 시스템"을 통해, 플레이어가 비디오 게임을 이해하는 데에는 내부적 서사와 게임플레이 디자인뿐만 아니라 타이틀의 출시와 마케팅 같은 외적 조건도 영향을 미친다고 설명한다.[14] 이렇게 마케팅 노력과 팬 텍스트, 시연회, 게임 수정, 그리고 게임 구성물 주변을 맴도는 일회성 도구까지 포함시킴으로써 의미가 어떻게 "복잡한 수용 과정"을 통해 만들어지는지 확인할 수 있다.[15] 주네트의 개념이 가진 유용성이나 중심 텍스트의 해석에 대한 주변텍스트의 영향력에 대해 언급한 사람이 존스가 처음은 아니다. 텔레비전 연구자인 조너선 그레이(Jonathan Gray)는 마케팅 선전과 언론의 평가가 미디어 소비자에게 광고된 제품에 눈과 귀 혹은 손을 대기 전에 어떤 의미 형성의 작용을 하는지에 대해 분석한다.[16] 그레이는 다음과 같이 말한다.

다르게 말하면, 주변텍스트들은 우리를 텍스트 입구로 안내하며, 해석에 필요한 의미와 전략을 만들어놓고, 우리가 텍스트 "안에서" 무엇을 찾아낼 것인가에 대한 방법을 제안한다. 주변텍스트로서 선전과 시너지는 곧 텍스트가 될 것의 의미 구조를 만들어내도록 텍스트적이면서 해석적인 속성을 갖는다.[17]

이어지는 후반부에서 그레이는 주변텍스트에 대해 "텍스트 이전에 시작되는 텍스트"라고 언급한다.[18] 그리고 이러한 주변텍스트는 공식적으로 승인된 예고편이나 팬 아트, 서드파티 액션피규어 등을 포함함으로써 다양한 사람을 겨냥한 해독 또는 해석 전략을 배제하거나 채택할 잠재력을 갖는다.

마케팅의 주변텍스트는 뉴미디어의 생산에 특유한 사업적 위험성을 완화시키는 문화 생산자만의 특별한 가치가 된다. 이는 전체 게임 중 고작 3%만 이익을 내는 것으로 추산되는 상황에서, 몇몇 업체만의 과점 체제로 이루어진 비디오 게임 업계의 상황과 부합하는 내용이기도 하다.[19] 소비자들이 새로운 게임 콘솔 타이틀에 50~60달러를 쓰도록 비디오 게임은 주변텍스트 성격을 가진 소문에 의지해야 하는데, 이는 생산자가 텔레비전 산업처럼 광고 수입에 의존하거나 이동통신사처럼 사용료를 받을 수 있는 구조가 아니고, 그렇다고 일부 할리우드 상품처럼 지속적으로 이익을 낼 수 있는 부수 상품도 기대할 수 없기 때문이다.[20] 이러한 비디오 게임 산업 특유의 부담감은 믿을 만한 게임 인구분포에게만 호소하거나 검증된 일반 공식에만 안주하는 디자인을 채택함으로써 훨씬 더 보수적인 생산 환경을 초래한다. 스포츠, 롤플레잉 게임과 더불어 밀리터리 슈팅 게임은 콘솔과 PC 게임의 일반적인 범주를 충실히 따르는 장르인데, 이는 이 게임들이 어리고 '격정적인' 남성 소비자의 사랑을 받아왔기 때문이다. 〈콜 오브 듀티 4〉와 같은 게임을 만들어낼 때 갖는 부담에 대해 스티븐 클라인과 다른 연구자들은 다음과 같이 언급한다.

소프트웨어 개발은 분명히 고위험 산업이다. 대부분의 상품이 실패한다. 새로운 문화적 토대를 개척하는 선구적인 게임을 만들어내는 데에는 행운이 필요하다. 몇몇 성공 사례가 없었더라면, 그들은 회사와 자신의 이력까지 모두 망쳐버렸을 것이다. 이러한 성공 사례는 시도되었고, 정확하며, 검증된 성공의 옷자락을 부여잡게 하는 강력한 인센티브를 만들어낸다. 이처럼 반복되는 경향은 게임 개발자들이 게임플레이어들의 등급 순위에 따라 채용되고 있다는 사실을 통해서도 확인할 수 있다. 새로운 것을 만들어내지 못하는 재생산은 단순한 자기복제에 대한 강한 경향성을 만들어냄으로써 게임 문화로 하여금 이미 만들어진 사격, 전투, 격투의 테마를 되풀이하게 하고 확산되도록 한다.[21]

닌텐도 위(Nintendo Wii)나 가족 친화적 프랜차이즈인 〈더 심즈(The Sims)〉(2000), 〈록 밴드(Rock Band)〉(2007), 〈위 스포츠(Wii Sports)〉(2006), 레고 브랜드 등의 게임과 모바일 게임이 많은 사람을 끌어들여 최근에 거둔 성공에도 불구하고, 여전히 업계는 하드코어한 것을 좋아하는 사람들을 위해 제품을 만들고 마케팅하는 경향에 안주하고 있다.

타이틀과 마찬가지로 주요 광고 캠페인은 모두 남성에 의해, 남성을 위해 만들어진 것으로서 다들 비슷하고 안정적이며 1차원적인 경향을 고수하고 있다. 이에 따라 마이크로소프트의 '점프 인' 같은 광고 캠페인은 업계에서 예외적인 것으로 남아 있다. 애프라 커(Aphra Kerr)는 『디지털 게임의 산업과 문화(The Business and Culture of Digital Games)』에서, 게임 잡지와 웹사이트, 동호회를 장악한 이 근시안적 담론을 "헤게모니적 이성애적 남성성(hegemonic heterosexual masculinity)"이라고 지칭한다.[22] 비슷한 맥락에서 클라인과 다른 연구자들은 게임 생산이 "군사화된 남성성" 상태에 의해 지배되어 왔으며 이는 게임의 장르와 플랫폼을 가리지 않고 확인된다고 주장한다.[23] 이들은 다음과 같이 말한다.

이 복잡함은 외계 문명을 무너뜨리기 위한 능력을 극도로 키우기 위해 파괴를 위한 마법 주문, 전략, 전술 게임, 이적 행위, 탐험 시나리오와 그 과정

같은 요소를 사격 및 전투 기술과 결합시킨다. 이러한 요소는 '슈팅 게임', '액션', '전략', '롤 플레이'를 비롯해 다양한 게임플레이 장르에 걸쳐 있으며, '롤 플레이와 전략의 결합', '스포츠와 슈팅 게임의 결합'과 같은 '메타장르 (metagenre)'의 합성물에도 결합되어 있다. 이들이 합쳐지면 〈미스 2: 소울 블라이터(Myth II: Soulblighter)〉에서부터 〈쇼군(Shogun)〉, 〈스펙 옵스〉에 이르기까지 전쟁, 정복, 전투를 주제로 한 다양한 게임을 포괄하며 기호학적 요소를 공유하는 결합체로 거듭나게 된다.[24]

케르가 제시한 "헤게모니적·이성애적 남성성"과 클라인과 동료 연구자들이 제시한 "군사화된 남성성"은 업계의 텍스트와 주변텍스트에 만연한 폭력적·성차별주의적 비유를 정확히 짚어내고 있으며, 경제적인 요인이 어떻게 디자인의 구현을 제약하고 있는지를 설명한다. 유용하지만 다소 광범위한 설명을 넘어, 이 장에서는 군사적 현실주의가 팔리는 배경에 자리 잡은 마케팅 전략을 구체적으로 알아보고자 한다.

비디오 게임 마케팅은 게이머로 하여금 자신의 유희적 즐거움을 어떻게 끌어내야 하는지 방향을 제시하고, 제작자와 소비자 사이에서 기본적인 텍스트적 인터페이스를 만들어내는 역할을 한다. 많은 전문가와 팬 사이트 덕분에 플레이어는 게임을 플레이하기 전에 게임플레이 초반 모습과 제작 관련자와의 심층 인터뷰, 게임 비평가의 리뷰를 접할 수 있게 되었다. 클라인과 동료 연구자들은 주변텍스트의 전위가 맡고 있는 담론적·경제적 역할에 대해서 다음과 같이 비판적으로 접근한다.

마케터나 디자이너 같은 문화적 매개자가 게임 소비자와 '대화'하고 '협상'하는 것이 이상하게 보일 수 있다. 하지만 자본의 관점에서 볼 때, 이는 소비자와의 채널을 구축하고 소비자의 비판에 응답하며 소비자의 생각과 흥미를 받아들임으로써 정보를 자신의 제품으로 녹여낸다는 측면에서 자연스러운 해석이다. 우리는 이처럼 소비자를 관찰하는 반사적인 회로망을 구축하고 선호도와 취향, 그리고 하위문화의 변화에 대해 예리하게 알아냄으로써 문화산업이 수용자와 시장의 분화를 연구하도록 이끄는 매개된 마케팅 결합을 협상(negotiation)이라고 부른다.[25]

충분한 시간과 자원이 주어진다면, 선도적인 게이머들이 제공하는 제언은 게임 디자인에 반영되기도 하고, 마케팅 자원은 온라인 포럼 등에 게시된 플레이테스트나 피드백을 통해 수집된 해결되지 않은 문제들에 대해 대처할 수 있다. 이처럼 제작자와 소비자 간의 필요한 교류를 통한 생산과 소비는 단선적으로 진행되는 것이 아니라 변증법적 관계를 이루고 있으며 주변텍스트로 하여금 제작자에서 소비자로, 소비자에서 제작자로의 쌍방향 이동을 가능하게 하는 기술사회적 다공막으로 연결된다.

비디오 게임 문화에서 이렇듯 주고받는 역동적 생산방식의 예를 드는 것은 어렵지 않다. 가령 〈카운터 스트라이크〉(1999)는 역사상 가장 인기 많았던 컴퓨터게임 모드(mod, 이미 완성된 비디오 게임을 수정해 새로운 게임으로 만드는 것 _옮긴이) 중 하나로 남아 있다. 원래 게임플레이 커뮤니티에서 PC용 모드로 만들어진 히트작 〈하프 라이프(Half-Life)〉(1998)에서 출발한 〈카운터 스트라이크〉는 〈하프 라이프〉의 배급사였던 시에라 엔터테인먼트(Sierra Entertainment)가 프로젝트의 판권을 사들이고 소매용으로 패키지화해 인기 있는 다운로드 게임이 되었다. 게임 개발사인 밸브 소프트웨어(Valve Software)는 나중에 이 모드에 참여했던 디자이너들을 채용했다. 〈헤일로〉 계열의 머시니마 시리즈인 〈레드 대 블루(Red vs. Blue)〉도

비공식적으로 제작된 팬 주변텍스트의 다른 사례인데, 이는 나중에 마케팅 담당자들이 〈헤일로 3〉(2007)의 출시를 선전하기 위해 사용했다.[26] 게임플레이 커뮤니티의 요구에 응답했던 회사들의 또 다른 사례로는 〈콜 오브 듀티 4〉에 'N0M4D' 작동 방식(control scheme)이 추가된 것을 꼽을 수 있다. 랜디 'N0M4D' 피츠제럴드(Randy "N0M4D" Fitzgerald)는 '메이저 리그 게이밍(Major League Gaming: MLG)' 순회 경기에서 활동했던 게임광이다. 피츠제럴드는 태어날 때부터 근육이 거의 없고 관절만곡증이 있었으며 목 아래가 마비된 상태였다.[27] 맞춤형 컨트롤러의 도움으로 피츠제럴드는 입에 컨트롤러를 물고 비디오 게임을 했다. 게임의 제작사인 인피니티 워드는 피츠제럴드의 요청을 받아들여 그의 신체적 특징에 부합하는 작동 방식을 개발했다.

'N0M4D'의 게임 컨트롤러 설정은 팬 커뮤니티와 비디오 게임 제작사 간의 연계가 얼마나 의미 있는지를 보여주며, 〈카운터 스트라이크〉와 〈레드 대 블루〉는 대중적인 팬 주변텍스트가 텍스트의 의미를 어떻게 만들어내는지를 예증한다(때때로 이는 수익을 만들어낼 수도 있다). 이러한 사례들은 단순히 텍스트가 만들어지기 이전에 실시되는 구색 맞추기가 아니다. 이용자들이 만들어낸 팬 주변텍스트와 마케팅 담당자들이 만들어낸 광고 주변텍스트는 각각의 집단이 중요하게 여기는 의사소통의 창구를 열게 되고, 이것은 시간이 지나면서 대개 경제적 목표 혹은 공동체 구축의 목표로 차용된다. 하지만 제작사가 만든 게임의 공식 마케팅은, 게임 타이틀이 인기를 끌기 **이전에** 진행된다는 점, 대중이 이 유희적 경험을 어떻게 이해해야 하는지에 대한 첫 번째 언질이라는 점에서 여전히 중요하다. 그레이는 다음과 같이 주장한다.

광고와 선전만으로는 우리의 소비를 요구할 수 없다. 그들은 텍스트성 (textuality)과 더불어 의문투성이인 텍스트나 제품에 대해서 대본과 그 의미를 만들어내야 하고, 그리하여 이 제품 혹은 텍스트가 우리에게 특별한 것을 제공할 것이라는 느낌을 주게 만들어야 한다. 그럼에도 불구하고 선전들이 단순한 텍스트 제공을 넘어 우리와 텍스트 사이의 수많은 상호작용과 우리가 소비하는 과대 광고에 의해 '프레이밍'된 것이라면, 이 선전들은 해석의 첫 번째 전초기지로서 텍스트의 의미를 이미 구축하고 있다고 봐야 한다.[28]

〈콜 오브 듀티 4〉의 관계자 인터뷰와 언론의 비평, 그리고 바이럴 광고는 군사적 현실주의의 광고된 미학 프레임에 따라 게임이 플레이어에게 어떻게 보이고 어떻게 작동할 것인지를 미리 예측함으로써 제품에 대한 흥분을 조성하는 한편, 마이크로소프트의 '스탠드오프' 광고가 겪었던 가상 발열처럼 해석에 개입하는 잠재적인 외부 요인을 피하거나 제한하려고 시도한다.

"〈콜 오브 듀티 4〉는 유약한 게이머를 스스로 더럽히게 만들 거예요"

게임이 시장에 출시되기 직전, 제작자들이 몇 주에 걸쳐 게임 관련 웹사이트 또는 잡지에 심층보도나 '맛보기'를 할 수 있도록 허락하는 것은 관행처럼 되어 있다. 이러한 전략은 입소문을 내고 흥미를 불러일으키며, 게임 비평가와 소비자가 자신의 칼럼과 돈으로 판단을 내리기 전에 제작자가 자신의 작품이 지닌 가치를 극찬하도록 허락한다. 〈콜 오브 듀티 4: 모던 워페어〉의 마케팅과 관련된 노력은 이 게임이 2007년 11월 5일 북미에서 출시되기 이전부터 진행되고 있었는데, 이는 이 게임이 이전 게임들이 따랐던 기존의 제2차 세계대전 설정과는 다른 첫 번째 프랜차이즈 게임이었기 때문이다. 게임 웹사이트, 잡지, 케이블 프로그램에서 진행된 일련의 인터뷰를 통해 인피니티 워드의 제작자는 게임이 가지고 있는 군사적 현실주의의 미학을 알리면서도, 게이머에게 〈콜 오브 듀티 4〉가 프랜차이즈가 가진 기존의 성공적인 디자인 모형에 충실할 것이라는 것을 확인시키는 데 주력했다.

몇몇 인터뷰에서 인피니티 워드의 스튜디오 책임자 중 한 사람인 그랜트 콜리에(Grant Collier)는 곧 출시될 게임에 대해 많은 시간을 할애하면서도 〈콜 오브 듀티 4〉가 현실에 가까운 세계를 모사해 내는 설정과 정치적 서사에 대해 설명하는 데 상당한 노력을 기울였다. 콜리에는 게임의 허구적 콘텐츠와 오늘날의 전쟁이라는 살아 있는 현실 사이에서의 균형을 강조하는 데 주력했다. 예를 들어 그는 게임이 "이라크에서 벌어지고 있는 전쟁이 아니며 …… (하지만 그 대신 〈콜 오브 듀티〉가) 전 지구적 갈등"이라고 강조하면서 게이머가 "허구로 설정된 허상의 악당을" 사냥한다고 말한다.[29] 콜리에는 게임의 성격을 느린 속도로 전개되고 엄격한 절차적 요구를 따라야 하는 필요성을 가진 "전술적 슈팅 게임"(3장에서 다루었던 톰 클랜시의 〈레인보우 식스〉와 〈고스트 리콘〉 프랜차이즈가 이에 해당된다)이라고 규정하는 것을 거부한다. 대신 그는 〈콜 오브 듀티 4〉를 이전 타이틀과 본질적으로 같은 맥락에 속한, 전투가 주를 이루는 액션 게임으로 설정하면서 "군의 신속한 재배치를 요구하는 액션으로 짜인 현대적 게임이고, 플레이어가 다양한 장소에서 다양한 갈등을 보는 형태가 될 것이다. 병사에서부터 인공위성에 이르기까지 모든 것의 전쟁터가 될 것"이라고 언급한다.[30] 콜리에와 더불어, 후술하겠지만, 〈콜 오브 듀티〉의 군사 자문역을 맡은 행크 커시(Hank Keirsey)는 공동 인터뷰에서 콜리에게 러시아 언론인들을 대신해 "더 이상 공산주의자도 아닌데" 러시아인들이 왜 "여전히" 나쁜 사람으로 설정되었는지에 대해 질문한다.[31] 콜리에는 게이머의 부정적인 반응을 대수롭지 않게 여기면서 이러한 서사적 선택이 웹사이트의 자유게시판에 몇 건 게시되었지만, 중요한 것은 이 게임이 러시아 분리주의 집단을 가상적으로 설정했다는 것을 상기하는 데 있다고 지적한다. 콜리에에 따르면, 이것은 러시아 시민이나 러시아군을 부정적으로 묘사하는 것이 아니라는 것이다. 이 홍보용 비디오에서 콜리에는 게임이 가진 디자인과 자신의 통찰력, 그리고 많은 것을 알고 있는 생산 책임자라는 자신의 권위를 바탕으로 게이머와 비평가들의 기대치를 만들어낸다. 그리고 인피니티 워드 브랜드의 유명한 유희적 전쟁 스타일을 21세기에도 자신의 프랜차이즈와 충성스러운 게이머에게 변함없이 제공할 것을 게임의 잠재적 소비자들에게 약속한다.

타이틀에 등장하는 적과 중동의 특정되지 않은 장소에서 벌어지는 도심 총격전의 허구적 측면을 통해, 콜리에는 게임에 등장하는 군사적 현실주의가 제작팀이 관심을 기울였던 전투 전략이나 복장, 대화, 그리고 게임이 가지고 있는 정교한 시각적·청각적 디자인에 기반하고 있다고 주장한다. 인피니티 워드의 연구 과정을 연대기 순으로 기록한 홍보영상물에서 콜리에는 제작팀이 어떻게 캘리포니아 트웬티나인팜스(Twenty Nine Palms)에 자리 잡은 '해병 공대지전투센터(Marine Air Ground Combat Center)'에 연구 답사를 가게 되었는지 설명한다. 이 영상은 게임 아티스트들이 받아 적고 시청각 자료를 녹화하고 있는 가운데 해병들이 모형 마을에서 훈련하는 장면을 보여준다. 이 영상은 녹화된 실제 훈련과 컴퓨터 모니터를 통해 보이는 게임 개발 과정을 번갈아 보여주면서 두 세계 사이에서 게임이 얼마나 충실한지를 입증한다. 콜리에는 "우리 직원들이 최대한 진짜처럼 되기 위해 이를 악물고 있죠"라고 강조한다.[32]

이 홍보영상물의 마지막 부분에서는 한 무리의 해병대원이 게임의 베타 버전을 시연하기 위해 인피니티 워드 스튜디오를 찾는 장면이 나온다. 콜리에가 말한 것처럼, 스튜디오를 찾은 해병대원들은 처음 몇 판에서는 손쉽게 제압당했다. 그러나 그들이 공격 전략에 대해 소통하고 조정할 수 있게 되면서, 이들은 베타테스터로 이루어진 팀을 단숨에 굴복시켰다. 출처에 관계없이 이러한 일화가 가지는 수사학적 힘은 〈콜 오브 듀티 4〉가 군사 집단 밖에서 만들어졌어도, 군으로부터 받는 친절한 피드백과 병사들이 직접 베타테스트로 인증하는 방식을 통해 인피니트 워드가 높은 수준의 군사적 현실주의를 즐길 수 있도록 타이틀을 제작한다는 것을 보여준다.

군사 자문역과 주제에 관련된 전문가들은 일반적으로 전쟁 엔터테인먼트를 개발하는 데 중요한 역할을 담당하는데, 비디오 게임에서는 그 비중이 더욱 높아진다. 군사기술과 의례가 디지털 공간에서 정확하게 표현되는지 점검하는 제작팀의 일원인[33] 이들은 마케팅 목적으로도 마찬가지로 매우 유용하게 쓰일 수 있다. 〈콜 오브 듀티 4〉의 군사 자문역인 행크 커시가 좋은 예라고 할 수 있다. 콜리에와 인피니티 워드의 다른 크리에이티브 제작자들처럼, 커시도 〈콜 오브 듀티 4〉의 출시를 전후해서 만들어진 숱한 홍보영상물에 출연했다. 전투부대에서 수십 년간 복무하고 웨스트포인트(West Point)에서 역사를 가르친 이력을 바탕으로 그는 〈콜 오브 듀티〉 타이틀이 처음 만들어진 2003년 당시부터 인피니티 워드와 함께 일해왔다. 2년 동안의 게임 개발 과정과 디자인팀의 꼼꼼한 데이터 수집 방법에 관련된 그의 증언은 진짜임을 주장하는 마케팅에 믿음을 실어준다. 커시는 한 인터뷰에서 "이 게임은 유약한 게이머로 하여금 스스로를 더럽히게 만들 정도의 강렬함에 도달했다. 그 정도로 이 게임은 훌륭하다. 정말 느낌이 살아 있다"라고 언급한다.[34] 그의 칭찬은 다음과 같이 계속된다.

누군가가 제게 "이 게임을 연습용 교재로 쓸 수 있느냐"라고 물어봤어요. 그래서 저는 "물론이죠. 하지만 그건 이 게임에 담긴 의도가 아닙니다"라고 대답했습니다. 게임을 개발하는 사람들이 마지막으로 생각하는 것은 육군성이든 누구든 사용 가능한 게임을 만드는 겁니다. 하지만 게임을 정말로 진짜처럼 만들어서 …… 모든 역학, 무기, 탄도를 정확하게 만들었어요. 솔직하게 말하자면(아시겠지만), 오사마 빈 라덴을 급습할 분대에게는 정말 대단한 평가전이 될 겁니다. 헤드셋을 끼고 사람과 사람 사이의 대화를 통해 진행되죠. (당신은) 실제로 해야 하고 …… 하지만 명령, 사람들 간의 협력, 비상 상황에 대한 실습 등에 있어서 (〈콜 오브 듀티 4〉는) 정말 엄청난 교재입니다. 다시 말하지만 이건 의도한 바는 아니죠. (인피니티 워드가) 게임을 너무 사실처럼 만들어놨기 때문에 나온 결과이죠.[35]

조언자라는 외부자로서의 상황과 그의 군사적 경험을 감안할 때, 커시의 증언은 신빙성이 매우 높다. 이는 올리버 노스와 피터 싱어가 〈블랙 옵스 2〉를 홍보하면서 사용했던 수사학적 전략이기도 하다.

커시의 인터뷰에서 주목해야 하는 또 다른 요소는 〈콜 오브 듀티〉 게임들이 병사들의 희생을 적절한 방식으로 기리고 있다는 그의 믿음이다. 처음에 커시는 과거의 군을 감쪽같이 만들어내는 그들의 '열정'을 보기 전까지 비디오 게임 회사에서 일하는 것을 주저했다. 커시는 〈콜 오브 듀티〉의 첫 번째 게임에 끌린 이유로, 이 게임이 다루고 있는 제2차 세계대전이라는 주제가 "놀라운 일들을 해낸 세대에 대해 뭔가를 알려주었다"라는 점을 꼽았다.[36] 그는 오늘날의 병사들을 묘사하는 〈콜 오브 듀티 4〉에 대해서도 같은 생각을 가지고 있으며, 이에 대해 "이 게임들이 진짜 싸움을 치르고 있는 이들에게 헌정하는 것이라고 생각하기 때문에 나는 이 게임들을 위해 일하는 것이 즐겁다"라고 말한다. 이러한 제안은 플레이어로 하여금 게임을 구입해 플레이함으로써 가상적으로 병사들을 기념할 수 있도록 한다는 점에서 이른바 군사적 현실주의를 증폭시킨다. 그리고 이러한 수사학적 방향은 오늘날 밀리터리 슈팅 게임의 마케팅에서 상당히 표준적인 전략으로 자리매김했다.[37]

이러한 홍보 인터뷰들은 군사적 현실임직함의 기술적 요소와 유희적 전쟁 게임을 하면서 생기는 **약속된** 체험적 즐거움 사이를 연결해 주고, 동시에 현대 전쟁의 양상과 이를 〈콜 오브 듀티 4〉가 재현하는 과정에서 발생하는 불협화음이 일으키는 가상에서의 불안감을 통제한다. 다수의 호평에도 불구하고, 〈콜 오브 듀티 4〉에 대한 비평은 제작 인터뷰에서는 크게 언급되지 않는 가상 발열에 대한 불안함을 암시하고 있다.

"(〈콜 오브 듀티〉를 하는) 순간은 너무 진짜 같고 견디기가 고통스럽죠"

〈콜 오브 듀티 4〉에 대한 개인 인터뷰가 개발자들이 게임의 제작 과정에서 군사적 현실주의에 기여하는 것에 대한 주변텍스트적 증언이라면, 언론의 비평은 디자이너들이 작품을 어떻게 만들었는지에 대해서 게임을 공식적으로 시연해 본 전문가들의 주변텍스트적 평가라고 할 수 있다. 〈콜 오브 듀티 4〉는 《메타크리틱 닷컴(Metacritic.com)》에서 엑스박스 360과 플레이스테이션 3이 모두 '94'점이라는 높은 점수를 받으면서, 두 게임 체제 모두에서 가장 호평 받은 게임의 반열에 올랐다. 그러나 전문 비평가와 리뷰어들은 점수나 내부 평가 기준과 상관없이 별개의 의견을 가지고 있었다. 게임이 출시되기 전에 써놓지만 출시 때까지 엠바고된 언론 비평은 (돈에 대한 언급은 제외하고) 이 타이틀이 장르와 시장에서 차지하는 위치를 게이머가 어떻게 이해해야 할지에 대해서 영향을 미치는 정보 중 하나가 된다. 더불어 경험 많은 엘리트 플레이어인 이 게임 비평가들은 타이틀의 내용과 게임플레이를 가장 잘 해석하는 방법을 제안한다. 여기에서는 〈콜 오브 듀티 4〉가 출시된 2007년 11월에 게시되었던 주목받은 평가들이 게임에 담긴 군사적 현실주의가 가진 유희적 즐거움을 이해하는 방향에 대해 조사하고, 게이머가 게임이 가진 부정적인 정서적 요소에 구애받지 않고 정교한 기술로 짜인 가상의 폭력을 즐기는지를 알아본다.

〈콜 오브 듀티 4〉의 리뷰들은 대체로 인피니티 워드가 자신들의 제2차 세계대전 상영관에서 오늘날의 전투 지대로 프랜차이즈를 옮긴 것에 대해 찬사를 보내고 있다. 타이틀에 나오는 무력 갈등을 시의적절하게 바꾼 것은 플레이어의 사회적 경험과 더 부합한다(그리고 이는 잠재적으로 사회적 현실주의와 그 맥락적 양식을 확대하는 결과로 이어진다). ≪게임스팟 닷컴(Gamespot.com)≫의 전임 편집장 제프 거스트만(Jeff Gerstmann)은 "허구화된 이야기 속에 도입된 것이 여전히 매우 그럴듯하며, 개발자는 더욱 묵직한 게임을 만들어냈다"라고 평가한다.[38] "더욱 묵직한"이라는 표현은 아마도 게임이 병사들을 아는 게이머 또는 복무 경험이 있거나 복무하고 있는 게이머에게 개인적으로 정서적 영향을 미쳤다는 의미일 것이다.

디에게시스적 세계가 가진 허구라고 해도, 충분한 공포를 유발하는 테러라는 게임의 플롯과 더불어 이 게임은 〈콜 오브 듀티 3〉(2006)에서 진보된 그래픽과 게임플레이의 모습을 보여준다. 아마도 평가단에게는 이 게임이 기술적으로 거둔 성과를 칭찬하는 것이 제일 쉬운 방법이었을 것이다. 예를 들어 다음과 같이 ≪IGN≫에 실린 힐러리 골드스타인(Hilary Goldstein)의 평가를 보자.

이것은 하향식으로 진행되는 멋진 게임이다. 아주 약간의 프레임 문제만 제외하면, 이 게임은 풍부한 디테일과 뛰어난 텍스트 작업, 당신의 아군을 위한 완벽한 애니메이션, 훌륭한 입자 효과(particle effect)와 몇몇 항성 광(stellar light)에 이르기까지 모든 것이 거의 완벽하게 구현된다. 음향도 마찬가지이다. 당신의 아군들이 소리치는 것, 적군들의 저주, 당신의 발밑에 떨어지는 수류탄이 불길한 느낌을 주며 짤랑거리는 소리는 모두 몰입적인 경험을 위해 사용된다. 어쩌면 당신은 시청각 요소에 빠져 전투에서 지게 될 수도 있을 것이다. 결코 실망시키지 않을 기술적으로 완벽한 노력의 결과라고 할 수 있다.[39]

마찬가지로 ≪게임데일리 닷컴(Gamedaily.com)≫의 크리스 버파(Chris Buffa)도 비슷한 내용의 평론을 내놓았다.

〈콜 오브 듀티 4〉를 플레이하는 것에 대해 찬사를 아끼고 싶지 않다. 플레이가 잘 진행될 뿐만 아니라 보이고 들리는 것이 정말 훌륭하다. 민간인이 처형되는 것과 빌딩이 무너지는 것을 표현한 장면은 매일 새로움에 주목하는 모든 이의 가슴 속에 강렬하게 남아 있을 것이다. 병사들이 방을 수색하고 수백 피트 상공에서 안전하게 테러리스트들을 폭격하는 것은 디스커버리 채널에서 보여주었던 방송들을 상기시킨다. 우리는 어떻게 캐릭터가 진짜 사람처럼 움직이는지, 실생활에서 보는 것처럼 무기와 아픔·분노·환호의 비명이 눈에 보이고 들릴 수 있게 하는지 그 세밀한 묘사에 대해 놀라기도 하고 무서움을 느끼기도 한다.[40]

이 중에서도 게임에 대해 가장 직설적으로 표현한 리뷰는 ≪IGN 오스트레일리아(IGN Australia)≫에서 〈콜 오브 듀티 4〉에 나오는 가상의 총기와 라스베이거스의 총기류 상점에 있는 진짜 총기를 비교한 영상일 것이다.[41] 현실과 게임의 총격전을 번갈아 보여주는 이 영상에서 ≪IGN 오스트레일리아≫의 기자는 수없이 많은 권총과 공격용 소총을 쏘아댄다. 진행자는 각각의 무기가 가진 (명중률, 힘, 반동 등의) 장단점을 소개하고 인피니티 워드가 어떻게 디지털상의 무기를 가능하게 했는지에 대해 이야기한다.

영상에 나오는 전 세계 무기와 그 유희적 대용품 간의 적나라한 비교는 현실과 가상 간의 상응도와 충실성이 문제되지 않는다는 추정에서 출발한다. 이런 식의 비교와 군사적 현실주의에 입각한 마케팅 노력은, 플레이어가 게임에 등장하는 가상 병사들과의 경험을 어떻게 이해하는지, 그 이해가 현실에서 벌어지는 군 복무에 대한 지식을 어떻게 갖도록 하는지를 심하게 간과하고 있다. 1장에서 소개한 것처럼, 요컨대 갤러웨이가 텍스트적 현실임직함과 사회적 현실주의의 차이에 대해 말한 것은 텍스트적 양식과 맥락적 양식 사이의 경험적 차이를 의미한다. 마케팅의 주변텍스트는 게이머에게 전쟁을 수행해 내는 지루하면서도 끔찍한 사회적 현실을 판매하기보다는 게임이 현대전의 전장과 무기를 얼마나 자세하게 보여주는지 알리는 데 혈안이 되어 있다. 이에 대해 패러디 매체인 ≪디 어니언(The Onion)≫은 〈모던 워페어 3〉에서 플레이어가 대부분의 시간을 "장비를 끌고 가고", "서류를 작성하고", "휴대전화의 수신 불량을 불평하는 데"

써버리는 것을 보도했다. 이것이 아마도 〈콜 오브 듀티〉가 사회적 현실로서의 전쟁을 제대로 묘사하지 못하는 것에 대한 가장 통찰력 있는 접근방식이라고 볼 수 있을 것이다(〈모던 워페어 3〉가 2011년 11월 8일 출시되었기 때문에 이 농담이 오래 통하지는 않았다).[42]

개인 인터뷰와 달리, 게임 평론가들은 전쟁이 진행되는 와중에 밀리터리 게임을 하고 있는 것의 주체적인 불편함, 그리고 〈콜 오브 듀티 4〉가 만들어내는 인상적인 순간이 가상 발열의 감정을 유발하는 방식에 관심을 기울였다. 다음에 소개되는 ≪게임데일리 닷컴≫의 크리스 버파의 발언은, 게임의 잔인함이 오늘날 병사들의 용맹함과 희생을 보여주는 상호작용적 증거인 양 사용되는 것에 대한 커시의 발언과 그 맥락을 같이한다.

전투는 본능적이고 무적이다. 당신은 이처럼 잔인하고 무자비한 것을 겪어본 적이 없다. 로켓은 당신의 머리 위를 빠르게 날아가고, 헬기는 총소리와 함께 집을 산산조각 내버리고, 제트기는 융단폭격을 가하고, 탱크는 벽을 무너뜨리고 병사들을 갈기갈기 찢어놓는다. 당신이 [〈헤일로 3〉나 〈바이오쇼크(Bioshock)〉 같은] 다른 게임에서처럼 활약할 수 없음과 더불어 이러한 광적인 모습은 당신의 행동과 전략을 고민하게 만든다. 만약 게임이 실제 병사들이 일상이라는 지옥에서 겪는 일의 일부분만 반영한 것이라면, 우리는 군에 대한 존경심을 새롭게 갖게 될 것이다.[43]

〈콜 오브 듀티 4〉는 삭막하기 그지없는 전투 장면을 1인칭 플레이어의 서사로 풀어내어 전쟁의 추악함을 강조했다는 점에서 찬사를 받았다. 1장과 2장에서 알풀라니 대통령의 역할을 수행했던 플레이어가 텔레비전으로 중계되는 상황에서 처형되었던 절망적인 오프닝 크레디트 장면을 회상해 보자. "알 풀라니의 눈을 통해 당신은 (테러리스트인 칼리드) 알아사드가 당신의 얼굴에 총을 겨누고, 총탄이 튀어나오자마자 화면이 재빠르게 검은색으로 변하는 것을 보게 된다."[44] ≪게임프로(Gamepro)≫의 트래비스 모제스(Travis Moses)는 이 처형 장면에 대해 "(〈콜 오브 듀티 4〉의) 사진을 방불케 하는 극현실적인 영상 때문에, 이러한 장면은 너무 현실적이면서 감당하기 고통스럽다. 그러나 그것은 인피니티 워드가 신체와 정신 모두에 미치는 전문적인 영향력을 다시 한 번 강화시킨다"라고 지적한다.[45] ≪EGM/원업 닷컴(EGM/1up.com)≫의 앤드류 피스터(Andrew Pfister)도 비슷한 주장을 펼치는데, 제2차 세계대전을 다룬 게임의 계보를 감안할 때, 그는 인피니트 워드가 "매체들에서 '이봐, 저것 좀 박살내 봐'라고 말하는 것으로 유명한" 중동에서의 군사작전을 불쾌한 방식으로 묘사하고 있음에도 불구하고, 오늘날 범지구적으로 벌어지는 테러와의 전쟁을 게임플레이하는 데서 군사적 현실주의에 부합하는 논조를 가지고 있다고 주장한다. 피스터는 다음과 같이 말한다.

여느 〈콜 오브 듀티〉 팬들이 말하는 것처럼, 인피니티 워드에서 일하는 사람들은 뛰어난 이야기꾼이자 전문가급 시나리오 작가이다. 그렇기 때문에 〈모던 워페어〉에는 〈블랙 호크 다운(Black Hawk Down)〉 같은 영화처럼 진지하고 복잡한 장면을 세밀하게 묘사해 놓은 것들로 가득하다. 이것이 완전히 현실적이지는 않더라도 징집되지 않은 이에게 전쟁이라는 것이 어떻게 완전히 ×× 같은 것으로 느껴지는지를 전달해 낸다.[46]

언론의 평론에서는 (게이머가 1인칭 플레이어 캠페인에서 플레이하는 두 분대인) 미 해병대와 영국 SAS 부대의 희생과 전문성에 대해 제2차 세계대전을 다루었던 캠페인과 같은 신화적 무게감을 주지는 못하더라도 여전히 도덕적으로 정당한 행위자인 것으로 평가한다. 이들은 오늘날 신문의 머리기사들로 인해 훼손된 전쟁 플레이를 지켜내는 가상 발열의 요소와 최근의 사건들로 인해 유희적 전쟁을 디자인하는 스마트 디자인의 필요성에 대해 인식하고 있다. 그러나 군인의 도덕적 덕목을 기념하는 데서 발생하는 주관적인 갈등을 두고 벌어지는 문제, 그리고 인피니티 워드가 수상 이력이 있는 자신들의 프랜차이즈가 가상 발열의 제물이 되지 않고 업데이트를 하도록 하는 능력에 대해서는 크게 관심을 기울이지 않는다. 대체로 주류 언론의 평가는 〈콜 오브 듀티〉의 텔레비전 광고인 "전쟁은 변하고, 무기도 변한다. 병사는 변하지 않는다"라는 주장을 재확인한다.

"정말 재밌는 게임, 미국산 쓰레기"

〈콜 오브 듀티 4〉와 관련해 〈세계 지도자들(World Leaders)〉이라는 웹 비디오들은 팬들이 만들어낸 주변텍스트가 비디오 게임 마케터에게 얼마나 중요한지를 잘 보여준다. 아마추어처럼 보이는 이 비디오들은 미국 주류 뉴스 매체가 비판적으로 다루는 다섯 명의 세계 정치인이 〈콜 오브 듀티 4〉에 대해 평가를 내리는 장면으로 이루어져 있다. 말하는 모습과 게임의 모습을 오가는 여느 리뷰 영상처럼, 이 풍자적인 짧은 영상들은 지도자들이 기자회견을 했던 기록 영상과 〈콜 오브 듀티 4〉의 게임플레이 영상을 담고 있다. 눈에 띌 정도로 영어를 못하는 내레이션으로 이루어진 이 아마추어 영상들은 유튜브를 비롯한 영상 공유 사이트에 올라온 많은 팬 비디오와 여러 면에서 유사하며, 또한 〈존 스튜어트의 더 데일리 쇼(The Daily Show with Jon Stewart)〉나 〈더 콜버트 리포트(The Colbert Report)〉와 같은 심야 코미디 프로그램에서 들을 법한 풍자적인 말투가 담겨 있다. 실제로 〈세계 지도자들〉은 게임이 성공한 것이 팬들이 만들어낸 텍스트로 이루어진 비디오 때문은 **아니라는 것**을 보여주기 위해, 팬이 만들어낸 텍스트들이 가지는 가치에 대해 이야기한다. 웹사이트에 게시된 오래된 소개글처럼 〈콜 오브 듀티〉의 골수팬이 이 영상을 만든 것은 아니며, 이 페이지의 단순한 레이아웃이나 반복되는 배경 화면은 '마이스페이스(Myspace)'나 '지오시티(Geocities)'를 연상시킨다. 사실 이 사이트는 로스앤젤레스에 위치한 DDB라는 회사에서 만든 것으로, 이 회사는 게임 제작사인 액티비전의 재정적 지원을 받는 탄탄한 광고회사이다.[47] 데스크톱의 배경 화면 그래픽이나 공대공 요격미사일을 형상화한 URL 아이콘은 인피니티 워드와 액티비전으로의 링크가 걸려 있는 것과 마찬가지로 사이트가 어디에서 만들어졌는지를 암시한다.

팬을 사칭한 사람들이 만들어낸 〈세계 지도자들〉 프로젝트는 광고계에 깊은 인상을 남겼다. 이 캠페인은 2008년 벨딩 어워즈(Belding Awards)를 비롯해 많은 상을 수상했으며, 같은 해에 열린 MI6 비디오 게임 마케팅 컨퍼런스(MI6 Video Game Marketing Conference)에서 "가장 많은 이목을 끈 작품(Most Attention Getters)"과 "이런 것을 할 것이라고는 생각지도 못했을 것(Don't You Wish You'd Thought of This)" 부문에서 수상했다. DDB LA의 경리부장인 폴 시어즈(Paul Sears)가 게시한 블로그 글에 따르면, 이 광고는 "게임에 대한 인지도를 높이고 게이머로 하여금 〈콜 오브 듀티〉가 제2차 세계대전에서 〈모던 워페어〉로 옮겨 간 것이 게임을 보다 더 잘 만들기 위해서였다는 것을 믿게 하려고" 제작되었다. 이어 시어즈는 "〈콜 오브 듀티 4: 모던 워페어〉를 전쟁에 목마른 세계 지도자 같은 전문가 말고 누가 더 잘 받아들일 수 있겠는가?"라는 수사학적 질문을 던진다.[48]

이 비디오는 러시아의 블라디미르 푸틴(Vladimir Putin), 리비아의 무아마르 알카다피(Muammar al-Gaddafi) 대령, 쿠바의 피델 카스트로(Fidel Castro), 이란의 마무드 아마디네자드(Mahmoud Ahmadinejad), 그리고 북한의 김정일을 대신한 언론보도를 등장시킨다. 각각의 짧은 영상은 국가주의를 불러일으키는 웅장한 오케스트라 연주와 더불어 가짜 방송 개시 신호로 시작되고, 이들을 우스꽝스럽게 묘사한 캐리커처는 미국의 주류 매체가 이들을 묘사하는 모습과 닮아 있다. 〈콜 오브 듀티〉의 다른 주변텍스트와 달리 이 모순적인 게임 평론에는 게임 문화에서 게임플레이가 가지는 중심성이 드러나는데, 이는 앞서 언급한 인터뷰들과 언론 비평을 포함해 군사적 현실주의 담론을 반영한 것으로는 보기 어려운 관점이다.

플레이, 유머, 그리고 텍스트적 실험은 진짜 군인을 기리고 탄도 및 전투 전술을 세밀하게 묘사하는 군사적 현실주의와 완벽하게 동일하다고 보기 어려운 요소이다. 플레이는 때때로 와해적이고 전복적이며, 웃음거리가 되기도 하고 불경하기도 하다. 이러한 영상은 게이밍 커뮤니티가 이미 인지하고 있는 것, 즉 가상에서 벌어지는 현실적이지도, 특별하게 군사주의적이지도 않은 전쟁에서 플레이할 수 있는 **모든 형태의** 행동에 게이머가 참여하고 있다는 사실을 인정하고 있다. 시어즈가 〈콜 오브 듀티〉를 가장 잘 지지해 줄 수 있는 사람으로 "전쟁에 목마른" 세계 지도자들을 블로그에 설정해 놓았음에도 불구하고, 용도가 바뀐 이 기록 영상은 〈콜 오브 듀티 4〉의 주요 텔레비전 광고에 등장하지 않는 강렬한 팬 커뮤니티의 중요성을 인정함으로써 결국 제작 관련자들이 군사적 현실주의에 대해 만들어 놓은 중요한 수사를 위축시킨다. 〈세계 지도자들〉 프로젝트는 팬들이 만들어낸 주변텍스트가 최상급 게임 마케팅 캠페인에서 매우 중요한 요소이며, 제작자는 자기 스스로와 자신의 팬을 위해 마치 팬이 한 것처럼 보이는 주변텍스트를 만들어낼 수 있다는 것을 시사한다.

정치적인 의식을 지니고 있으면서 창의적인 팬 커뮤니티에 대한 제안을 넘어, 〈세계 지도자들〉 영상은 가상 발열의 문제를 복잡하게 만든다. 하지만 어떻게 이처럼 명백히 패러디적인 주변텍스트가 가상에서 불안을 조성하는 데 기여하는가? 답은 플레이가 가지고 있는 역설적인 성질 그 자체, 즉 〈세계 지도자들〉 프로젝트에 담긴, 현실과 상상을 오가며 전개되는 역동적인 상호작용에 있다. 우선 이러한 비디오들은 〈콜 오브 듀티〉 프랜차이즈의 의미 구도에 시의적절한 정치적 지식을 주입시킴으로써, 플레이어에게 허구적인 게임 캐릭터와 알려지지 않은 설정의 바깥인 속세에 자리 잡은 보조적 기쁨을 덤으로 제공한다.[49] 제작자와 게임은 〈콜 오브 듀티 4〉의 이야기와 캐릭터들이 조작된 것이라는 사실을 분명하게 확인시킨다. 하지만 게임에 대한 패러디적인 평가는 이 지도자들의 모습이 가지고 있는 찰나의 친근함 이상을 함축하고 있다. 이 교활한 광고는 세계 지도자로 변장한 게임 비평가를 통해 오늘날의 정치적 지식을 게임 비평이라는 어울리지 않는 상자에 담아낸다.

결국 이 영상들은 9·11 이후의 게임이 국제분쟁을 묘사하는 데서 주변텍스트적인 차원에서의 정치적 진실과 군사적 현실주의의 텍스트적 재현 간의 잠재적으로 반대되는 해석을 어떻게 가능하게 하는지를 제시한다는 점에서 재밌으면서도 양가적이다. 이러한 이중성은 지도자들이 현실처럼 짜인 게임의 서사와 설정에 대해 뒤섞인 평가를 내놓는 데서 드러난다. 예를 들어 블라디미르 푸틴은 1인칭으로 진행되는 미션에 대해 러시아에서 사라진 핵무기라는 것이 "타당해 보이지 않는 이야기"이며 "폴란드 보드카처럼 역겹다"라면서 부정적인 평가를 내린다. 비슷한 맥락에서 죽은 김정일에 대해 보도하는 국영 매체의 기자는 "위대한 영도자께서" 게임이 가지

그림 5-2 〈콜 오브 듀티 4〉를 플레이하는 카스트로

고 있는 여러 요소를 즐겼지만, 게임에 등장하는 핵무기 때문에 "조선은 안전하지 못하네, 준장"이라고 말하면서 "정말 재밌는 미국 쓰레기"라고 말했다고 보도한다. 카스트로에 따르면, 이 쿠바 지도자는 자신이 공개 석상에 등장하지 않았던 이유가 〈콜 오브 듀티〉 때문이라고 말하면서, "미국이 우리에게 준 재미난 것은 이제 야구만이 아니다"라고 말하면서도 게임이 가지고 있는 흥미 수준과 자신의 건강 상태를 감안할 때, 동생인 라울(Raul)과 동시에 플레이할 수는 없다고 부연한다.

가상에서의 불안에 대해 내놓은 이 허구의 '불평들'은 카다피의 영상에서 가장 극명하게 드러난다. 권좌에서 축출되어 죽음을 맞이한 이 대령은 다음과 같이 소리친다.

게임을 만든 작자들아! 말이 되는 소리를 해. 이게 이름 없는 아랍 국가라고 말하는 거냐? 허구라고? 이건 리비아야. 분명히 트리폴리라고. 이게 리비아가 아니라고 말하는 건 자유의 도시(Liberty City)가 뉴욕이 아니라고 말하는 것처럼 멍청한 소리야. 만약 이게 리비아가 아니라면, 낙타가 사막에서 똥을 싸지도 않을 것이고. (침묵이 흐르고, 기침 소리가 들린다) 낙타? 사막에 똥칠하는 것? 곰처럼? 신경 쓰지 마.

리뷰 끝자락에서 그는 동작을 멈추더니 텔레스트레이터(telestrator, 화면 위에 직접 그림을 그릴 수 있는 도구 _옮긴이)로 트리폴리 해변에 원을 그리며 "열대무늬가 그려진 부르카를 입은 몸매 좋은 여자들을 볼 수 있잖아"라고 외친다.

이 영상에서 게임 문화의 간텍스트적인 모습을 암시한 것은 저 리비아 지도자가 자유의 도시라고 언급했던, 〈그랜드 테프트 오토 4〉(2008)에 등장하는 뉴욕을 닮은 도시뿐만이 아니다. 이 리뷰들은 게임의 '공식적인' 마케팅 소재가 무시했던 장난기 많은 게임 문화를 끊임없이 끄집어낸다. 예를 들어 푸틴은 (그의 온라인 게이머 핸들은 "ShootinPutin187"이다) 게임의 멀티플레이어 디자인을 칭찬하고, 자신이 "러시아 곰"이라고 부르는 자신만의 저격수를 디자인했다면서 "마치 보리스 옐친(Boris Yeltsin)의 방귀처럼 나는 조용하지만 치명적이다"라고 자랑한다. 아마디네자드 대통령은 이란도 게임의 맞춤형 멀티플레이어 옵션을 활용해 "거대한 사탄(the Great Satan)"을 제거할 새로운 능력을 갖추게 되었다고 이야기한다. 이란군의 가장 새로운 임무는 병사들이 죽은 후에 자신의 얼굴이 승리자들에게 깔리는 것을 막아줄 수 있게끔 "고환을 비벼대지 못하게 하는(anti-tea-baggers)" 것이다.[50] 아마디네자드가 이야기한 이 새로운 능력은 한 쌍의

그림 5-3 아마디네자드의 〈세계 지도자들〉 비디오에 나오는 티 인퓨저 볼로 만든 군사 훈장

티 인퓨저 볼(tea infuser balls, 차를 중탕하는 망 _옮긴이)로 만든 군사 훈장
이라는 도발적인 이미지와 함께 등장한다.

결론

이 저속한 농담, 그리고 내부자들만 이해할 수 있는 유머로 이루어진
〈세계 지도자들〉의 영상은, 젠더화되고 성차별적인 담론을 통해 소년과
젊은 남성으로 이루어진 인구 집단을 끌어들이는 것과 마찬가지로, 커가
제시한 헤게모니적 남성성, 그리고 클라인과 동료 연구자들이 제시한 군
사주의적 남성성과 맥락을 같이한다. 나아가 게임을 통해 드러나는 허구
와 현실이 가진 사실 사이에 놓인 이 경계점은 〈콜 오브 듀티〉가 포스트모

던한 전쟁을 재현하는 것에 대해 제기되는 비판의 힘을 빼놓는다. 이러한 패러디 영상은 액티비전의 전쟁 게임이 오늘날의 군사 분쟁으로 돈벌이를 하려 한다고 비판할 사람들에 대해 선제적으로 대응하는 것이다. 이 홍보의 주변텍스트들은 게임이 **설혹** 실제 인물과 장소를 기반으로 만들어졌다 할지라도(후자의 경우 그럴 수 있지만), 〈콜 오브 듀티〉는 '게임'이기 때문에 걱정할 필요가 없다고 주장한다. 실제로 이 패러디 리뷰들은 게임이 가지고 있는 정치적 의미를 복잡하게 만듦으로써, 유희적 전쟁의 즐거움을 만들어내는 다양한 전략을 모호하게 한다. 〈세계 지도자들〉의 영상은 가상 발열의 잠재성을 불식시키지도 않을뿐더러, 비디오 게임을 너무 진지하게 받아들이거나 게임플레이 양식을 현실 자체와 혼동해서 발생하는 윤리적 공포를 비난하기에 이른다.

　하지만 가상 발열은 단순히 민감한 게이머의 게임플레이에 영향을 미치는 약간의 인지적 단절이나 텍스트적 불안에 국한되는 것이 아니다. 가상에 기초한 윤리적 공포는 판촉에서 흥행과 판매에 부정적인 영향을 미칠 수 있다는 점에서 게임의 장르를 불문하고 게임 개발자들에게 합당한 우려로 다가온다.[51] 게임 개발자들이 주장한 바와 같이, 게임이 세계 지도자들을 해학적으로 다루는 것처럼 〈콜 오브 듀티〉의 게이머가 정치적인 경박함을 게임에 주입시키는 것은 정치에 무관심할지라도 본능적으로 게임에 영향을 미치게 한다. 인피니티 워드의 관계자들은 만약 군사적 현실주의가 게임에 프로그램된 모든 군사적인 세부 사항의 합이라면, 실제 장소나 정치적 통일성과 같은 지정학적 핵심 사실을 빠뜨리는 것은 게임이 정치적으로 중립적이어야 한다는 뜻이라는 식으로 자신들의 논리를 세우고 있는 것으로 보인다. 하지만 게임의 마케팅 담당자들은, 내부자 간의 농담과 재현이 가진 불편한 복잡성을 잠재적으로 무시하는 것을 용인하는 게임 커뮤니티의 주변텍스트로 인해 의미를 만들고 광고를 만들며 판매하는 것이 증대될 수 있다고 이해한다. (기술적 현실임직함과 미군 관계자에 대한 긍정적인 프레이밍을 비롯한) 모든 형태의 광고된 군사적 현실주의와 관련해, 〈콜 오브 듀티〉와 다른 슈팅 게임의 마케팅 담당자들은 당신이 궁극적으로 "게임일 뿐이야"라고 생각해 주기를 바란다. 다음 장에서는 마케팅 담당자들이 이런 불평을 늘어놓는 상황에서 비디오 전쟁 게임광이 가지는 의미와, 그리고 이러한 게임광이 유희적 병사가 되는 과정에 몰두하는 상황에서 벌어지는 정체성의 정치학과 그 실천에 대해 알아본다.

제6장

/

일상의 갈등 속에서 자아를 판매하기
유희적 병사의 게임 자본

도입

"엿 먹어, 이 눕튜브(Noob-Tube, 사격술이 모자라 유탄으로 상대를 제압해야 하는 초보 게이머를 가리키는 은어 _옮긴이)야!" 잠깐, 나라고? 맙소사. 현장 조사 첫날밤에 게이머가 나를 대놓고 이렇게 불렀다. 〈콜 오브 듀티〉를 밤새도록 플레이하는 래노폴리스(LANopolis)의 한 세션에 참여한 십여 명의 게이머 사이에서 내가 이렇게 불릴 법하게 어떤 불문율을 어긴 것이 분명했다.[1] 리(Lee)라는 청년의 신경을 돋운 내 행동이 무엇이었는지에 대해 알기까지는 상당한 시간이 필요했다. 이 분노에 대해서는 다음의 질문에 대답하면서 다시 이야기하고자 한다. 도대체 "눕튜브"라는 것은 정확히 무엇인가? 궁극적으로, 유희적 전쟁문화에서 눕튜브 같은 용어가 왜 꼭 필요한가?

이 장에서는 전쟁 게이머가 공유된 물리적 규정 틀 내에서 자신의 플레이 공동체를 집단적으로 유지하고 '하드코어' 게이머로서 자신의 정체성을 구축하기 위해 취하는 개인적 행동에 대해 분석한다.[2] 적격한 유희적 병사로서의 플레이어가 어떻게 자신의 대의를 세우고 게임플레이 커뮤니티를 감찰하는지 알아봄으로써, 유희적 전쟁의 즐거움이 앞 장들에서 분석했던 광범위한 문화적 실천 회로와 어떻게 필수적으로 연결되어 있는지를 밝힐 것이다.[3] 이 장의 결론은 70시간이 넘는 시간 동안 상업적 게임 시설인 래노폴리스에서 벌어진 밤샘 마라톤 게임(오후 10시~오전 10시)에 대한 참여관찰, 한가한 오후 시간대에 센터 관리자와 고객들을 대상으로 실시한 반(半)구조화된 인터뷰, 그리고 래노폴리스에서 가장 광적인 게이머들에 대한 포커스 그룹 인터뷰를 포함한 몇몇 질적 자료 수집 방법론에 근거한 것이다. 맥락적 플레이에 대해 알아보는 이 장의 연구 문제는 다음과 같은 질문을 포함한다.[4] 즉, 어떤 사회적 실천이 광적인 밀리터리 슈팅 게임 공동체를 특징짓는가? '좋은' 유희적 병사가 되기 위해서는 어떤 능력이 있어야 하는가? 현실 전투에 대한 지식과 유희적 병사의 정체성은 얼마나 연관되는가?

농담조로 뽑은 이 장의 제목은 이론적·방법론적 측면에서 두 가지 영감을 불러일으킨다. 첫 번째로 어빙 고프먼(Erving Goffman)의 중요한 저작인 『자아 연출의 사회학(The Presentation of Self in Everyday Life)』에서 이 저명한 사회학자는 상징적 상호작용론의 연출적 시점을 주장한다.[5] 미시적 단계에서 펼쳐지는 사회적 상호작용을 이해하기 위한 이 접근법은 사람들이 무대에 서 있는 또 다른 배우(예를 들면 자신의 소품이나 의상 등을 고르는)처럼 행동한다고 주장한다. 하지만 다른 무대와는 달리 개인은 배우이자 관객으로서 동시에 활동한다. 그렇기 때문에 사람들은 행동이 끊임없이 수용되거나 부정되고 혹은 무시되는 변증법적 교환에 참여하게 된다. 래노폴리스의 게이머처럼 보이기 위해서 참여자는 게이머처럼 행동해야 하며, 이 행동은 자신과 같은 동료들에 의해 인정받아야 한다.

그러나 (이 장 제목의 두 번째 대목이 보여주는 것처럼) 이 행동만으로는 '좋은' 유희적 병사로 인정받기 어렵다. 플레이어는 '게이밍 자본', 혹은 가상 세계에 관한 지식, 게이밍 기술, 팬 담론, 그리고 치열한 경쟁으로 이루어진 이곳에서 돋보이기 위해 플레이의 사회적 규칙에 대한 지식을 만들어내고 이를 전략적으로 사용할 수 있어야 한다.[6] 밀리터리 슈팅 게임의 경우, 게이밍 자본은 무기와 장비의 적절한 사용, 게임 지도에 대한 전략적 이해, 다양한 게임플레이 모드에서 승리를 거둘 수 있는 전술, 게임상의 예의범절에 대한 평가, (다른 기술 중에서) 이 전투를 가능하게 하는 하드웨어적 기술에 대한 지식을 포함한다. PC 게임방이라는 맥락에서 게이밍의 즐거움을 배양하는 것은 플레이어가 자신만의 텍스트적, 주변텍스트적, 그리고 맥락적 게임 비법을 활용해 ('눕튜브'처럼 플레이하지 '않고') 자신의 플레이 실력을 입증하는 데 달려 있다. 나의 참여관찰과 인터뷰 및 포커스그룹 인터뷰 내용을 취합한 게임플레이 연구에 대한 논의를 시작하기 전에, 게임플레이 커뮤니티를 연구해 온 학계의 연구 결과에 대해 간략히 이야기해 보고자 한다.

비디오 게임플레이 커뮤니티에 대한 연구

학술지인 ≪게임과 문화(Games and Culture)≫ 창간호에서 톰 보엘스토프(Tom Boellstorff)는 플레이에 대한 문화적 이론 작업과 참여관찰 방법론을 소개함으로써 인류학과 사회학이 게임 연구에 기여할 수 있는 계기를 마련했다.[7] 보엘스토프는 유명한 인류학자인 브로니슬라브 말리노프스키(Bronislaw Malinowski)를 인용해 (이 용어가 모순적으로 들릴 수 있겠지만) 참여관찰의 의의가 "조사자로 하여금 사람들이 말하는 자신의 일과 …… 그 사람이 실제로 하는 일 간의 간극을 연구할 수 있도록 하는" 데 있다고 말한다.[8] 이러한 형태로 만들어진 지식을 주장하는 것은 플레이의 규칙에만 매몰되어 게임 문화를 지나치게 결정론적·구조주의적으로 도식화시키는 것을 완화해 준다. 그에 따르면, "그러한 문화의 이론화는 **맥락**으로서의 **텍스트**처럼 **문화**로서의 **게임**이라는 주장을 발전시켜, 일정한 상황에서 게임이 어떻게 문화의 맥락으로서 작동하는지를 알기 어렵게 만든다"(강조는 원문).[9] 바로 이 때문에 이 연구는 텍스트로부터 나오는 플레이의 맥락(혹은 이와 관련된 어떠한 게이밍 주변텍스트)에 대해 특정한 방향을 설정하지 않았다. 이처럼 상호적으로 구성되는 장은 다른 장들에 대해 영향력을 행사하지만 그렇다고 해서 이들이 직접적인 인과관계를 맺고 있는 것은 아니다. 다시 말해 게이밍의 텍스트가 이를 수반하는 게임 문화의 형태를 짜는 것은 사실이지만, 그렇다고 해서 이러한 실천이 게임의 의미를 채우는 유일한 요소는 아니다. 요컨대 슈팅 게임을 유희적 전쟁 상부구조의 토대라고 볼 수는 없다는 것이다.

밀리터리 슈팅 게임과 관련된 게임플레이 커뮤니티에 대한 이 연구는 권력과 이데올로기를 간과하는 기술 결정론적 주장을 반박하는 연구와[10] 현장조사와 그 결과를 통해 연구자와 게이머 간의 상호작용을 다룬 연구,[11] 게이머가 플레이를 가지고 어떻게 사회적 자본을 생성하는지 측정하는 연구, 그리고 게임 문화를 만들어내는 추가 텍스트(extra-textual)적 요소가 미치는 영향에 대한 연구에 일차적인 토대를 두고 있다.[12] 게임 커뮤니티에 대한 이러한 연구들이 방법론적으로 완전하다고 볼 수는 없지만, 나는 이 연구들이 주목할 만한 관점과 중요한 지점을 제공해 많은 연구자의 의식 형성에 기여했다고 생각한다. 흥미롭게도 나는 책상 위에 '종이와 연필'을 놓고 판타지 커뮤니티를 고전적으로 연구하는 방식을 통해 어떻게 유희적 전쟁 체험이 자신만의 독특한 문화적 영역을 재현하는지 이해할 수 있었다.

『공유된 판타지: 사회적 세계로서의 롤플레잉 게임(Shared Fantasy: Role-Playing Games as Social Worlds)』에서 게리 앨런 파인(Gary Alan Fine)은 〈던전 앤 드래곤〉의 커뮤니티처럼 판타지 롤플레잉 게임 커뮤니티가 플레이어만의 문화적 체계를 만들어내는 문화적 요소를 사용하고 있다면서, 이를 통해 인식 가능한 하위문화를 확인할 수 있다고 설명한다. 파인은 자신의 연구가 가지는 당위성에 대해 다음과 같이 역설한다.

> 내가 판타지 롤플레잉 게이머를 연구한 것은 그들이 새롭고 독특한 문화 체계를 만들고자 했기 때문이다. 모든 집단이 일정한 범위 안에서 문화를 만들어가는 것과는 다르게, 이들이 만들어내는 문화 체계의 범위는 좁게 한정되어 있다. 반면 판타지 게이머는 하나의 문화 체계를 개발하는 것에 대해 분명한 입장을 가지고 있었는데, 자신들이 만든 문화가 가진 원동력과 자신들 스스로가 게임에 몰두한 정도에 따라 게임에 대한 만족도가 결정되었다. 문화의 상호작용적 요소에 관심을 가진 사회학자의 입장에서 봤을 때, 분석에 적합한 대상이 많지 않았다.[13]

파인은 후반부에서 이에 대해 "이 집단들이 문화를 **가지고 있다**는 것이 아니라, 자신들의 세계에서 벌어지는 행위에 의미를 부여하고 새롭고 의미 있는 행위를 만들어내기 위해 문화를 **사용한다**는 것을 뜻한다"라고 부연한다(강조는 원문).[14] 이에 따르면 판타지 게이머는 의미 있는 개인적 행위와 광범위한 문화현상을 통해 자신의 공유된 모험을 환기시키고 확산시킨다는 뜻이 된다. 하지만 제약이 없는 판타지 롤 플레이와 달리 유희적 전쟁 행위는 종종 팽창적인 광고 캠페인과 다른 해석적 텍스트를 수반하는 상업적 기술에 의해 매개된다. 그렇기 때문에 이 연구는 텍스트와 주변텍스트가 만들어지는 과정에서 텍스트와 주변텍스트가 만들어내는 권력을 강조해 왔다.

『공유된 판타지』는 영감을 불러일으키는 연구로서, 게이밍이 주는 즐거움을 진지하게 다루면서도 그 경험에 대해 비판적인 해석을 제공한다는 점에서 이 책에도 영향을 주었다. 파인은 다음과 같이 말한다.

> 플레이어는 미학적 경험으로서 게임이 작동되기 위해 '자연스러운' 자신을 '묶어두고' 판타지로서의 자아를 만들어내야 한다. 플레이어는 게임에 스스로를 녹여내야 한다. 이러한 몰입은 온전하고 지속적이어야 할 뿐만 아니라 '유쾌함'을 위해서 게임 안에서 제공되어야 하는 것이기도 하다. 판타지 세계를 (잠시 동안) 현실 세계로 받아들임으로써 게임에 의미가 담기게 되며, 판타지 시나리오와 문화를 만들어내려면 플레이어를 몰입시킬 수 있는 것들에 대해 진지하게 고민해야 한다.[15]

다시 말해, 이는 게임의 경험이 오직 게임의 규칙에 따라서만 온전히 규정되는 것은 아니라는 것을 의미한다. 그렇지 않다면 연구자들은 주어진 플레이 경험을 이해하기 위해서 게임 규정집만 참고하면 될 것이다. 하지만 모든 사회적 게임은 연구자에게 문화적인 힘이 어떻게 일련의 허구적 서사를 통해 활동할 수 있는지 알아볼 수 있는 '자연스러운 실험실'을 제공한다는 점에서, 이는 잠재적으로 풍부한 연구의 장이 될 수 있다.[16] 규칙은 플레이어가 게임에서 무엇을 할 수 있는지 알려주지만, 무엇이 실제로 일어나고 그 행동이 무엇을 의미하는지를 말해주는 것은 아니다. 마찬가지로 파인이 말한 것처럼, "민속지학적 조사와 심층 인터뷰를 통해서만 우리는 게임에서 플레이어의 - 공식적이기보다는 - 행동적인 맥락을 담은 규칙을 확인할 수 있다".[17]

마지막으로 파인은 "판타지 게임이란 …… 독특한 사회적 세계이고 이 독특함은 매우 귀중한 것이지만, 다른 사회적 세계처럼 이것도 그 경계를 넘어서는 방식으로 조직되어 있다"라고 우리에게 상기시킨다.[18] 이는 전쟁 게임에도 마찬가지로 적용된다. 실질적인 조사상의 문제로서, 유희적 전쟁의 기술을 배운다는 것은 인터뷰와 포커스 그룹 인터뷰를 통해 이 게이머가 매개된 전투를 통해 실제로 어떠한 의미를 얻는지 알아보기 전에 참여관찰법을 통해 게이머가 자신의 공동체에서 무엇에 가치를 두고 있고 강조하는지를 실제로 알아본다는 데 그 의의가 있다. 래노폴리스에 온 것을 환영한다는 이 장의 서문을 새겨두기 바란다.

래노폴리스 이야기

래노폴리스의 첫 모습은 다소 생경하게 느껴질 수 있다. 텍사스의 중소도시 번화가에 있는 주류 판매점과 치과 사이에 자리 잡은 이 게임장은 특별한 지식이 없는 사람에게는 낯설기만 하다. 앞문에 붙어 있는 푯말에는 "컴퓨터 정비, 업그레이드"와 "엑스박스 360과 컴퓨터 게임"이라고만 적혀 있다. 더 심한 것은 빛바랜 게임 포스터들이 서로 겹쳐진 채 정문 양 옆 큰 창문에 붙어 있는 모습이다. 햇볕에 바랜 이 광고지들은 이곳이 게이밍을 위한 시설이라는 것을 의미할 뿐만 아니라 실질적으로 빛을 차단하고 시원한 환경을 필요로 하는 공간을 위해 태양의 열기를 차단하는 **실질적인** 블라인드 역할도 한다는 것을 보여준다.

래노폴리스의 주 공간은 93제곱미터의 콘크리트 바닥으로 된 'L자형' 개방 공간으로, 그림이나 예술품으로 꾸미지 않은 노란색 벽으로 되어 있고, 높은 천장에는 노출된 배관과 환풍기가 달려 있다. 스파르타 양식의 장식과 조명의 부재는 이 공간을 채우고 있는 비디오 화면이라는 기술을 부각시킨다. 어느 늦은 여름날 저녁에 이 방에 처음 들어갔을 때, 나는 끊임없이 계속되는 게임 활동과 방 안에 있는 화면으로부터 나오는 은은한 조명의 양에 깜짝 놀랐다. 표지판이나 안내원도 없고 다들 각각 게임 중인데, 새로 온 사람이 어디로 가야 할지, 누구에게 말을 걸어야 할지, 혹은 어디에서 쉴 수 있는지 제대로 알려주지 않는다.

래노폴리스의 베테랑마저도 게임장이 가장 붐비는 시간에는 갈피를 잡기 어렵다. 정문 근처 아케이드 게임기들 앞에 나란히 서서 게임하는 사람들, 어깨를 맞대고 자기 소유의 데스크톱과 노트북을 카드 테이블에 올려놓고 앉은 손님들, 그리고 방 뒷벽 반대편에 자리 잡고 엑스박스 360과 닌텐도를 플레이하는 게이머들 등 뒤에서 구경하고 있는 사람들로 방 안은 발 디딜 틈이 없었다.[19] 내가 'L자형의 가운데쯤'에 있는 메인 데스크와 계산대에 겨우 다다랐을 때, 나는 이 공간에 몇 없는 표지판을 발견했다. 잘 지워지는 칠판에는 곧 있을 행사들(외부 음식 반입 금지! 라는 말과 함께), 주전부리와 음료수 가격, 각종 하드웨어 정비 비용이 적혀 있었다. 방에서 가장 긴 벽에는 인기 있는 게임이 잔뜩 깔린 스무 대의 최신식 개인용 컴퓨터가 설치되어 있었다. 이 컴퓨터는 이 시설에 몇 없는 고정 설치물로서 래노폴리스의 많은 손님이 즐겨 찾는 것이기도 하다. 게임장의 구조와 서비스는 다른 곳에 있는 랜 카페(LAN Café)들과 별반 다를 것이 없었다.[20]

방 둘레로만 고가의 PC들이 고정되어 있을 뿐, 전반적인 공간 배치는 고객의 변화하는 요구에 맞춰 쉽게 바꿀 수 있도록 설계되어 있다. 예를 들어

카드 테이블과 전원 콘센트는 밤새 진행되는 마라톤 게임을 위해 쓰이며, 토너먼트나 개인적인 파티도 래노폴리스에서 손쉽게 열 수 있도록 되어 있다. 이러한 공간적 유연성은 적어도 두 가지 요구사항을 충족시킨다. 우선 래노폴리스가 항상 북적거리는 것이 아니기 때문에, 이 작은 사업체는 다양한 파티를 유치할 수 있다. 스스로가 오랜 비디오 게이머이기도 한 이곳 업주 토머스 크리스토퍼슨(Thomas Christopherson)에 따르면, 게임장은 재정적으로 생존할 수 있도록 **반드시** 다양한 서비스를 구비하고 있어야 한다. 마치 이 말을 증명이라도 하려는 듯, 래노폴리스에서 북쪽으로 30km 떨어져 있는 가장 가까운 경쟁업체가 내가 이 장을 쓰기 위해 현장 조사를 하던 중에 문을 닫았다.

공간의 가변성이 가지고 있는 두 번째 장점은 플레이어, 특히 밤샘 마라톤을 하는 플레이어에게 꾸밈없는 공간을 제공함으로써 이 소박한 공간을 편안하게 해준다는 데 있다. 고객들은 작은 테이블들을 가장자리로 치우고 친구들끼리 모여 앉아 컴퓨터에 접속하고, 빈백 의자(Beanbag chairs)에 편히 기대앉아 큰 화면으로 영화나 생중계되는 스포츠 경기를 보면서, 다양한 매체를 통해 여흥을 즐길 수 있다. 또한 이 역동적인 공간은 게임 경험 자체의 한계성을 보완하는데, 가변적인 게임장에서의 매개된 행동을 통해 플레이어들이 보여주는 변화는 이들이 세계를 오가는 움직임을 반영한다. 캐서린 비비스(Catherine Beavis)와 클레어 찰스(Claire Charles)는 랜 카페의 물리적 공간과 게이머의 정체성 간의 상관관계에 대해, "'실생활'의 물리적 장소처럼 랜 카페도 온라인과 오프라인이 병존하는 공간을 제공하여, 독자성과 공동체가 중첩되고 합체된다. 이로써 플레이어는 보이거나 보이지 않는 다른 이들과 함께 온라인게임과 토너먼트를 벌이고, 함께 건설한 게임 속 텍스트의 세계에 참여하게 된다"라고 말한다.[21] 래노폴리스는 비디오 게임의 플레이 모드나 환경 설정처럼 플레이어가 물리적·사회적으로 만들어내는 것이라고 볼 수 있다.

래노폴리스에 대한 앞선 설명들이 다른 PC방이나 게임방과 크게 다를 바 없어 보인다면, 다음과 같은 질문을 던져보고자 한다. 즉, 이 장소와 유희적 전쟁 및 하드코어 게임은 어떤 관계인가? 한마디로, 래노폴리스와 게임 정체성, 유희적 전쟁 사이에 어떤 연결고리가 있을 '필요'는 없다. 하지만 이것이 다는 아니다. 왜냐하면, 이 게임장이 일련의 고성능 PC용 게임이 요구하는 소셜게임(social game)을 용이하게 하고, 또한 이 컴퓨터들은 시장에서 가장 인기 있는 슈팅 게임을 지원하며, 게임장은 랜 기반(LAN-based)의 유희적 전쟁을 벌일 수 있는 충분한 여건을 제공하기 때문이다. 만약 유희적 전쟁하기가 텍스트적·주변텍스트적·맥락적 실천이 중첩되어 군사화된 일시적인 사회적 행위라면, 유희적 랜 전쟁은 게임광이 직접 (가정용 랜을 사용할 경우) 조직하거나, 기술적으로 최적화된 전투를 제공하는 이 상업적 시설에서 찾아낸, 전쟁 게임의 확장판이라고 할 수 있다.

도대체 하드코어 게이머는 무엇이 "하드한가"?

게이머이든 아니든 사람들 마음속에는 하드코어 게이머에 대한 이미지가 존재하지만, 이 이미지가 항상 돋보이는 것은 아니다. 〈그림 6.1〉의 화면캡처 사진을 보면, 대중문화가 자주 비난의 대상으로 삼는 이들을 어떻게 그려내는지 쉽게 알 수 있다. 우선, 하드코어 게이머는 뚱뚱한 것으로 여겨지며, 대체로 백인이다. 그는 지저분하고 대개 짝이 없는 이성애자로 간주된다. 그리고 그는 남자이다. 이 사진은 〈월드 오브 워크래프트〉에 사로잡힌 플레이어를 비판적으로 묘사한 〈사우스 파크(South Park)〉의 한

그림 6-1 〈사우스 파크〉의 한 에피소드 "사랑을 나눠, 워크래프트 하지 말고(Make Love, Not Warcraft)"(2006)에 등장하는 하드코어 게이머

에피소드에서 캡처한 사진이며, 여기에서 하드코어 게이머는 "전혀 삶이 없는 것"으로 그려진다.[22]

하드코어 게이머는 가볍게 즐기는 게이머(casual gamer)와는 반대 지점에 서 있다. 가볍게 즐기는 게임에 대한 예스퍼 율의 저서에는 서로 반대편에 서 있는 이 게이머들에 대한 고정관념이 다음과 같이 적혀 있다.

공상과학, 좀비, 판타지 소설을 좋아하고, 수많은 비디오 게임을 하며, 많은 시간과 자원을 비디오 게임 하는 데 할애하고, 어려운 게임을 즐기는 **하드코어 플레이어에 관한 뚜렷한 고정관념**이 존재한다. 캐주얼 플레이어에

대한 고정관념의 경우, 플레이어는 긍정적이고 유쾌한 픽션을 선호하고, 비디오 게임을 하는 데 시간과 자원을 별로 들이고자 하지 않으며, 어려운 게임을 싫어하는 것으로 그려진다(강조는 원문).[23]

미디어 연구자인 닉 다이어-위데포드와 그릭 드 퓨터도 비슷한 맥락에서 하드코어를 즐기는 인구 분포가 담론적으로 구축되었다고 강조한다.

> 하드코어는 게임 마케팅 분야에서 잘 알려진 인구학적 계층이다. 그들은 게임에 열중하고, 가처분 소득이 있으며, 새로운 하드웨어 플랫폼을 일찍 받아들이고, 1년에 무려 25개의 게임을 구입하며, 게임 잡지나 포럼의 게시판을 읽고, 게임이나 기계에 관한 입소문이나 온라인을 통해 게임과 대회에 해박한 젊은 남성이다.[24]

나는 래노폴리스의 뒤편에 자리 잡은 다목적실에서 이루어진 포커스 그룹 인터뷰에서, 〈사우스 파크〉에 등장하는 화면(〈그림 6-1〉)을 침묵을 깨기 위한 소품으로 사용했다. 사람들은 이 방을 "록 밴드의 방"이라고 부르는데, 이는 여기에 〈록 밴드(Rock Band)〉(2007)나 〈기타 히어로(Guitar Hero)〉(2005) 같은 인기 음악 리듬 게임에 사용되었던 플라스틱 주변장치가 어수선하게 쌓여 있기 때문이다.[25] 내가 이 사진을 정보 제공자들과 공유했을 때, 이 사진의 출처를 알아차린 가장 나이 많은 참가자를 빼고는 다들 곧바로 웃음을 터뜨렸다. 게이머들은 그 에피소드가 자신들의 강박적인 게임플레이를 자제하지 못하거나 자제하지 않는 게이머를 명백하게 조롱하고 있다는 데 동의하면서, 거기에 풍자된 게이머 같은 사람을 알고 있다고 몇 마디 덧붙였다.

고정관념이든 아니든, 게이머의 정체성이 어느 날 갑자기 나타난 것은 아니다.[26] 이는 디자인과 마케팅, 그리고 실제 게임에서 플레이어를 "하드코어", "캐주얼(casual)", 또는 그 중간의 "코어(core)"라는 범주로 분류하는 방식에 기인한 것이라고 볼 수 있다.[27] 하지만 하드코어 게이밍을 정말 '하드'하게 만드는 요소는 무엇인가? 편하게 말하자면, 우리는 하드코어 플레이어를 그냥 비디오 게임의 열성적인 '팬들(fans)'이라고 부를 수도 있을 것이다. 하지만 나는 이런 식의 용어와 팬덤 문제를 거론하는 것을 피해왔는데,[28] 그 이유는 하드코어나 파워 게이머라고 불리는 이들이 비디오 게임의 팬들과 충분히 같다고 볼 수는 없기 때문이다.

미디어 연구의 인기 있는 여느 주제들처럼, 팬들과 팬덤은 비평 문헌에서 **일반적으로** 생산적인 결과를 입증하는 미디어 소비자로 인식된다. 팬들은 자신의 시간과 에너지, 감정을 투입해 기존 텍스트를 수정하거나[29] '도용'함으로써 약간의 소설이나 텍스트적 구성물을 만들기도 하고,[30] 자신만의 비공식적인 홍보용 주변텍스트를 구축하기도 하고,[31] 팬 커뮤니티에 참여하기도 하고,[32] 또는 좋아하는 허구적 등장인물을 '코스프레(cos-play)' 하기도 한다.[33] 나는 하드코어 게이머가 팬으로 간주될 수 없다고 주장하려는 것이 아니다. 단지 그들이 팬일 **필요는 없다고** 말하고 싶은 것이다. 실제로 내가 인터뷰했던 게이머들은 스스로를 '팬'이라고 여기지 않았다. 23살의 무직자로 래노폴리스의 단골손님인 데이비드(David)는 자신의 게임플레이를 정당화하며 "게임에는 이걸 '정말' 잘하게끔 만드는 어떤 흥미가 있어요. 진짜 끝내주죠"라고 열변을 토한다. 데이비드는 가상 세계에서 벌어지는 자신의 게임플레이 행동을 완벽하게 만드는 것에 대해 이야기할 뿐, 팬픽션(fan fiction)을 쓰거나 코스프레를 하는 것 같은 팬덤과 연결된 이질적인 창의적 행동에 대해서는 **이야기하지 않는다.**

게임 연구자인 한나 위먼(Hanna Wirman)은 게임에서 '생산성'에 관련된 모든 사례를 팬 생산성에 적합한 것으로 동일시하는 것이 유용하지 않다고 분명하게 지적한다.[34] 이에 대한 대안으로서 위먼은 다음과 같은 범주를 제시하는데, 이는 ① 게임 선택과 이를 플레이하는 것을 일컫는 **텍스트적 생산성**(textual productivity), ② 게임플레이에서 자신이나 다른 이들을 돕기 위해 텍스트나 아이템을 만드는 것을 뜻하는 **도구적 생산성**(instrumental productivity), ③ 게임 문화를 표현할 목적으로 (게임 안에서만 쓰일 필요는 없는) 텍스트나 아이템을 동원하는 것을 의미하는 **표현적 생산성**(expressive productivity)의 세 가지로 이루어진다. 이것은 단순히 분석만을 목적으로 만든 것이 아니다. '게임플레이'와 '게임을 가지고 노는 것' 간의 매체에 최적화된 이 분류는, 이용자들의 행동에 대한 매체 고유의 재평가를 요구하지 않으면 하나의 엔터테인먼트 매체가 다른 것으로 바뀌지는 않는다는 것을 보여준다. 만약 엔터테인먼트 매체 속에서 양식이 변화한다면, 생산성의 형식도 마찬가지로 변할 수 있다는 것을 추론할 수 있다.[35]

나아가 '텍스트적으로 생산적'이라는 것은 가상의 영역에서 플레이어가 획득할 수 있는 게임 자본이 더 많다는 것을 뜻한다. 래노폴리스에서 이루어지는 가상 병사들의 활동은 게임에 대한 깊은 관여로 인식되거나, 이보다 덜할 경우 (레벨을 만들거나 게임 모드를 추가하는 것을 비롯해) 도구적 생산성으로 여겨진다. 하지만 특이하게 '팬 같은' 행동으로 읽힐 수 있는 약간의 표현적 생산성도 래노폴리스에서 보이는데, 이는 한 사람의 게임플레이 시간을 극대화시키는 것을 최대한 부각시키는 경향, 그리고 전반적으로 여성화되어 가는 팬덤의 경향 때문이다.[36] 덧붙여 밀리터리 슈팅 게임이, 게이머에게 게임 안에서 아이템을 생산·교환하는 활발하면서도 복잡한 경제활동을 장려하지 않기 때문이기도 하다. 이는 연구자들이 왜 피에르 부르디외(Pierre Bourdieu)의 문화자본이라는 개념을 〈에버퀘스트(Everquest)〉(1999), 〈월드 오브 워크래프트〉(2004), 그리고 〈세컨드 라이프(Second Life)〉(2003)처럼 게이머가 자신만의 디지털 상품을 만들어 판매할 수 있는 가상 세계를 비롯해, 롤플레잉 게임을 중심으로 한 비디오 게임에 적용하고자 했는지를 부분적으로 설명해 준다.[37] 이렇게 눈에 띄는 노동의 대가는 플레이어의 온라인 경력을 부각시켜 줄 뿐만 아니라 시장 자본이 확실하게 구현되고 있음을 보여준다. 하지만 토머스 말라비(Thomas Malaby)의 예리한 분석처럼, 게임에는 "실천의 경제(economies of practices)"가 존재하고, 이는 사용자 제작 콘텐츠로 발화되지는 않더라도 자본의 한 형태를 이루고 있다. 말라비는 다음과 같이 이야기한다.

> 문화자본은 주어진 문화적 집단에게 무엇이 신체와 물질, 그리고 직무수행에서 중요하고 의미 있는지를 찾아준다. 이는 개인이나 집단이 시간을 들여 특정한 역사적 맥락에서 얻는 능력이나 신임, 그리고 이러한 의미와 결합되어 가치를 얻는 물질을 포함한다. 이는 체화되거나, 도구화되거나, 제도화된 세 가지 형태를 가지고 있다(Bourdieu, 1986).[38]

나는 래노폴리스의 고객들이 스스로와 동료들을 가리켜 "하드코어"라고 부르도록 만든 **덜 뚜렷한 행동으로 이루어진** 체화된 능력에 관심을 두고 있다. 이 게임 커뮤니티에서는 누군가가 능력 있는 팬으로서가 **아니라** 능력 있는 게이머로서의 지위를 인정받으면 분명한 사회적 혜택이 주어진다.[39] 혹은 위먼이 발견한 것처럼, "파워 게이머는 스스로를 취미로 게임하는 팬보다는 전문적인 플레이어로 여기는 경향이 있다".[40] 그렇다면, 위먼의 용어를 빌리자면, 게이머가 자칭 타칭 "하드코어"가 되도록 만들어주는 텍스트적 생산 활동이란 무엇인가?

참호들로부터 얻은 교훈: 게임 자본을 위한 투쟁

'좋은' 유희적 병사라는 것은 무엇을 의미하는가? 그리고 게임광은 멀티플레이어 모드에서 스스로를 부각시키기 위해 무엇을 하는가? 우리는 일반적인 게이밍 자본에 대해서뿐만 아니라 밀리터리 슈팅 게임플레이어에게 의미를 갖는 눈에 띄는 시각적 기술과 능력에 대해서도 관심을 가지고 있다. 새라 손턴(Sarah Thornton)은 "하위문화적 자본(subcultural capital)"이라는 용어를 통해 댄스 문화에서 "힙함(hipness)"에 담긴 의미가 무엇인지 이야기한다.[41] 손턴의 용어는 게이밍 문화와 여러 측면에서 연결된다는 점에서 연관된 개념이라고 할 수 있다. 이 집단은 (10대와 젊은이들이라는) 유사한 인구분포를 가지고 있고, 양 집단의 하위문화적 자본은 중산층이 추구하는 여가로부터 태동했으며, 또한 매체가 각각의 집단을 구성하는 역할을 한다. 특히 이 마지막 부분이 핵심인데, 손턴은 다음과 같이 말한다.

하위문화적 자본의 경제 안에서, 매체는 단순히 (부르디외가 영화와 신문의 문화자본에 대해 언급한) 또 다른 상징적 상품이나 구별 짓기의 표지일 뿐만 아니라 문화적 지식을 정의하고 배포하는 데서 중요한 연결망이다. 다시 말해 유행에 **편승하느냐 뒤처지느냐**, 하위문화적 자본을 많이 가졌느냐, 적게 가졌느냐는 미디어가 다루고 만들고 노출시키는 정도와 복잡하게 연관된다.[42]

(손턴의 개념을 빌리면) 밀리터리 슈팅 게임의 하위문화의 경우, 게임은 게이밍 자본을 만들어내고, 유지하며, 배포하는 핵심 도구이다. 이는 게임이 단순히 (알고리즘적 문화적 텍스트로서) 표현적인 매체 '로서의' 게임일 뿐만 아니라 플레이어에게 게임 자본을 만들고 매개하는 (테크노 문화적 실천인) 게임플레이 '로서의' 표현적인 매체라는 것을 의미한다.[43]

비록 문화자본의 가치가 그 맥락에 의존한다고 해도, 그러한 조건하에서 실행된 지식과 기술이 그 사람 인생의 여타 부분을 해석하는 데까지 반드시 연결되지 않는다고는 보기 어렵다(물론 이 연구에서 게임 자본 이상의 자본을 추적·평가하지는 않는다). 이 맥락 의존성의 요점에 대해 말라비는 다음과 같이 말한다.

> 민족과 계급, 지역, 혹은 사회의 고유한 요소처럼, 문화자본은 의미와 실천의 맥락이 가진 특이성으로 구별된다. 따라서 문화자본을 획득하는 것은 즉각적이거나 독자적인 거래로 처리될 수 있는 것이 아니다. 대신 문화자본은 비공식적으로는 문화적으로 함축된 학습의 실천을 통해 획득되고, 공식적으로는 허가를 통해 얻어진다. 이러한 교환은 문화 집단과의 동기화를 통한 소속감을 만들어낸다.[44]

헤더 멜로(Heather Mello)가[45] 판타지 롤플레잉 게이머에 대한 연구를 통해 밝힌 것처럼, 공동의 플레이가 만들어내는 공동체의 지각과 더불어 — 문해 및 교육학 연구자인 제임스 폴 지(James Paul Gee)가 "상황 인지(situated cognition)"라고 밝힌 — 학습의 장이 존재하는데,[46] 이는 사회적 상호작용이 이루어지는 원래의 장소 바깥에서도 유용하다. 게이밍 자본은 같은 공간에서 비슷한 게임으로 이루어지는 게임 활동이 어떻게 유희적 병사와 같은 게이밍의 정체성에 기여하는지 알아보는 데 도움을 준다. 이 장의 나머지 부분에서는 이러한 게이머가 어떻게 자신의 게이밍 공동체를 만들고 그곳의 규율을 어떻게 정하는지, 슈팅 게임은 전쟁과 자신이 누락한 것 사이에서 플레이어에게 무엇을 말하고 있는지, 그리고 전우 사이에서 게이머가 추구하는 플레이 스타일은 무엇인지를 비롯해 유희적 전쟁이 가진 사회적 교훈에 대해 알아본다.

유쾌한 교훈들: 유희적 전쟁의 텍스트적 양식

하드코어 타이틀에서는 텍스트의 교훈이 쉽게 드러나지 않는다. 율은 디자인이 가지고 있는 특정한 불가변성을 부각시키면서 게임의 난이도가 텍스트를 통달하는 데 시간과 에너지를 할애하고 싶지 않거나 혹은 할애할 수 없는 플레이어를 소원하게 만든다고 설명한다. 일반적인 하드코어 게임의 디자인은 플레이어가 많은 시간을 투자해 이 게임이 가진 전산 논리를 정복하려는 의지를 가지고 있다고 암묵적으로 가정한다. 이에 대한 보답으로서, 게임은 며칠, 몇 주, 몇 달, 몇 년 동안 플레이어의 관심을 끌 것이라고 약속한다.[47] 하지만 게임의 텍스트적 장치를 완벽하게 구사하기를 희망하는 래노폴리스 소속 게이머조차도 게임으로부터 뭔가를 배우길 원하고 있었다.

밀리터리 슈팅 게임을 통해 뭔가를 얻고 싶어 하는 이 정보제공자의 욕구는 이러한 교훈들이 거의 틀림없이 아주 제한적이라는 믿음에 의해 조절되고 있다. 그들이 받는 대부분의 전쟁 '교육'(그리고 포커스 그룹 중의 적어도 한 명 이상의 게이머가 이 게임을 통해 얻어가는 것을 "한숨"으로 표현한 것)은 기본적인 전쟁 도구와 야전 전술에 관한 것이다. 데이비드는 "내가 화기를 내게 맞게 설정하는 것을 (새로운 무기와 기술을 포함해) 배울 때, 뭔가를 읽으면서 배운 것은 아니다. 나는 이 게임들을 플레이하면서 배웠는데 …… 이것은 (마찬가지로) 구식이고, 제2차 세계대전에 관한 게임이다. 내가 '윤활유 주입기'에 대해 아는 것은 내가 (제2차 세계대전을 다룬 슈팅 게임을) 해봤기 때문"이라고 말한다. 익히 알고 있다는 듯, 루스터(Rooster)도 미소 지으면서, "빌어먹을, 만약 내가 〈카운터 스트라이크〉를 10년 넘게 해오지 않은 상태에서 당신이 내게 '콜트식 M4A1카빈총이 뭐죠?'라고 묻는다면, 나는 아마 당신에게 '무스탕(Mustang)이랑 비슷한 거 아닌가요?'라고 대답했을 거요!'라고 말했다. 이 대화는 과거와 현재의 장비와 여러 나라의 특수부대에 대해 알려진 것을 가지고 참여자끼리 벌인 치열한 논쟁의 일부분이다.

또한 이 게이머들은 밀리터리 게임플레이 레슨이 단지 무기와 역사적인 전투의 일부에 관한 것임도 인정한다. 게임플레이가 주는 교훈을 안다는 것은 이 전투들을 매개하는 규칙과 알고리즘 체계에 친숙해진다는 것을 뜻한다. 목소리가 부드럽고 도일(Doyle)과 데이비드의 어릴 적 친구이기도 한 23살인 케빈(Kevin)은 "(게임플레이의 경험 과정을 이야기하면서) 내가 이 게임을 '가지게' 되었던 순간이 참 좋았죠. …… 그 후에 나는 맵에서 사람들이 공격당할 것을 알지 못하게 하는 '맹점'을 발견했어요"라고 말했다. 이 말을 들은 도일은 '빠른 손놀림'과 오랜 경험을 통해 입증된 전투 전략이 중시되는 〈모던 워페어〉의 소규모 멀티플레이어 맵에 대한 평가를 재빨리 쏟아냈다. 그에게 이 게임들은 재밌지도, 현실적이지도 않았다. 도일은 "당신이 죽는 곳에서 당신이 (그 이유를) 알게 되고 …… 당신은 **그러한** 교훈을 알게 되는 게임을 좋아합니다. 빠른 손놀림을 갖는 게 중요한 게 아니죠. 지도를 아는 게 중요한 것도 아니고요. 중요한 것은 제대로 된 지식을 가짐으로써 이것을 (전쟁의) 일에 어떻게 써먹을 것인가 하는 것입니다"라고 말한다. 이 대화의 후반부에서 22살의 버디(Buddy)도 도일과 같은 관점에서, 잘 만들어진 게임은 당신이 사격전에 참여해야 할지, 다른 접근을 해야 할지, 아니면 지원을 위해 기다려야 할지에 대해 알려주는 것이라고 부연한다. 하지만 버디는 더욱 전술적인 것을 요구하는 톰 클랜시 계열의 게임을 비롯한 슈팅 게임이 복잡한 군사적 가르침을 줄 수 있다는 것에 대해서도 냉소적이었다. 그는 많은 밀리터리 슈팅 게임이 강조하는 야전 전술에 대해 다음과 같이 열거했다.

> 적의 측면에 위치해 있는 것은 항상 그들을 기습하기 위한 것이죠. 제압사격을 하는 것은 누군가를 억누르는 동시에 다른 누군가가 선수를 치려는 겁니다. 언덕 밑에 있는 것보다는 언덕 위에 있는 것이 항상 더 좋습니다. 이것은 가장, 정말 기본적(인 전술)이죠. 만약 제가 저격수라면, 모든 것을 볼 수 있는 높은 곳에 있고 싶을 겁니다. 위장막을 씌운 기관총이 들판 한가운데에 있는 것보다는 낫죠. 하지만 이건 전부 기초적인 것이에요.

설혹 이것이 기초적인 것이라고 해도, 이 같은 야전 전술을 적용하는 과정에는 부정할 수 없는 즐거움이 존재한다. 이는 이 전술이 하드코어 게이머로서의 정체성과 유희적 병사로서의 가상적 정체성을 정서적으로 연결해 주기 때문이다. 게임플레이와 전술적 지식, 그리고 군사적 정체성이 점차 연결되는 과정은 게이머들이 래노폴리스의 뒷방 테이블에 모여 이야기하는 것에서 명백하게 드러난다. 옆에 있는 케빈과 데이비드를 가리키며 도일은 추억에 잠긴다.

우리는 실제로 전쟁 이야기를 가지고 있어요. 저는 마치 우리가 베트남에 있었던 것처럼 말 그대로 이야기 안으로 들어갈 수 있어요. …… 우리는 특정 지역을 확보하고 사냥을 갔던 적이 있었어요. 우리는 그걸 "사냥"이라고 불렀어요. 우리는 이 지역에 두 사람이 있다는 걸 알고 있었죠. "사냥감을 잡아!"라고 말한 후 우리는 그들을 몰고 가서 쐈죠.

래노폴리스에서 플레이어가 즐기는 게이밍 자본은 가상의 전장 지휘관으로서 상황을 판단해서 다른 이들과 협력할 수 있는 능력을 만들어내는 것에 달려 있다. 도일은 계속해서 다음과 같이 말한다.

(데이비드와 케빈은) 제가 그들에게 소리치는 것을 들었어요. 왜냐하면 제가 다른 모드로 들어갔기 때문이죠. 저는 말 그대로 '분대 지휘관'이 되었어요. 한번은 엇나가고 명령을 따르지 않는 병사 하나의 뒤통수를 쏜 적이 있었어요. …… 이런 게임에서 그건 단순히 게임을 하는 것도 아니고, 모두와 싸우는 것도 아니에요. (당신도 알듯이) 사람을 쏘는 겁니다. 재미로 하는 게 아니라고요. 재미는 (전쟁과 같은) 혼돈의 상황에서 제가 지휘하면서 명령을 내릴 때 나오죠. 우리가 질 수도 있다는 상황에 처하면 일련의 명령과 내 개인의 행동을 통해 …… 그 지역을 쓸어버리고 내 것으로 만들기 위해 완벽한 계획을 세우죠.

데이비드는 친구의 이야기에 간간히 끼어들어 "전쟁이 무슨 자기가 돈 주고 산 여자인 줄 알아"라고 말했다.

데이비드가 내뱉은 저속한 표현에는 하드코어 게이머가 자신의 가상 경험이 가지고 있는 텍스트적 얼개를 통제하는 방법을 얼마나 중요하게 생각하는지가 담겨 있다. 포커스 그룹 참여자들은 자신이 하드코어 타이틀을 지지하는 것과 최적화 능력과 관련해 게임 제작자들이 자신들의 집단적인 디자인 제안을 반영하는 것에 대해 적어도 한 번 이상 언급했다. 예를 들어 데이비드는 "(게임 디자인이) '설정'에서 완벽한 최적화를 구현한다는 것은, (게임에서의 무기 선택에 적용되는) 군장이나 거지같은 보너스에 대해 말하는 게 아니라 …… 당신이 경험한 것을 당신이 보는 것으로 맞춰내는 완전한 능력을 말하는 겁니다. 이것이 (성공하는) 게임입니다." 맞은편에 앉아 있던 버디는 데이비드의 말에 맞장구를 쳤다.

> 당신이 좋아하는 게임 스타일이 무엇인지가 중요한 게 아니에요. …… 당신이 **정말** 좋아하는 하나의 게임을 찾으면, 뒤이어 나온 속편은 더 좋을 것이고 …… 세 번째 게임이 출시되었을 때 당신은 아마 "겁나게 좋은데!"라고 느끼는 식일 겁니다. 당신은 (게임 제작자들이 게이머들의) 조언을 받아들였다고 '말할 수 있을' 겁니다. …… 그리고 두 번째 혹은 세 번째 게임을 개발할 때, 당신이 게임에 대해 말한 것을 듣고 당신이 생각했던 모든 것을 만들어낸다면 …… (이건 정말 좋은 거죠) 플레이어들과 소통한다는 것이니까요. 그들은 정말 (우리 말을) 들었어요.

2장과 3장에 나오는 〈모던 워페어〉와 클랜시 브랜드 계열의 프랜차이즈 게임은 기본적으로 래노폴리스의 포커스 그룹 참여자와 같은 하드코어 수용자를 위해 디자인되었다. 밀리터리 슈팅 게임이 하드코어 지지자들에게 강조하는 정서적 '교훈' 중의 하나로서 주된 마케팅 도구로 활용되는 것은, 바로 가상 전쟁이 "우리를 위해, 우리에 의해" 디자인되었다는 점이다.

유쾌한 교훈들: 하드코어 소년들과 그들의 하드웨어 장난감

가상 전쟁을 함께 플레이하는 것이 주는 또 다른 주된 교훈은 올바른 도구를 가지는 것이 가상과 물리적 게임 공간에서 신성하게 여겨지지는 않더라도 꼭 필요하다는 것이다. 이 때문에 래노폴리스에서의 첫날 밤에 나는 유탄발사기를 아무렇게나 사용하는 "눕튜브"로 불리게 된 것이다. 유탄발사기는 좁은 복도에서 꺼내드는 것이 아니었다. 나의 전술적 오판은 단순히 한번 해본 장난에 그친 것이 아니라 전쟁 게임에 대한 나의 지식과 '적절한' 팀 플레이어로서의 내 정체성에 의문을 제기하는 것이었다. 그리고 이 같은 공개적인 표시는 그 대상자를 ─ 가상이든 현실이든 ─ 아무 곳에도 속하지 않는 사람으로, 또는 비공식적이지만 역시 중요하게 적용되는 게임플레이 의례에 무지한 사람으로, 또는 이 둘 다에 해당하는 사람으로 비난하고 낙인찍는 것이다.

하지만 나는 무기와 팀 전술에 대한 참가자들의 이해도가 가상 전장을 넘어 이 전쟁을 구동시키는 하드웨어에까지 이르는 것에 놀라움을 금할 수 없었다. 이처럼 관심이 증대된 것은 부분적으로 이들이 래노폴리스에서 돈 내고 하는 플레이에 대한 투자 효과를 극대화하려는 욕구 때문인데, 이 기술적인 질문을 받아주는 이는 주로 주인이나 매니저였다. PC를 어떻게 수리해야 하는지, 복잡한 설정 화면을 어떻게 다루어야 하는지에 대해 안다는 것은 즉각적인 도움을 받기 어려울 때 쓸 수 있는 유용한 기술이다. 게다가 밀리터리 슈팅 게임이 래노폴리스에서 플레이되는 가장 자원 집약적 타이틀이라는 점을 감안한다면, 게임방에서 가장 열정적인 게이머들이 어떤 하드웨어가 유희적 전쟁 경험을 가장 잘 구현하는지에 대해 강한 의견을 가지는 것은 당연하다고 볼 수도 있다. 하드웨어에 대한 지식이 래노폴리스에서 어떻게 표현되며 이러한 발화가 개인의 게이밍 자본을 지각하는 데 어떤 영향을 미치는지에 대해 다음의 두 사례를 통해 알아보고자 한다.

토머스 크리스토퍼슨은 래노폴리스의 주인이자 기계공으로 2006년 6월 가게 문을 열었을 때부터 근무해 왔다. 30대 후반으로 넓은 어깨를 가진 백인인 그는 도시에 하루 종일 컴퓨터게임을 할 수 있는 공간이 필요하다고 생각했다. 그는 래노폴리스의 계정 수가 막 4000개를 넘었다고 주장하며 이 중에서 중복 계정은 소수에 불과하고 밤샘 이벤트에는 평균적으로 30~40명이 참여한다고 설명했는데, 이는 내 추정치와도 비교적 일치했다. 그는 게임 문화 중에서도 PC 게이밍을 독특한 것으로 보았고, 이 기술에는 게임에 몰입한 사람에게 더 강한 매력을 발산하는 특별한 것이 있다고 여겼다. 그는 "PC 게이밍은 더 복잡해요. 뭔가 할 게 더 있어요. PC 게임이 콘솔로 옮겨가는 거죠. 그건 늘 그럴 거예요. 만약 당신이 게이밍에 대해 진지하다면, 당신은 PC 게임을 해야겠죠. 맥(Mac)이나 콘솔로 플레이하는 건 아니에요"라고 말한다.[48] 이러한 정서는 한 10대 게이머가 어느 늦은 밤에 다른 이의 컴퓨터를 가리켜 "네 컴퓨터는 정말 쓰레기야. 맥은 정말 이상해!"라고 놀리면서 더욱 분명해지고 공격적으로 드러났다. 크리스토퍼슨과 많은 래노폴리스 고객들에게 있어 좋은 게임은 PC에서 해야 하는 것인데, 이는 하드웨어가 '최고의' 유희적 전쟁 경험을 지원할 수 있게 끊임없이 업그레이드될 수 있기 때문이다. 가령, 이는 (엑스박스 원이나 위 U, 플레이스테이션4와 같은) 현 세대의 가정용 콘솔에는 해당되지 않는다.

하드웨어가 게임 자본과 연계된 것을 확인할 수 있었던 두 번째 계기는 혈기왕성한 젊은 10대 소년 스콧(Scott)이 게임 동료들에게 자랑하기 위해

PC 하드웨어에 대한 지식과 자기 집 재산에 대해 이야기하는 것을 내가 우연히 들었을 때였다. 빈백에 기대어 무릎을 맞댄 채, 스콧은 자신의 동료들이 각자의 모니터를 보고 있는 상황에서 그들의 등 뒤에 대고 이야기하고 있었다. 그는 자신에 대한 동료들의 무관심을 모른 체했다. 자세한 것은 기억하기 어렵지만, 그가 가족 컴퓨터를 업그레이드할 때 짐작컨대 "적어도, 5000달러" 이상의 비용이 들었다고 말한 것이 논쟁을 불러일으켰다. 구체적으로 스콧은 고성능을 요구하는 게임을 위해 고안된 PC 브랜드인 '에일리언웨어(Alienware)' 컴퓨터를 업그레이드하는 데 1만 달러도 들지 않는다고 말했다. 이러한 그의 계획에 대해 나이 많은 게이머들은 화면에서 눈을 떼지 않은 채 예의상 "알겠어", "그래"라고 대답할 뿐이었다. 하지만 스콧은 이러한 무성의에 굴하지 않았다. 사실 그는 이를 알아차리지도 못했을뿐더러 자신이 생각하는 이상적인 게임 환경을 위해 필요한 부품들을 읊느라 정신이 없었다. 래노폴리스에서 가장 나이가 많은 크리스토퍼슨과 가장 나이가 적은 스콧이 자신만의 방식으로 '바람직한' 유희적 전쟁을 현실로 불러오는 데 맞춰진 공간에서 도구적·기계적 지식에 대해 우쭐댄 것은 주목할 만하다.

유쾌한 생략들: 유희적 전쟁의 맥락적 양식

슈팅 게임이 기본적 전술 교리 이상의 것을 가르칠 수 있다는 것에 대해 래노폴리스의 하드코어 게이머들이 의구심을 가지고 있다면, 그들은 게임이 현실에서 벌어지는 전쟁의 감정적·정신적 비용을 재현하는 능력에 대해서도 무시할 것이다. 이들은 이러한 사실을 감사하게 생각한다. 한편으로, 유희적 병사의 정체성은 게이머가 게임의 아이템과 (게이밍 텍스트의 양식을 비롯한) 플레이 전략에 대한 지식을 포함해 전장에서 핵심 역량을 수행할 수 있는지에 달려 있다. 하지만 이 플레이 집단에서 유희적 정체성은 자신의 화면에서 전쟁이 어떻게 불완전하게 재현되고 가상으로 만들어지는지를 구별해 내는 능력에 달려 있다. 참여자들은 자신들의 욕구가 비교될 수 없다는 것을 인식하고 있었다. 다른 한편으로, 그들은 게임이 그래픽과 구동 엔진 면에서 보다 더 '현실적'이기를 바랐다. 이에 관해서는 앞서 5장에서 설명했던 갤러웨이의 "현실성"을 상기할 필요가 있다. 그러면서도 그들은 슈팅 게임의 즐거운 게임플레이를 위해 전쟁이 가진 가장 추악한 존재론적 공포를 빼거나 생략하길 원했는데, 이는 갤러웨이가 사회적 현실주의를 획득하기 위해 언급한 "적합 조건(congruence requirement)"과 관련이 있다. 그렇다면 이 랜 커뮤니티에서 하드코어 게이머와 '남녀 팬들'을 나누는 경계는 자신이 사랑하는 미디어 텍스트에 대해 비판적인 시선을 가지고 있는지 여부라고 할 수 있다.

크리스토퍼슨을 비롯해 내가 인터뷰한 게이머들은 PC 게임이 분명 남성적이고 경쟁을 추구하며 폭력을 요구하지만, 그럼에도 카타르시스를 주고 자연스러운 욕구를 풀어주는 치유에 준하는(quasi-therapeutic) 수단이라고 여기고 있었다. 주인은 과장된 어투로 이렇게 말했다. "하지만 (전쟁을 다룬 비디오) 게임들이 뭘 하나요? 전투를 통해 고통을 해결해 주죠"라고 말한 후 잠시 말을 멈췄다가, "하지만 당신이 사람들을 말릴 수는 없어요. 우리는 아주 너무 오랫동안 그런 식으로 해왔어요. 이건 어떻게든 발산해야 하는 거예요. 적어도 이게 안전한 방법이죠"라고 마무리했다. 한낮에 인터뷰가 진행되는 동안 자신의 뒤에서 플레이하는 게이머들을 가리키며 그는 "이 사람들은 늘 이 게임을 하지만, (래노폴리스에서) 폭력 시비는 **단 한 번도** 일어나지 않았어요. 그냥 일어나지 않아요. 만약 당신이 누군가를 성가시게 했다면 기껏 '닥쳐'라고 할 뿐이에요. 하지만 그게 다죠"라고 말했다. 크리스토퍼슨에게 폭력적인 비디오 게이밍은 건강함을 추구하는 것이었다. 주인이 가진 직감적인 믿음은 제프리 골드스타인(Jeffery Goldstein)이 폭력적인 장난감 놀이에 대해 설명한 것과 닮았다. 골드스타인은 주제에 관련된 일반적인 접근법을 설명한 후, 전쟁 장난감이 어떻게 사용되는지 알아보기 위해 (랜 센터를 비롯해) 연구자들은 자연스러운 설정에 관해 더 많이 연구해야 한다고 이야기한다. 골드스타인은 다음과 같이 말한다.

우리는 만족스러운 전쟁 게임플레이를 위해서는 많은 요구조건이 충족되어야 한다고 알고 있지만, 이러한 요구조건은 침략과는 대체로 상관이 없다. 요구조건에는 우리가 제안한 호기심, 탐험, 협력, 불안과 공포의 상쇄, 인지적·감정적·심리적 상태에 대한 자기 관리, 사회적 정체성 등이 있다. 모든 사회적 게임플레이는 다양한 설명과 행동 속에서 동시에 일어난다.[49]

포커스 그룹의 논의에서 래노폴리스의 플레이어는 자신이 좋아하는 게임이 전쟁의 추악함을 재현한다는 것에 대해 의문을 제기했다. 데이비드는 "나는 (밀리터리 슈팅 게임이) 너무 현실적인 건 원하지 않아요. 그렇게 되면 잘못된 의미에서 너무 치열해지니까요"라고 말하면서 다음과 같이 부연했다.

비디오 게임은 항상 폭력을 낭만적으로 그려내요. 항상 그렇죠. 나는 (슈팅 게임을) 플레이하는 것이 진짜 전쟁터에 있는 것이라고는 생각하지 않아요. 그건 정말 말도 안 되는 소리예요. 그건 "저것(게임)이 정말 경쟁력 있고 좋은 거야"라고 말하는 것과 같은데, 실제로 전쟁은 그렇게 경쟁하는 것이 아니에요. (전쟁은) "신이시여, 제발 내일을 살 수 있게 해주세요"라고 비는 것과 같아요. 그리고 다음 날, 그리고 또 다음 날. 거기에 (잠시 말을 멈추었다가), (전쟁의) 기쁨은 **정말 많이** 적어요.

친구가 한 말에 도일도 아래와 같이 덧붙였다.

의도한 게 아니라면, 팔다리를 잃고도 살아 있는 사람을 (게임에서) 볼 리는 없어요. 만약 팔다리를 잃는다면, 그는 아마 죽은 것이겠죠. …… (슈팅 게임에서) 당신은 완벽한 몸으로 돌아오거나 죽을 뿐이에요. 당신이 살게 되는 방식은 이 극과 극, 둘 뿐이에요. …… 죽음은 소름끼치죠. 하지만 그것보다 더 안 좋은 건 죽음은 피했지만 뭔가를 잃어버리는 거죠. 플레이어가 — 팔이나 다리 없이 — 뭔가를 잃어버린 채로 돌아왔다고 생각해 보세요. 사람들이 보기에 끔찍하겠죠. 그건 (게임 개발자들이) 피하고 싶은 거예요.

플레이어는 전쟁의 상품화와 관련해 게임 제작자들이 느끼는 제약과 압박에 대해 잘 알고 있었다. 작은 키에 얇은 턱수염을 가진, 절제된 표현을 좋아하는 28세의 나이 많은 오브라이언(O'Brien)은 "실제 전쟁이 가진 잔인함을 게임에 가져다놓는 건 재미있지가 않아요"라고 말했고, 이에 대해 루스터도 "이런 게임들을 만드는 회사에게는 게임에서 지켜야 할 선이 있어요. …… 분명히 제약이 있지만, 그래도 그들은 여전히 대중에게 제품을 팔아야 하죠"라고 덧붙였다. 이에 대해 오브라이언은 "사람들이 가진 관심과 두려움을 먹이로 삼는 것은 좋은 마케팅 도구이죠"라고 대답했다.[50] 29세로 오랫동안 〈카운터 스트라이크〉 토너먼트에 참여한 플레이어이자 래노폴리스에서 파트타임으로 일하고 있는 루스터의 말을 들어보자.

게임 회사는 미국인들에게 매력을 발산할 수 있는 방향으로 (자사의 타이틀을) 만들어야 하고, 어떤 상황에서든 우리를 승리자, 침묵하는 영웅, 약자로 그려내고 신비화해서 판매하는 거죠. 나는 그게 진짜이건 아니건 신경 쓰지 않아요. 단지 재밌는지에만 관심 있을 뿐이죠. 어떤 것이든 공격 받는 누군가가 항상 있기 마련이에요. 특히 최신 전쟁(게임)에서는요. 하지만 그건 (회사들이) 제품을 파는 방식이에요. …… 누군들 침략자에게 반격하는 대대의 일원으로 플레이하는 자신을 상상하고 싶지 않겠어요?

데이비드는 〈콜 오브 듀티: 블랙 옵스〉의 1인용 캠페인 중 하나의 미션 때문에 갖게 된 불편한 감정을 기억하고 있었다. 그는 당시를 플레이어가 권총과 손전등을 가지고 지하터널을 기어 다녔던 레벨로 묘사했다. 이 레벨에서는 어둡고 폐쇄공포증을 연상시키는 분위기에서, 적군이 어둠 속에서 총과 칼을 들고 뛰쳐나온다. 뇌리에 박혀 있는 이 레벨에 대해 동료들도 "재미"가 없다고 동의했다. 데이비드는 다음과 같이 말한다.

〈블랙 옵스〉는 모든 폭력을 비현실적으로 보일 정도로 소름끼치게 만들어버려요. …… (그의 말은 게임 엔진이 고해상도 그래픽을 만들어내는 것과 관련된 다른 사람들의 설전에 묻혔다) …… (데이비드가 힘주어 말하며) **하지만 당신은 여전히** 구덩이 속에 수류탄을 던질 수도 있고 땅 위에 뒹구는 살아 있는 사람의 팔다리를 날려버릴 수도 있어요. 그게 더 구역질나지만, 그렇다고 해서 그게 꼭 '나쁜 건' 아니에요. 하지만……. (생각에 잠긴다)

〈콜 오브 듀티〉, 나아가 9·11 이후의 밀리터리 슈팅 게임과 관련해, 도일은 이 게임들이 기술적·디자인적 제약에도 불구하고 존재론적인 공포와 내재된 역사를 인지시킨다고 주장한다. 베트콩의 '터널 공격'을 예로 들며, 그는 동료들에게 "애들이 거기 밑으로 권총과 손전등만 갖고 들어가서, 다음 지점에서 칼 들고 튀어나오는 사람이 없길 바랐잖아. 그리고 사람들은 그걸 다뤄야 했어. 확실히 (게임 제작자들은) 완벽하게 똑같이 할 수는 없어. 하지만 그것도 현실주의의 일부잖아. (개발자가) 찾아내야 하는 노림수는 거기에 있어"라고 말한다. 이후에 도일은 이러한 게임이 육탄전이 가진 본능적인 공포를 모사하는 것에 실패해도 투시도법적인 요소와 정서적 측면이 사라진 포스트모던 전쟁 기술을 잘 만들어낼 것이라고 주장했다. 그의 말을 들어보자.

당신은 군에 관련된 (무엇인가에 대한) 통찰력을 배우게 됩니다. …… 당신이 (〈모던 워페어 4〉에 나오는 유명한 레벨인) AC-130에서 150mm, 100mm, 그리고 50mm짜리 기관총으로 뭔가를 날려버리는 건 정말 신나는 일이죠. 하지만 만약 당신이 주의를 기울인다면 (컴퓨터가 통제하는 인공지능은) 신경도 쓰지 않는다는 걸 알아차릴 거예요. 이건 마치 "저 놈을 쏴", 그리고 빵! "저 놈을 쏴", 그리고 빵! 하는 것과 같죠. 몇 마일 떨어져 있는 비행기 안에 있기 때문에 신경 쓰지 않아요. (게임 제작자들은) 뭔가를 말하고 있는 거죠. "그게 지금 일어나는 (전쟁인) 거야"라고(그들은 말하고 있는 겁니다). 전장에서 "맙소사, 불 났어"라고 소리 지르는 놈은 없어요. 이제 캘리포니아에 있는 프레데터 드론(조종사들)이 다른 나라를 폭격하는 놈이 되는 겁니다. 당신은 이제 2마일 위에서 날려버리는 것에 대해 신경 쓰지도 않는 것을 데리고 있는 거죠.

게이밍 자본은 되풀이되는 게임플레이에서 슈팅 게임에 대한 지식을 뽑아내는 것과 함께, 유희적 전쟁의 텍스트적·맥락적 조화와 모순을 파악하기 위해 기꺼이 게임플레이 양식을 비판적으로 구별하려는 의지와도 연결된다. 하지만 이어질 내용에서처럼, 이러한 능력이 가진 영향력은 이들 게이머에게는 선의로 플레이하는 사람들보다 덜 중요한 것으로 여겨진다.

래노폴리스에서 마법사의 원을 규율하는 것

래노폴리스에서 비디오 게임을 하면서 플레이어들은 선수로서 어떻게 행동해야 하는지, 공동체의 규칙을 따르지 않는 다른 이들을 어떻게 규율하고 다루어야 하는지에 대해 가르침을 받는다. 밤새도록 게임을 하는 이들의 인구학적 특성 중에서 가장 놀라운 것은 이들 중 거의 모두가 젊은 남성 백인이라는 것이었다. 그리고 래노폴리스가 동성(同性)으로 이루어진 사회 공간의 성격이 강하기 때문에, 여기에서는 남성주의적·성차별주의적·인종주의적·동성애혐오증적 요소들이 적나라하게 드러나고 있다.[51] 실제로 나는 래노폴리스에서 현장연구를 하면서 한 번에 여섯 명 이상의 여성이나 소녀가 있는 것을 본 적이 없다. 어느 날 저녁, 나는 〈월드 오브 워크래프트〉를 플레이하는 세 명의 여성 옆에서 플레이하고 있었다. 하지만 래노폴리스에 있던 대부분의 여성처럼, 그들은 밤샘 마라톤이 한창인 자정이 되기 한참 전에 자리를 떴다.[52] 소녀와 여성이 별로 없는 래노폴리스의 상황은 다른 게임방의 모습과도 크게 다르지 않다. 예를 들어 비비스와 찰스는 "랜 카페와 랜 게임방 안에서 소녀 게이머는 그들의 희귀함과 신체적 존재 자체만으로도 눈에 띈다"라고 말한다.[53] 래노폴리스에 처음 갔을 때, 여성과 소녀는 남성들의 시선을 오랫동안 마주해야 했다. 이 소녀와 여성은 자신의 남자친구가 플레이하는 것을 보거나, 영화나 텔레비전 프로그램을 보는 것으로 시간을 보내는 이들로서 게임을 자주 하는 것은 아니었다. 내가 래노폴리스의 소파에 앉아 있을 때에는 소녀들이 정신없이 돌아가는 팀플레이 사이에 짬을 내어 내 옆에 앉는 경우가 종종 있었다. 10대 후반으로 긴 갈색 머리를 가지고 문자메시지를 주고받는 것을 즐기던 트레이시(Tracy)와 나는 TBS에서 방영하던 〈브리짓 존스의 일기 (Bridget Jones's Diary)〉(2001)를 틀어주던 모니터가 다른 엑스박스 360의 설정 화면으로 바뀌는 것을 보고 놀랐다. 래노폴리스에 여성 게이머가 눈에 띄게 없는 것에 관해 묻자, 크리스토퍼슨은 다음과 같이 대답했다.

> 많진 않지만, 몇몇 여성이 왔었죠. 누군가의 여자친구이거나 혹은 자기 아이를 데려다주기 위해 온 어머니였어요. 여기에서 〈댄스, 댄스, 레볼루션 (Dance, Dance, Revolution)〉이나 〈록 밴드(Rock Band)〉 같은 아케이드 게임이야 하겠지만 〈콜 오브 듀티〉나 (또 다른 팀전을 바탕으로 한 1인칭 슈팅 게임인) 〈팀 포트리스 2(Team Fortress 2)〉 같은 게임은 하지 않을 거예요. 게임 성향과 관련해, 여성은 사회적으로 밀접한 게임에 더 빠져드는 것 같아요. 말하고, 거래하고, 전략을 짜고 싶어하죠. 맞아요, 말하고 싶어하는데 …… 아마 죽을 때까지 당신이랑 말하려고 할 거예요. (말하고 나서 혼자 웃는다)

여성, 소녀, 성소수자 플레이어, 그리고 유색인종 게이머가 눈에 띄게 없는 상황에서, 평등주의에 의한 지배를 우위에 놓는 담론과 같은 몇몇 사회적 합의는 설 곳이 좁아진다. 래노폴리스의 게이머가 다루는 게이밍 에티켓을 위반하는 것, 그리고 더 일반적인 사회적 침해 행위는 이 게이밍 환경설정이 가진 사회적 가치를 보여준다. 되풀이되는 전투 속에서 형성되는 게임플레이의 위계질서와 함께 슈팅 게임에서 공격·방어 태세를 재빠르게 전환해야 하는 상황은 가상의 경계를 넘어서 게이머가 다른 게이머와 이야기를 나눌 때도 드러난다. 물론 이에 대해 물었을 때, 대체로 이들은 "장난이에요", "짓궂게 노는 거죠", "좋은 시간을 보내고 있어요", 혹은 "게임일 뿐이에요"라고 말한다. 이 장에서는 이 공통적인 말들에 대해 이 공격적인 랜 담론이 게이머가 주장하는 것보다 더 많은 의미를 가지고 있으며, 이러한 의미 교환이 플레이 공동체를 규율하는 수단으로 이루어지고 있다는 점에서 더 복잡하다는 데 대해 이야기하고자 한다. 내가 래노폴리스에서 목격한 바에 따르면, 적어도 세 가지 ─ 장난기 많고, 용인될 수 있고, 결코 용납될 수 없는 ─ 범주가 이러한 위반행위의 적절성과는 상관없이 존재한다.

장난기에서 비롯된 위반(playful transgression)의 경우, 게이머들이 장난스럽게 다른 이를 방해하거나 짜증나게 하는 형태의 의미 교환을 말한다. 이러한 구어적·가상적 대결은 모두 농담으로 이해되며, 일반적으로 ('아무 말 대잔치'처럼) 누군가에 대항해 플레이할 때의 경험의 일환으로 받아들여진다. 예를 들어 〈카운터 스트라이크〉에서 벌어지는 몸풀기용 대결에서, 샘(Sam)은 참여하는 모든 전사가 칼만 사용할 것을 뜻하는 "칼빵(Knife Fight)"을 외친다. 그리고 나머지 플레이어도 곧장 이 제안을 따라 한다. 하지만 자신이 만든 이 규칙은 샘의 상대방이 자동소총으로 쏘면서 즉시 사라진다. 못 믿겠다는 말투로 그는 "이 ××야, 너 날 쐈어"라고 소리치고, 리는 "그럼 총싸움에 칼 가져오냐!"라고 대꾸한다. 이에 "야, 우리는 칼빵하고 있었잖아!"라고 샘이 징징댄다. 이 대화는 모두의 웃음을 불러일으킨다.

장난기에서 비롯된 또 다른 위반행위에는 게임을 놀리거나 이에 대해 '부정적인 메시지를 보내는' 것이 있다. 이것은 쉽게 사용할 수 있고 가벼운 문제를 다루는 것이라서 완전히 남성적이라고 규정하기는 어렵고, 캐주얼 게이머에게나 통하는 조악한 것으로 여겨진다. 어느 날 저녁, 한 젊은 남성이 래노폴리스의 뒤쪽 벽에 있는 닌텐도 위에서 인기 있는 만화적 싸움 게임인 〈슈퍼 스매시 브로스. 브롤(Super Smash Bros. Brawl)〉(2008)을 하고 있었다. 얼마 후에 그는 주변에 있는 컴퓨터 사용자들에게 "애들 아니면 여자애들이나" 하는 게임을 하고 있다며 놀림의 대상이 되었다.

용인될 수 있는 위반(tolerable transgression)은 공개적인 자리에서는 잘 들리지 않고 제재의 대상이 되는 저속한 대화와 농담이다. 이러한 표현은 면전에서 욕하는 것이 대부분이다. 하지만 이러한 대화가 "용인 가능한" 것은 플레이어들이 서로를 하찮거나 보이지 않는 집단으로 부르기 때문이다. 그리고 밤샘 게임을 하는 거의 모든 플레이어는 이성애자를 자처하는 백인 소년과 남성들이기 때문에 이러한 말은 인종차별적이거나, 동성애혐오적이거나, 성차별적이다.

예를 들어 리와 그의 팀은 〈콜 오브 듀티 4〉에서 '적군(Op-for)'으로 플레이하게 되어 자신들의 아바타가 아랍인으로 그려지면, 영화나 뉴스에 등장하는 중동 사람들이 열정적으로 내는 소리인 "얄랄랄랄라"처럼 아랍어로 들리는 잘구타(Zalghouta, 일종의 의성어구 _옮긴이)를 흉내 내며 소리치며 축하한다. 이는 〈카우보이와 인디언(Cowboys and Indians)〉이라는 게임에서 어린이들이 "콧방귀"를 뀌어대는 북미 선주민의 판박이 말을 따라 하는 것을 연상시킨다. 두 번째 예는 밤늦게 여성들이 떠나고 이곳이 남성으로 가득한 상태로 변하는 것에 대해 민감해 하는 것에서 비롯된다. 어린 게이머들은 래노폴리스를 "소시지 돼지축제(sausage porkfest)"라고 부르며 다른 이들에게 (예를 들어 성폭행 당해서) "게이가 되고 싶지 않다면" 잠을 자지 말라고 경고한다. 문제가 될 만한 마지막 예로는, "강간하다"라는 동사가 한 플레이어가 다른 플레이어를 지배하는 것을 묘사하는 단어로 자주 사용된다는 것을 꼽을 수 있다. 리는 〈콜 오브 듀티〉의 비공식 토너먼트를 지휘하면서 플레이어들을 짤 때, 같은 팀 동료에게 "우리가 함께여서 좋아. 내 친구들을 강간하고 싶진 않거든"이라고 비꼬았다. 안타깝게도 이 더러운 위협은 래노폴리스에만 국한된 것도 아닐뿐더러 슈팅 게임의 게임플레이에만 해당되는 것도 아니다.[54]

세 번째 범주인 **용납될 수 없는 위반**(inviolable transgression)에는 게이머를 직접 모욕하는 표현 또는 절대 어겨서는 안 되는 플레이 규칙을 위반하는 표현이 해당된다. 짧은 레게 머리에서 빛이 나는 10대 흑인인 보비(Bobby)는 지인인 소년이 "저 깜둥이 ×× 죽어버려"라고 말하는 것을 듣게 되었다. 이 문구가 보비에게 향한 것은 아니지만 그럼에도 불구하고 그는 그 백인 소년에게 달려들어 "무슨 소리냐"라고 따졌다. 백인 소년은 자신이 한 말이 가지는 의미를 재빨리 깨닫고, "아무것도 아니야. 신경 쓰지 마"라고 대꾸했고 이에 대해 보비는 "알았어, 하지만 조심해"라고 대답했다. 다른 이들에게 알리고 싶지 않았던 백인은 "우린 괜찮아, 괜찮아"라고 다시 대답했다.

또 다른 신성불가침의 규칙으로는 소프트웨어를 해킹하거나 부당하게 유리한 플레이를 할 목적으로 ─ "스크린 노려보기(screen pecking)" 혹은 "스크린 해킹(screen hacking)"이라고 불리는 ─ 남몰래 다른 이의 화면을 훔쳐보는 것과 같은 부정행위를 금하는 것을 들 수 있다. 래노폴리스에서는 "핵(Hack)", "해킹"이라고 외치는 소리가 주기적으로 들리는데, 벽을 보고 PC 앞에 앉아 있던 게이머들 중에 만약 누군가 개인정보라고 여겨질 만한 부정한 이득을 얻고 있는 것을 보면 그렇게 외치는 것이다. 그리고 비공식적으로 "잔소리하는 것" 혹은 팀 동료를 죽이거나 일부러 죽음을 맞이하는 것처럼 해서, 대놓고 규칙을 위반해 모두가 참여하는 게임을 망쳐놓는 것도 사실상 금지되어 있다. 이것은 이어지는 부분에서 포커스 그룹 참여자들이 여기에 상당한 시간을 할애해서 이야기할 정도로 민감한 부분이다. 아마 리(Lee)도 내가 유탄발사기를 좁은 복도에서 의도적으로 발사해서 문제를 일으켰다고 생각해서 나를 "눕튜브"라고 불렀을 것이다. 내가 뭘 한 것인지 그때는 잘 몰랐지만, 나는 온라인에서 일어난 행동으로 인해 이 오프라인 공간에서 내가 그토록 빨리 그런 식으로 불렸다는 것에 충격을 받았다. 나는 반발을 불러일으키는 행동이 일어날 때마다 놀랐고, 래노폴리스 바깥에 있는 사람들에 관해 사람들이 쓰지 않는 여러 비방도 들었다.

"잔소리하는 것"에서 도와주는 것으로: 유희적 병사들의 서로 다른 플레이 스타일

멀티플레이어 모드에서 유희적 전쟁을 치를 때면 팀 동료들과 소통할 때만큼 게임플레이의 교훈이 적나라하게 드러나는 경우는 없다. 〈콜 오브 듀티 4〉에서 처음으로 다자간 전투를 치를 때, 나는 작은 테 안경을 쓰고 덥수룩하게 자란 갈색 머리를 가진 마른 체격의 제름(Germ)이라는 어린 남성과 같은 팀이 되었다. 래노폴리스의 많은 플레이어가 온라인 핸들을 사용하고 있는데, 제름도 예외는 아니었다.[55] 제름은 모니터에서 눈을 떼지 않은 상태에서 나를 자신의 팀으로 초대한 후, (이제) 네 명으로 이루어진 자기 팀의 화력을 최대한으로 끌어올리기 위해 내가 어떤 장비를 선택해야 할지 조언해 주었다. 우리는 약간 뚱뚱한 체구를 가진 20대 초반의 남성이자 나를 "눕튜브"라고 부른 장본인인 리가 속한 유능한 2인조 팀과

거루게 되었다. 리는 래노폴리스의 단골손님이었고 〈콜 오브 듀티〉의 멀티플레이 모드에 대해서도 꿰고 있었기 때문에 그와 맞붙은 적과 동료들, 그리고 목소리가 들릴 거리에 있는 모든 이에게 자신이 가진 가상의 능력치를 자랑하기에 여념이 없었다. 숫자는 부족해도 잘 짜인 리의 2인조와의 전투가 치열하게 진행되는 동안, 제름은 내게 기대어 나의 화면을 보면서 내가 어디에 숨어야 할지, 좋은 사격 위치는 어디인지 알려주었고, 동시에 리와 그의 동료에게 계책을 사용했다. 나는 상대를 안다는 것이 게임과 그 통제 체계를 아는 것만큼이나 쓸모 있다는 것에 놀랐다.[56] 이어지는 전투들 속에서 우리는 우리의 팀플레이에 기뻐하는 자신을 발견할 수 있었고, 래노폴리스에서 벌어지는 전투에서 "자식, 잘 죽였어!", "고마워, ×× 네가 날 살렸어"라는 말들은 일상적이었다.[57]

포커스 그룹에 참여한 사람들의 목소리를 높이게 만드는 다양한 플레이 스타일이 있다. 이 플레이어들은 초보 플레이어들["신출내기들(noobs)"]의 '보모 노릇'을 해야 하는 것과, 백치처럼 보여 비웃음을 얻은 후 뒤통수를 치는 플레이어들["트롤들(trolls)"], 패배를 인정하지 못하는 팀원이나 적들["분노의 화신들"(rage quitters, 늘 게임을 화내면서 끝내는 사람을 일컫는 속어 _ 옮긴이)], 그리고 핵심 지점에 매복해 있다가 다른 플레이어를 덮치는 사람들["죽돌이들(Campers)"] 등등을 상대해야 하는 것에 대한 불만을 쏟아냈다. 하지만 어떤 경우라도 "그리퍼들(Griefers)"보다 이 래노폴리스 토론자들을 더 짜증나게 하는 플레이 스타일은 없었다. "그리퍼"란 의도적으로 다른 사람들을 도발하고 희롱할 뿐 다른 것에 대해서는 별다른 관심이 없는 사람을 일컫는다. 슈팅 게임에서 이들은 같은 팀의 차량을 부수고, 일부러 동료들을 살해하거나 혹은 적에게 쉽게 죽임을 당할 수 있도록 만들어서 — "퍼주기(feeding)"라고 경멸적으로 불리는 행동으로 — 결국 상대 팀의 점수를 높여준다. 루스터는 그리핑을 용납할 수 없는 형태의 트롤링으로 여겨, "(그리핑은) 결코 용납될 수 없는 거죠. 제게 온갖 욕을 할 수도 있겠습니다만, 당신이 저나 다른 사람의 게임을 망친다면 그건 (서버 관리자나 게임 서비스에) 알려서 가만 두지 않을 겁니다"라고 말한다.

상황을 알아차리지 못해 그런 것인지, 아니면 의도적으로 신출내기처럼 플레이하는 것인지를 구별하는 것은 애매모호하다. 51살로 희끗한 콧수염을 가진 폭스(Fox)는 이 게임방에서 가장 나이 많은 플레이어 중 한 사람인데, 그는 이러한 초보자의 전쟁 게임플레이에 대해 다음과 같이 이야기한다.

> 정말 견디기 어려운 불쾌함을 느끼는 순간은, 당신이 [〈배틀필드: 배드 컴퍼니 2(Battlefield: Bad Company 2)〉에 나오는] 주포인 탱크 안에 있고 기관총으로 바꾸었을 때 어떤 멍청이가 뛰어들어 와서 (탱크를) 박살내고 (전장으로) 끄집어냈을 때이죠. (그 플레이어는) 구데리안(Guderian)이나 다른 (전쟁) 이론을 모르는 거예요.[58] 그리고 모든 보병에게 그 짓을 하고 다니다가 10초도 안 돼서 박살이 나죠.

이에 대해 루스터가, "그렇게 되면 폭스가 1분가량 모니터에 대고 욕설들을 퍼붓죠"라고 재빨리 덧붙였다. 게임방의 이 노장은 이 말을 수긍하면서도, 대개 "빌어먹을 얼간아!"라고 할 뿐이라고 대답했다. 이러한 내적 어려움에도 불구하고 래노폴리스의 플레이어들은, 경험 많은 플레이어가 새내기 플레이어와 데이비드의 말을 빌리자면 "정말 빈둥대는" 플레이어를 곧바로 구별해낼 수 있다고 믿고 있었다.

그리핑은 래노폴리스의 유희적 전투 공간을 비롯해, 멀티플레이어의 게임 공간에서 친선을 도모하는 것과는 거리가 먼 금기사항이다. 그 대신, 이 고객들이 가상 이상적인 것으로 여기는 협력적인 플레이는 누군가의 게임 자본을 얻고 유지하는 가장 확실한 방법이 된다. 포커스 그룹 참여자들에 따르면, 이들은 잘하지만 소통이 안 되는 플레이어보다는 믿을 수 있는 팀 동료를 더 선호한다. 이것은 래노폴리스의 하드코어 게이머들이 연승(連勝)보다 사회적 유대와 사람들 간의 연결을 더 중시한다는 것으로, 그들의 텍스트적 생산성과 다른 이들의 게임플레이 행동이 엄밀히 말해 도구를 사용함으로써 나오는 노력을 의미하는 것은 아니라는 점을 보여준다. 이 집단의 게이머들은 소통할 수 있는 기술, 다른 게이머의 플레이 스타일과 차별화할 수 있는 능력, 그리고 팀 동료를 도와줄 수 있는 의지라는 세 가지 요소를 가지고 다른 이들을 판단한다.

토론과 인터뷰에서 계속 등장한 이야기 중 하나는 "도와주는 게이머"를 만나고 싶어 하고 친구를 사귀고 싶어 하는 욕구였다. 도일은 다른 사람들을 찾아나서는 것에 대해 "내가 만약 한 문장으로 이를 표현할 수 있다면, '신경 쓰이지. 당신이 뭘 하고 있는지 신경 쓰인다'라고 할 거예요"라고 말한 후에, "팬 픽션을 쓰고 모드를 만들고 하는 건 당신이 그 게임을 즐기는 것과는 상관없는 일이죠"라고 덧붙인다. 하지만 이는 이 게이머들이 게임으로부터 비롯된 다른 형태의 생산성보다 게임 자체의 기술에 더 가치를 두고 있다는 점을 보여주는 것이기도 하다. 데이비드가 자신만의 방식으로 협력적 혹은 도와주는 게이머를 정의한 것을 살펴보자.

잘 도와주는 게이머는 모든 범주에 전부 해당될 수 있어요. 일상적인 게이머일 수도 있고, 하드코어, 나아가 파워 게이머일 수도 있죠. 하지만 음악을 요란하게 틀거나 투덜대거나 게임 내내 욕설을 퍼붓는 사람이 아니라 헤드셋을 끼고 플레이하는 사람일 거예요. …… 실제로 같이 일하는 사람, 자신을 존중해 주는 게이머를 찾아다니는 사람, 하나의 공동 단위로서 함께 일할 수 있는 충분히 좋은 소통 능력을 가지고 있는 사람이죠.

이에 대해 버디는 "모든 건 소통에 관한 거예요. …… (마치) '애들아, 저기 저격수가 있는데 너희들이 저기 돌아다니면서 수류탄도 던져 넣고 해서 저 지랄 같은 똥 좀 치워줘'라고 하는 거죠"라고 강조한다. 전투가 진행되는 동안 상황을 공유하고 소통을 잘하도록 유도하는 것은 단지 결과를 위한 하나의 수단으로 국한되지 않는다. 오히려 사려 깊은 소통은, 한 사람을 좋은 팀 동료로 만들고 플레이 공동체를 발전시키기 위해 필요한 요소로 인식된다. 이에 대한 도일의 말은 요한 하위징아가 제시한 "흥을 깨는 사람(spoil-sport)"[59]과 연결될 수 있다.

마치 당신이 그곳에 있는 것처럼 감정이입을 해야 해요. 왜냐하면 당신이 얼간이처럼 구는 것에 집중할 때면 다른 이들의 시간을 낭비하고 있기 때문이죠. …… (비디오 게임을 하는 것은) 다른 스포츠와 다르지 않아요. 당신은 모두가 그 게임 '안에' 있길 바라죠. "단지 게임일 뿐인데"라고 할 수도 있지만, 사람들은 정말로 그 게임에서 제대로 플레이하고 싶어 해요. 게임을 플레이하면서 (어떤 사람이) 자기 마음대로 하게 내버려두는 게 아니라요.

오랜 시간 동안 벌어진 게임플레이에 대해 기록해 두는 것은 그들이 선호하는 플레이 스타일과 다른 이들의 플레이 스타일을 분명히 구별해 준다. 폭스에 따르면 "진짜 플레이어는 (다른 플레이어로부터) 자신을 차별화하고 구별하기 시작"한다. 앞서 폭스가 언급한 탱크에 관한 일화는, 소통의 신호가 항상 분명히 전달되는 것이 아닌 상황에서도(예를 들면, 헤드셋을 착용하지 않은 플레이어 때문에 게임플레이를 두고 사고와 오해가 있거나, 최고의 행동과 전략을 위한 능력과 지식이 다양한 상황), 하드코어 게이머는 점차 다른 사람들의 플레이 스타일을 읽어낼 수 있게 된다는 것을 보여주는 하나의 예시이다. 오브라이언은 비슷한 구경(口徑)의 총을 온라인에서 사용하는 사람들을 찾아서 래노폴리스에서 그들을 처음으로 만나는 것을 즐긴다. 슈팅 게임을 플레이함으로써 그들은 공통된 경험을 가지게 되고 이는 그들 관계의 토대가 된다. 하지만 친구를 얻는 것보다 게임 자체에 더 흥미가 있는 폭스나 루스터 같은 베테랑 플레이어에게 차별화는 실력이 떨어지는 팀 동료에게 시달리는 것을 피하게 해주고, 루스터가 "쓰레기"라고 말한 것들로부터 게임플레이가 주는 기쁨과 생산성을 보호하기 위해 필요한 핵심 전략이다.

하드코어 게이머는 플레이 스타일을 구별해 내고 동료들과 활발하게 소통하는 핵심 역량을 계발하고 다른 이들에게도 이러한 역량을 기대한다. 하지만 이러한 특성도 다른 사람들의 플레이를 북돋아주는 것만큼 높이 평가받는 것은 아니다. 버디는 자신이 느낀 것을 바탕으로 "당신을 좋은 플레이어로 만들어주는 것은 당신 팀에 저 작은 얼간이를 데려갔음에도 승리를 이끌어내는 것에 있다"라고 말한다. 자신의 젊은 분대 동료보다 말수가 적고 과장이 적은 폭스는 자신이 〈배틀필드: 배드 컴퍼니 2〉에서 "좋은" 유희적 병사였다고 자신의 행동을 자평했다.

(재밌죠.) 당신이 써먹을 수 있는 무언가를 찾았을 때, 혹은 당신이 전장을 지배하고 팀의 성공을 가져다줄 수 있을 때. **그건** 좋은 경험이에요. (예를 들어 〈배틀필드〉에서) 당신은 (탱크의) 기관총을 이용해서 네 개의 깃발

중에서 두 개 또는 세 개를 차지할 수 있어요. 당신도 알겠지만 사람들을 죽이고 전멸시키는 동시에 …… (다른 플레이어의) 전략도 전멸시키세요. 당신은 플레이어 중에서 평균 이상이므로 평균 정도의 실력을 가진 (당신의 팀에 속해 있는) 플레이어들이 와서 플레이하고 성공할 수 있어요. …… (참여자들끼리 이야기를 나눈다) …… (당신이 플레이를 잘하면) 당신보다 계급이 높았던 플레이어 두셋이 이제 팀을 꾸려서 …… 당신을 잡고 당신 팀의 명확한 이점을 극복하기 위해 달려오게 되죠.

이타적인 게임플레이는 경쟁으로 가득한 게임의 세계에서 희귀한 것으로 받아들여진다. 특히 상대방보다 더 많은 이들을 죽여야 하는 밀리터리 슈팅 게임의 경우에는 더욱 그러할 것이다. 설혹 타이틀의 게임 모드가 엄격한 제로섬 게임이 아닐지라도, 많은 플레이어는 마치 그런 것처럼 플레이한다. 루스터는 이타적인 플레이어가 부족한 현상을 떠올리며 다음과 같이 말한다.

만약 이것이 정말 희귀한 유형(게이머)이라면, 좀 더 있었으면 좋겠어요. 살인 기록(연달아 죽인 숫자 같은)이나 자신이 얼마나 흉폭했는지 같은 것으로부터가 아니라 게임으로부터 흥미를 느끼는 사람이라면, 그래도 …… 게임 말미에 자신의 팀이 이겼을 때, 자신들도 공격적이었다는 걸 알게 될 거예요. 그들은 "내가 얘를 살려줬어. 내가 이걸 했고, 저것도 했어. (아무렴) 내 명중률(KDR)[60]은 구덩이에 처박혔지만, 그래도 내 팀이 이겼고 내가 도왔어"라고 말하겠죠. 이러한 사람들 …… 금메달보다는 뒤에서 다른 사람을 도와주는 것만으로도 행복한 사람들, 이런 플레이어가 좀 더 많아졌으면 좋겠어요.

루스터가 자세히 밝힌 이 반응은 탁자 주변에 앉아 있던 다른 게이머들의 공감을 얻었고, 몇몇 동료는 이에 대해 "아멘"이라고 응답했다.

결론

분명히 밝히지만, 계속해서 이어진 이 토론은 래노폴리스에만 국한되는 것이고 다른 게임방이나 다른 플레이어 계층에 일반화되기는 어렵다. 이는 플레이를 하더라도 래노폴리스와는 상당히 다른 아케이드 같은 장소에서 해본 사람들에게는 당연한 말일 것이다. 반복해서 말하지만, 이 게임방에는 인기 있는 밀리터리 슈팅 게임뿐만 아니라 다른 게임도 존재한다. 하지만 래노폴리스를 연구 장소로서 흥미롭게 만든 것은 공개적으로 수행되는 유희적 전쟁이 다른 게임플레이들을 압도하는 방식과 가상의 전사들이 다른 이들과 어떻게 플레이하는지를 예시하는 방식이다. 래노폴리스에서 유희적 전쟁은 매개된 연결고리를 넘어서 고객들의 플레이로서의 삶을 작동시키고 관리하는 힘이었다. 게임과 플레이어, 그리고 기술적 연결 방식으로서의 랜이 하나로 결합되어 유희적 전쟁을 규율하면서 "걸핏하면 총질하는" 사회적 환경을 과잉으로 만들어놓았다.

래노폴리스의 충실한 게이머들에게 자신만의 게이밍 자본을 가꾸는 기쁨은 필연적으로 같은 생각을 가진 게이머들의 평가로부터 영향을 받는다. 온라인과 오프라인에서 벌어지는 플레이어 간 소통, 게임과 플레이 전략에 대한 구체적인 지식 공유, 다양한 게임플레이 스타일을 읽어내는 능력, 이타적인 팀 동료 되기는 '하드코어적' 유희적 병사로서의 능력을 입증받는 요소이다. 루스터가 비디오 게임에 대해 조롱조로 "아무나 하는데요"라고 말한 것처럼, 게이밍이 흔하게 자리 잡은 요즘 상황에서 이 플레이어들은 그러한 능력을 중시하고 있었다. 새로운 플레이어들이 래노폴리스로 들어오는 상황에서, 이 게임광들은 강력한 유대감을 가지고 플레이 공동체를 구축할 수 있는, 비슷한 생각을 가진 플레이어의 필요성을 더욱 절실히 느끼게 되었다. 이러한 게이머들이 만들어내는 게이밍 자본은 오브라이언이 "다 얼간이, 병신이고, × 같은 놈들"이라고 말한 것처럼 가상의 형제적 유대감이며 멀티플레이어 슈팅 게임에서 쓰레기들을 쫓아내준다.

래노폴리스의 단골 고객들과 함께 플레이하고 이야기를 나누면서, 1인칭 및 3인칭 밀리터리 슈팅 게임을 플레이하는 것이 매개·비매개된 멀티플레이어 게임 경험과 여러 면에서 상응한다는 것을 분명하게 파악할 수 있었다. 장르나 게이밍 플랫폼에 관계없이, (부정행위를 하거나 그리핑하지 않는 것처럼) 공유되는 사회적 예의범절 및 대중적인 처신과 관련된 공통된 이상이 존재한다. 하지만 동시에 장르와 매체 특유의 요소는 텍스트적·맥락적 차원에서 밀리터리 슈팅 게임의 게임플레이를 뚜렷하게 구별된 매체 경험으로 만든다. 그리고 전쟁의 스펙터클이 가져다주는 여러 유희적 기쁨이 존재한다. 이에 대해 버디는 "나는 폭발하는 것이 좋아요. 나는 수류탄, C4, 공습, 모든 …… 굉음. (강조를 위한 반복으로서) 굉음 말이에요!"라고 인정한 바 있다. 여기에는 전쟁의 리얼리티를 보여주지 않고, 다른 밀리테인먼트와 게임을 결합시킴으로써 얻게 되는 유희적 기쁨이 있다. 이에 대해 데이비드는 다음과 같이 말한다.

전쟁을 게임플레이하는 것이 실제 전쟁과 같지 않을 것이라는 사실에 대한 확신을 넘어섭니다. 거대한 폭발, 비행기 추락, 추격, 탱크 등장, 지하 기지 침투, 그런× 같은 것들은, 현실적이지 않아요. 대단하긴 하죠. …… 영화 같고 손에 땀을 쥐게 하는 모습에 몰입하는 것은 재미있지만, 그래도 현실은 아니죠.

전쟁을 같이 게임플레이하는 것이 가져오는 또 다른 즐거움도 존재한
다. 나아가 이러한 게임이 몰입적·본능적이고 (가령 투시적이고 전략적인 것
이 없는 실시간 전략 게임과 달리) 순간적이기 때문에, 소통·조정·타이밍, 그
리고 완전한 신뢰는 이러한 가상전의 결과를 결정하는 전력승수(戰力乘數)
가 된다. 온라인에서 정신없이 돌아가는 전투 속에서 공통된 목적을 가지
고 함께 일하는 것은 사회적 유대감을 강화하고 플레이어로서 공감 능력
을 향상시켜 게임 자본을 계발한다. '좋은' 유희적 병사는 단순히 게임에서
싸우는 누군가를 넘어 게임에 관계없이 플레이에서 강한 공동체를 구축할
수 있는 사람을 말한다. 데이비드가 말한 것처럼, "좋은 게이머가 되는 것
은 플레이하는 게임이나 장르에 관계없이 공동체를 굳건하게 만들기 위해
(노력하는 거죠). 그것이 꼭 당신의 책임일 필요는 없지만 좋은 게이머의 특
징은 (초보 게이머를) 돌보고, 도와주고, 지도해 주는 …… 경험으로부터 나
오는 것"이다. 오브라이언도 데이비드와 같은 입장이지만, "좋은 게이밍"
은 더 기본적인 것으로서 "좋은 태도를 가지고 좋은 시민이 되는 것이죠.
당신 주변에 있는 사람들이 같은 것을 한다면, 모두가 가장 즐거운 경험을
이끌어낼 겁니다"라고 말한다. 이들은 능력 있고 이타적인 게이머가 됨으
로써 소통이 잘되는 팀을 만들고, 게임을 지배하고, 온라인 공간에 팽배한
독설들로부터 그들을 보호해 낸다 — 설혹 자신들이 그런 행동을 하고 있
을지라도.[61] 데이비드는 이에 대해 "(이것은) 협력적인 게이머이자 공동체,
그리고 하나의 단위가 될 수 있도록 씨앗을 심는 일을 도와주는 것들이죠.
…… 공동체는 12살짜리 아이가 당신 어머니를 욕하는 것이나 다른 것들
로부터 (받은 모욕감을) 상쇄시켜 줍니다"라고 말한다.

나는 서투르게나마 이 장을 게이머들이 하는 유머로 마무리하고 싶은데, 이는 앞서 설명한 위반의 범주처럼 이것이 공동체를 만드는 노력의 이면에 있는 고약한 모습이기 때문이다. 내부자가 있으면, 외부자도 있게 마련이다. 어느 여름날 밤 밤샘 게임에서 리가 피로회복용 음료를 손에 쥔 채 자신의 PC로 돌아가서, 옆에 앉아 있는 게이머에게 "너도 알잖아"라면서 농담을 건네기 시작했다. 우스꽝스러운 소리를 내가며 그 큰 캔을 마시면서, 그는 "나는 내 여자를 좋아하는 것처럼 내 C4(많은 전투 게임에서 등장하는 폭발 장치)를 좋아해……"라고 말했다. 극적인 효과를 위해 잠시 멈추더니 이내 조용해졌다. 그는 웃음의 포인트를 살리지 못해 잠시 중얼거렸는데, 이에 몇 안 되는 그의 청중은 헛웃음을 웃어야 했다. "잠깐만"이라고 외치더니, 그는 입술에 묻은 음료수를 닦아내면서 농담의 결말을 만들어내기 위해 분투했다. "나도 알아. 작고 꽉 껴 있는 게 불기만 하면 딱이지"라고 말을 잇던 그는 소리를 내면서 버섯구름을 연상시키는 폭발을 손으로 묘사하며 농담의 장황한 결말을 강조해 냈다. 그는 스스로 만족한 것처럼 보이는 미소를 짓고, 어울리지 않게 큰 이어폰을 끼고 다시 게임 메뉴가 나온 화면으로 돌아가 다음 사격전을 준비하기 시작했다. 이 어설프고 저속한 농담은 고성능 게임용 하드웨어, 스스로를 '하드코어'라고 부르는 것, 그리고 남성 게임 커뮤니티라는 세 가지 요소의 결합이 만든 (가상의 전장의 안과 바깥을 규찰하는 불문률하에서 작동하는) 사회적 환경에 대해 내가 참여관찰한 내용을 단적으로 보여준다.

/

전쟁문화의 유희화

막강한 군대(An Army of Pwn)

나는 댈러스 컨벤션센터에서 얼마 떨어지지 않은 곳에 주차하고 거대한
건물로 걸어가고 있었다. 어떻게 가야 할지 몰라서 나는 게이머로 보이는
10대 소년 무리를 따라다녔다. 컨벤션 센터에 인접한 공원에 이르렀을 때,
우리는 다른 어른들 및 10대들과 합류했는데, 이들도 2011년 메이저 리그
게이밍(MLG)의 첫 프로서킷(pro-circuit) 행사를 구경하거나 참여하기 위해
몰려든 사람들이었다. 이 일요일은 세 번째이자 마지막 개막 주간의 경연
날이었고, 나도 수천 명의 다른 게이머 참가자처럼 어떤 플레이어와 팀이
실시간 전략게임인 〈스타크래프트 2〉(2010), 공상과학 슈팅 게임인 〈헤일

로: 리치(Halo: Reach)〉(2010), 그리고 밀리터리 슈팅 게임인 〈콜 오브 듀티: 블랙 옵스〉의 대전에서 승리를 거둘지 보기 위해 이곳을 찾았다. 메이저 리그 게이밍은 래노폴리스의 소문난 확장판이었다. 수십 명의 플레이어가 서로 연결되어 게임플레이를 펼치는 대신에, 이 공간은 수백 명을 수용할 수 있었다. 래노폴리스와의 또 다른 차이점은 게이머가 돈을 위해 플레이한다는 것이었다.

화면으로 채워진 컨벤션 장소는 크게 세 곳으로 나뉘어 있었다. 첫 번째 장소는 후원 기업들의 부스로 채워져 있었다. 게임용 하드웨어와 주변 장치를 만드는 에일리언웨어나 아스트로(Astro), 소니 같은 기업이 참가자들에게 최신형 장비와 게임을 시연해 볼 수 있게 하고 있었고, 워헤드 캔디(Warheads candy), 스트라이드 껌(Stride gum), 노스 에너지드링크(Nos energy drink), 그리고 닥터 페퍼와 같은 식음료 기업이 당으로 가득한 상품의 무료 샘플을 나누어주고 있었다. 가운데 공간에는 네트워크 PC와 콘솔들이 게임 경연을 위해 줄지어 놓여 있었다. 붉은 옷을 입은 메이저 리그 게이밍 관계자들과 나를 포함한 관객들은 게이머들이 토너먼트에서 이기기 위해 경쟁하는 동안 별도의 통로에서 이들을 보고 있었다. 마지막 장소에는 공중에 설치된 스피커와 엄청나게 큰 세 개의 프로젝터 화면 중 하나를 통해 플레이를 스포츠처럼 중계해 주고 있었고, 여기에는 수천 명의 관객이 수천 달러와 리그의 스폰서십을 걸고 이 나라에서 가장 뛰어난 선수들이 벌이는 경쟁을 응원하고 있었다.

나는 e스포츠 리그에서 비디오 게임플레이의 상품화가 심화되는 데 대한 간략한 설명으로 결론을 시작하고자 한다. 왜냐하면 이것이 서론에서 설명한 〈인베이더스!〉 설치 예술작품에 대한 극적인 반례가 될 수 있기 때문이다. 이 반례들은 비디오 전쟁 게임이 만들어내는 정서적인 상태와 경험의 다양한 범주를 보여주고, 이러한 타이틀과 플레이 공동체, 그리고 예술적인 것에서부터 기업에 이르기까지 이들과 연결된 이해관계가 어떻게 이 이질적인 수단과 연결되는지 보여준다. 우선 밀리터리 슈팅 게임은 아마추어들이 거실과 대학교 기숙사에서 손수 만들었던 토너먼트를 관객들로 가득한 스포츠로 탈바꿈시켜, 유희적 전쟁 경험을 상품화한 프로게임 리그로 이끈 것에서 많은 덕을 보고 있다.[1] 그러나 다른 한편으로, 〈인베이더스!〉와 이에 동조하는 유사한 방해물은 도피성이 강한 이 영역에 불편한 현실을 주입시켜 가상전투가 주는 즐거움을 비판한다.

e스포츠를 반전 예술품으로 묶어내고 9·11 이후 출시된 셀 수 없이 많은 전쟁 게임을 연결하는 요소는 바로 유희적 전쟁 플레이가 가지고 있는 헤게모니적 즐거움이다. 이 책이 내건 첫 질문 중의 하나가 다른 밀리테인먼트 장르가 고전하고 실패하는 상황에서 왜 밀리터리 슈팅 게임만 시장에서 성공할 수 있었는가에 관한 것이었음을 상기해 보자. 계속해서 이야기해 왔지만, 이는 타이틀의 게임플레이 전통(텍스트), 찰나의 홍보가 가진 담론(주변텍스트), 그리고 플레이어 공동체의 집단적 행동(맥락)의 상호작용을 비롯해, 행동을 구성하는 광범위한 요소와 결합해 만들어진 슈팅 게임 특유의 독특한 플레이 양식 때문이다. 그리고 매체 문화와 매체가 제공하는 즐거움이 많이 얽혀 있기 때문에 사례연구라는 연구 방법을 채택했다. 이 프로젝트는 광범위한 경제적·문화적 영역과 상호작용할 수 있는 기술 문화적 장치로서의 비디오 게임과 매체 특유의 행동 유도성을 비판적으로 해석하는 데 그 목적을 두었다.

돌이켜볼 때, 이 프로젝트는 게임플레이가 우리의 선택과 미래, 그리고 우리 자신으로 하여금 첫째로 현실에 대해 응답하게 하고(혹은 그 반대거나), 둘째로 몰입적인 플레이 상태를 만들어내는 매체 특유의 특성으로 이루어진 '미디어 양식'을 체험해 보도록 하는 실험적 사용권과 기술적 수단을 제공한다는 점에서 중요했다. 양식은 게임의 즐거움에 대한 역사적·비판적 분석을 바탕으로 만들어진 개념인데, 이는 양식이 매체의 담론적 측면(맥락으로서의 양식)과 상호적·표현적 장치로서의 게이밍 특유의 책략(텍스트로서의 양식) 사이에서 상호적으로 구성되는 관계에 초점을 맞추고 있기 때문이다. 1장의 후반부를 통해 십여 년이라는 간격을 두고 만들어진 두 가지 밀리터리 게임을 비교함으로써 오랜 시간에 걸쳐 변화하면서도 이어져 온 유희적 전쟁의 미학적 구조가 가진 형태의 여러 지점을 알아보았다.[2] 비록 제한된 비교이지만, 이를 통해 비판적 게임플레이 분석을 위한 통시적인 도구로서의 미디어 양식의 유용성을 확인할 수 있었다.

2장, 3장, 그리고 4장은 일련의 베스트셀러 슈팅 게임 프랜차이즈에 대한 게임플레이의 양식을 분석해 이들이 어떻게 유희적 즐거움을 배양하는지 알아보았다. 예를 들어 2장에서 설명한 〈모던 워페어〉에 등장하는 아바타들의 가변적 정체성은 플레이어로 하여금 캐릭터에 감정이입을 유도하도록 설정된 연결성을 만드는 한편, 미국의 대테러전 노력에서 필요한 사람들의 희생을 극화시키는 몰입적인 서사적 주체성을 강조하고 있다. 3장에서는 클랜시 슈팅 게임의 전술과 공간 설계, 그리고 인공두뇌를 가진 병사들을 통해, 이들 게임이 9·11 이후 미국 예외주의를 지켜내기 위해 전쟁의 결과에 관계없이 선제타격에 나서야 하는 정치적 의지와 이를 위한 올바른 수단을 미국이 **반드시** 가져야 한다는 의미를 점차 표출하고 있음을 확인했다. 마지막으로 4장에서는 슈팅 게임이 가진 일상적인 헤게모니적 즐거움을 비판하는 게임에 대해 알아보았는데, 여기에서 몰입의 역할은 불협화음을 막는 데 별다른 도움이 되지 않았다. 이러한 게임들은 원격 조종되는 드론에 대한 우려를 부각시키고, 슈팅 게임이 맹목적으로 로봇 전쟁을 추종하는 경향을 비판한다. 게임의 이데올로기적 성질에 관계없이, 밀리터리 슈팅 게임은 오늘날 전쟁 보도의 시청각적 요소와 연결되고 현재의 밀리테인먼트가 만들어낸 서사적 주제와 인물의 양상을 재생산한다는 점에서 반향을 일으킨다.

그럼에도 불구하고 컴퓨터 디자인이 역동적으로 만들어낸 제품으로서의 게이밍이 가진 즐거움과 실재(實在) 간의 관계를 이해하는 것은 비판적 분석을 통해서만 확인할 수 있다. 다행스럽게도 분석적 개념으로서 양식이 가진 유용성은 정밀한 해독의 차원에만 머무르지 않는다. 양식에 대해 제기되는 이러한 물음들은 유희적 즐거움에 대한 연구가 진행되는 데 있어 게이밍과 관련된 부차적인 요소 및 수용자 연구에도 확산되어야 한다. 이러한 이유로 이 프로젝트의 후반부는 유희적 전쟁이 가지고 있는 추가 텍스트/주변텍스트적, 그리고 맥락적 즐거움에 대해 알아보기 위해, 마케팅 전략 및 밤새도록 치열하게 벌어지는 게임 마라톤을 통해 사회적 유대 관계가 형성되는 플레이어 공동체를 분석했다.

5장에서는 전쟁이 벌어지는 현실 속에서 유희적 전쟁의 경험을 판매하는 것이 가져오는 상업적 갈등에 대해 알아보았다. 특히 이 장에서는 액티비전이 〈콜 오브 듀티 4: 모던 워페어〉를 다양한 계층에게 판매할 목적으로 사전에 만든 프레임 마케팅전략을 분석했다. 유희적 전쟁의 경험을 성공적으로 홍보하기 위해서는 마케팅 담당자들이 '군사적 현실주의'라는 개념을 수사적인 차원에서 불편한 것으로 만듦으로써, 게이머가 처한 엄정한 현실 상황이 자신의 허구로 침입하는 것을 막아줄 것이라는 확신을 게이머에게 주어야 한다.

마지막으로 6장에서는 내가 래노폴리스에서 배운 게임플레이의 교훈을 설명했고 이 게임방의 단골들이 자신의 가상적 전투와 현실 간의 관계를 어떻게 설정하는지에 대해 알아보았다. 슈팅 게임의 다자간 경쟁은 사회적 처신에 대한 규칙과 이 게임장에서 표현되는 공유된 가치를 만들어낸다. 래노폴리스의 게이머들이 자신의 밀리터리 슈팅 게임과 공동체에서 무엇이 가장 흥미로운지에 대해 이야기할 때, 그들은 '하드코어'로서의 정체성을 지키는 활동과 그것이 다른 게이머에게 어떻게 보이는지에 대한 의견을 개진했다. 이 플레이어들은 전쟁이 벌어지는 동안에 슈팅 게임을 즐기는 것이 가지는 복잡함에 대해 상세히 알고 있었으며, 자신들이 유희적 전쟁 플레이가 가져다주는 즐거움을 어떻게 조정하는지 이야기했다. 이러한 텍스트적·주변텍스트적·맥락적 실천이 함께 합쳐져서 유희적 전쟁 게이밍이라는 하위문화의 실체를 만들어낸다. 나아가 이 하위문화의 상업적 성공은 매체 특유의 즐거움을 만들어내는 실험적 양식에서 기인했는데, 이는 테러와의 전쟁을 다룬 다른 밀리테인먼트들이 실패한 것과 대조된다.

전쟁문화의 유희화

이는 우리가 서두에서 알아본 레이먼드 윌리엄스의 "감정의 구조"와 연결된다. 다시 말하지만, 윌리엄스의 난해하면서도 도발적인 이 문화적 가정은 역사적인 순간의 사건과 실험적인 과정이 어떻게 느껴지는지, 그리고 산만하지만 널리 퍼진 감정이 사회에 맞물린 문화적 배열과 어떻게 합쳐지는지, **또한** 반드시 연결되는지에 대해 알아보는 개념이다. 이 프로젝트가 가지고 있는 문제의식에 윌리엄스의 의견을 반영하면, 유희적 전쟁에 대한 감정은 게이머로 하여금 국가의 적에 대항해 가상의 무기를 쥐게 해줌으로써 정치적 만족감을 제공하는 즐거움의 인터랙티브한 구조(interactive structure of pleasure)를 대변한다고 할 수 있다.

그러나 유희적 전쟁이 가진 기쁨의 구조는 9·11 이후에 형성된 불안감과 게임플레이 경험을 연결시켜 주는 여러 차원으로 된 기술적·문화적 장치 이상의 의미를 갖는다. 이는 소비자들에게 포스트모던 시대의 전쟁을 지배하는 양식과 후기자본주의의 경제적 당위를 반영하는 가상의 시민권을 제공한다. 정치경제학자인 댈러스 스마이드(Dallas Smythe)는 "소비자 상품(audience commodity)"이라는 개념을 제시해 미디어 이용자, 특히 텔레비전 수용자들이 방송사에 묶여 광고업자에게 진정한 상품으로서 전달되는 모습을 설명한다.[3] 덜 체계적일 수도 있겠지만, 유희적 전쟁이 가진 정서적 감정의 구조도 게이머를 유희적 병사로 설명하고 어떻게 해야 좋은 소비자가 되는지 알려주는 방식으로 참여하는 주체성을 만들어낸다. 만약 스마이드의 "소비자 상품"이, 텔레비전이 어떻게 시청자를 홍보업자들에게 전달하는지에 관해 설명한다면, 9·11 이후에 출시된 다수의 슈팅 게임은 게이머들을 군산복합체에 전달한다고 볼 수 있다. 이러한 가상적 병사들은 다른 미디어 소비자들에 비해 국방과 관련된 이해관계에 더 민감할 뿐만 아니라 밀리테인먼트 매체의 고정 소비자들보다 국방에 관련된 이데올로기와 국가가 가진 소프트파워에 대해 더 많은 교감을 나누게 된다. 아마도 게임 연구와 관련해 더 좋은 연구 문제는 "'유희적 감정'의 구조란 무엇인가"라기보다 "감정을 느끼기 **위한** 유희적 구조는 무엇인가"일 것 같다. 향후 연구는 여기에 초점을 맞춰 과연 그리고 얼마나 게이머들이 게임의 이야기와 미국의 밀리테인먼트가 주장하는 가치를 내면화하는지 알아보아야 할 것이다.

'시한폭탄'이라는 서사, 전장을 다루는 다양한 관점, 통제 가능한 드론, 돌아다니게 해주는 이야기 지도를 포함해, 9·11 이후에 출시된 슈팅 게임은 비디오 게임의 기본적인 전산 형식에서 비롯된 인식론적 신뢰도에 힘입은 정서적 경험이라고 볼 수 있다. 이와 관련해, 플레이가 가지고 있는 대립적인 개념 체계에 대해 조너선 도비(Jonathan Dovey)는 진실을 만들어내는 시뮬레이션의 힘이라는 차원에서 다음과 같이 주장한다.

오늘날의 유희적 문화는 마치 19세기의 자본주의가 목도했던 경험주의처럼 시뮬레이션을 지식의 바탕으로서 만들어낸다. 시뮬레이션은 '만약 이러한 것(조치·사건·행동)이 있다면, 그 (반응) 가능성은 어떻게 되는가'라는 가정법적 형태로 작동한다. 나아가 시뮬레이션과 게임은 둘 다 모델이 현실로 되는 것에 대한 우리의 동의에서 출발하는 가변적인 규칙에 묶여 있다는 점에서 많은 것이 비슷하다. 이 점에서 시뮬레이션은 유희적 문화를 위한 지적 역학으로 부상하고 있다.[4]

만약 전쟁의 시뮬레이션이 (지식을 만들어내는 텍스트로서의 전쟁 게임처럼) 미래의 전투 시나리오를 본뜰 수 있다는 인지된 효능 때문에 인식론적인 차원에서 확신을 불러일으킨다면, 9·11 이후 출시된 밀리터리 슈팅 게임의 인기는 (아바타의 창조, 서사, 통제 등과 같은) 여러 가지 요소가 즐거움을 만들어내는 (신화로서의 게임과 즐거움을 만들어내는 텍스트같이) 인터랙티브한 구조를 이루어내는 것에서 비롯된다고 할 수 있다. 예컨대 이 요소들이 가상의 전쟁을 재미있게 만드는 것이다.

게임플레이가 우리 주변의 세계를 이해하는 틀이자, 이러한 경험을 윤색하는 정치적 신화이고, 궁극적으로 자아의 개념을 빚어낸다는 인식에서 출발한 이 책은 여러 장에 걸쳐 정체성과 기술, 그리고 플레이의 활동을 연결시키려고 했다. 밀리터리 슈팅 게임의 핵심에 있는 장난스러운 정체성(playful identity)[5]은 유희적 병사의 정체성과 같다. 그러나 유희적 전쟁이 가진 즐거움의 인터랙티브한 구조가 핵심적인 정체성을 만들어내고 유지하는 데 필수적이라고 해도, 이러한 전투적인 정체성이 가진 문화적·인식론적 논리, 그리고 여기에 수반되는 정치적 신화는 비단 게임의 세계에만 국한되는 것은 아니다.

비디오 게임의 형식과 슈팅 게임이라는 장르는 유희적 주체성에서 게임 기술적 플랫폼, 그리고 플레이 바깥의 공간으로 확산된다. 그렇기 때문에 포스트모던 시대에 전쟁의 생산 논리와 슈팅 게임의 양식에 일방적으로 이데올로기적 영향력을 행사했던 과거의 밀리테인먼트를 대신해, 슈팅 게임이 자신만의 방식으로 시민군을 유희적 병사가 되도록 한 방법, 혹은 현대 국가가 이 주체들로 하여금 어떻게 전쟁의 스펙터클을 보는 것에서 전쟁을 플레이하는 것을 환호하도록 만들었는지에 대해 마지막으로 고민해볼 필요가 있다. 우리의 시선을 이 후반부에 국한시키지 말고 9·11 이후의 매체들과 전쟁문화가 가진 광범위한 '유희화(ludification)'에 둔다면, 게임을 분석하는 시선을 넓힐 수 있을 뿐만 아니라 20세기의 시민군이 21세기의 유희적 병사로 변모하는 것과 관련된 광범위하면서도 서로 연결되어 있는 활동에 대해서도 알아볼 수 있다.[6] 완벽하지는 않지만, 다음의 예시는 이러한 전환을 분명하게 보여준다.

내가 댈러스 여행에서 목격한 것처럼, 오늘날 프로페셔널 게이머들은 화면들로 가득한 메이저 리그 게이밍의 참호에서 유희적 용병으로서 머리를 맞댄 채 경쟁을 벌이고, 이들이 벌이는 총격전은 구경할 수 있는 스포츠로 상품화된다.[7] 또한 유희적 병사의 주체성이란 미군이 입대에 관심 있는 이들에게 "군을 플레이하게" 해보도록 하는 "버추얼 아미 익스피어리언스(Virtual Army Experience)"(가상 군대 체험)라는 이동 체험관처럼 관광객스럽고 항상 적용될 수 있도록 짜인 정체성의 성격도 가진다.[8]

방문객들은 조지아주의 콜럼버스에 위치한 국립 보병 박물관(National Infantry Museum)과 군인 센터(Soldier Center)에서, 미군 보병학교, 육군 주 방위군, 육군 예비군 등의 사격술 훈련에 실제로 사용되는 가상 사격 체제 "인게이지먼트 스킬즈 트레이너 2000(Engagement Skills Trainer 2000: EST 2000)"을 이용해서 직접 사격 실력을 뽐냄으로써 유희적 병사의 정체성을 구입할 수 있다. 미군의 보병들을 기념하기 위해 만들어진 이 공간을 찾은 이들은 눈을 내리깔고 병사에게 익숙한 무기화된 시선을 경험한다. 물론 개량된 M4 카빈총의 총열을 내려다보는 것은 단순히 슈팅 게임들이 수십 년 동안 판매해 왔던 경험의 외관과 비슷하다. 마치 이를 확인시켜 주기라도 하듯, EST 2000의 아래층에는 보병 박물관의 전투 작전통제실이 있다. 이 어두운 방에서는 두 개의 게임 장치가 고객으로 하여금 인도주의적 지원 요원을 적진에서 구출하도록 유도한다. 하지만 위층의 모의 사격장이 정밀한 사격을 요구하고 개인의 사격술에 대해 상세한 분석 결과를 제공하는 반면, 이 '시뮬레이션'에서는 탄약이 무한 제공되고 오인사격으로 피해를 입을 친구나 민간인이 없기 때문에 조심할 필요가 없다. 전시실을 안내한 두 명의 여성 중 한 명이 내게 말한 것처럼, "이 총들을 조준하는 것은 좀 어려워서 '람보'처럼 움직이는 모든 것을 쏘면 된다". 가상의 전투를 전시해 놓은 전시실들은 축제를 연상시키는 사격 갤러리로서 맞춤형 페인트볼 총, 정확하지 않은 조준, 그리고 화면으로 보이는 고의적인 폭력의 빌미를 제공하는 사소한 서사적 핑계로 가득하다. 독립전쟁에서부터 테러와의 전쟁에 이르기까지 미국 보병이 보여준 국가주의적 정체성을 축성하기 위해 만들어진 제도적 공간에서, 전쟁의 역사를 전쟁 게임플레이로 바꾸고자 하는 욕구를 주체하지 못하는 것은 국가도 마찬가지이다.

유희적 병사의 주체는 유연하고 다양한 정체성을 가진 위치에 있지만,

그림 7-1 박물관 관람객이 "인게이지먼트 스킬즈 트레이너 2000"과 "버추얼 아미 익스피어리언스"의 시뮬레이
터에 참여하는 모습

이윤을 목적으로 하는 스포츠, 몰입적인 모병용 로드 쇼, 박물관의 인터랙
티브하고 암호화된 전시 등은 전쟁과 미디어 문화에서 벌어지는[9] 광범위
한 유희화를 고유의 방식으로 표현하는 것이기도 하다. 마찬가지로 새로
운 미디어의 정체성이 형성되는 것은 이전의 시민군과 존재론적으로 연결
되어 있으며, 또한 비디오 게임의 대중문화적 논리 및 통제 논리와도 연결
되어 있다. 설혹 누군가가 밀리터리 슈팅 게임을 하거나 박물관에서 가상
의 공격 소총을 작동하기 위해 조이스틱을 쥐지 않는다고 해도, 유희적 병
사의 정체성과 이 정체성이 가지고 있는 국가주의적 즐거움은 게이머나
게이머가 아닌 이들 모두에게 새로운 세기의 미국이 지닌 정치적 공약과
군사력에 대해 알려준다. 실제로 이 책은 전쟁 게임을 다루었던 앞선 연구

들과 달리, 매개된 플레이가 시민의 정체성을 상상된 국가 및 그 군사력에 대한 환상과 봉합시키는 역할에 초점을 맞추었다. 그렇기 때문에 이 책은 게임플레이의 양식이 인간의 실천과 교차할 때 유희적 전쟁이 어떻게 그 의미와 문화적 화폐를 획득하는지에 대해 다루었던 것이다. 게임 연구자인 주스트 래센스(Joost Raessens)는 게이밍에 대한 이러한 복잡한 시선에 대해, "컴퓨터게임은 단순히 게임이 아닐뿐더러 결코 이윤을 극대화하기 위한 사업 전략에 그치지 않는다. 컴퓨터게임은 특정하게 정해져 있고 상향식이며 복합적인 형태의 참여적 미디어 문화가 위태롭다는 것을 실감할 수 있는 전장(戰場)이기도 하다"라고 설명한다.[10] 게임이 이미 문화가 된 상황에서 모든 비디오 게임은 소문난 "전장"이 된다. 나아가 게임이 플레이어에게 (가장 중요한) 행동 유발을 비롯한 목표지향적인 요구를 제시하기 때문에, 플레이어의 정체성은 화면 밖에서 진행되는 문화적 사안과 연동되고 있다.

이 프로젝트를 수행하면서 끊임없이 직면했던 도전 중 하나는 어디에서 시작해서 어디에서 끝낼지, 어떤 대상과 사건을 다루고 빼야 할지에 대해 결정하는 것이었다. 당연한 말이지만, 밀리터리 슈팅 게임이 주는 즐거움을 알아보는 방법에는 여러 가지가 있다. 다른 게임이나 뒷받침하는 주변 텍스트, 혹은 역사적 종말점을 선택할 수도 있었다. 이 연구가 다루고 있는 게임 제품과 게이밍은 9·11 공격에서부터 오바마가 글로벌 테러와의 전쟁에 대한 종전을 선언할 때까지의 기간을 다루고 있다. 하지만 나는 9·11 이후의 게임플레이를 별개의 연대기로 다루는 것보다는 이 인기 있는 게임들이 역사적 순간에 의미를 불어넣는 것에 더 많은 관심을 가지고 있다. 비유를 빌린다면, 비디오 게임은 오늘날의 팰림프세스트(Palimpsests, 원래의 글 일부 또는 전체를 지우고 다시 쓴 고대 문서 _옮긴이)라고 부를 수 있을 것이다. 비디오 게임은 창의적 실천의 층으로 이루어진 인터랙티브한 기록이다. 고대의 양피지에 적힌 흐릿하고 숨겨진 글씨처럼, 비디오 게임도 암호와 역학, 그리고 시민, 애국주의, 희생, 그리고 정부 권력에 대한 문화적 믿음을 반복해서 보여주고 있는 초기의 기록이다.[11]

다음으로 이 책은 정치적 신화론에 대한 분석을 다루고 있다. 빈센트 모스코는 "신화를 이해하는 것은 단지 이것이 거짓임을 증명하는 것으로는 충분하지 않다. 왜 신화가 존재하는지, 왜 사람들에게 신화가 그렇게 중요한지, 신화는 무엇을 뜻하는지, 사화는 사람들의 희망과 꿈에 대해 무엇을 이야기하는지를 알아야 한다"라고 상기시킨다.[12] 국제분쟁이 벌어지는 와중에 유희적 전쟁을 재미있게 만드는 즐거움이 가진 상호작용적 구조는 근대 국민국가라는 뚜렷한 신화를 영속시킨다. 인터랙티브한 픽션이 만연하게 퍼져 있는 문화적 신화에 관해 마치 진짜처럼 보이는 진실을 드러내는 방식을 보여준다는 점에서 나는 비디오 게임이 가진 의의를 고찰하는 데서 미디어 양식이 갖는 효용성에 대해 주장했다. 게임들은 국가의(그리고 국가주의적인) 신화를 알아보기 위한 강력한 선체(船體)라고 할 수 있는데, 이는 우리에게 매개되기 전 겪었던 경험의 가장 중요한 부분을 만들어주기 때문이다. 우리는 외부의 테러리스트에 대항하는 수호자인 유희적 병사이다. 우리는 게임의 서사를 이끌고 우리의 선택이 빚어낸 결과를 제일 먼저 목격하는 엔진이다. 이러한 순간에서 우리는 전술을 세우는 것을 넘어 집단적 악몽 속에서 일하고 국가적 열망을 만들어낸다. 우리가 〈모던 워페어〉에서 하루를 구한다고 해도, 머지않아 다른 캐릭터들이 셀 수 없이 죽어갈 것이다. 우리가 톰 클랜시의 〈베가스〉 시리즈에서 대통령과 국내 시설물들을 지켜내지만, 수없이 많은 시민이 미국의 거리와 호텔, 그리고 카지노에서 총에 맞아 죽어간다. 그리고 〈블랙 옵스 2〉에서 우리는 고도의 무인화된 장비와 사이보그 지상 병력에게 명령을 내리지만, 이러한 기술은 결국 우리에게 총구를 돌릴 뿐이다.

미군에게는 9·11 공격 이후 '공공의 적 1호'를 찾아내 사살하는 데 거의 10년의 시간이 필요했다. 하지만 유희적 전쟁문화에서는 오사마 빈 라덴 사살 사건을 재구성하는 데 일주일도 채 걸리지 않았다. 2011년 5월 2일, 해군 특수전 개발단인 씰 팀 식스(SEAL Team Six)의 한 팀이 파키스탄의 아보타바드의 거대한 저택에 수년간 은신해 있던 빈 라덴을 사살했다. 5일 후, 이 악명 높은 저택이 레벨로 만들어져 〈카운터 스트라이크〉에서 다운로드받을 수 있었다.[13] 동시에 이라크에서 싸우는 병사들의 사후 보고서에 입각해 레벨을 배포하던 온라인 게임 회사이자 〈쿠마 워〉를 만든 게임 스튜디오는 '오사마 빈 라덴의 죽음'이라는 마지막 레벨을 배포했다. 모두가 플레이할 수 있는 이 레벨은 이 회사가 테러와의 전쟁 시리즈를 디지털화한 것의 결론이다.[14] 얼마 지나지 않아 해군 특수전 개발단은 액티비전의 〈모던 워페어 3〉의 첫 마케팅 도구로서 모습을 드러냈다.[15] 그리고 알카에다의 리더가 죽은 지 3주도 안 되어 방위사업자인 레이시언(Raytheon)과 모션 리얼리티(Motion Reality)는 2011년 특수 작전부대 산업 컨퍼런스에서 이 기술을 다룬 몰입적인 3차원 시뮬레이션 시험판을 선보였다.[16]

이러한 반응이 나온 시점이 중요하긴 하지만, 그렇다고 해서 이것이 처음은 아니다. 결국 게이머 문화는 9·11 공격 이후 "빈 라덴을 죽이는" 수없이 많은 게임을 제작하고 유통시켜 왔다.[17] 빈 라덴과 비디오 게임 간 관계에서 가장 주목해야 할 것은 그의 죽음이 상품화된 시간의 속도라고 할 수 있을 것이다. 미국인들이 도심에서 "U.S.A"를 외치는 모습을 케이블 뉴스 채널들이 방송하는 상황에서 빈 라덴의 사살은 국가주의적인 관점에서 눈길을 끄는 것이었으며, 이는 테러와의 전쟁 "이야기"의 결론을 강조하는,

이미 만들어진 기회가 되었다.

9·11 이후 몇 주, 몇 달, 그리고 몇 년이 지난 후에도 쌍둥이 빌딩은 미디어의 리플레이 속에 계속해서 무너져갔다. 매개되고, 재매개되고, 그리고 테러리스트의 조직화된 공격에 대해 예비매개된 트라우마는 국가의 단합과 국제적 지원을 이끌어내는 계기가 되었으며, 이것은 진짜와 가상의 적들에 대한 미국의 선제적 군사행동을 요구하는 새로운 공격적 외교정책을 정당화하는 기제로 이용될 때도 계속되었다. 10년이 지난 후, 오사마 빈라덴을 사살한 것은 글로벌 테러와의 전쟁의 서사적인 측면에서 최고의 업적이 되었지만, 이것은 기껏해야 편리한 정치적 결말에 불과했다. 미국이 치르고 있는 이 가장 오래된 전쟁은 미군의 은밀한 드론 공격을 통해서 지속될 것이고, 9·11 이후의 유희적 전쟁을 다루는 문화산업 속에서 가상으로 존재할 것이다. 9·11 이후의 밀리터리 슈팅 게임이 가진 문화적 염려와 정치적 열망을 담아낸 역사적 단면이 정교하게 텍스트화된 존재로서의 비디오 게임은 미래에 관한 것이라고도 볼 수 있다. 얼핏 단순해 보이지만 이는 결코 무시될 수 없는 부분이다. 미래를 향한 게임의 지향점은 단순히 잘 꾸민 뻔한 말을 넘어 매체에게 필요한 실험적 특성이다. 〈테트리스〉에서 폭포처럼 쏟아져 서로 맞물린 벽돌이나 외세로부터 미국을 지켜내는 것처럼, 이러한 게임은 게이머로 하여금 아직 벌어지지 않은 사건을 만들도록 그들의 열망을 투영시킨다. 다른 엔터테인먼트 매체의 텍스트적 장치와는 달리, 유희적 장치가 가진 '게임의 시선'은 항상 미래의 가능성과 존재의 상태를 향해 있다.[18] 비디오 게임의 변형적인 약속은 게이머로 하여금 현재를 가지고 플레이하되 미래를 보고 있게 만드는 능력에 달려 있으며, 이에 따라 우리는 이 세계를 현재 상상된 것처럼, 그리고 세계가 그렇게 다가올 것처럼 상상하게 되는 것이다.

주

서문. 유희적 전쟁에 온 것을 환영합니다

1   〈인베이더스!〉는 스페인 히혼(Gijón)에 위치한 래보럴 아트 센터(Laboral Art Center)에서 1년 전에 선보였으며, 이는 더글러스 에드릭 스탠리(Douglas Edric Stanley)가 9·11 이후 작업한 프로젝트 중 가장 근래에 반복된 작업이기도 하다. 하지만 2008년 독일 라이프치히에서 열린 2008 라이프치히 게임 컨벤션(Leipzig Games Convention)에서 잠시 선보였던 전시회 전까지 언론의 별다른 주목이나 비평을 받지 못했다.

2   만약 특별한 시대를 구분해야 한다면, 다음의 방식으로 설명될 수 있다. 안타깝게도 2014년은 글로벌 테러와의 전쟁이 잠정적으로 종전된 해이다. 버락 오바마 대통령은 2013년 5월 23일 포트 맥네어에 자리 잡은 국방대학(National Defense University)에서 연설하면서, 10년 넘게 지속된 이 추상적이고 정해진 것이 없는 "전쟁"에 마침표를 찍어야 한다고 말했다. 또한 "우리는 끝없는 '글로벌 테러와의 전쟁'에 대한 노력이 아니라, 미국을 위협하는 폭력적 극단주의자들의 특정한 네트워크를 와해시키기 위한 맞춤형 노력을 끊임없이 이어가야 한다"라고 강조했다(Barack Obama, "Remarks of President Barack Obama," May 23, 2013. http://www.whitehouse.gov/the-press-office/2013/05/23/remarks-president-barack-obama 참조). 오바마는 2001년 미국 정부는 지구 전역의 테러리스트들을 추적하는 데 있어 광범위한 자율성을 허용한 군사력 사용 허가(Authorization for Use of Military: AUMF)를 갱신할 생각이 없다고 밝혔다(Adam Serwer, "Will Congress end the war on terror?," *MSNBC*, May 15, 2014. http://www.msnbc.com/msnbc/congress-war-on-terror 참조). 하지만 이라크의 도시들에서 수니파 이라크·시리아 이슬람국가(Islamic State in Iraq and Syria: ISIS) 반군들과 시아파가 이끄는 정부군의 종파적 전투가 계속되면서, 오바마는 2002년 이라크에서 승인했던 군사력의 사용을 재승인해야 했다. 이러한 사건들이 테러와의 전쟁을 종결할 수 있을지는 미지수이며, 이에 대해서 다른 이름을 사용할 수도 있을 것이다(Massimo Calabresi, "The War on Terror is Over—Long Live the War on Terror," *Time*, June 16, 2014. http://time.com/2873297/boko-haram-iraq-bergdahl-war-terror/ 참조).

3   나는 '게임 플레이(game play)'라고 띄어쓰기하지 않고 합성어인 '게임플레이(gameplay)'를 사용한다. 이는 부분적으로 이 단어가 학계와 업계에서 흔히 쓰이는 방법이기 때문이다. 또한 이 단어는 매개된 경험이 게임용 장치와 이를 플레이하는 사람이 결합되어 이루어진다는 것을 더욱 잘 보여준다. 디지털 문화 학자인 셰리 터클(Sherry Tuckle)이 설명한 것처럼, 게임은 누군가가 실제로 게임을 플레이하지 않으면 실험적 파지력(把持力)을 유지할 수 없다. 이에 대해서는 Sherry Turkle, *The Second Self: Computers and the Human Spirit*(New York: Simon and Schuster, 1984)을 참조할 것. 마찬가지로 "플레이어 없이는 게임도 없으며" 플레이가 없으면 게임도 없다. 이에 대해서는 Laura Ermi and Frans Mäyrä, "Fundamental Components of the Gameplay Experience: Analyzing Immersion," in Suzanne de Castell and Jennifer Jenson(ed.), *Proceedings of DiGRA 2005 Conference: Changing Views-Worlds in Play*(Vancouver, Canada), pp.15~27을 볼 것.

4   패트릭 크로건(Patrick Crogan)도 비디오 게임 연구에서 세대 간의 단절이 일어나는 것에 대해 비슷한 논조를 가지고 접근한다. 이에 대해서는 Patrick Crogan, *Gameplay Mode: War, Simulation, and Technoculture*(University of Minnesota Press, 2011), xiii를 참조할 것.

5   국방부가 제작한 게임들에 대해 알아보기 위해서는 Matthew Thomas Payne, "Manufacturing Militainment: Video Game Producers and Military Brand Games," in Rikke Schubart et al(ed.), *War Isn't Hell, It's Entertainment: Essays on Visual Media and Representation of Conflict*(Jefferson, NC: McFarland Press, 2009), p.238을 참조할 것.

6   모병과 훈련용 게임의 생산에 관한 역사에 대해서는 Corey Mead, *War Play: Video Games and the Future of Armed Conflict*(Boston: Houghton Mifflin Harcourt, 2013)를 참조할 것.

7   미국뿐만 아니라 대부분의 국가에서 상업용 출시를 강하게 제한하고 있다.

8   Benedict Anderson, *Imagined Communities: Reflections on the Origin and Spread of Nationalism* (London: Verso Press, 1991).

9   같은 책, p.6.

10 같은 책, chapter 10.

11 같은 책, p.204.

12 Anthony D. Smith, *Nationalism: Theory, Ideology, History*(Malden, MA: Blackwell, 2001), p.60.

13 George Lipsitz, *Time Passages: Collective Memory and American Popular Culture*(Minneapolis, MN: University of Minnesota Press, 1990), p.5.

14 Vincent Mosco, *The Digital Sublime: Myth, Power, and Cyberspace*(Cambridge, MA: MIT Press, 2004), pp.13~14.

15 Roger Stahl, *Militainment, Inc.: War, Media, and Popular Culture*(New York: Routledge, 2010), p.6.

16 같은 책, p.42.

17 같은 책, p.16.

18 저자들이 사용하는 '제국'의 개념은 마이클 하트(Michael Hardt)와 안토니오 네그리(Antonio Negri)의 정의를 따르고 있다. Michael Hardt and Antonio Negri, *Empire*(Cambidge, MA: Harvard University Press, 2000) 참조.

19 Nick Dyer-Witheford and Greig de Peuter, *Games of Empire: Global Capitalism and Video Games* (Minneapolis, MN: University of Minnesota Press, 2009), xxix.

20 Alexander R. Galloway, *Gaming: Essays on Algorithmic Culture*(Minneapolis, MN: University of Minnesota Press, 2006), p.6.

21 Mosco, *The Digital Sublime*, p.39.

22 Marie-Laure Ryan, *Narrative as Virtual Reality: Immersion and Interactivity in Literature and Electric Media*(Baltimore, MD: Johns Hopkins University Press, 2001), p.307. 라이언은 성공적인 게임에 대해 "게임 세계에서 플레이어에게 활발하고 즐거운 참여를 보장하는 범지구적 디자인을 가지고 있고, 여기에서 세계는 상상된 목표의 총합을 넘어, 형체는 없지만 게임이 벌어지는 경계가 정해지지 않은 시공간"이라고 정의한다(같은 책, p.181).

23 Bernard Suits, *The Grasshopper: Games, Life and Utopia*(Peterborough, Ontario: Broadview Press, 2005).

24 갤러웨이는 게임과 반게임의 형식적 차이에 대해 책략을 가려내는 할리우드의 고전적이면서 지속적인 영화 제작 방식과 영화의 생산 장치를 강조하고, 영화적 환상을 깨뜨리는 실험적 영화의 구분을 통해 유추한다. 반게임과 반게이밍에 대해서는 Galloway, *Gaming*, Chapter 5를 볼 것.

25 프랑스의 철학자이자 영향력 있는 극이론가인 로제 카유아(Roger Caillois)는 플레이의 스펙트럼의 양극단을 설정하면서 "루두스"와 "파이디아"를 구별하는 중요한 내용에 대해 언급한다. Roger Caillois, *Man, Play, and Games*(Urbana and Chicago, IL: University of Illinois Press, 2001) 참조.

26 이언 보고스트(Ian Bogost)는 게임의 "가능성의 공간(possibility space)"에 대해, 우리가 게임을 통제하고 게

임의 규칙을 상호적으로 알아가는 것으로 설명한다. 이에 대해서는 Ian Bogost, *Persuasive Games: The Expressive Power of Videogames*(Cambridge, MA: MIT Press, 2007), p.43을 참조할 것. 보고스트의 개념화는 케이티 샐런(Katie Salen)과 에릭 짐머만(Eric Zimmerman)이 플레이를 "보다 엄격한 구조 안에서 이루어지는 자유로운 운동의 공간"이라고 정의한 것에서 출발한다. 여기에 대해서는 Katie Salen and Eric Zimmerman, *Rules of Play: Game Design Fundamentals*(Cambridge, MA: MIT Press, 2004), p.28 참조.

27 Jesper Juul, *Half-Real: Video Games between Real Rules and Fictional Worlds*(Cambridge, MA: MIT Press, 2005).

28 Robin Luckham, "Armament Culture," *Alternatives* 10, no?(1984), p.1.

29 같은 책, p.1.

30 같은 책, p.4.

31 밀리터리-엔터테인먼트의 생산 연결망의 맥락에서 초기 비디오 게임의 위치와 관련된 역사에 대해서는 Nina B. Huntemann and Matthew Thomas Payne, introduction to *Joystick Soldiers: The Politics of Play in Military Video Games*, Nina B. Huntemann and Matthew Thomas Payne(eds.)(New York: Routledge, 2010), pp.1~18; Nina B. Huntemann and Matthew Thomas Payne, "Militarism and Online Games," in James Ivory and Aphra Kerr(eds.), *International Encyclopedia of Digital Communication, Volume III*(New York: Blackwell-Wiley, 2015), pp.828~834를 참조할 것.

32 Luckham, "Armament culture," p.2.

33 Les Levidow and Kevin Robins, "Towards a Military Information Society?," in Les Levidow and Kevin Robins(eds.), *Cyborg Worlds: The Military Information Society*(London: Free Association Books, 1989), p.176.

34 미디어 융합에 대한 연구는 각 분야에서 많이 이루어져 왔다. 그중에서 다음의 연구는 미디어 연구자들이 이 주제의 어려움에 대해 이야기한 대표적인 연구이다. Jonathan Gray, "Introduction—In Focus: Moving Between Platforms: Film, Television, Gaming, and Convergence," *Cinema Journal* 48, no.3(2009), p.104; Henry Jenkins, *Convergence Culture: Where Old and New Media Collide*(New York: New York University Press, 2006); P. David Marshall, *New Media Cultures*(New York: Oxford University Press, 2004); Judd Ruggill, "Convergence: Always Already, Already," *Cinema Journal* 48, no.3(2009), p.105 참조.
또한 20세기 후반부터 21세기 초반까지의 미디어 융합을 다룬 저작도 지속적으로 빠르게 선보이고 있다. 여기에는 John Caldwell and Anna Everett(eds.), *New Media: Theories and Practices of Digitextuality*(New York: Routledge, 2003); Michael Kackman et al.(eds.), *Flow TV: Television in an Age of Convergence*(New York: Routledge, 2011); Dan Harries(ed.), *The New Media Book*(London: BFI, 2002); Lynn Spigel and Jan Olsson(eds.), *Television After TV: Essays on a Medium in Transition*(Durham, NC: Duke University Press, 2004); Janet Staiger and Sabine Hake(eds.), *Convergence Media History*(New York: Routledge, 2009) 등이 있다.

35 이러한 연구의 예로는 S. Elizabeth Bird, *The Audience in Everyday Life: Living in a Media World*(London: Routledge, 2003); Nick Couldry, "Theorizing Media as Practice," *Social Semiotics* 14, no.2(2004), p.115; Tony Wilson, *Understanding Media Users: From Theory to Practice*(Malden, MA: Blackwell, 2009)를 참조.

36 Jenkins, *Convergence Culture*, pp.3~4.

37 같은 책, p.16.

38 Couldry, "Theorizing Media as Practice," p.119.

39 이에 대해 콜드리는 "우리에게는 미디어가 사회적·문화적 삶에 자리 잡고 있는지에 대해 이야기해 줄 실천

의 관점이 필요하다"라고 말한다(같은 책, p.129).

40 Galloway, *Gaming*, p.2.

41 Antoni Roig et al., "Videogame as Media Practice: An Exploration of the Intersections Between Play and Audiovisual Culture," *Convergence: The International Journal of Research into New Media Technologies* 15, no.1(2009), p.89 참조.
덧붙여, **실천으로서의 비디오 게임**에 대해 연구하는 것은 적어도 세 가지 이상의 함의를 가진다. 우선 이는 "비디오 게임을 문화산업과 미디어 소비에 관련된 다른 활동의 맥락에 대입시키는 것을 허용한다". 둘째로, 게임은 "시청각적 재현적 실천과 게임 문화의 융합으로 특징지어지는" 고유의 미디어 활동으로서 이해된다. 그리고 셋째로, 게임은 플레이어와 플레이어가 아닌 이들 모두에게 더 강한 사회적 활동·배열로 다가온다(같은 책, p.129).

42 같은 책, p.101.

43 Stephen Kline, Nick Dyer-Witheford and Greig De Peuter, *Digital Play: The Interaction of Technology, Culture, and Marketing*(Montreal, QC: McGill-Queen's University Press, 2003).

44 물론 이 점을 강조함으로써 미디어 연구에 오랫동안 영향을 미친 거짓된 딜레마를 재생산할 수 있다는 위험이 있다. 문화연구와 비판적 정치경제학을 생산적으로 연결한 시도에 대해서는 David Hesmondhalgh, *The Cultural Industries*(London: Sage Publications, 2002)를 참조할 것.
게임 연구의 영역에서 마이클 니체(Michael Nitsche)는 게임들이 어떻게 다양한 상호작용적 측면이 공간으로서 인식되는지에 대해 알려주는지를 평가하는 유사한 종합 체계를 제안한다. 니체는 "이 층들이 혼자서는 풍요로운 게임 세계를 충분히 지탱할 수 없다. 그러므로 이 층들을 분리하는 것이 아니라 교차하고 겹치는 것을 주장함으로써 이들이 결합되었을 때 어떻게 일을 진행하는지 이해할 수 있다"라고 말한다. Michael Nitsche, *Video Game Spaces: Image, Play, and Structure in 3D Game Worlds*(Cambridge, MA: MIT Press, 2008), p.17.

45 유희적 전쟁문화를 연구하는 데 있어 과거의 개요를 인용하거나 재구성하는 것은, 연구 전통 사이에서 계속되어 온 토론에 참여하거나 특정 접근법을 부각시키기 위한 것이 아니다. 오히려 이러한 노력은 미디어가 제공하는 즐거움에 개입하는 경제적·산업적·문화적 권력과 연결되는 텍스트성을 어떻게 평가할 것인가에 대해 설명함으로써 이러한 단절을 극복하고자 하는 바람에서 인용했다.

46 이러한 접근법은 토머스 말라비(Thomas Malaby)가 '게임'이 가진 의미가 무엇이며, 이 게임들이 문화적 차원에서 무엇을 생산해낼 수 있을지에 대해 내린 고도로 맥락화되고 가변적인 정의와 유사하다. Thomas Malaby, "Beyond Play: A New Approach to Games," *Games and Culture* 2, no.2(2007), p.95 참조.

47 켄 매캘리스터는 『게임 워크(Game Work)』에서 컴퓨터게임의 디자인과 플레이 사이에 존재하는 변증법적 모순과 수사학적 층위에 대해서 설명한다. Ken S. McAllister, *Game Work: Language, Power and Computer Game Culture*(Tuscaloosa, AL: University of Alabama Press, 2004) 참조.

48 바바라 오코너(Barbara O'Connor)와 엘리자베스 클라우스(Elisabeth Klaus), 애프라 커(Aphra Kerr)와 줄리안 쿠클리히(Julian Kücklich), 팻 브레레튼(Pat Brereton)이 지은 종합적인 담론사에서는 미디어 연구 안에서 즐거움에 대한 정의를 합의하는 데 있어 끊임없이 제기되는 도전에 이야기하고 있다. 이에 대해서는 Barbara O'Connor and Elisabeth Klaus, "Pleasure and Meaningful Discourse: An Overview of Research Issues," *International Journal of Cultural Studies* 3, no.3(2000), p.369; Aphra Kerr, Julian Kücklich and Pat Brereton, "New media-New Pleasures?," *International Journal of Cultural Studies* 9, no.1(2006), p.63 참조.
오코너와 클라우스는 의미 형성 과정을 추적하는 것이 이용자의 기쁨과 이데올로기 및 헤게모니를 연결하는 하나의 실현 가능한 방법이라고 제안하면서 "감정과 인식, 엔터테인먼트와 정보, 기쁨과 이데올로기, 사실과 허구는 모두 감각이 만들어지는 과정에 친밀하게 연결되어 있다. 즐거움은 인지적 과정을 이끌고 주의와 선택적 인지를 결정한다. 이는 수용자로 하여금 주어진 콘텐츠로 이끌고 처리하게 하는 감각적·지각적·상상적 감정이다. 이는 선택적 주의 없이는 어떠한 인지도 가능하지 않다는 것을 이해하기 위한 전제조건이지만, 동시에 사람들의 상호 해석적인 활동의 범위를 제한하는데, 이는 즐거움이 사회적으로 투영된 것이며 지배와 문화적 헤게모니의 사회적 관계와 깊이 연관되어 있기 때문이다"라고 말한다. O'Connor and Klaus, "Pleasure and Meaningful Discourse," p.381 참조.

49 John Fiske, *Television Culture*(London & New York: Routledge, 1987).

50 Brian Sutton-Smith, *The Ambiguities of Play*(Cambridge, MA: Harvard University Press, 1997).

51 Simon Frith, "Music for Pleasure," *Mass Communication Review Yearbook* 3(1982), p.493, in O'Connor and Klaus(eds.), "Pleasure and Meaningful Discourse," p.371.

52 Kerr, Kücklich and Brereton, "New media-New Pleasures," p.69.

53 다시 말하지만, 나는 정서에 대한 연구가 게임 연구나 플레이 이론과 어떠한 형태로든 어울리지 않는다는 것을 주장하려는 것이 아니다. 실제로 제임스 애시(James Ash)는 성공적인 비디오 게임들이 기술적 디자인을 통해서 정서를 조절한다고 주장함으로써 둘을 연결시키고자 한다. James Ash, "Attention, Videogames and the Retentional Economies of Affective Amplification," *Theory, Culture & Society*(2012).

54 혹은 오코너와 클라우스가 "즐거움과 의미 있는 담론(Pleasure and Meaningful Discourse)"에서 설명한 것처럼 "미디어 이벤트가 가진 즐거움직함은 인위적이면서 동시에 사회적 위치 짓기와 미디어 사용의 맥락과 연결된다"(p.382).

55 John Fiske, *Understanding Popular Culture*(Cambridge, MA: Unwin Hyman, 1989), Chapter 3.

56 같은 책, p.49.

57 같은 책.

58 상호작용성의 조작과 개념화와 관련된 서로 다른 설명에 대해서는 Sally J. McMillian and Edward J. Downes, "Defining Interactivity: A Qualitative Identification of Key Dimensions," *New Media and Society* 2, no.2(2000), p.157; Sheizaf Rafaeli, "Interactivity: From New Media to Communication," *Sage Annual Review of Communication Research* 16(1988), p.110; Spiro A. Kiousis, "Interactivity: A Concept Explication," *New Media and Society* 4, no.3(2002), p.355 등을 참조.

59 "상호작용성"의 개념적 유용성에 대해서는 뉴미디어 및 게임 연구자들의 의견이 분분하다. 예를 들어 다음 장에서 이 분야를 개척한 그의 연구에 대해서 설명하겠지만, 뉴미디어 연구자인 재닛 머레이는 컴퓨터화된 미디어가 참여적이고 절차적인 유도성을 가지고 있으며, 단순히 상호작용적인 행동과(그녀는 효과로 단순화된 게임의 기회를 예시로 제시한다) 디지털 영역에서 활동하는 대리인과 그 의도성 사이에는 상당한 차이가 있다고 주장한다. 이에 대해서는 Janet Murray, *Hamlet on the Holodeck: The Future of Narrative in Cyberspace*(Cambridge, MA: MIT Press, 1997)를 참조.

미디어 이론가인 레프 마노비치(Lev Manovich)와 알렉산더 갤러웨이는 이 개념을 사용하는 것을 피하려고 한다. 이는 상호작용성이 뉴미디어와 비디오 게임들이 가지고 있는 컴퓨터적이고 프로그램화되는 특성을 오독하고 있으며 생산적이지 않은 담론적 틀을 가지고 있다고 보기 때문이다. 이에 대해서는 마노비치의 *The Language of New Media*(Cambridge, MA: MIT Press, 2001)와 갤러웨이의 *Gaming*을 참조할 것. 특히 마노비치는 매체 특유의 방식으로 프로그램화될 수 있는 미디어의 요구들에 대해 미디어가 일반적으로 상호작용하는 심리학적 과정(가령, 모든 미디어는 심리학적 감각에서 상호작용적이다) 사이에서 문제가 될 만한 융합이 존재한다고 주장한다. 그리고 미디어 연구를 기반으로 갤러웨이는 게이머와 매체 사이의 불분명한 변증법적 관계를 설명하기 위한 "능동적 수용자"에 대한 논쟁을 피하고 싶어 한다.

여전히 커와 동료 연구자들, 그리고 줄리안 쿠클리히는 상호작용성을 폐기하거나 다른 신조어[쿠클리히는 "플레이능력(playability)"을 제안한다]로 대체하여, 텍스트와의 조우를 통해 인간 플레이가 보다 분명하게 의미를 가지도록 해야 한다고 주장한다. 이는 커와 동료들이 상호작용성을 뉴 미디어의 구조적 특성이라기보다는 문화산업에서 이들의 제품을 판촉하는 데 사용된 마케팅 용어에 가깝다고 보았기 때문이다. 이에 대해서는 Kerr et al., "New Media-New Pleasures?"와 Julian Kücklich, "From Interactivity to Playability: Why Digital Games are Not Interactive," in Nate Garrelts(ed.), *Digital Gameplay: Essays on the Nexus of*

Game and Gamer(Jefferson, North Carolina: McFarland, 2005), p.232를 참조할 것.
하지만 연구자들이 선호하는 개념인 "플레이"조차도 상업적 권력과 이해관계로부터 자유롭지 않다(Kerr et al., "New Media-New Pleasures?," pp.72~73). 실제로 데이비드 마셜(P. David Marshall)은 "플레이는 점차 문화산업에 의해 식민화되었는데, 새로운 천년이 시작되는 시점에서 아동을 제외한 수용자의 기쁨을 형성하는 데 더 많은 중요성을 가지게 되었기 때문이다"라고 주장한다. 이에 대해서는 P. David Marshall, "The New Intertextual Commodity," in Dan Harries(ed.), *The New Media Book*(London: BFI, 2002), p.69 를 참조.

60 언론의 기술만능주의자들이 상호작용성을 어설프고 과장된 수사로 사용한 사례들을 요약한 것은 Kline et al., *Digital Play*, p.14 참조.

61 Espen Aarseth, *Cybertext: Perspectives on Ergodic Literature*(Baltimore, MD: Johns Hopkins Press, 1997).

62 P. David Marshall, "The New Intertextual Commodity."

63 비슷한 맥락에서, 러셀 리처드(Russell Richards)도 상호작용성에 대해 "환경과 콘텐츠, 그리고 사용자 사이를 매개해 내는 맥락화된 특징으로서 다른 콘텐츠의 **발생**을 가능하게 한다"라고 주장한다. 이에 대해서는 Russell Richards, "Users, Interactivity, and Generation," *New Media & Society* 8, no.4(2006), p.532. 강조는 원문.

64 오르세트는 "에르고딕"이라는 용어를 "일"을 뜻하는 그리스어인 에르곤과 "통로"를 뜻하는 호도스를 결합시켜 "독자로 하여금 텍스트를 초월하도록 요구하는 중요한 노력"으로 설명한다(Aarseth, *Cybertext*, 1).

65 같은 책, pp.112~113.

66 같은 책, p.113.

67 지와 학습에 대한 추가적인 연구에 대해서는 다음을 참조할 것. James Paul Gee, *Why Video Games are Good for Your Soul*(Australia: Common Ground, 2005); James Newman, *Playing with Videogames* (New York & London: Routledge, 2008); Zach Waggoner, *My Avatar, My Self: Identity in Video Role-Playing Games*(Jefferson, NC: McFarland, 2009).

68 Aarseth, *Cybertext*, p.4.

69 Marshall, "The New Intertextual Commodity," p.80.

70 Rob Cover, "Audience Inter/active: Interactive Media, Narrative Control and Reconceiving Audience History," *New Media & Society* 8, no.1(2006), p.139.

71 Bogost, *Persuasive Games*, p.42.

72 Marshall, "The New Intertextual Commodity"; Roig et al., "Videogame as Media Practice."

73 Harries, *The New Media Book*, p.172.

74 Aarseth, *Cybertext*.

75 Stahl, *Militainment, Inc.*

76 Johan Huizinga, *Homo Ludens: A Study of the Play Element in Culture*(Boston: Beacon Press, 1950).

77 게임 전문 언론인인 마이클 맥웨터(Michael McWhertor)가 설명한 것처럼, 〈인베이더스!〉는 뚜렷하게 구별되는 불쾌한 경험을 만들어낸다. 이에 대해서는 다음을 참조할 것. Michael McWhertor, "Hands On: Losing the Twin Towers with *Invaders!*," *Kotaku.com*, August 22, 2008. http://kotaku.com/5040358/hands-on-losing-the-twin-towers-with-invaders.

78 Douglas E. Stanley, "Some Context…," Abstract Machine, August 25, 2008. http://www. abstract

machine.net/blog/some-context/.

79 같은 웹사이트.

80 곤살로 프라스카의 〈9월 12일(September 12th)〉은 다음 링크에서 플레이할 수 있다: http://www.
newsgaming.com/games/index12.htm.

81 Dean Chan, "Dead-in-Iraq: The Spatial Politics of Digital Game Art Activism and the In-Game Protest,"
in Nina B. Huntemann and Matthew Thomas Payne(ed.), *Joystick Soldiers: The Politics of Play in
Military Video Games*(New York: Routledge, 2010), p.272.

82 밀리터리 카운터 게임에 대한 추가적 분석은 다음을 참조할 것. Huntemann and Payne, *Joystick Soldiers*,
Part V.

83 이에 대해서는 1장에서 자세히 설명할 것이다. 다음을 참조할 것. Phillip Hammond, *Media, War, and
Postmodernity*(New York: Routledge, 2007).

84 Tom Engelhardt, *The End of Victory Culture: Cold War America and the Disillusioning of a Generation*
(Amherst: University of Massachusetts Press, 2007), p.10.

85 같은 책, p.9.

86 James William Gibson, *Warrior Dreams: Paramilitary Culture in Post-Vietnam America*(New York: Hill
and Wang, 1994).

87 같은 책, p.10.

88 같은 책.

89 Engelhardt, *The End of Victory Culture*, p.15.

90 Francis Fukuyama, *The End of History and the Last Man*(New York: Free Press, 1992).

91 Engelhardt, *The End of Victory Culture*, pp.306~307.

92 Susan Faludi, *The Terror Dream: Fear and Fantasy in Post-9·11 America*(New York: MacMillian, 2007),
p.4.

93 팔루디는 "개인의 차원에서 유능한 여성들에 대한 명예훼손, 남성다운 남성의 강조, 가정에 대한 요구의 증
대, 희생적인 소녀를 갈구하고 이를 신성시하는 것을 비롯해 9·11 이후에 튀어나온 다양한 충동은 근원적
인 문화적 혼란에서 기인한 불특정적 표현일 수도 있다. 하지만 이것을 종합해 보면, 이것들은 우리에게 깊
게 투영되어 있으며 정교하게 만들어진 무적의 신화를 표방하는 국가적 환상에 대해 거침없이 일관되게 전
체적·점층적 요소들을 만들어낸다"라고 말한다(같은 책, p.14).

94 Jeffery Melnick, *9/11 Culture*(Malden, MA: Wiley-Blackwell, 2009), p.6.

95 같은 책.

96 이에 대해서는 다음을 참조할 것. Andrew Fiala, *The Just War Myth: The Moral Illustration of War*
(Lanham, MD: Roman & Littlefield, 2008); Trevor B. McCrisken, *American Exceptionalism and the
Legacy of Vietnam: US Foreign Policy since 1974*(New York: Palgrave MacMillan, 2003).

97 Josh Smicker, "Future Combat, Combating Futures: Temporalities of War Video Games and the
Performance of Proleptic Histories," *Joystick Soldiers*, p.106.

98 Richard Grusin, *Premediation: Affect and Mediality After 9/11*(New York: Palgrave, 2010).

99 Jay David Bolter and Richard Grusin, *Remediation: Understanding New Media*(Cambridge, MA: MIT
Press, 1999).

100 Grusin, *Premediation*, p.8.

101 시뮬레이션과 전쟁, 그리고 군의 복잡한 관계가 가진 역사와 이론적 작업을 알아보기 위해서는 다음을 참조
     할 것. Crogan, *Gameplay Mode*.

102 Elizabeth Samet, "Can an American Soldier Ever Die in Vain?: What Shakespeare, Lincoln, and *Lone
     Survivor* teach us about the danger of refusing to confront futility in war," *Foreign Policy*(May/June
     2014), p.74.

103 Grusin, *Premediation*, p.4.

104 Jeremy W. Peters, "Time Lends Cover for Apocalyptic Image," *New York Times*, June 11, 2011. http://
     mediadecoder.blogs.nytimes.com/2011/06/12/time-lends-cover-for-apocalyptic-image/

105 Raymond Williams, *Marxism and Literature*(Oxford, UK: Oxford University Press, 1977). 이에 대해서 데
     이비드 심슨(David Simpson)은 "20년 동안 주요한 비판적 연구에 이 개념이 사용되었음에도 불구하고 감정
     의 구조가 '이론적 만족'으로 발화되는 정도에서 차이가 존재하는 것은 이를 이론화하는 데 강한 저항이 있
     음을 보여준다"라고 주장한다. 이에 대해서는 David Simpson, "Raymond Williams: Feeling for Structures,
     Voicing 'History,'" in Christopher Prendergast(ed.), *Cultural Materialism: On Raymond Williams*
     (Minneapolis, MN: University of Minnesota Press, 1995), p.43 참조. 숀 매슈스(Sean Matthews)도 이에
     대해 동의하면서 "제안적이고 임시적이며 추상적이기까지 한 것이 [감정의 구조가 가진 장점일 것"이라고
     상정한다. Sean Matthews, "Change and Theory in Raymond Williams's Structure of Feeling," *Pretexts:
     Literary and Cultural Studies* 10, no.2(2001), p.191 참조.

106 Williams, *Marxism and Literature*, p.132.

107 같은 책, pp.102~133.

108 Raymond Williams, *Television: Technology and Cultural Form*(New York: Routledge, 2003).

109 Michael Kackman et al., "Introduction," *Flow TV*.

110 Melanie Swallwell and Jason Wilson, "Introduction," in Melanie Swallwell and Jason Wilson(ed.), *The
     Pleasures of Computer Gaming*(Jefferson, NC: McFarland Press, 2008), pp.6~7.

111 사례연구 전문가인 로버트 인(Robert Yin)에 따르면 "전체론적 디자인은 사례연구가 자리 잡고 있는 관련 이
     론 자체가 전체론적 성격을 가지고 있을 때 …… 이점을 가진다". Robert K. Yin, *Case Study Research:
     Design and Methods*(Thousand Oaks, CA: Sage Publications, 2003), p.45.

112 Judd Ruggill and Ken McAllister, *Gaming Matters: Art, Science, Magic and the Computer Game
     Medium*(Tuscaloosa, AL: University of Alabama Press, 2011).

113 Geoff King and Tanya Krzywinska, *Tomb Raiders and Space Invaders: Videogame Forms and* Contexts
     (London: I. B. Tauris, 2006).

114 Paul Kahn, "Sacrificial Nation," *The Utopian*, March 29, 2010. Accessed March 15, 2014. http://www.
     the-utopian.org/post/2340099709/sacrificial-nation.

제1장. 닌텐도 전쟁 2.0

1 Seth Barkan, *Blue Wizard is About to Die: Prose, Poems, and Emoto-versatronic Expressionistic Pieces
   About Video Games, 1980-2003*(Las Vegas: Rusty Immelman Press, 2004), p.43.

2 Susan Carruthers, "No One's Looking: The Disappearing Audience for War," *Media, War & Conflict* 1,
   no.1(2008), p.71.

3   Richard Corliss, "Where Are the War Movies?" *Time*, August 11, 2006. http://www.time.com/time/arts/article/0,8599,1225667,00.html.

4   이 박스오피스 기록은 박스오피스 모조(Box Office Mojo, boxofficemojo.com)에서 발췌했다.

5   Sinan Kubba, "Call of Duty: Black Ops 2 rakes in $500 million in first day," *Joystiq.com*, November 16, 2012. http://www.joystiq.com/2012/11/16/call-of-duty-black-ops-2-500-million-24-hours/.

6   Alexander Sliwinski, "Call of Duty: Black Ops 2 sales reach $1 billion in 15 days," *Joystiq.com*, December 5, 2012. http://www.joystiq.com/2012/12/05/call-of-duty-black-ops-2-1-billion/.

7   이는 〈모던 워페어 2〉가 출시된 후 첫 5일 동안 기록한 수익이 〈해리 포터와 혼혈왕자(Harry Potter and the Half-Blood Prince)〉나 〈다크 나이트(The Dark Knight)〉(처음 5일 판매량이 무려 2억 380만 달러에 달하는 미국 박스오피스 기록을 가지고 있다) 같은 할리우드 블록버스터보다 더 많다는 것을 뜻한다. 같은 미디어 구매나 경험이 아니기 때문에, 박스오피스 기록을 게임 판매량과 등치시키려는 것은 아니다. 대신 나는 게임과 영화가 가지는 서로 다른 판매 궤적에 대해서 주목하고자 한다. 이에 대해서는 다음을 참조할 것. Don Reisinger, "*Modern Warfare 2* tops entertainment industry, not just games," *CNET.com*, November 18, 2009. http://www.cnet.com/news/modern-warfare-2-tops-entertainment-industry-not-just-games.

8   Dana Jongewaard, "Call of Duty: Black Ops in 1 of 8 U.S. Households," *IGN.com*, March 14, 2011. http://www.ign.com/articles/2011/03/14/call-of-duty-black-ops-in-1-of-8-us-households. 액티비전이 〈콜 오브 듀티〉 최신판 출시 첫 날 거둔 수익에 대해서는 다음의 자료들을 참조할 것. Robert Johnson, "Call of Duty: Modern Warfare 2 destroys records in first day sales rampage, pulls in $310M," *New York Daily News*, November 12, 2009. http://www.nydailynews.com/news/money/call-duty-modern-warfare-2-destroys-records-day-sales-rampage-article-1.417049; Activision Publishing [Press Release], "Call of Duty: Black Ops Sets New Opening Day Sales Record with Approximately $360 Million in North America and United Kingdom Alone," *Activision*, November 11, 2010. http://investor.activision.com/releasedetail.cfm?ReleaseID=529609; Mike Snider, "Call of Duty: Modern Warfare 3 sets first-day record," *USA Today*, November 11, 2011. http://content.usatoday.com/communities/gamehunters/post/2011/11/call-of-duty-modern-warfare-3-sets-first-day-sales-record/1#.U34VJq1dVmQ; Yannick LeJacq, "Call of Duty: Blacks(sic) Ops 2 Sales Top $400 Million in First-Day Sales," *International Business Times*, November 16, 2012. http://www.ibtimes.com/call-duty-blacks-ops-2-sales-top-500-million-first-day-sales-885544; Daniel Nye Griffiths, "Activision Boasts $1 Billion 'Call of Duty: Ghosts' Day One Sales," *Forbes*, November 6, 2013. http://www.forbes.com/sites/danielnyegriffiths/2013/11/06/activision-boasts-1-billion-call-of-duty-ghosts-day-one-sales/.

9   Chris Suellentrop, "War Games," *The New York Times Magazine*, September 8, 2010, paragraph 2. http://www.nytimes.com/2010/09/12/magazine/12military-t.html.

10 Janet Murray, *Hamlet on the Holodeck: The Future of Narrative in Cyberspace*(Cambridge, MA: MIT Press, 1997); Alison McMahan, "Immersion, Engagement, and Presence: A Method for Analyzing 3-D Video Games," in Mark J. P. Wolf and Bernard Perron(eds.), *The Video Game Theory Reader*(New York: Routledge, 2003), pp.67~86.

11 Espen Aarseth, *Cybertext: Perspectives on Ergodic Literature*(Baltimore, MD: Johns Hopkins Press, 1997); Torben Grodal, "Video Games and the Pleasures of Control," in Dolf Zillmann and Peter Vorderer(eds.), *Media Entertainment: The Psychology of its Appeal*(Mahwah, NJ: Lawrence Erlbaum Associates, 2000), pp.197~214.

12 Mark J. P. Wolf, *The Medium of the Video Game*(Austin, TX: University of Texas Press, 2001); Jo Bryce and Jason Rutter, "Spectacle of the Deathmatch: Character and Narrative in First Person Shooters," in Geoff King and Tanya Krzywinska(eds.), *ScreenPlay: Cinema/videogames/interfaces*(Wallflower Press, 2002), pp.66~80; Alexander R. Galloway, *Gaming: Essays on Algorithmic Culture*(Minneapolis, MN:

University of Minnesota Press, 2006).

13 Will Brooker, "Camera-Eye, CG-Eye: Videogames and the 'Cinematic'," *Cinema Journal* 48, no.3(2009), p.122.

14 Henry Lowood, "Impotence and Agency: Computer Games as a Post-9/11 Battlefield," in Andreas Jahn-Sudmann and Ralf Stockmann(eds.), *Games Without Frontiers—War Without Tears: Computer Games as a Sociocultural Phenomenon*(London: Palgrave Macmillan, 2008), pp.78~86.

15 David B. Nieborg, "Am I Mod or Not? An Analysis of First Person Shooter Modification Culture," Paper presented at *Creative Gamers Seminar—Exploring Participatory Culture in Gaming*(Hypermedia Laboratory: University of Tampere, 2005). http://www.gamespace.nl/content/DBNieborg2005_Creative Gamers.pdf.; Steven E. Jones, *The Meaning of Video Games: Gaming and Textual Strategies*(New York: Routledge, 2008).

16 David Machin and Theo Van Leeuwen, "Computer Ggames as Political Discourse: The Case of *Black Hawk Down*," in Lilie Chouliaraki(ed.), *The Soft Power of War*(John Benjamins Publishing Company, 2007), pp.109~128.

17 Tanner Mirrlees, "Digital Militainment by Design: Producing and Playing *SOCOM: U.S. Navy SEALS*," *International Journal of Media and Cultural Politics* 5, no.3(2009), p.161; Josh Smicker, "Future Combat, Combating Futures: Temporalities of War Video Games and the Performance of Proleptic Histories," in Nina B. Huntemann and Matthew Thomas Payne(eds.), *Joystick Soldiers: The Politics of Play in Military Video Games*(New York: Routledge, 2010), pp.106~121.

18 Matthew Thomson, "From Underdog to Overmatch: Computer Games and Military Transformation," *Popular Communication* 7, no.2(2009), p.92.

19 Geoff King and Tanya Krzywinska, *Tomb Raiders and Space Invaders: Videogame Forms and Contexts* (London: I. B. Tauris, 2006), p.20.

20 Chris Hables Gray, *Postmodern War: The New Politics of Conflict*, (New York: Guilford Press, 1997).

21 Gray, *Postmodern War*, p.22.

22 Paul Virilio, "Infowar," in Timothy Druckery(ed.), *Ars Electronica: Facing the Future, a Survey of Two Decades*(Cambridge, MA: MIT Press), pp.326~335. 비릴리오는 오늘날의 전쟁에 대해 논의하면서 [순수 전쟁(pure war), 정보전, 그리고 전자전(electronic war) 같은] 다양한 개념을 끄집어낸다. 예를 들어 그는 베트남전쟁이 하버드 대학교와 메사추세츠 공과대학의 연구자들이 개발한 "맥나미라 선(MacNamara Line)"의 전자적·음향적 요소를 근거로 수행된 첫 번째 전자전이라고 이야기한다. 이에 대해서는 다음을 참조. Paul Virilio, *War and Cinema: The Logistics of Perception*(New York: Verso Press, 1989), p.82.

23 Friedrich Kittler, "On the History of the Theory of Information Warfare," in Timothy Druckery(ed.), *Ars Electronica: Facing the Future, a Survey of Two Decades*(Cambridge, MA: MIT Press), p.176.

24 Philip Hammond, *Media, War, and Postmodernity*(New York: Routledge, 2007), p.18.

25 그러나 이 집단 안에서도 상당한 이론적 차이와 이견이 존재한다. 이에 대해서는 다음의 예들을 참조할 것. Jean Baudrillard, *The Gulf War Did Not Take Place*(Bloomington, IN: Indiana University Press, 1995); Chris Hables Gray, *Peace, War, and Computers*(New York: Routledge, 2005); Douglas Kellner, *The Persian Gulf TV War*(Boulder, CO: Westview Press, 1992); Douglas Kellner, *Media Culture: Cultural Studies, Identity and Politics Between the Modern and the Postmodern*(New York: Routledge, 1995).

26 메리 칼도르(Mary Kaldor)는 (민족 집단, 테러리스트 집단과 같은) 작은 집단 사이에서 벌어지는 저강도 분쟁인 "새로운 전쟁(new wars)"과 거대한 국민국가가 벌이는 "낡은 전쟁(old wars)"을 비교한다. Mary Kaldor, *New and Old Wars: Organized Violence in a Global Era*(Stanford, CA: Stanford University Press, 1999).

27 Hammond, *Media, War, and Postmodernity*, p.11.

28 Zaki Laidi, *A World Without Meaning*(London: Routledge, 1998).

29 Hammond, *Media, War, and Postmodernity*, p.14.

30 같은 책, p.35.

31 같은 책, p.57.

32 같은 책.

33 Dana L. Cloud, *Control and Consolation in American Culture and Politics: Rhetorics of Therapy* (Thousand Oaks, CA: Sage Publications, 1998), p.1.

34 Hammond, *Media, War, and Postmodernity*, p.58. 당연한 말이지만, 새로운 기술이 인명 피해를 최소화하면서 적기에 군수물자 공급을 가능하게 해주는 상황에서 저강도 분쟁의 가능성은 상존한다. 왜냐하면 이러한 기술에는 이의 징발과 관련된 어떠한 윤리적·도덕적 기본 체계도 부여되지 않기 때문이다.

35 같은 책, p.59.

36 David Zucchino, "Army Stage-Managed Fall of Hussein Statue." *LA Times*, July 3, 2004. http://articles.latimes.com/2004/jul/03/nation/na-statue3.

37 Alan Taylor, "Documenting the return of the U.S. war dead," *The Boston Globe*, April 15, 2009. http://www.boston.com/bigpicture/2009/04/documenting_the_return_of_us_w.html.

38 David Barstow and Robin Stein, "Under Bush, a New Age of Prepackaged TV News," *The New York Times*, March 13, 2005. http://www.nytimes.com/2005/03/13/politics/13covert.html.

39 Charles Laurence, "Was the pin-up boy of Bush's War on Terror assassinated?," *Mail Online*, August 3, 2007. http://www.dailymail.co.uk/news/article-473037/Was-pin-boy-Bushs-War-Terror-assassinated.html.

40 John Kampfner, "The truth about Jessica," *The Guardian*, May 15, 2003. http://www.guardian.co.uk/world/2003/may/15/iraq.usa2.

41 Sheldon Rampton and John Stauber, "As Others See Us: Competing Visions of a Sanitized War," *PR Watch* 10, no.2(2003), p.9.

42 "새로운 진주만"이라는 개념은 부시 행정부의 지지자들과 비판자들 모두가 사용했다. 이에 대해서는 다음을 참조할 것. Rahul Mahajan, *The New Crusade: America's War on Terrorism*(New York: Monthly Press Review, 2002), pp.11~12.

43 Nicholas Mirzoeff, *Watching Babylon: The War in Iraq and Global Visual Culture*(New York: Routledge, 2005), p.77.

44 Geoff King, "Play, Modality and Claims of Realism in *Full Spectrum Warrior*," in Barry Atkins and Tanya Krzywinska(eds.), *Videogame, Player, Text*(Manchester, UK: Manchester University Press, 2008), p. 53.

45 King and Krzywinska, *Tomb Raiders and Space Invaders*.

46 Robert Hodge and David Tripp, *Children and Television: A Semiotic Approach*(Palo Alto, CA: Stanford University Press, 1986), p.104.

47 메시지가 가지고 있는 양식은 매체별로 다르게 존재하는 표지들에 근거한다. 이러한 양식 표기는 메시지가 가진 존재론적 실제를 만들어내기 위해 함께 작동하기도 하고, 또는 다른 것과 불협화음을 일으키기도 한다. 이러한 표기에는 3차원, 색상, 디테일, 움직임, 음악, 음향 작용 등의 요소가 있다. 개인의 양식 판단 혹

은 메시지가 현실과 연결되는 것에 대한 믿음은 이러한 매체 특유의 양식 표기들에 기인하는데, 가령 구어 (口語)에 대한 양식 표기는 신체적 언어나 시각적 매체, 소리와는 다르다. 시각적·사진적 메시지와 미디어가 가진 양식(그리고 표기)은 신호나 지시대상이 구별될 수 없거나 색인에 깊이 관련되었다는 점에서 일반적으로 꽤 높은 것으로 여겨진다. 혹은 제임스 모노코(James Monoco)가 말한 것처럼 "언어 체계가 가진 권력은 기표와 기의 사이에 굉장히 많은 차이점이 있다. 영화가 가진 힘은 그렇지 않다는 것이다". James Monoco, *How to Read a Film: The Art, Technology, Language, History, and Theory of Film and Media*, 2nd ed.(New York: Oxford University Press, 2000), p.158.

48 Hodge and Tripp, *Children and Television*, p.106.

49 Robert Hodge and Gunther Kress, *Social Semiotics*(Oxford, UK: Polity Press, 1988). 유사하게 연결된 개념은 아마도 풍자적인 뜻을 가진 "진실임직함(truthiness)"일 것이다. 이 개념은 스티븐 콜버트(Steven Colbert)가 사용해서 유명해졌으며, 2006년 메리엄-웹스터(Merriam-Webster)에 의해 "올해의 단어"로 선정 되었는데 이는 "내장에서 끄집어낸 진실"이라는 뜻을 담고 있고, 이와 관련된 개념과 생각이 사실이길 바라 지만, 실제로는 사실적이지 않은 상태를 뜻한다.

50 같은 책, p.147.

51 킹과 크르치윈스카가 『톰 레이더와 스페이스 인베이더(Tomb Raiders and Space Invaders)』에서 주장한 것은 호지와 크레스의 『사회적 기호학(Social Semiotics)』의 142쪽에서 밝힌 것처럼 "(만화책, 애니메이션, 영화, 텔레비전, 그림과 같은) 매체에 의해 정의되든, 아니면(웨스턴, 공상과학, 로맨스, 뉴스와 같은) 콘텐츠 에 의해 정의되든, 장르는 양식 표기의 모음과 장르의 근간이 되는 양식의 전반적인 가치를 만들어낸다. 이 근간은 서로 다른 시청자·독자에 따라 달라질 수 있으며, 마찬가지로 다른 텍스트, 그리고 텍스트 안에 존재 하는 순간에 따라 달라질 수 있지만, 이러한 차이점은 장르가 가진 기본적인 양식의 가치와의 관계에서 중 요성을 획득한다".

52 King and Krzywinska, *Tomb Raiders and Space Invaders*, p.21.

53 같은 책, p.22.

54 평론가들 중에는 서사나 디에게시스적 콘텐츠에 관계없이 1인칭 슈팅 게임을 가리켜 "살인자 시뮬레이터" 라고 규정하는 사람들이 있다. 예를 들어 데이브 그로스먼(Dave Grossman) 대령은 비디오 게임이 게이머 로 하여금 후회 없이 살인을 저지르게 한다면서, 이 군인 냄새가 물씬 풍기는 표현을 사용한다. 그가 지은 책 『우리 아이들에게 살인을 가르치지 마라(Stop Teaching Our Kids to Kill)』에서는 1인칭 슈팅 게임을 둘 러싼 전형적인 윤리적 공포들을 다루고 있다.

55 상당수의 게임 연구자들은 게임플레이가 어떻게 세계를 가로지르는지에 대해 인류학자인 빅토르 터너 (Victor Turner)의 "역치성(liminality)"이라는 개념을 사용한다. 이에 대해서는 다음을 참조할 것. Victor Turner, *From Ritual to Theater: The Human Seriousness of Play*(Performing Arts Journal, 1982).

56 Johan Huizinga, *Homo Ludens: A Study of the Play Element in Culture*(Boston: Beacon Press, 1950), pp.14~15.

57 Alexander R. Galloway, *Gaming: Essays on Algorithmic Culture*(Minneapolis, MN: University of Minnesota Press, 2006).

58 갤러웨이는 확장된 1인칭의 시퀀스를 사용한 버스터 키튼(Buster Keatons)의 『서부로 가다(Go West)』 (1925)와 알프레드 히치콕(Alfred Hitchcock)의 『토파즈(Topaz)』(1969) 같은 할리우드 스튜디오 영화들을 언급하는데, 그중에서도 로버트 몽고메리(Robert Montgomery)의 『호수의 여인(Lady in the Lake)』(1947) 의 경우 완전히 주관적 관점에서 촬영된 것이다.

59 이에 대한 자세한 설명은 다음을 참조할 것. Daniel Pinchbeck, *Doom: Scarydarkfast*(Ann Arbor, MI: University of Michigan Press, 2012).

60 Mirzoeff, *Watching Babylon*.

61 Andrew Kurtz, "Ideology and Interpellation in the First-Person Shooter," in Ronald Strickland(ed.), *Growing Up Postmodern: Neoliberalism and the War on the Young*(New York: Roman and Littlefield, 2002), p.113.

62 King, "Play, Modality and Claims of Realism in *Full Spectrum Warrior*," p.53.

63 Ralph Blumenthal, "Electronic-Games Race," *New York Times Magazine*, December 14, 1980, p.180.

64 동전을 넣고 작동시키는 아케이드 게임의 디자인이 가진 경제적 논리에 대해서는 다음을 참조할 것. Carly A. Kocurek, "Coin-drop Capitalism: Economic Lessons from the Video Game Arcade," in Mark J. P. Wolf(ed.), *Before the Crash: Early Video Game History*(Detroit: Wayne State University, 2012), pp.189~208.

65 《뉴스위크》는 〈미사일 커맨드〉에 대해 다음과 같이 분명하게 설명한다. "만약 '올바른 것'을 요구하는 게임이 하나 있다면, 이것일 것이다. 당신에게 주어진 임무는 당신이 가진 미사일로 하여금 적의 미사일을 파괴함으로써 6개의 도시를 지켜내는 것이다. 당신의 무기는 반격을 위해 세 곳의 기지에 배치되어 있으며, 각각의 통제 버튼을 가진 상태에서 네 번째 통제 수단은 당신의 샷을 향해 있다. 전쟁이 진행될수록, 적은 보다 빨라지고 정확해지며 그는(오타 그대로 표기) 당신에게 몇 개의 '스마트 복탄(오타 그대로 표기)'을 떨어뜨린다. 한 가지 좋은 전략은 적의 첫 포격을 막아내기 위해 공중에 일련의 폭발을 일으키고 이후 이어지는 공격에 대해서는 보다 적은 사격으로 대응하는 것이다. 당신의 도시 중 하나 이상이 방어되고 있는 한 게임은 계속된다. 〈미사일 커맨드〉의 그래픽은 실감나고 화려하다. 비디오 전사들은 기계가 가져다준 승리를 즐긴다. 화면은 빨간색으로 넘쳐나고 우리가 알고 있는 문명의 묘비명인 "끝(The End)"으로 승리를 장식한다. 10만 점을 넘게 얻은 10대 청소년들은 누구라도 미 공군에 자신의 이름과 주소를 제출해야 한다." 이에 대해서는 다음을 참조할 것. Eric Gelman, "In Arcadia: Pac-Man Meets Donkey Kong," *Newsweek*, November 1981, p.91.

66 Janet Murray, *Hamlet on the Holodeck: The Future of Narrative in Cyberspace*(Cambridge, MA: MIT Press, 1997).

67 같은 책, pp.110~111.

68 Wolf, *Medium of the Video Game*, p.50.

69 마크 울프(Mark J. P. Wolf)가 지은 『비디오 게임의 매체(Medium of the Video Game)』의 60쪽에서, 그는 "비디오 게임에서 플레이어·캐릭터 대리인은 매우 분명하게, 흡수된 외적 대상으로서 플레이어의 의지를 활동으로 흡수한다. 이는 왜 비디오 게임에서 다수의 플레이어·캐릭터 대리인이 캐릭터에 기초한 것인지를 이해하는 데 도움을 준다"라고 말한다.

70 물론 적절한 몰입이 그래픽적 재현에만 근거를 두고 있는 것은 아니다. 닉 문트포트(Nick Muntfort)가 지은 『꾸불꾸불한 작은 통로들: 상호작용적 허구에 대한 접근법(Twisty Little Passages: An Approach to Interactive Fiction)』(Cambridge, MA: MIT Press, 2005)에서는 텍스트의 모험심과 〈던전 앤 드래곤(Dungeon and Dragons)〉 같은 롤플레잉 게임이 얼마나 극단적으로 몰입적일 수 있는지 보여준다. 울프는 플레이어들이 재현의 차이를 정신적으로 채워낸다는 점에서 비디오 게임의 관념이 마음을 사로잡게 하고 정신적으로 자극을 준다고 설명한다. 이의 소름끼치는 재현과 관련해, 〈미사일 커맨드〉의 프로그래머인 데이브 토이러(Dave Theurer)가 게임 제작 이후 6개월에 걸쳐 악몽에 시달렸다. 이에 대해서는 다음을 참조할 것. Barkan, *Blue Wizard is About to Die*, p.140.

71 Murray, *Hamlet on the Holodeck*, p.126.

72 같은 책, p.129.

73 게임플레이의 행위와 실재론적 현상학은 고의성에 대해서뿐만 아니라 플레이어의 자유, 맥락적 유도성, 그리고 실험적 흐름을 비롯해 여러 지점에서도 같은 의견을 가지고 있다. 이 겹치는 지점에 대한 보다 자세한 설명은 다음을 참조할 것. Matthew Thomas Payne, "Interpreting Gameplay through Existential

Ludology," in Richard E. Ferdig(ed.), *Handbook of Research on Effective Electronic Gaming in Education*(Information Science Reference, 2009), pp.621~635.

74 Murray, *Hamlet on the Holodeck*, p.145.

75 같은 책.

76 같은 책, p.146.

77 같은 책, p.135.

78 같은 책, p.181.

79 유감스럽게도 플레이어와 운동가들, 정치인들의 분노를 그려낼 때, 중요한 재현에 대해 상당히 의도적으로 거래하는 게임들이 존재한다. 이러한 게임들은 추악하지만, 비디오 게임 역사의 진짜 일부분이기도 하다. 이렇게 악명 높은 타이틀 중에는 플레이어들이 화살을 피하는 가운데 사로잡힌 미국 선주민 여성을 강간함으로써 득점하는 〈아타리 2600(Atari 2600)〉을 위해 만들어진 〈커스터 리벤지((Custer's Revenge)〉(1982)와 미국에 입국하기 전의 멕시코인들을 "멕시코 국가주의자"나 "마약 밀매상", "동물 사육사"의 전형으로 묘사해 사살하는 〈보더 콘트롤(Border Control)〉이 있다. 하지만 이 밖에도("진지한 게임 운동들"처럼) 다양한 주제를 가지고 사용자들을 훈련시키고 교육하는 비디오 게임이 존재하고, 변형된 밀리터리 게임은 외상후 스트레스 장애를 치료하기 위해 사용된다. 교육적이고 '진지한' 게임은 미디어 상호작용성처럼 변형이라는 개념도 엄격한 기술적인 사건에 국한되는 것이 아니라는 점을 보여준다.

80 J.C. Herz, *Joystick Nation: How Videogames Ate Our Quarters, Won Our Hearts, and Rewired Our Minds*(Boston: Little, Brown and Company, 1997), p.64.

81 Steven Poole, *Videogames and the Entertainment Revolution*(New York: Arcade Publishing, 2000), p.36.

82 Galloway, *Gaming*, p.69.

83 Marie-Laure Ryan, *Narrative as Virtual Reality: Immersion and Interactivity in Literature and Electric Media*(Baltimore. MD: Johns Hopkins University Press, 2001), p.309.

84 Hunter S. Thompson, "Fear & Loathing in America," *ESPN.com*, September 12, 2001. http://proxy.espn.go.com/espn/page2/story?id=1250751.

85 머레이는 이에 대해 정확하게 "(몰입, 대리인, 변환에서 나오는) 이러한 기쁨이 전통적인 미디어가 지닌 기쁨과 어떠한 면에서는 일치하고 어떠한 면에서는 다르다. 분명한 것은 디지털매체 자체가 가지고 있는 특성의 결합처럼, 즐거움의 결합도 완전히 새로운 것이라는 점이다"라고 밝히고 있다. Murray, *Hamlet on the Holodeck*, p.181.

86 Joseph S. Nye, "Propaganda Isn't the Way: Soft Power," *International Herald Tribune*, January 10, 2003. http://belfercenter.ksg.harvard.edu/publication/1240/propaganda_isnt_the_way.html. 또한 다음도 참조할 것. Joseph S. Nye, *Bound to Lead: The Changing Nature of American Power*(New York: Basic Books, 1990); Joseph S. Nye, *Soft Power: The Means to Success in World Politics*(New York: Public Affairs, 2004).

제2장. 하나의 개인화된 슈팅 게임

1 Tim O'Brien, *The Things They Carried*(Boston: Houghton Mifflin, 1990), p.78.

2 여러 다른 강조점에도 불구하고 RMA는 대테러전의 창시자로 알려져 있다. 이에 대해서 미르조에프는 "대테러전은 RMA의 영속"이라고 언급했다. 이에 대해서는 다음을 참조할 것. Nicholas Mirzoeff, "War is Culture: Global Counterinsurgency, Visuality, and the Petraeus Doctrine," *PMLA* 124, no.5(2009),

p.1738.

3 　몇몇 인물이 수십여 년 동안 지속된 냉전을 연상시킨다며 사용하길 꺼려한 용어이지만, 원래 "오래된 전쟁 (the long war)"이라는 말은 9·11 이후 비국가 테러리스트에 대한 전투가 지속되면서 붙여진 단어로, 이후 많은 대중 저서와 군 출판물에서 사용되었다. 이 개념의 정의와 관련된 논란에 대해서는 다음을 참조할 것. Christopher Pernin et al., *Unfolding the Future of the Long War: Motivations, Prospects, and Implications for the U.S. Army*(Santa Monica, CA: RAND Corporation, 2008)

4 　Mirzoeff, "Counterinsurgency," p.1737.

5 　Nicholas Mirzoeff, "On Visuality," *Journal of Visual Culture* 5, no.1(2006), p.53.

6 　Paul Virilio, *War and Cinema: The Logistics of Perception*(New York: Verso Press, 1989).

7 　시뮬레이션과 전쟁 계획의 오래된 관계에 대해서는 다음을 참조할 것. Patrick Crogan, *Gameplay Mode: War, Simulation, and Technoculture*(Minneapolis, MN: University of Minnesota Press, 2011).

8 　Mirzoeff, "Counterinsurgency," p.1737.

9 　같은 책, p.1741.

10 　같은 책, p.1737.

11 　≪타임≫은 미디어 업체, 군인, 그리고 민간인이 동영상 공유 사이트인 유튜브에 업로드한 다양한 영상을 바탕으로 이라크 전쟁을 "유튜브 전쟁(Youtube War)"이라고 명명했다. 이에 대해서는 다음을 참조할 것. Anne Marie Cox, "The YouTube War," *Time*, July 19, 2006, http://content.time.com/time/nation/article/ 0,8599,1216501,00.html.

12 　Mark Dooley, *Roger Scruton: The Philosopher on Dover Beach*(London: Continuum, 2009), p.158.

13 　게임 리뷰들을 둘러싼 담론에 대한 분석은 5장을 참조할 것.

14 　이 수치들은 비디오 게임 차르트(the Video Game Chartz)의 웹사이트에 게재된 판매 데이터 통계표를 근거로 한다.

15 　Zied Rieke and Michael Boon, "Postmortem—*Call of Duty 4: Modern Warfare*," *Game Developer*, 15.3 (2008), p.25.

16 　같은 글, p.26.

17 　같은 글, p.25.

18 　Paul Kahn, "Sacrificial Nation," *The Utopian*, n.p. March 29, 2010, http://www.the-utopian.org/ 2010/04/Sacrificial-Nation.html.

19 　Carolyn Marvin, "Theorizing the Flagbody: Symbolic Dimensions of the Flag Desecration Debate, or, Why the Bill of Rights Does Not Fly in the Ballpark," *Critical Studies in Media Communication* 8, no.2(1991), p.120.

20 　인피니티 워드가 '노 러시안' 레벨을 포함시켜 의도적으로 갈등을 유발했다고 보는 데에는 적어도 세 가지 근거가 있다. 우선 게임은 이 불쾌한 레벨을 건너뛰고 캠페인 모드를 이어갈 수 있는 옵션을 가지고 있다. 둘째로 플레이어는 민간인을 쏘지 않고 레벨을 진행시킬 수 있다(하지만 만약 매복한 플레이어가 테러리스트들에게 사격을 가하면 이 레벨은 종료된다). 그리고 스튜디오가 이걸 홍보하려고 했다고 의심되는 셋째 이유로는 게임이 출시되기 수주 전에 이 레벨에 대한 자세한 사항이 '유출'되었다는 데 있다.

21 　커트신은 게임에 대한(레벨, 자산 등의) 정보가 배경으로 등장한 상황에서 서사를 진행시키기 위해 게임에서 사용되는 흔한 이야기 요소이다.

22 　*Modern Warfare 2*(Xbox 360 version); Infinity Ward (Activision, 2009).

23 George Orwell, *1984*(New York: Harcourt, 1949), p.182.

24 *Call of Duty 4: Modern Warfare*(Xbox 360 version); Infinity Ward(Activision, 2007).

25 첫 레벨은 군 저격수들이 흔히 착용하는 위장 복장을 뜻하는 "길리 슈트(ghillie suit)"이다.

26 이는 〈콜 오브 듀티: 블랙 옵스 2〉(엑스박스 360용 버전)에서 다시 주요 테마로 활용된다. Treyarch
    (Activision, 2012).

27 아마도 첫 번째 게임의 실패, 대중 정서의 변화 혹은 두 번째 게임이 가진 더욱 이상한 줄거리 때문인지, 인
    피니티 워드는 첫 시리즈에서와는 달리 〈모던 워페어 2〉와 〈모던 워페어 3〉에서는 (워싱턴 DC, 리우데자
    네이루, 아프가니스탄과 같은) 실제 지역을 등장시키지 않았다.

28 *Modern Warfare 2*(Xbox 360 version), Infinity Ward(Activision, 2009).

29 이 말을 누가 처음으로 했는지는 알려지지 않았으나, 윈스턴 처칠(Winston Churchill)에 의해 유명해졌다.

30 Benedict Anderson, *Imagined Communities: Reflections on the Origin and Spread of Nationalism*
    (London: Verso Press, 1991).

31 같은 책, chapter 10.

32 O'Brien, *The Things They Carried*, pp.80~81.

33 서사와 게임플레이 사이에서 비디오 게임의 디자인이 단절되는 것을 일반적으로 "게임적·서사적 불일치
    (ludo-narrative dissonance)"라고 부른다. 이러한 디자인적 문제에 대해서는 다음을 참조할 것. Matthew
    Thomas Payne, "War Bytes: The Critique of Militainment in *Spec Ops: The Line*," *Critical Studies in
    Media Communication* 31, no. 4(2014), p.265.

34 예를 들어 서사적인 반응과 플레이어가 아닌 캐릭터의 반응을 이끄는 윤리적 선택을 해야 하는 롤플레잉 비
    디오 게임이 존재한다.

제3장. 선한 싸움을 (선제적으로) 싸우기

1 George W. Bush, "Full Text: Bush's National Security Strategy," *New York Times*, September 20, 2002.
   http://www.nytimes.com/2002/09/20/international/20STEXT_FULL.html.

2 Fredric Jameson, *The Political Unconscious: Narrative as a Socially Symbolic Act*(New York:
   Routledge, 2006), ix.

3 Samuel Weber, *Targets of Opportunity: On the Militarization of Thinking*(New York: Fordham University
   Press, 2005).

4 이에 대해서는 다음을 참조할 것. Trevor B. McCrisken, *American Exceptionalism and the Legacy of
   Vietnam: US Foreign Policy since 1974*(New York: Palgrave MacMillan, 2003); Godfrey Hodgson, *The
   Myth of American Exceptionalism*(New Haven, CT: Yale University Press, 2009). 미국 예외주의에 대한 여
   러 해석이 정립되는 데에는 오랜 시간이 걸렸다. 이 개념에 대한 가장 일반적인 방식의 해석은 다음과 같다.
   "미국은 인류 역사에서 특별한 역할을 부여받은 비범한 국가로서 독보적일 뿐만 아니라 다른 국가들에 비해
   우월하다. …… 미국 예외주의에 대한 믿음은 미국인의 국가 정체성과 국가주의의 핵심 요소로 작동한
   다"(McCrisken, *American Exceptionalism*, 1). 미국 예외주의의 담론은 첫째, 헌신적이고 이상적인 "언덕 위
   의 도시(city on the hill)"가 있고, 둘째, 새로운 세계의 질서를 창조하고 "운명을 드러내는(manifest destiny)"
   힘에 의해 추동되는 더 군사적이며 팽창적인 국가라는 두 가지 주제 혹은 요소를 가졌다고 설명된다(같은 책,
   p.2).

5 Weber, *Targets of Opportunity*, p.94.

6   같은 책, p.96.

7   Hodgson, *Myth of American Exceptionalism*, p.100.

8   Ross Thomas, "Review of *Clear and Present Danger*," *Washington Post Bookworld*, 1989, p.1; Oscar Collier, *How to Write and Sell Your First Novel*(Cincinnati: Writer's Digest Books, 1997)에서 발췌.

9   예외로서, 그는 1998년 레드 스톰 엔터테인먼트의 〈레인보우 식스〉의 제작 과정에 협력한 적이 있다. 이에 대해서는 다음을 참조할 것. Brian Upton, "Red Storm Entertainment's *Rainbow Six*," in Austin Grossman(ed.), *Postmortems from Game Developers*(Burlington, MA: Focal Press, 2003), p.252.

10   이 출판계의 큰손이 "비디오 게임과 책과 영화, 그리고 기타 상품을 비롯한 부차적인 제품을 사용하는 데서 톰 클랜시의 명칭과 관련된 지적재산권 및 향후 로열티 지불의 영구적인 면제"라는 계약을 체결한 것은 이 회사가 로열티를 절약함으로써 "매해 500만 달러에 이르는 영업이익에 평균적으로 긍정적인 영향을 끼칠 것"으로 예측했기 때문이다. 이에 대해서는 다음을 참조할 것. Daniel Terdiman, "Ubisoft Buys Tom Clancy's Name," *CNET.com*, March 20, 2008. http://www.cnet.com/news/ubisoft-buys-tom-clancys-name/.

11   서문에서 설명한 것처럼, 〈고스트 리콘〉과 〈레인보우 식스〉 시리즈는 분대 단위의 전술 슈팅 게임이었고, 〈스플린터 셀(Splinter Sell)〉은 혼자 몰래 하는 스파이 행위를 다루고 있으며, 〈엔드워(Endwar)〉(2009)는 실시간 전략게임이며, 〈혹스(H.A.W.X)〉(2009)는 공중 강습 게임이다. 따라서 클랜시의 많은 프랜차이즈는 표면적으로는 미국을 지키는 내용의 줄거리와 캐릭터로 비슷하게 설계된 디에게시스적 세계를 표방한다. 하지만 비좁은 장소에서 펼쳐지는 전투에서 대테러전 집단의 일원으로 플레이하는 것은 전략게임에 필수적인 비인격적인 전술 입안 작업이나, 항공기에서 지상의 목표물로 강력한 탄두를 떨어뜨리는 것과는 완전히 다른 경험이다. 이러한 역학과 이야기의 차이가 이용자의 상호작용을 만들어내고 게임플레이의 양식을 형성하는 데 직접적으로 개입한다.

12   Gibson, *The Perfect War*.

13   Chris H. Gray, *Postmodern War: The New Politics of Conflict*(New York: Guilford Press, 1997); Randy Martin, *An Empire of Indifference: American War and the Financial Logic of Risk Management*(Durham, NC: Duke University Press, 2007).

14   John Arquilla and David Ronfeldt, *Networks and Netwars*(Santa Monica, CA: RAND Corporation, 2001); Tanner Mirrlees, "Digital Militainment by Design: Producing and Playing *SOCOM: U.S. Navy SEALS*," *International Journal of Media and Cultural Politics* 5, no.3(2009), p.161; Josh Smicker, "Future Combat, Combating Futures: Temporalities of War Video Games and the Performance of Proleptic Histories," in Nina B. Huntemann and Matthew Thomas Payne(eds.), *Joystick Soldiers: The Politics of Play in Military Video Games*(New York: Routledge, 2010), pp.106~121; James Hay, "Extreme Makeover: Iraq Edition—'TV Freedom' and other experiments for 'advancing' liberal government in Iraq," in Michael Kackman et al.(eds.), *Flow TV: Television in the Age of Media Convergence*(New York: Routledge, 2011), pp.217~241.

15   Martin, *An Empire of Indifference*, p.77. 마틴은 군정과 군수 조달에서의 혁명이 어떻게 1990년대의 "신경제"를 반영하는지 다음과 같이 설명한다. "하지만 전투가 벌어지는 장면에서 노동력을 절감하는 것을 자랑하는 RMA는 신경제를 추동했던 아웃소싱의 확대와 노동력의 감축처럼 현역군인을 상당히 감축하는 배경이 되었다. 1987년부터 1999년까지 육군은 30만 명 이상, 해군은 20만 명 이상, 그리고 공군은 거의 25만 명에 육박하는 병력을 감원했다. 우리는 1990년대에 (18개 사단에서 12개 사단으로) 6개의 사단이 감축되고, 잘 알려진 적이 사라진 것을 목도했다. 결과적으로 계획이라 함은 개입의 양상이 이루어지는 숫자에 맞춰서 보다 집중된 화력을 사용하는 방향으로 짜일 것이다"(같은 책).

16   Instruction manual, *Ghost Recon Advanced Warfighter*, 3.

17   Helen S. Garson, *Tom Clancy: A Critical Companion*(Westport, CT: Greenwood Press, 1996). 가슨은

"테크노 스릴러는 병사, 항해사, 파일럿이 된 플레이어들로 이루어진 밀리터리 허구의 한 형태이다. 소설은 무기와 전쟁의 진화와 투시를 보여주기 위한 부차적인 배경이 된다. 실제의 전쟁, 가능한 전쟁, 혹은 피하게 된 전쟁은 테크노 스릴러 안에서 벌어진다. …… 테크노 스릴러에 등장하는 대부분의 위기와 해법은 기계적 이다. 사람들은 실수를 할 수 있지만, 플롯의 초점은 인간의 한계가 아니라 기계에 맞춰져 있다. 테크노 스 릴러에서 '좋은' 캐릭터들은 확실히 '옳은 편'에 서 있는 이들이고, 밀리터리 허구에서는 엄청난 애국주의자 들이다"(같은 책, p.36).

18 James W. Gibson, *The Perfect War: Technowar in Vietnam*(Boston: The Atlantic Monthly Press, 1986).

19 Walter L. Hixson, "'Red Storm Rising': Tom Clancy Novels and the Cult of National Security," *Diplomatic History* 17, no.4(1993), p.599; Celeste F. Delgado, "Technico-Military Thrills and the Technology of Terror: Tom Clancy and the Commission on the Disappeared," *Cultural Critique* 32(1995~1996), p.125; Matthew B. Hill, "Tom Clancy, *24*, and the Language of Autocracy," in Andrew Schopp and Matthew B. Hill(eds.), *The War on Terror and American Popular Culture: September 11 and Beyond*(Cranbury, NJ: Fairleigh Dickinson University Press, 2009), pp.127~148.
    월터 힉슨은 클랜시의 소설을 명백히 불법적이진 않더라도 체제 전복적이거나 은밀하게 이루어지고 헌법에 저촉될 수 있는 수단까지 동원하는 외교 당국이 보호하는 미국을 "국가 안보의 신앙"으로서 찬양하는 것으 로 본다(Hixson, "Red Storm Rising," pp.605~606). 비슷한 맥락에서 셀레스테 프레이저 델가도(Celeste Fraser Delgado)도 특별히 CIA가 사람들을 "사라지게 하는" 능력을 비롯해 클랜시의 저작에 등장하는 정부 의 권력 행사에 대한 찬양이 그들이 가진 기본적인 텍스트적 권력과 기쁨을 보여준다고 주장한다(예컨대 물 리력은 사라지게 하는 능력을 통해 드러난다, Delgado, "Technico-Military Thrills," pp.127~128). 그리고 앤드류 힐(Andrew Hill)은 클랜시의 저작, 그리고 텔레비전 드라마인 〈24〉를 비롯한 테크노 스릴러 소설들 이 미국 안의 테러리즘에 대항하고 싸우는 상황에서 정부가 배후에 있는 고문이나 국내의 권위주의를 정당 화하는 데 사용된다고 본다. 힐은 "톰 클랜시의 작품들 속에서 독자들은 기술적 언어를 통해 군과 정보기관 의 '내부자 세계'로 인도되며, 〈24〉에서 기술전의 언어는 시각적·문학적·공식적으로 테러와의 전쟁이 첨단 기술의 정보전으로 번역된다"(Hill, "Language of Autocracy," p.136)라고 말한다.

20 Ian Buchanan, *Fredric Jameson: Live Theory*(New York: Continuum, 2006), p.74.

21 Loundon Wainwright, "A Fantasy Fit For a President(The Hunt for Red October by Tom Clancy)" *Life Magazine*, April 1985, p.7.

22 같은 글.

23 Andrew Bacevich, *The New American Militarism: How Americans are Seduced by War*(London: Oxford University Press, 2005), p.117.

24 Garson, *Tom Clancy: A Critical Companion*, p.8.

25 Cooper, Marc, "Interview: Tom Clancy," *Playboy*, April 1, 1988.

26 매슈 힐(Matthew Hill)은 클랜시 작품에 등장하는 중요한 영웅들과 〈24〉의 잭 바우어(Jack Bauer)가 주제의 측면에서 상당히 겹치는 것에 대해 다음과 같이 말한다. "우리는 톰 클랜시의 소설들과 〈24〉에서 전쟁의 두 가지 강력한 신화론이 결합되는 것을 발견한다. 독립적이고 혁신적이며 강인하고 금욕적이며 고독한 살인 자인 전선에서의 미국 영웅과 첨단기술 및 과학적인 생산과정으로 전쟁을 개념화하는 기술전의 모습들. …… 이렇듯 상호보완적인 신화론은 기술전의 전사에 대한 숭배 텍스트를 만들어내고, "올바른" 지식과 "올 바른" 기술, 그리고 "올바른" 사용과 결합되어 미국 문화의 신성시되는 질서를 지켜내는 불멸의 전사로 끌어 올린다"(Hill, "Language of Autocracy," p.140).

27 Matt Martin, "Tom Clancy Series Tops 55 Million Units Sold," *Gamesindustry.biz*, May 28, 2008. www.gameindustry.biz/articles/tom-clancy-series-tops-55-million-units-sold.

28 Instruction manual, *Tom Clancy's Ghost Recon Advanced Warfighter*(Xbox 360 version), Red Storm Entertainment(Ubisoft, 2006), p.3.

29 U.S. Federal Government, "Global Information Grid Operational View-1," April 2008, http://commons. wikimedia.org/wiki/File:Gig_ov1.jpg.

30 2009년, 로버트 게이츠(Robert Gates) 국방장관은 1600억 달러에 이르는 미래 전투 시스템 프로그램을 폐기하고 이 기술들을 이미 진행되던 육군의 현대화 노력에 맞춰 재배치할 것을 지시했다. 이에 대해서는 다음 자료를 참조할 것. Kris Osborn, "FCS is Dead: Programs Live On," *Defense News*, May 18, 2009. 이 결정은 RMA로 대표되는 프로그램들을 통해 이루어지는 펜타곤의 미래전 및 오늘날의 전쟁에 대처하는 방식을 바꾸기 위한 게이츠의 실용주의적 노력이었다. 이에 대해서는 다음을 참조할 것. Noah Shachtman, "Take Back the Pentagon," *Wired*(October, 2009), p.116.

31 John Gully, Defense Solutions Group—Future Combat Systems, "FCS System-of-Systems(SoS)," October 9, 2007, p.3. http://www.sec.gov/Archives/edgar/data/1336920/000119312507214818/dex 991.htm.

32 〈어드밴스드 워파이터〉는 별개의 "커트신(cutscene)" 대신 HUD나 사전에 제작된 장면 사이에 있는 영화적인 시퀀스를 통해서 서사를 전개한다는 점에서 진화된 모습을 보여주었는데, 이는 플레이어로 하여금 병사의 관점에서 그 세계에 몰입하도록 유지해 주는 역할을 한다.

33 매슈 톰슨(Matthew Thomson)은 이에 대해 "컴퓨터 게임에서, 약자에서 강자로 거듭나는 영웅적 서사의 개발, 그리고 이들이 보여주는 전쟁의 재현이 실제 미군 정책과 미국이 자신들의 전쟁을 치르는 방식을 본떴다고 볼 수 있다"라고 분명히 밝히고 있다. Matthew Thomson, "From Underdog to Overmatch: Computer Games and Military Transformation," *Popular Communication* 7, no.2(2009), p.96.

34 Thomson, "From Underdog to Overmatch," p.97.

35 롤플레잉 비디오 게임의 플레이어의 정체성에 관한 연구에서, 잭 와고너(Zach Waggoner)는 플레이어들에게 있어 선택은 비디오 게임과 그들의 가상적 캐릭터가 어떻게 연결되는지를 이해하는 데 중요한 정서적 요소라고 주장한다. 그는 대리인과 디지털 프록시로서의 아바타·플레이어가 가지는 두 가지 주요 형태를 구별시키는 핵심을 이야기한다. 플레이어는 아바타를 자신의 기능이나 모습의 차원에서 변형시킬 수 있지만, ['팩 맨(Pac Man)'이나 '프로거(Frogger)'와 같은] 대리인은 바뀔 수 없다. 예컨대 미첼(Mitchell), 켈러(Keller), 비숍(Bishop)과 같은 클랜시의 전사는 여러 무기를 갖추고 다른 능력을 가진 동료들과 함께할 수 있다. 이렇게 개인화된 선택은 게이머에게 어떻게 임무에 접근하고 게임 공간을 탐험해야 하는지 알려주고 방향을 보여준다. Zach Waggoner, *My Avatar, My Self: Identity in Video Role-Playing Games*(Jefferson, NC: McFarland, 2009).

36 H. Bruce Franklin, *War Stars: The Superweapon and the American Imagination*(Amherst, MA: University of Massachusetts Press, 2008), p.219.

37 예를 들어, 컴퓨터가 만들어낸 고충실도의 세계 및 인간 조종사와 병사들의 기록을 합성해 만들어낸 공군의 "이것은 공상과학이 아닙니다" 캠페인은 의도적으로 실제와 가상을 합쳐놓았다. 이 광고는 공군이 보유한 현재의 전쟁 기술의 단계가 실제보다 더 진화했고, 미래를 보여주는 비디오 게임 장비와 더 닮아 있다는 것을 보여준다. 이에 대해서는 다음 링크를 참조할 것. http://www.youtube.com/watch?v=fiB3vrhPDNs& feature=related; 그리고 http://www.youtube.com/watch?v=RfAHw1kTpvY&feature=channel.

38 Martin, *An Empire of Indifference*, p.77.

39 같은 책, p.76.

40 Ron Suskind, *The One Percent Doctrine: Deep Inside America's Pursuit of Its Enemies Since 9/11*(New York: Simon and Schuster, 2006), p.62.

41 *Tom Clancy's Rainbow Six: Vegas*(Xbox 360 version), Ubisoft Montreal(Ubisoft, 2006).

42 Michael Nitsche, *Video Game Spaces: Image, Play, and Structure in 3D Game Worlds*(Cambridge, MA: MIT Press, 2008), pp.227~232.

43 같은 책, p.230.

44 Suskind, *The One Percent Doctrine*, p.65.

45 Nitsche, *Video Game Spaces*, Chapter 11.

46 같은 책, p.183.

47 플레이어가 게임 초반에 아바타의 젠더를 정하기 때문에, 비숍은 알려진 이름이 없다.

48 이는 게이머의 실력에 관계없이 인질들이 살아남을 수 없다는 것을 의미한다.

49 Xav De Matos, "Rainbow Six Vegas 2 shoots up MLG inspired map," *Joystiq.com*, February 25, 2008. http://www.joystiq.com/2008/02/25/rainbow-six-vegas-2-shoots-up-mlg-inspired-map/.

50 George W. Bush, "Bush warns Iraq to disarm," *Cincinnati Inquirer*, October 7, 2002. http://enquirer.com/midday/10/10082002_News_1bushweblog_Late.html.

51 Steve Holland, "Tough talk on Pakistan from Obama," Reuters, August 1, 2007. http://www.reuters.com/article/2007/08/01/us-usa-politics-obama-idUSN0132206420070801.

52 정치 이론에서 "예외 상태"란 주권자가 공공선의 확립을 목적으로 법의 지배를 위반하고 무시하며 혹은 초월하는 것을 뜻한다. 이름에 걸맞지 않게, 예외 상태는 이제 예외가 아니라 일상이 되어 "오늘날의 정치학에서 정부를 지배하는 패러다임"이 되었다(Giorgio Agamben, *State of Exception*, Chicago: University of Chicago Press, 2005, 2). 예외 상태는 특정 정권에서 무엇이 합법이고 불법인지에 대해서만 관심을 갖는 것이 아니라, 정부를 구성하는 입법, 사법, 행정부를 구별하는 것을 비롯해 법의 정의적·조작적 한계 자체, 그리고 [가령 예외적인 범죄자 인도와 억류, 이른바 "강화된 심문 기술(enhanced interrogation techniques)", 2001년 10월 6일에 제정된 '미국 애국자법(Patriot Act)'이 부여한 권력을 포함해] 표면적으로 불법적이거나 초법적인 정부의 행위가 법과 어떻게 연결되는지에 대해 근본적으로 문제를 제기한다. 이탈리아의 정치철학자인 조르조 아감벤(Giorgio Agamben)은 이에 대해 "예외 상황은 독재체제가 아니며 …… 법이 결여된 공간이자 공사의 구별을 비롯해 모든 합법적 결정이 비활성화된 구역"(같은 책, p.50)이라고 설명한다.

제4장. 드론을 통해, 은밀하게

1 Medea Benjamin & Nancy Mancias, "Did You Hear the Joke About the Predator Drone that Bombed?," AlterNet, May 4, 2010. http://www.alternet.org/story/146739/did_you_hear_the_joke_about_the_predator_drone_that_bombed.

2 Paul Virilio, *The Original Accident*(Cambridge: Polity, 2007), p.10.

3 Liam Kennedy, "Seeing and Believing: On Photography and the War on Terror," *Public Culture* 24, no.2(2012), p.265.

4 상황실이 가진 전달 방식의 역사에 대해서는 다음을 참조할 것. http://knowyourmeme.com/memes/the-situation-room. Brad Kim, "The Situation Room," knowyourmeme.com.

5 Kennedy, "Seeing and Believing," p.268.

6 이에 대해서는 다음 두 자료를 참조할 것. Hugh Gusterson, *People of the Bomb: Portraits of America's Nuclear Complex*(Minneapolis & London: University of Minnesota Press, 2004); Tyler Wall and Torin Monahan, "Surveillance and Violence From Afar: The Politics of Drones and Liminal Security-Scapes," *Theoretical Criminology* 15, no.3(2011), p.239.

7 Kennedy, "Seeing and Believing," pp.270~271.

8 〈언맨드〉의 플레이와 다운로드 횟수에 대한 공식적인 기록은 존재하지 않는다.

9   David Hastings Dunn, "Drones: Disembodied Aerial Warfare and the Unarticulated Threat," *International Affairs* 89, no.5(2013), p.237.

10 Medea Benjamin, *Drone Warfare: Killing by Remote Control*(New York and London: Verso Books, 2013), p.13.

11 Michael C. Horowitz, "The Looming Robotics Gap," *Foreign Policy*(May-June 2014), p.63.

12 Peter W. Singer, *Wired for War: The Robotics Revolution and Conflict in the 21st Century*(New York: Penguin Books, 2009).

13 같은 책, p.194.

14 Benjamin, *Drone Warfare*, p.17.

15 Elisabeth Bumiller and Thom Shanker, "War Evolves With Drones, Some Tiny as Bugs," *New York Times*, June 19, 2011, A1.

16 미국의 상상력이 만들어낸 대규모의 군사 무기를 다룬 문화사에 대해서는 다음 문헌을 참조할 것. H. Bruce Franklin, *War Stars: The Superweapon and the American Imagination*(Amherst: University of Massachusetts Press, 2008).

17 벤자민에 따르면, 이들이 무장 드론의 세 가지 주된 임무이다(Benjamin, *Drone Warfare*, p.18).

18 흔히 알려진 것이나 케이블 뉴스채널의 내용과는 달리, 부시 행정부로부터 시작된 글로벌 테러와의 전쟁은 오바마 행정부에서도 불분명하지만 분명히 중요한 방식을 통해 확대되었다. 파키스탄에서 미국이 드론을 사용한 것은 오바마가 이 로봇 전쟁에 대해 고민하던 전술을 가장 잘 보여주는 사례라고 할 수 있다. 이에 대해 닉 터스는 "부시 행정부가 제한된 지역에서의 전투부대의 월경 작전을 수행할 때 고도로 제한된 암살 작전에만 사용했던 드론은 이제 국경지대에서의 헬기 공격을 수행하고 미 중앙정보국의 지원을 받은 아프 간 대리인들의 '암살조'가 되었으며, 오사마 빈 라덴을 사살한 SEAL의 급습처럼 엘리트 특수작전부대의 지 상 지원을 받는 존재가 되어, 파키스탄에서의 미군 작전을 전면적인 로봇 전쟁으로 탈바꿈시켰다"(Turse, *The Changing Face of Empire*, pp.3~4)라고 말한다.

19 벤자민에 따르면, "1980년에 설립된 합동특수전사령부는 소규모로 이루어지는 비밀 작전들에 특화되어 있 다. 9·11 이후 이 기관의 주된 임무는 전 세계에 퍼져 있는 테러리스트들과 이들의 세포조직을 파악하고 파 괴하는 데 있다. 이들은 오사마 빈 라덴을 살해한 기습 작전의 배후로 알려져 있다. 이들은 은밀하게 부대를 투입할 뿐만 아니라 계약된 용병의 도움을 받아 드론 타격대도 운영하는데, 이 부대는 예멘과 소말리아에서 중대한 공격 작전을 수행했지만 중앙정보국과 마찬가지로 대테러전 작전에 관련된 어떤 것도 공개하지 않 는다"(Benjamin, *Drone Warfare*, p.62).

20 같은 책, p.61.

21 같은 책, p.57.

22 Pam Benson, "U.S. Airstrikes in Pakistan called 'very effective," *CNN*, May 18, 2009. http://www.cnn. com/2009/POLITICS/05/18/cia.pakistan.airstrikes/.

23 Singer, *Wired for War*, p.221.

24 Benjamin, *Drone Warfare*, p.203.

25 Nick Turse, *The Changing Face of Empire: Special Ops, Drones, Spies, Proxy Fighters, Secret Bases, and Cyberwarfare*(Chicago: Haymarket Books, 2012), p.22.

26 Nick Turse, "Prisons, Drones, and Black Ops in Afghanistan," *TomDispatch.com*, February 12, 2012. http://www.tomdispatch.com/post/175501/tomgram%3A_nick_turse,_prisons,_drones,_and_black_op s_in_afghanistan.

27 Benjamin, *Drone Warfare*, pp.63~64.

28 Peter Finn, "A Future for Drones: Automated Killing," *Washington Post*, September 19, 2011. http://www.washingtonpost.com/national/national-security/a-future-for-drones-automated-killing/2011/09/15/gIQAVy9mgK_story.html.

29 Singer, *Wired for War*, p.231.

30 Dunn, "Drones: Disembodied Aerial Warfare and the Unarticulated Threat," p.1238.

31 분명히 무인 로봇 드론은 군·민간, 기술사적 연대기에서 중요한 이정표의 성격을 갖는다. 하지만 전략 기획, 공간의 시각화, 그리고 지리적 위치에 관련된 목적으로 매체를 사용한 군과 민간의 역사는 매우 오래되었다. 마찬가지로 학계에서도 미디어 연구, 지리학, 기술사학, 감시 연구를 비롯해 학계의 다양한 영역에서 비판적인 연구가 계속 진행되고 있는데, 이들은 이러한 변화가 우리가 세계를 이해하는 데 어떠한 영향을 미쳤는지, 이 영향력 있는 기술을 탄생시킨 사회적·정치적 작용의 조합은 무엇인지에 대해서도 고민한다. (그리고 오늘날 드론의 중요한 선조이기도 한) 중앙정보국의 유명한 U2 정찰기를 새로운 매체 장치로서 규정한 작업에 대해서는 다음 연구를 참조할 것. Abby Hinsman, "Undetected Media: Intelligence and the U-2 Spy Plane," *The Velvet Light Trap* 73(2014), p.19. 마케팅 기술과 지리정보시스템이 어떻게 미국 시민들의 소비자로서의 정체성을 군사주의화시켰는지에 대해서는 다음을 참조할 것. Caren Kaplan, "Precision Targets: GPS and the Militarization of U.S. Consumer Identity," *American Quarterly* 58, no.3(2006), p.693. 마지막으로 1991년 걸프전쟁 당시 군 간부들이 인공위성 사진과 사진 정찰, 그리고 이미지 해독을 미국의 전장 통제 능력을 입증하는 수사학적 요소로 활용한 내용에 대해서는 다음을 참조할 것. Chad Harris, "The Omniscient Eye: Satellite Imagery, 'Battlespace Awareness,' and the Structures of the Imperial Gaze," *Surveillance & Society* 4, no.1(2006), p.101.

32 Dunn, "Drones: Disembodied Aerial Warfare and the Unarticulated Threat," p.1239.

33 Paul Virilio, *Politics of the Very Worst: An Interview with Philippe Petit*(New York: Semiotext(e), 1999), p.92.

34 Benjamin, *Drone Warfare*, p.22.

35 같은 책, p.24.

36 Michael J. Boyle, "The Costs and Consequences of Drone Warfare," *International Affairs* 89, no.1(2013), p.1.

37 같은 글, p.4.

38 Peter M. Asaro, "The Labor of Surveillance and bureaucratized Killing: New Subjectivities of Military Drone Operators," *Social Semiotics* 23, no.2(2013), p.220.

39 Marisa Renee Brandt, "Cyborg Agency and Individual Trauma: What *Ender's Game* Teaches Us about Killing in the Age of Drone Warfare," *M/C Journal: A Journal of Media and Culture* 16, no.6(2013). http://journal.media-culture.org.au/index.php/mcjournal/article/viewArticle/718.

40 Wall and Monahan, "Surveillance and Violence From Afar," p.249.

41 같은 글, p.250.

42 게임 비평가인 로버트 라스(Robert Rath)가 이러한 게임들에 대해서 자신의 "크리티컬 인텔(Critical Intel)" 시리즈에서 발췌한 내용은 참조할 만하다. 다음을 참조할 것. Robert Rath, "Killer Robots and Collateral Damage," *The Escapist Magazine*, December 20, 2012. http://www.escapistmagazine.com/articles/view/video-games/columns/criticalintel/10100-Killer-Robots-and-Collateral-Damage.

43 Singer, *Wired for War*, p.197에서 발췌.

44 같은 책, p.196.

45 이 충격적인 사건과 관련된 자세한 설명에 대해서는 다음을 참조할 것. Graeme Hosken et al., "9 Killed in Army Horror," *iOL News*, October 13 2007. http://www.iol.co.za/news/south-africa/9-killed-in-army-horror-1,374838; Noah Shachtman, "Robot Cannon Kills 9, Wounds 14," *Wired*, October 18, 2007. http://www.wired.com/2007/10/robot-cannon-ki/.

46 올리버 노스 이전에도 〈블랙 옵스〉 시리즈에 등장한 역사적 인물과 관련된 논란이 존재했다. 일례로 첫 타이틀인 〈콜 오브 듀티: 블랙 옵스〉(2010)에서는 케네디와 존슨 행정부 당시 국방장관을 지낸 로버트 맥나마라(Robert McNamara)를 등장시켰다.

47 로봇 편대가 장악된 것이 가져온 손실은 플레이어가 소련군에 의해 고문 받아 "다시 프로그래밍된" 알렉스 메이슨(Alex Mason)을 통제하기 위한 전투를 다룬 플레이어의 〈만추리안 캔디뎃(Manchurian Candidate)〉에서도 다루어진다. 이때 플레이어는 러시아군에게 세뇌당해 사전에 프로그래밍된 알렉스의 살육을 막기 위해 끊임없이 버튼을 눌러야 한다.

48 Dunn, "Drones: Disembodied Aerial Warfare and the Unarticulated Threat," p.1243.

49 Benjamin, *Drone Warfare*, pp.81~82.

50 Dunn, "Drones: Disembodied Aerial Warfare and the Unarticulated Threat," p.1244.

51 Singer, *Wired for War*, p.215.

52 〈스펙 옵스〉에 대한 보다 자세한 내용에 대해서는 다음을 참조할 것. Matthew Thomas Payne "War Bytes: The Critique of Militainment in Spec Ops: The Line," *Critical Studies in Media Communication* 31, no.4(2014), p.265.

53 비록 슈팅 게임이라기보다는 스텔스 액션 게임의 성격이 짙지만, 밀리터리 테마의 타이틀을 가지고 플레이어와 게임의 경계를 무너뜨린 상업적인 게임으로는 〈메탈 기어 솔리드 2: 선즈 오브 리버티(Metal Gear Solid 2: Sons of Liberty)〉(2001)가 있다. 이에 대해서는 다음을 참조할 것. Tanner Higgins, "'Turn the Game Console off Right Now!': War, Subjectivity, and Control in *Metal Gear Solid 2*," in Nina B. Huntemann and Matthew Thomas Payne(eds.), *Joystick Soldiers: The Politics of Play in Military Video Games*(New York: Routledge, 2010), p.252.

54 Wall and Monahan, "Surveillance and Violence From Afar," p.250.

55 이 레벨은 2장에서 다룬 게임 중 하나인 2007년에 출시된 블록버스터 게임인 〈콜 오브 듀티 4: 모던 워페어〉의 "위로부터의 죽음(Death from Above)" 레벨과 유사하다.

56 Wall and Monahan, "Surveillance and Violence From Afar," p.246.

57 Patrick Klepek, "This is all your fault," *Giant Bomb*, July 24, 2012. http://www.giantbomb.com/articles/this-is-all-your-fault/1100-4291/.

58 Benjamin, *Drone Warfare*, p.61.

59 Jo Becker and Scott Shane, "Secret 'Kill List' Proves a Test of Obama's Principles and Will," *New York Times*, May 29, 2012, p.3.

60 Turse, *The Changing Face of Empire*, p.25.

61 Benjamin, *Drone Warfare*, p.26.

62 Jai C. Galliott, "Closing with Completeness: The Asymmetric Drone Warfare Debate," J*ournal of Military Ethics* 11, no.4(2012), p.355.

63 Russ Pitts, "Don't be a hero–The full story behind *Spec Ops: The Line*," *Polygon*, August 27, 2012.

http://www.polygon.com/2012/11/14/3590430/dont-be-a-hero-the-full-story-behind-spec-ops-the-line.

64   Singer, *Wired for War*, p.365.

65   몰레인더스트리아의 게임들을 플레이하기 위해서는 http://www.molleindustria.org를 참조할 것.

66   페데르치니는 싱어의 『로봇과의 전쟁』을 읽은 후 〈언맨드〉를 만들 영감을 얻었다. 아르스 테크니카(Ars Technica)와의 인터뷰에서 그는 "공식적인 미국의 납세자가 된 직후, 나는 먼 곳에서 이루어지는 사건들에 대해 보다 구체적으로 간여하고자 하는 열망을 느꼈다. 카네기 멜론 대학교라는 내 고용주는 말할 것도 없고, 로봇에 대한 연구는 국방부로부터 연구비 지원을 받기 좋은 소재였다"라고 말한다. 이에 대해서는 다음을 참조할 것. Kyle Orland, "*Unmanned* presents a nuanced, psychological perspective on modern warfare," *ArsTechnica*, February 23, 2012. http://arstechnica.com/gaming/2012/02/unmanned-presents-a-nuanced-psychological-perspective-on-modern-warfare.

67   Indie Game Reviewer, "IndieCade 2012 Indie Game Award Winners—The Complete List," *indiegamereviewer.com*, October 5, 2012. http://indiegamereviewer.com/indiecade-2012-indie-game-award-winners-the-complete-list/.

68   Dunn, "Drones: Disembodied Aerial Warfare and the Unarticulated Threat," p.1238.

69   Wall and Monahan, "Surveillance and Violence from Afar," pp.250~251.

70   Asaro, "The Labor of Surveillance and Bureaucratized Killing," p.200.

71   Brandt, "Cyborg Agency and Individual Trauma," #paragraph 17.

72   Orland, "*Unmanned* presents a nuanced, psychological perspective," paragraph 9.

73   같은 글, paragraph 14.

74   예를 들어 목표 지역에 대해 기하급수적으로 확대된 화면을 제공할 것을 약속하는 새로운 "고르곤 스테어 (Gorgon Stare)" 기술도 분석가들에게 입력된 데이터에 대한 판독을 강하게 요구할 것이다. 하나의 드론이 가진 데이터를 해독하는 데 19명의 전문가가 투입된다는 점을 감안하면, 고르곤 스테어는 최대 2000명의 숙련된 전문가들을 요구할 것이다. 이에 대해서는 다음을 참조할 것. Bumiller and Shanker, "War Evolves With Drones," paragraph 21.

75   Orland, "*Unmanned* presents a nuanced, psychological perspective," paragraph 10.

76   Pew Research: Global Attitudes Project, "Global Opinion of Obama Slips, International Policies Faulted: Drone Strikes Widely Opposed," June 13, 2012, http://www.pewglobal.org/2012/06/13/global-opinion-of-obama-slips-international-policies-faulted/.

77   Dunn, "Drones: Disembodied Aerial Warfare and the Unarticulated Threat," p.1240.

78   Horowitz, "The Looming Robotics Gap," p.64.

제5장. 군사적 현실주의 마케팅

1   Patrick Klepek, "NPD Fallout: Best Selling Games of 2007," *1UP.com*, January 17, 2008. http://www.1up.com/do/newsStory?cId=3165505

2   Microsoft, "Jump In"(commercial), YouTube, 2006. http://www.youtube.com/watch?v=GFATqCfmgDM&feature=PlayList&p=582758959394B8FC&playnext=1&index=2.

3   Alan Rose, "Xbox 360 'Jump In' Promo Wins Addy," Joystiq, June 13, 2006. www.joystiq.com/2006/06/13/xbox-360-jump-rope-ad-wins-addy/; Tor Thorsen, "Xbox 350 TV Spot Wins Addy," Gamespot.com, June 14, 2006. http://www.gamespot.com/articles/xbox-360-tv-spot-wins-addy/1100-

6152768/.

4　McCann-Erickson, "Standoff"(2005), YouTube video, posted by "mundodasmarcas," September 27, 2009. https://www.youtube.com/watch?v=MUU096QLeOA.

5　비디오 게임에 등장하는 폭력은 절도와 살인, 자살에 이르기까지 다양한 범죄를 유발한다는 비판을 받았다. 게임이 이러한 범죄에 어떻게 연루되는지에 대한 추가적인 사례에 대해서는 다음을 참조. Justin Calvert, "Families sue over GTAIII-inspired shootings," *Gamespot.com*, October 22, 2003. http://www.gamespot.com/articles/families-sue-over-gtaiii-inspired-shooting/1100-6077161/; Winda Benedetti, "Were video games to blame for massacre?," *MSNBC.com*, April 20, 2007. http://www.msnbc.msn.com/id/18220228/; Andrew Buncombe, "Grand Theft Auto IV is pulled from Thai shops after killing of taxi driver," *The Independent*, August 5, 2008. http://www.independent.co.uk/news/world/asia/grand-theft-auto-iv-is-pulled-from-thai-shops-after-killing-of-taxi-driver-885204.html; Karl Turner, "Daniel Petric killed mother, shot father because they took *Halo 3* video game, prosecutors say," *The Plain Dealer*, December 15, 2008. http://blog.cleveland.com/metro/2008/12/boy_killed_mom_and_shot_dad_ov.html.

6　Ian Bogost, *Unit Operations: An Approach to Videogame Criticism*(Cambridge, MA: MIT Press, 2006), p.136.

7　제프 킹은 미디어 양식이 "행동에 대한 태도, 그리고 이 태도가 현실세계라고 이해되는 것의 맥락 속에 자리 잡는 양상"이라고 이야기한다. Geoff King, "Play, Modality and Claims of Realism in *Full Spectrum Warrior*," in Barry Atkins and Tanya Krzywinska(eds.), *Videogame, Player, Text*(Manchester, UK: Manchester University Press, 2008), p.53.

8　Bogost, *Unit Operations*, p.135.

9　같은 책, p.136.

10　Alexander Galloway, *Gaming: Essays on Algorithmic Culture*(Minneapolis: University of Minnesota Press, 2006),p.75.

11　같은 책, p.73.

12　같은 책, p.78.

13　비디오 게임 차르트(Video Game Chartz, vgchartz.com)에 따르면, 액티비전은 〈콜 오브 듀티 4: 모던 워페어〉의 엑스박스 360와 플레이스테이션 3용 버전을 무려 1700만 장 이상 판매했다. 이 수치는 PC와 닌텐도 DS용 버전까지 추가할 경우 더 늘어날 것이다. 또한 이 수치는 멀티플레이어 게임에서 2008년 〈헤일로 3〉 다음으로 많은 판매량을 기록한 것이다. Patrick Klepek, "Microsoft Reveals Most Popular Xbox 360 Online Games for 2008," MTV.com, January 5, 2009. http://multiplayerblog.mtv.com/2009/01/05/top-20-xbl-games/.

14　Steven Jones, *The Meaning of Video Games: Gaming and Textual Strategies*(New York: Routledge, 2008), p.7.

15　같은 책, p.93.

16　다음을 참조할 것. Jonathan Gray, "Television Pre-Views and the Meaning of Hype," *International Journal of Cultural Studies* 11, no.1(2008), p.33; and Jonathan Gray, "The Reviews Are In: TV Critics and the (Pre)Creation of Meaning," in Michael Kackman et al(eds.), *Flow TV: Television in the Age of Media Convergence*(New York: Routledge, 2011), pp.114~127.

17　Gray, "Television Pre-Views and the Meaning of Hype," p.38.

18　같은 연구, p.46.

19   Aphra Kerr, *The Business and Culture of Digital Games: Gamework and Gameplay*(London: Sage Publications, 2006), p.45. 인디 게임의 개발 양상을 고려할 때, 향후 커가 밝힌 수치가 어떻게 변화할지는 불확실하다.

20   많은 사람에게 인기 있는 멀티플레이어 게임 〈월드 오브 워크래프트(World of Warcraft)〉(2004)처럼 몇몇 게임 프랜차이즈는 회원 제도와 확장판을 염두에 두고 만들어졌다.

21   Stephen Kline, Nick Dyer-Witheford and Greig De Peuter, *Digital Play: The Interaction of Technology, Culture, and Marketing*(Montreal, Quebec: McGill-Queen's University Press, 2003), p.251.

22   Kerr, *Business and Culture of Digital Games*, p.100.

23   Kline et al., *Digital Play*, pp.254~255.

24   같은 글, p.255.

25   같은 글, p.252.

26   2003년 이래로 루스터 티스 프로덕션(Rooster-Teeth Productions)은 〈헤일로〉 게임 엔진을 사용해 풍자 비디오를 만들기 시작해 이들을 온라인에 유포했다. 팬들이 이 시리즈에 열광하게 되면서, 2007년 마이크로소프트는 루스터 티스 프로덕션으로 하여금 〈헤일로 3〉를 선전하는 광고를 제작하게 했고, 〈헤일로 3〉는 발매 첫 날에 1억 7000만 달러를 거둬들였다. Ryan Geddes, "Halo 3 Racks Up Record Sales," *IGN*, September 26, 2007, http://www.ign.com/articles/2007/09/27/halo-3-racks-up-record-sales.

27   Chip Carter, "Amazing Pro Gamer NoM4D Plays with Just His Lips and Chin," Asylum.com, April 13, 2010. http://www.asylum.com/2010/04/13/amazing-pro-gamer-nom4d-plays-with-just-his-lips-and-chin/.

28   Gray, "Television Pre-Views and the Meaning of Hype," 34.

29   Grant Collier, "Evolution of a Storyline," *GameTrailers*, August 11, 2007. http://www.youtube.com/watch?v=v8a7hjELe9o.

30   같은 글.

31   Grant Collier and Hank Keirsey, "Call Of Duty 4 Authenticity and Leveling System Interview," *GameTrailers*, October 8, 2007. https://www.youtube.com/watch?v=NXIHfzEfol8.

32   같은 글.

33   Matthew Thomas Payne, "Manufacturing Militainment: Video Game Producers and Military Brand Games," in Rikke Schubart et al.(eds.), *War Isn't Hell, It's Entertainment: Essays on Visual Media and Representation of Conflict*(Jefferson, NC: McFarland Press, 2009), pp.238~255.

34   Hank Keirsey, "Call of Duty 4: Modern Warfare Interview 4," *GameSpot.com*, n.d., http://www.gamespot.com/pc/action/callofduty4modernwarfare/video/6183616.

35   같은 글.

36   같은 글.

37   John Davison, "Medal of Honor: Redux," Gamepro, n.d., http://www.gamepro.com/article/features/214283/medal-of-honor-redux/.

38   Jeff Gerstmann, "Call of Duty 4: Modern Warfare Review," *Gamespot.com*, November 6, 2007. http://www.gamespot.com/reviews/call-of-duty-4-modern-warfare-review/1900-6182425/.

39   Hilary Goldstein, "Call of Duty 4: Collector's Edition Review," *IGN.com*, November 28, 2007. http://www.ign.com/articles/2007/11/28/call-of-duty-4-collectors-edition-review?page=2.

40   Chris Buffa, "Call of Duty 4: Modern Warfare Review," *GameDaily.com*, November 5, 2007. http://www.gamedaily.com/games/call-of-duty-4-modern-warfare/xbox-360/game-reviews/review/6297/1843/?page=3.

41   IGN, "Guns of War," *IGN.com*, November 5, 2007. http://xbox360.ign.com/dor/objects/902590/call-of-duty-4-modern-warfare/videos/cod4_weapons_110507.html.

42   *The Onion*, "Ultra-Realistic Modern Warfare Game Features Awaiting Orders, Repairing Trucks," *The Onion.com*, n.d., http://www.theonion.com/video/ultrarealistic-modern-warfare-game-features-awaiti, 14382/.

43   Buffa, "Modern Warfare Review," n.p.

44   Travis Moses, "Call of Duty 4: The Best Shooter of 2007," *Gamepro.com*, November 7, 2007. http://web.archive.org/web/20090107200458/http://www.gamepro.com/article/reviews/145468/call-of-duty-4-the-best-shooter-of-2007/.

45   같은 글.

46   Andrew Pfister, "Call of Duty 4: Modern Warfare(Xbox 360)," *1UP.com*, November 5, 2007. http://www.1up.com/do/reviewPage?cld=3164175&p=4.

47   웹사이트의 URL에 대한 후이즈(WhoIS) 검색을 통해 이 사이트가 액티비전 퍼블리싱(Activision Publishing)에 등록되어 있다는 것이 확인되었다.

48   Paul Sears, "Case Study-Call of Duty 4: Modern Warfare"(blog), Paul Sears – Work Blog, January 5, 2009. http://paulsears-advertising-maverick.blogspot.com/2009/01/case-studies-call-of-duty-4.html.

49   흥미롭게도 〈콜 오브 듀티 4〉의 속편들은 여기 언급된 지역들에서 펼쳐진다.

50   비디오 게임에서 "고환을 비벼댄다(Teabagging)"는 것은 한 플레이어가 자신의 아바타를 다른 아바타가 있는 자리에 위치시켜 죽은 아바타의 얼굴 위에 쪼그리고 앉는 것을 의미한다. 많은 슈팅 게임이 패배한 플레이어로 하여금 가상에서 벌어진 자신의 죽음을 구경할 수 있도록 하기 때문에, 승자가 된 플레이어는 이러한 우월한 행동을 통해 이들의 상처에 재를 뿌릴 수 있다.

51   이와 관련해 밀리터리 슈팅 게임이 아닌 예로는 호러 액션 게임인 〈레지던트 이블 5(Resident Evil 5)〉(2009)의 광고물을 둘러싼 항의를 꼽을 수 있다. 플랫폼을 넘나드는 이 멀티미디어 프랜차이즈의 초기 홍보 영상물은 백인 특수전 장교인 크리스 레드필드(Chris Redfield)가 치명적인 기생충들에게 감염된 아프리카인에게 사격을 가하는 장면을 보여준다. 팬이든 팬이 아니든, 사람들은 게임에서 백인 미국인이 병에 걸린 흑인 아프리카인에게 총을 쏘는 것에 대해 우려의 목소리를 냈다. 게임의 일본 측 출시를 담당한 캡콤(Capcom)은 어떠한 악의적인 의도도 불식시키기 위해 재빨리 피부색에 덜 영향을 받는 후속 게임 홍보영상물을 출시했다. 이 논란은 이 영상들이 식민주의와 아프리카 에이즈 전염병을 풍자하는 것으로 비춰질 수 있었던 데에서 비롯되었다. 이 홍보 딜레마에 대해 보다 자세한 내용은 다음을 참조할 것. Josh Kramer, "Is Capcom Racist?," *Thunderbolt-Gaming Electrified*, February 13, 2009. http://thunderboltgames.com/opinion/article/is-capcom-racist-opinion.html. 그리고 산업계의 압박에 따라 어떻게 인종적인 상상이 구축되는지에 대해서는 다음을 참조할 것. Eric Freedman, "Resident Racist: Embodiment and Game Controller Mechanics," in Rebecca Ann Lind(ed.), *Race/Gender/Class/Media*, 3rd ed.(New York: Pearson, 2012), pp.285~290.

제6장. 일상의 갈등 속에서 자아를 판매하기

1   래노폴리스라는 용어는 이 연구가 이루어진 장소에 대한 가명이다. 이 연구에 등장하는 모든 연구 참여자의 이름과 게임 아이디도 그들의 신분을 보호하기 위해 가명을 사용했다.

2 나는 미디어 심리학적 접근방식에 입각한 정체성 형성의 기쁨에 대해서 이야기하고자 하는 것이 아니라는 점을 밝히고자 한다. 1인칭 시점과 게임 컨트롤이 가져오는 심리학적 기쁨과 관련된 사회과학적 연구에 대해서는 다음의 연구를 참조할 것. Jeroen Jansz, "The Emotional Appeal of Violent Video Games for Adolescent Males," *Communication Theory* 15, no.3(2005), p.219; Jeroen Jansz and Martin Tanis, "Appeal of Playing Online First Person Shooter Games," *CyberPsychology & Behavior* 10, no.1(2007), p.133; Peter Vorderer, Tilo Hartmann and Christoph Klimmt, "Explaining the Enjoyment of Playing Video Games: The Role of Competition," in Donald Marinelli(ed.), *Proceedings of the Second International Conference on Entertainment Computing*, Pittsburgh, PA, 2003(Pittsburgh: Carnegie Mellon University, 2003), p.1; Peter Vorderer and Jennings Bryant, *Playing Video Games: Motives, Responses, and Consequences*(New York: Lawrence Erlbaum Associates, 2006).

3 나는 이 센터에서 이루어진 게임플레이에 대한 설명을 밀리터리 슈팅 게임에 한정하고자 한다. 이는 이곳을 찾는 고객들이 가장 많이 플레이한 것이 이 게임 타이틀들이고, 앞 장들에서 알아본 유희적 전쟁의 활동을 관찰하는 데 이러한 제한을 두는 것이 생산적인 도움을 주기 때문이다. 하지만 이러한 게임 활동만이 멀티미디어 게임 센터에서 이루어지는 유일한 플레이 활동은 **아니라는** 점을 분명히 밝힌다.

4 래노폴리스의 인기 있는 밀리터리 슈팅 게임에는 〈콜 오브 듀티〉나 〈배틀필드〉, 그리고 〈카운터 스트라이크〉 프랜차이즈와 같은 반전물이 포함된다.

5 Erving Goffman, *The Presentation of Self in Everyday Life*(New York: Anchor Books, 1959).

6 미아 콘살보(Mia Consalvo)는 이를 부르디외가 제시한 상징 자본의 개념을 통해 설명한다. 이에 대해서는 다음을 참조할 것. Mia Consalvo, *Cheating: Gaining Advantage at Video Games*(Cambridge, MA: MIT Press, 2007); Pierre Bourdieu, *Distinction: A Social Critique of the Distinction of Taste*(Harvard University Press, 1984); 그리고 Pierre Bourdieu, "The Forms of Capital," in J. Richardson(ed.), *Handbook of Theory and Research in the Sociology of Education*(Westport, CT: Greenwood, 1986), pp.241~258.

7 Tom Boellstorff, "A Ludicrous Discipline?: Ethnography and Game Studies," *Games and Culture* 1, no.1(2006), p.29.

8 같은 글, p.32.

9 같은 글, pp.31~32.

10 이에 대해서는 다음 연구를 참조할 것. Sherry Turkle, *The Second Self: Computers and the Human Spirit*(New York: Simon and Schuster, 1984); Marsha Kinder, *Playing with Power: In Movies, Television, and Video Games-From Muppet Babies to Teenage Mutant Ninja Turtles*(Berkeley, CA: University of California Press, 1991).

11 이에 대해서는 다음 연구를 참조할 것. T.L. Taylor, *Play Between Worlds: Exploring Online Game Culture*(Cambridge, MA: MIT Press, 2006); Celia Pearce, *Communities of Play: Emergent Cultures in Multiplayer Games and Virtual Worlds*(Cambridge, MA: MIT Press, 2009).

12 이에 대해서는 다음 연구를 참조할 것. Edward Castronova, *Synthetic Worlds: The Business and Culture of Online Games*(Chicago: University of Chicago Press, 2005); Mia Consalvo, *Cheating: Gaining Advantage at Video Games*(Cambridge, MA: MIT Press, 2007); Steven E. Jones, *The Meaning of Video Games: Gaming and Textual Strategies*(New York: Routledge, 2008).

13 Gary Alan Fine, *Shared Fantasy: Role Playing Games as Social Worlds*(Chicago: University of Chicago Press, 2002), p.229.

14 같은 책, p.239.

15 같은 책, p.4.

16 같은 책, p.233에서 인용.

17 같은 책, p.236.

18 같은 책, p.242.

19 몇몇 고객은 이곳이 제공하는 빠른 연결 속도와 커뮤니티라는 이점을 얻기 위해 "당신의 컴퓨터를 가져오라(Bring your own computer)"라는 행사에 자신의 컴퓨터 장치를 가지고 오기도 한다.

20 이에 대해서는 다음 연구를 참조할 것. Catherine Beavis, Helen Nixon and Stephen Atkinson, "LAN Cafés: Cafés, Places of Gathering or Sites of Informal Teaching and Learning?," *Education, Communication, & Information* 5, no.1(2005), p.41; Jereon Jansz and Lonneke Martens, "Gaming at a LAN Event: The Social Context of Playing Video Games," *New Media Society* 7, no.3(2005), p.333; Catherine Beavis and Claire Charles, "Would the 'Real' Girl Gamer Please Stand Up? Gender, LAN Cafés, and the Reformulation of the 'Girl' Gamer," *Gender and Education* 19, no.6(2007), p.691.

21 Beavis and Charles, "Would the 'Real' Girl Gamer Please Stand Up?," p.693.

22 Trey Parker and Matt Stone, "Make Love, Not Warcraft," *South Park,* Season 8, Episode 10, Comedy Central, October 4, 2006. Television.

23 Jesper Juul, *A Casual Revolution: Reinventing Video Games and Their Players*(Cambridge, MA: MIT Press, 2010), p.8.

24 Nick Dyer-Witherford and Greig de Peuter, *Games of Empire: Global Capitalism and Video Games* (Minneapolis, MN: University of Minnesota Press, 2009), p.80.

25 이 포커스 그룹 세션은 오후 10시부터 자정까지 진행되었고, 토요일 자정부터 일요일 정오까지 이어지는 "밤샘" 랜 파티(LAN Party) 이전에 끝났다. 이 포커스 그룹 인터뷰에 참여한 사람은 22세부터 51세까지 이르는 백인이었고, 평균 연령은 28세였다. 이 게이머들은 모두 래노폴리스를 찾는 단골 고객이었으며, 이 사업장의 게임플레이를 대표하는 인물들이라고 할 수 있다.

26 캐주얼 플레이어와 하드코어 플레이어를 구분하는 이분법에 대한 자세한 설명은 다음을 참조할 것. Steven A. Boyer, "L337 Soccer Moms: Conceptions of 'Hardcore' and 'Casual' in the Digital Games Medium," Thesis, Georgia State University, 2009. http://digitalarchive.gsu.edu/communication_theses/53.

27 흥미롭게도 이 포커스 그룹에서는 비판 연구에서 사용되는 "하드코어"와 "캐주얼"이라는 용어 사이에 몇몇 게이머들을 위치시켰다. 이는 비디오 게임에 전반적으로 친숙한 플레이어들을 포함하는 것이기도 하지만, 스스로를 평범하다고 여기거나 게임광으로 정의하고 싶지 않은 이들이 쓴 것이기도 하다. 래노폴리스에서 (중학교 때부터 플레이를 해왔던) "데이비드(David)"와 "케빈(Kevin)"과 정기적으로 플레이하던 키가 작은 23살짜리 청년인 "도일(Doyle)"은 이러한 범주에 대해 다음과 같이 말한다. "'캐주얼 플레이어'는 기분에 따라 플레이하는 사람들이죠. '코어 게이머(Core gamer)'는 게임을 정기적으로 하는 사람들이고요. 그리고 '하드코어 게이머'는 하나나 몇 개, 아니면 특정한 장르에 목을 맨 사람들이에요." 이러한 분류법에 대해 앉아 있던 여섯 명의 다른 게이머도 고개를 끄덕였고, 함께 앉아 있던 다른 이들을 하드코어 게이머의 표본으로 보는 데 동의했다.

28 이와 관련해 "하드코어"라는 이름표는 남성적인 게임 장르에 주로 적용되어 왔고, "파워 게이머(Power gamer)"라는 표현은 (보다 사회적이고 여성적인 성향을 가졌다고 인식된) MMORPG 플레이어들을 가리키는 말로 사용되었다. 케빈의 경우를 제외하고, 래노폴리스에서 진행된 포커스 그룹에 참여한 게이머들은 "파워"[혹은 "그라인더(Grinder)"]라는 단어로 자신들을 설명하는 것을 내켜하지 않았지만, 그렇다고 해서 이를 꼭 나쁘게만 받아들였던 것은 아니다.

29 Cornell Sandvoss, *Fans*(Cambridge & Malden: Polity Press, 2005).

30 Henry Jenkins, *Textual Poachers: Television Fans and Participatory Culture*(New York: Routledge,

1992).

31   Jonathan Gray, *Show Sold Separately: Promos, Spoilers, and Other Media Paratexts*(New York: New York University Press, 2010).

32   Nicholas Abercrombie and Brian J. Longhurst, *Audiences*(London: Sage Publications, 1998).

33   Matt Hills, *Fan Cultures*(London: Routledge, 2002).

34   Hanna Wirman, "'I am not a fan, I just play a lot'—If Power Gamers Aren't Fans, Who Are?," Proceedings of Digital Games Research Association. Conference: *Situated Play*, Tokyo, September, 2007(Tokyo: University of Tokyo, 2007). http://digra.org:8080/Plone/dl/db/07311.40368.pdf.

35   멀티플레이어 체제에서 게이머들은 "공동 창의적인(Co-creative)" 대리인이라고도 불렸는데, 이는 그들의 행동이 고유의 게임 경험을 함께 만들어내는 데 기여하기 때문이다. 예를 들어 수많은 사람들이 참여하는 롤플레잉 게임은 서버가 꽉 찼을 때, 그렇지 않았을 때보다 확연히 다른 경험을 제공한다. 이러한 공동 창의적 행동에 대한 분석은 다음을 참조할 것.: Sue Morris, "Co-Creative Media: Online Multiplayer Computer Game Culture," *Scan: Journal of Media Arts Culture*, 9, no.1(2003). http://www.scan.net.au/scan/journal/display.php?journal_id=16; Jon Dovey and Helen W. Kennedy, *Game Cultures: Video Games as New Media*(Glasgow: Open University Press, 2006).

36   플레이어들이 자기 스스로를 "하드코어"하거나 "광적인" 범주로 분류하는 것을 거부하진 않았지만, 이른바 "팬보이(Fanboy, 남성 팬 _옮긴이)"라고 불리는 것에 대해서는 극도의 거부감을 가지고 있었다. 이들에게 팬보이는 일반적인 팬과 달리 매체의 대상과 지나치게 가까워져 있고, 건전하지 못한 유사종교적 광신주의로 인식되고 있었다. 도일이 말한 것처럼 팬보이는 "상대하고 싶지 않은 누군가"로 쉽게 정의될 수 있었다. 위먼(Wirman)은 "팬덤이 서구 사회에서 여성화된 정체성으로 인식되는 동안 파워와 하드코어 게이밍은 고차원적 기술을 다루는 능력이나 경쟁, 그리고 '열심히 하는 노력'과 같은 남성적인 문제와 연결되었다"(Wirman, "'I'm Not a fan, I Just Play a Lot,'" p.382)라고 설명한다. 이는 팬보이와 팬걸에 대해 부정적인 시선을 가지고 젠더화된 불편한 의미로 받아들이던 래노폴리스의 게이머들에게도 적용된다.

37   이에 대해서는 다음을 참조할 것. Edward Castronova, *Synthetic Worlds: The Business and Culture of Online Games*(Chicago: University of Chicago Press, 2005); Thomas M. Malaby, "Parlaying Value: Capital in and Beyond Virtual Worlds," *Games and Culture* 1, no.2(2006), p.141; Dmitri Williams et al., "From Tree House to Barracks: The Social Life of Guilds in *World of Warcraft*," *Games and Culture* 1, no. 4(2006), p.338.

38   Malaby, "Parlaying Value," p.155.

39   가령 메이저 리그 게이밍이 엘리트 게이머를 지원한 사례 또는 '제도화된 자격'을 수여한 사례, 혹은 〈카운터 스트라이크〉에서 팬이 만든 레벨 수정판을 밸브사(Valve Corporation)의 게임 스튜디오가 구입해 공식적으로 "물화된 인공물"로 승인함으로써 이 아마추어 디자인 팀에게 제공한 문화자본 같은 사례를 통해 말라비의 슈팅 게임 분석을 부르디외가 제시한 문화자본의 다른 두 하위범주로 확대해 볼 수도 있을 것이다.

40   Wirman, "'I am Not a Fan, I Just Play a Lot'⋯," p.382.

41   Sarah Thornton, *Club Cultures: Music, Media, and Subcultural Capital*(Middletown, CT: Wesleyan University Press, 1995).

42   같은 책, pp.13~14.

43   이 장에서 헤더 멜로(Heather Mello)와 크리스토퍼 월시(Christopher Walsh), 토머스 애펄레이(Thomas Apperley)의 연구는 포커스 그룹의 토론을 유도하는 게이밍 자본을 조작하고, 체화된 능력과 문화자본이 플레이 공간에서 전달되고 획득되는 것이 랜의 가상적 전장을 넘어선 인적·사회적 자본에 어떻게 기여하는지 알아보는 데 유용한 길잡이가 되었다. 이에 대해서는 다음을 참조할 것. Heather L. Mello, "Invoking the Avatar: Gaming Skills as Cultural and Out-of-Game Capital," in J. Patrick Williams, Sean Q. Hendricks,

and W. Keith Winkler(eds.), *Gaming as Culture: Essays on Reality, Identity and Experience in Fantasy Games*(Jefferson, NC: McFarland, 2006), pp.175~195; Christopher Walsh and Thomas Apperley, "Gaming Capital: Rethinking Literacy," in "Changing Climates: Education for sustainable futures," *Proceedings of the AARE 2008 International Education Research Conference, 30 Nov - 4 Dec 2008* (Brisbane, Australia: Queensland University of Technology, 2009). http://oro.open.ac.uk/20850/2/wal 08101.pdf.

44 Malaby, "Parlaying Value," p.155.

45 Mello, "Invoking the Avatar," pp.175~195.

46 James Paul Gee, *What Video Games Have to Teach Us About Learning and Literacy*(New York: Palgrave Macmillian, 2003).

47 율은 하드코어 게이머와 캐주얼한 게임이 가용한 시간과 디자인의 측면에서 조화를 이루는 반면, 캐주얼한 플레이어와 하드코어한 게임은 사용의 편안함과 요구되는 시간의 차원에서 덜 유연하다고 지적한다(Juul, *A Casual Revolution*, Chapter 2).

48 게이밍이 PC에서 "시작된다"는 믿음은 엑스박스와 플레이스테이션, 그리고 닌텐도 콘솔의 개발로 콘솔 타이틀이 PC와 맥에서도 펼쳐지면서 달라졌다. 이와 관련해 크리스토퍼슨은 그가 보기에 열정적인 맥 사용자인 언론인들이 PC를 비난하는 홍보 방식을 비난한다. "맥 엘리트들은 인기 있는 언론인이기도 하죠. 그들은 자신의 맥을 사랑해요. 숭배하는 거죠. 그래서 PC가 폄하되는 거예요. 하지만 그들은 자신이 무엇에 대해 이야기하는지 몰라요. 게이밍은 맥에서는 이루어지지 않거든요."

49 Jeffrey Goldstein, "Aggressive Toy Play," in Anthony D. Pellegrini(ed.), *The Future of Play Theory: A Multidisciplinary Inquiry into the Contributions of Brian Sutton-Smith*(Albany, NY: State University of New York Press, 1995), p.141.

50 이처럼 뻔한 마케팅의 예외로는 〈모던 워페어: 블랙 옵스〉(2010)의 텔레비전 광고를 꼽을 수 있다. 이 광고는 효과적으로 "우리 모두에게는 한 병사가 있습니다"라고 말하면서 다양한 사람들로 이루어진 한 집단이 실시간 액션 슈팅 게임을 플레이하는 장면을 보여준다. 다음을 참조할 것. http://www.youtube.com/watch ?v=Pblj3JHF-Jo.

51 『죽음에 도전하기: 비디오 게임, 남성성, 문화(Die Tryin': Videogames, Masculinity, Culture)』에서 데렉 버릴(Derek Burrill)은 비디오 게임 텍스트와 게임플레이의 상호작용 속에서 배양되는 소년적인 남성성이 가지는 디지털 주체성에 대해 연구한다. 하지만 나는 하나의 일반적인 플레이 공간이 공유하는 가치에 대해서 알아보려고 하기 때문에 다른 연구 방식을 택하고자 한다. 버릴의 방식은 주체성을 텍스트와 공간을 넘나들며 끊임없이 새겨진 것으로 보며, 함께하는 게임공간에서 이루어지는 공유된 실천에서 탄생한 사회적 가치로서 보지 않는다. 이와 관련해서는 아케이드 공간에 대해 이론적인 측면에서 서술한 그의 책 3장에서 확인할 수 있다. 나아가, 이 연구에는 크게 도움이 되지 않겠지만, 이 연구 후반부의 시점에서 중요성 때문에 인위적으로 삽입한 젠더 연구가 제공하는 풍요로운 이론적 통찰력과 이러한 묘사와는 관련이 없다는 것을 밝힌다. 다행히도 비디오 게임과 게임 문화의 남성성에 대한 비판적 분석도 존재하는데, 이에 대해서는 다음 연구를 참조할 것. Derek Burrill and Tanner Higgin(tannerhiggin.com), Carly Kocurek's(sparklebliss.com) forthcoming *Coin-Operated Americans*(Minneapolis: University of Minnesota Press, 2015), 그리고 곧 출시될, *Identity Matters: Race, Gender, and Sexuality in Video Game Studies*, edited by Jennifer Malkowski and TreaAndrea Russworm.

52 과학적이라고 볼 수는 없다고 해도, 래노폴리스의 젠더 양상을 적나라하게 보여주는 지표는 아마도 남녀 공용 화장실의 변기일 것이다. 자정 이후에 나는 변기의 뚜껑이 내려진 것을 본 적이 없으며, 이른 아침 시간에는 게이머들이 문을 닫을 생각을 하지 않았다.

53 Beavis and Charles, "Would the 'Real' Girl Gamer Please Stand Up?," p.693.

54 다행스럽게도 게임과 게임 문화에서 공공연하게 존재하는 성차별주의에 대한 인식이 높아지고 있다. 애니

타 사르키시안(Anita Sarkeesian)이 제작한 영상인 〈비유 대 비디오 게임의 여성들(Tropes vs. Women in Video Games)〉은 여성의 재현과 온라인에서 여성과 성소수자 게이머에게 가해지는 희롱에 대해 다뤄, 매체들로부터 상당한 주목을 받았다. 온라인상에서 이루어지는 희롱에 대한 대표적인 설명으로는 줄리안 디벨(Julian Dibbell)의 『사이버 공간에서의 강간(A Rape in Cyberspace)』이 있으며, 오늘날에 벌어지는 문제에 대해서는 다음을 참조할 것. Staci Tucker, *Griefing: Policing Masculinity in Online Games*(Master's Thesis, University of Oregon, 2011).

55   참고로, 내 개인용 게임 아이디는 루돌로지(Ludology)이다. 하지만 어떤 게이머도 나를 "메타" 아이디로 부르거나 루돌로지라고 부르지 않았다. 대신 그들은 짧게 "루드(Lude)"라고 불렀다.

56   우리 팀의 온라인, 오프라인 커뮤니케이션은 토니 매니넨(Tony Manninen)이 멀티플레이어 환경에서 동료들끼리 이루어지는 다양한 커뮤니케이션 양태를 관찰한 것과 그 맥락을 같이한다. Tony Manninen, "Interaction Manifestations in multi-player Games," in G. Riva, F. Davide and W.A. IJsselsteijn(eds.), *Being There: Concepts, Effects and Measurements of User Presence in Synthetic Environments* (Amsterdam, The Netherlands: Ion Press, 2003).

57   이와 관련된 또 다른 사례로는 어느 날 저녁, 그들이 플레이해 본 적 없던 전투 게임에 몰두해 있던 10대 소년인 샘(Sam)과 맥스(Max)에게 일어난 유희적 협력을 꼽을 수 있다. [아마도 다른 밀리터리 테마의 게임과 비슷하면서도 다른 환상적인 전투 게임인 〈언리얼 토너먼트 3(Unreal Tournament 3)〉로 추정된다. 텍스트적·장르적 측면에서 중요한 차이점이 있지만, 협력적 차원에서의 공유된 학습이 게임이나 장르에 국한된 것이라고 보지는 않는다.] 맥스는 자신이 가진 로켓 발사체를 추진력으로 삼아 그의 캐릭터를 지도상에서 더 이득이 되는 곳으로 옮길 수 있었다고 확신했다. 샘은 목숨을 건 이 방식에 대해 확신을 가지고 있지 못했고, 이 수수께끼를 맥스와 함께 풀기 위해 의자를 박차고 일어났다. 몇 분에 걸친 실험 끝에, 맥스는 자신의 아바타를 죽여야 했지만, 이 초기의 시도를 통해서 둘은 맥스의 캐릭터를 좁고 다다르기 어려운 바위 위에 올려놓을 수 있었다. 이 성공에 대해 샘은 주먹을 불끈 쥐고 "×× 같은 로켓 점프"라고 외치며 환호했다.

58   하인츠 구데리안(Heinz Guderian)은 제2차 세계대전 당시 독일 장군이자 기갑전의 이론가로 활동했다.

59   Johan Huizinga, *Homo Ludens: A Study of the Play-Element in Culture*(Boston: Beacon Press, 1950), p.11.

60   KDR은 "명중률(kill-death ratio)"의 약자로서, 게이머들이 멀티플레이어 게임에서 자신과 다른 이들의 퍼포먼스를 단적으로 판단하는 일반적인 기준으로 쓰인다.

61   게이머들은 서사적 1인칭 플레이어 캠페인 안에서 벌어지는 행동의 윤리에 대해 의논하지 않았다. 나도 이에 대해 너무 멀리 나가고 싶지 않지만, 아마 짐작컨대 플레이어들은 다른 이들과 플레이하는 것과 스스로 플레이하는 것의 차이를 분명하게 알고 있으며, 1인칭 플레이어의 캠페인에서 벌어지는 "애국적" 희생은 서사적 응집력을 위한 역할을 플레이하는 것과 상응한다. 하지만 다른 사람들과 플레이하는 멀티플레이어 세션에서의 행동은 공동체에 더 많은 감각을 잠재적으로 부여하고 아무도 보지 않을 때의 행동보다 더 많은 관심 속에서 이루어진다. 희생적 시민은 서사적 설정 속에서 의미 있는 개념이 되고, 멀티플레이어의 설정에서는 덜 개념적인 의미를 갖는다.

결론. 전쟁문화의 유희화

1   메이저 리그 게이밍이 미국에 존재하는 프로페셔널 게임 리그 중에서 가장 크지만, 유일한 게이밍 리그는 아니다. 큰 규모를 가진 다른 토너먼트로는 격투 게임에 초점을 둔 "에볼루션 챔피언십 시리즈(Evolution Championship Series)와 한국 서울에서 만들어진 "인터내셔널 사이버 게임즈" 토너먼트 등이 있다.

2   Murray's "immersion, agency, and transformation," Janet Murray, *Hamlet on the Holodeck: The Future of Narrative in Cyberspace*(Cambridge, MA: MIT Press, 1997) 참조.

3   Dallas Smythe, "On the Audience Commodity and its Work," in Dallas Smyth(ed.), *Dependency Road: Communications, Capitalism, Consciousness, and Canada*(Norwood, NJ: Ablex, 1981), pp.22~51. "소

비자 상품"에 대한 최신의 설명을 알고 싶다면 Brett Caraway, "Audience Labor in the New Media Environment: A Marxian Revisiting of the Audience Commodity," *Media, Culture, & Society* 33, no.5(2011), p.693을 참조할 것.

4 Jonathan Dovey, "How do you play? Identity, Technology and Ludic Culture," *Digital Creativity* 17, no.3(2006), p.136.

5 예를 들어 주스트 래센스(Joost Raessens)의 '즐거운 정체성: 서사로부터 장난스러운 자아형성(Playful Identities: From Narrative to Ludic Self-construction' 프로젝트에서 그와 그의 동료들은 서로 다른 인터랙티브 기술들이 구현하는 정체성의 재귀적 구축에 대해서 탐색한다. 자세한 것은 http://www.playful-identities.nl 참조.

6 로저 스탈(Roger Stahl)의 작업은 지배적인 위치에 있는 군사적 신화가 단순히 유희적 사안에 국한된 것이 아니라는 점을 정확하게 보여준다는 데 의미를 가진다. 이에 기반하여, 이 프로젝트는 결론적으로 슈팅 게임들이, 군과 시민들이 대중문화에서 어떻게 상상되는지를, 왜 이들이 이렇게 그려지는지에 대해 가장 잘 설명하고 있다는 평가를 받는다. Roger Stahl, *Militainment, Inc.: War, Media, and Popular Culture*(New York: Routledge, 2010) 참조.

7 e스포츠의 대두에 관한 자세한 학술적 내용은 T. L. Taylor, *Raising the Stakes: E-Sports and the Professionalization of Computer Gaming*(Cambridge, MA: MIT Press, 2012)의 통찰력 있는 설명을 참조할 것.

8 Nina B. Huntemann and Matthew Thomas Payne, "Introduction," in Nina B. Huntemann and Matthew Thomas Payne(eds.), *Joystick Soldiers: The Politics of Play in Military Video Games*(New York: Routledge, 2010), pp.1~18 참조.

9 주스트 래센스를 따라, 나도 다소 투박하지만 "게임화(gamification)"만큼 어색하진 않은 개념인 "유희화"를 사용하고자 한다. 이는 디지털 정보통신 기술의 범람과 활발하게 이루어지는 참여문화로 인해 유희화라는 개념이 플레이의 정신이 어떻게 문화 생산과 소비의 일상적인 실천과 연결되는지 파악하게 해주기 때문이다. 이에 대해서는 다음을 참조할 것. See Joost Raessens, "Computer Games as Participatory Media Culture," in J. Raessens and J. Goldstein(eds.), *Handbook of Computer Game Studies*(Cambridge, MA: MIT Press, 2005), pp.373~388.
한편 "게임화"는 동기유발의 목적으로 비게임적 활동에 규칙과 득점 체계를 도입하는 행동을 말한다. 이 개념이 유행하게 된 것과 관련된 설명은 다음을 참조할 것. Jane McGonigal, *Reality Is Broken: Why Games Make Us Better and How They Can Change the World*(New York: Penguin Press, 2011). 요컨대 유희화는 미디어 문화가 점차 즐거운 존재로 변화하는 것에 관한 개념이고, 게임화는 응용된 디자인이라고 할 수 있다. 또한 유희화는 존재론, 정체성에 관한 것이라면 게임화는 직접 하는 실천이라고 할 수 있다. 단언컨대 이는 게임화에 대한 광범위한 해석으로, 혹자는 이 개념이 고도의 마케팅 기법으로서 게이밍이 주는 보상을 가져가는 것일 뿐이라고 주장할 수도 있을 것이다[가령, 게임화는 단지 "포인트화(pointification)"의 개념이다]. 이 개념에 대한 예리한 비평으로는 다음을 참조할 것. Ian Bogost, "Persuasive Games: Exploitationware," *Gamasutra.com*, May 3, 2011. http://www.gamasutra.com/view/feature/6366/persuasive_games_exploitationwar; 그리고 Margaret Robertson, "Can't play, won't play," *Hide & Seek*, October 6, 2010. http://hideandseek.net/2010/10/06/cant-play-wont-play/.

10 Raessens, "Computer Games as Participatory Media Culture."

11 비디오 게임의 고고학에 대해서는 다음을 참조할 것. Raiford Guins, *Game After: A Cultural Study of Video Game Afterlife*(Cambridge, MA: MIT Press, 2014).

12 Vincent Mosco, *The Digital Sublime: Myth, Power, and Cyberspace*(Cambridge, MA: MIT Press, 2004), p.29

13 Fletch, "Bin Laden Compound," *GameBanana.com*, May 7, 2011. http://css.gamebanana.com/maps/

156014.

14   Kuma Games, "War is Over! 106 Missions Later, Gamers Take Down Bin Laden in Final Episode of Kuma₩War II," *Kuma Games.com*, May 7, 2011. http://www.kumagames.com/osama_2011.html.

15   Stephen Totilo, "What are SEAL Team Six and Black Tuesday Doing in *Modern Warfare 3?*," *Kotaku.com*, May 13, 2011. http://kotaku.com/5801598/seal-team-six-black-tuesday-and-other-modern-warfare-3-hot-buttons.

16   Spencer Ackerman, "Bin Laden Compound Now a Virtual Training Ground for Commandos," *Wired*, May 18, 2011. http://www.wired.com/2011/05/osamas-compound-now-a-virtual-commando-training-ground/.

17   Henry Lowood, "Impotence and Agency: Computer Games as a Post-9/11 Battlefield," in Andreas Jahn-Sudmann and Ralf Stockmann(eds.), *Games Without Frontiers—War Without Tears: Computer Games as a Sociocultural Phenomenon*(London: Palgrave Macmillan, 2008), pp.78~86.

18   Barry Atkins, "What Are We Really Looking at?: The Future-Orientation of Video Game Play," *Games and Culture* 1, no.2(2006), p.127.

게임 목록

America's Army(PC). Developer: United States Army/Publisher: United States Army, 2002.

Battlefield: Bad Company 2(Xbox 360 version). Developer: EA Digital Illusions CE/Publisher: Electronic Arts, 2010.

Battlefield 3(Xbox 360 version). Developer: EA Digital Illusions CE/Publisher: Electronic Arts, 2011.

Battlezone(Arcade Cabinet). Developer: Atari/Publisher: Atari, 1980.

Big Buck Hunter(Arcade Cabinet). Developer: Play Mechanix/Publisher: Raw Thrills, 2000.

BioShock(Xbox 360 version). Developer: 2K Boston/Publisher: 2K Games, 2007.

Border Patrol(web browser). Developer: unknown/Publisher: unknown, 2002.

Borderlands(Xbox 360 version). Developer: Gearbox Software/Publisher: Take Two Interactive, 2009.

Call of Duty: Advanced Warfare(PlayStation4 version). Developer: Sledgehammer Games/Publisher: Activision, 2014.

Call of Duty: Black Ops(Xbox 360 version). Developer: Treyarch/Publisher: Activision, 2010.

Call of Duty: Black Ops II(Xbox 360 version). Developer: Treyarch/Publisher: Activision, 2012.

Call of Duty: Ghosts(Xbox 360 version). Developer: Infinity Ward/Publisher: Activision, 2013.

Call of Duty: World at War(Xbox 360 version). Developer: Treyarch/Publisher: Activision, 2008.

Call of Duty 3(Xbox 360 version). Developer: Treyarch/Publisher: Activision, 2006.

Call of Duty 4: Modern Warfare(Xbox 360 version). Developer: Infinity Ward/Publisher: Activision, 2007.

Civilization(PC). Developer: Microprose/Publisher: Microprose, 1991.

Contra(Arcade Cabinet). Developer: Konami/Publisher: Konami, 1987.

Counter-Strike(PC). Developer: Valve Software/Publisher: Sierra Entertainment, 1999.

Counter-Strike: Osama bin Laden Compound(PC Mod). Developer: Fletch/Publisher: Fletch, 2011.

Custer's Revenge(Atari 2600). Developer: Mystique/Publisher: Mystique, 1982.

Dance, Dance Revolution(Arcade Cabinet). Developer: Konami/Publisher: Konami, 1998.

Deus Ex: Human Revolution(Xbox 360 version). Developer: Eidos Montreal/Publisher: Square Enix, 2011

Doom(PC). Developer: id Software/Publisher: GT Interactive, 1993.

Doom II: Hell on Earth(PC). Developer: id Software/Publisher: GT Interactive, 1994.

Everquest(PC). Developer: Sony Online Entertainment/Publisher: Sony Online Entertainment, 1999.

F-1 Race(Nintendo Entertainment System). Developer: HAL Laboratory/Publisher: Nintendo, 1984.

F.E.A.R. (Xbox 360 version). Developer: Monolith Productions/Publisher: Vivendi Universal, 2006.

FreeCell(PC). Developer: Microsoft/Publisher: Microsoft, 1995.

Frogger(Arcade Cabinet). Developer: Konami/Publisher: Sega/Gremlin, 1981.

Full Spectrum Warrior(PlayStation2 version). Developer: Pandemic/Publisher: THQ, 2004.

Gears of War(Xbox 360 version). Developer: Epic Games/Publisher: Microsoft Game Studios, 2006.

Grand Theft Auto IV(Xbox 360 version). Developer: Rockstar Games/Publisher: Take-Two Interactive, 2008.

Guitar Hero(PlayStation2 version). Developer: Harmonix/Publisher: RedOctane, 2005.

Half-Life(PC). Developer: Valve Software/Publisher: Sierra Entertainment, 1998.

Halo 3(Xbox 360). Developer: Bungie/Publisher: Microsoft Game Studios, 2007.

Halo: Combat Evolved(Xbox). Developer: Bungie/Publisher: Microsoft Game Studios, 2001.

Halo: Reach(Xbox 360). Developer: Bungie/Publisher: Microsoft Game Studios, 2010.

Invaders!(art installation, PC). Developer: Douglas Edric Stanley/Publisher: Douglas Edric Stanley, 2008.

Kuma \ War(PC). Developer: Kuma Reality Games/Publisher: Kuma Reality Games, 2004.

Madden NFL 15(Xbox 360 version). Developer: EA Tiburon/Publisher: EA Sports, 2014.

Marathon(Mac). Developer: Bungie Software/Publisher: Bungie Software, 1994.

Marine Doom(PC mod of *Doom II*). Developer: U.S. Marine Corp/Publisher: U.S. Marine Corp, 1996.

Mass Effect(Xbox 360 version). Developer: BioWare/Publisher: Microsoft Game Studios, 2007.

Medal of Honor(Xbox 360 version). Developer: Danger Close Games/EA Digital Illusions CE/Publisher: Electronic Arts, 2010.

Medal of Honor: Allied Assault(PC). Developer: 2015, Inc./Publisher: Electronic Arts, 2002.

Metal Gear(NES). Developer: Konami/Publisher: Konami, 1987.

Metal Gear Solid 2: Sons of Liberty(PlayStation2 version). Developer: KCEJ/Publisher: Konami, 2001.

Microsoft Flight Simulator X(PC). Developer: Microsoft Game Studios/Publisher: Microsoft Game Studios, 2006.

Missile Command(Arcade Cabinet). Developer: Atari/Publisher: Atari, 1980.

Modern Warfare 2(Xbox 360 version). Developer: Infinity Ward/Publisher: Activision, 2009.

Modern Warfare 3(Xbox 360 version). Developer: Infinity Ward, Sledgehammer/Publisher: Activision, 2011.

Ms. Pac-Man(Arcade Cabinet). Developer: Bally Midway/Publisher: Bally Midway, 1982.

Myst(PC). Developer: Robyn and Rand Miller & Cyan/Publisher: Br ø derbund, 1993.

Myth II: Soulblighter(PC). Developer: Bungie/Publisher: Bungie, 1998.

The Oregon Trail(Apple II). Developer: MECC/Publisher: Br ø derbund Software, Inc., 1985.

Pac-Man(Arcade Cabinet). Developer: Namco/Publisher: Midway, 1980.

Pathways into Darkness(Mac). Developer: Bungie Software/Publisher: Bungie Software, 1993.

Portal(Xbox 360 version). Developer: Valve Corporation/Publisher: Valve Corporation, 2007.

Quake(PC). Developer: id Software/Publisher: GT Interactive, 1996.

Resident Evil 5(Xbox 360 version). Developer: Capcom/Publisher: Capcom, 2009.

Rock Band(Xbox 360 version). Developer: Harmonix/Publisher: MTV Games, Electronic Arts, 2007.

Rome: Total War(PC). Developer: The Creative Assembly/Publisher: Activision, 2004.

Rush'n Attack(Arcade Cabinet). Developer: Konami/Publisher: Konami, 1985.

Second Life(PC). Developer: Linden Research, Inc./Publisher: Linden Research, Inc., 2003.

September 12th(PC). Developer: Gonzalo Frasca/Publisher: NewsGaming, 2003.

Shogun: Total War(PC). Developer: The Creative Assembly/Publisher: Electronic Arts, 2000.

September 12th(PC). Developer: Gonzalo Frasca/Publisher: News Gaming, 2003.

SimCity(PC). Developer: Maxis/Publisher: Br ø derbund, 1989.

The Sims(PC). Developer: Electronic Arts/Publisher: Electronic Arts, 2000.

Space Invaders(Arcade Cabinet). Developer: Taito/Publisher: Midway, 1978.

Spec Ops: Rangers Lead the Way(PC). Developer: Zombie LLC/Publisher: Take-Two Interactive, 1998.

Spec Ops: The Line(Xbox 360 version). Developer: Yager Development/Publisher: 2K Games, 2012.

Special Force(PC). Developer: Hezbollah/Publisher: Hezbollah, 2003.

StarCraft II: Wings of Liberty(PC). Developer: Blizzard Entertainment/Publisher: Blizzard Entertainment, 2010.

Super Smash Bros. Brawl(Nintendo Wii). Developer: Ad Hoc Development Team/Publisher: Nintendo, 2008.

Team Fortress 2(PC). Developer: Valve Corporation/Publisher: Valve Corporation, 2007.

Tetris(PC). Developer: Spectrum Holobyte/Publisher: AcademySoft, 1986.

Tom Clancy's EndWar(Xbox 360 version). Developer: Ubisoft Shanghai/Publisher: Ubisoft, 2008.

Tom Clancy's Ghost Recon: Advanced Warfighter(Xbox 360 version). Developer: Ubisoft Paris/Publisher: Ubisoft, 2006.

Tom Clancy's Ghost Recon: Advanced Warfighter 2(Xbox 360 version). Developer: Ubisoft Paris/Publisher: Ubisoft, 2007.

Tom Clancy's H.A.W.X.(Xbox 360 version). Developer: Ubisoft Romania / Publisher: Ubisoft, 2009.

Tom Clancy's Rainbow Six(PC). Developer: Red Storm Entertainment/Publisher: Red Storm Entertainment, 1998.

Tom Clancy's Rainbow Six: Vegas(Xbox 360 version). Developer: Ubisoft Montreal/Publisher: Ubisoft, 2006.

Tom Clancy's Rainbow Six: Vegas 2(Xbox 360 version). Developer: Ubisoft Montreal/Publisher: Ubisoft, 2008.

Tom Clancy's Splinter Cell: Conviction(Xbox 360 version). Developer: Ubisoft Montreal/ Publisher: Ubisoft, 2010.

Under Ash(PC). Developer: Dar al-Fikr/Publisher: Dar al-Fikr, 2001.

Unmanned(PC). Developer: Molleindustria/Publisher: Molleindustria, 2012.

Unreal Tournament 3(PC). Developer: Epic Games/Publisher: Midway Games, 2007.

Wii Sports(Nintendo Wii). Developer: Nintendo EAD Group #2/Publisher: Nintendo, 2006.

Wolfenstein 3D(PC). Developer: id Software/Publisher: Apogee Software, 1992.

Words with Friends(mobile). Developer: Zynga/Publisher: Zynga, 2009.

World of Warcraft(PC). Developer: Blizzard Entertainment/Publisher: Blizzard Entertainment, 2004.

참고문헌

논문 및 단행본

Aarseth, Espen. 1997. *Cybertext: Perspectives on Ergodic Literature.* Baltimore, MD: Johns Hopkins Press.

Abercrombie, Nicholas and Brian J. Longhurst. 1998. *Audiences.* London: Sage Publications.

Agamben, Giorgio. 2005. *State of Exception.* Chicago: University of Chicago Press.

Anderson, Benedict. 1991. *Imagined Communities: Reflections on the Origin and Spread of Nationalism.* London: Verso Press.

Arquilla, John and David Ronfeldt. 2001. *Networks and Netwars.* Santa Monica, CA: RAND Corporation.

Asaro, Peter M. 2013. "The Labor of Surveillance and Bureaucratized Killing: New Subjectivities of Military Drone Operators." *Social Semiotics* 23, no.2, pp.196~224.

Ash, James. 2012. "Attention, Videogames and the Retentional Economies of Affective Amplification." *Theory, Culture & Society* 29, no.6, pp.3~26.

Atkins, Barry. 2006. "What Are We Really Looking at?: The Future-Orientation of Video Game Play." *Games and Culture* 1, no.2, pp.127~140.

Bacevich, Andrew. 2005. *The New American Militarism: How Americans are Seduced by War.* London: Oxford University Press.

Barkan, Seth. 2004. *Blue Wizard is about to Die: Prose, Poems, and Emoto-versatronic Expressionistic Pieces About Video Games, 1980~2003.* Las Vegas: Rusty Immelman Press.

Baudrillard, Jean. 1995. *The Gulf War Did Not Take Place.* Bloomington, IN: Indiana University Press.

Beavis, Catherine, Helen Nixon and Stephen Atkinson. 2005. "LAN Café: Café, Places of Gathering or Sites of Informal Teaching and Learning?" *Education, Communication & Information* 5, no.1, pp.41~60.

Beavis, Catherine and Claire Charles. 2007. "Would the 'Real' Girl Gamer Please Stand Up? Gender, LAN café, and the Reformulation of the 'Girl' Gamer." *Gender and Education* 19, no.6, pp.691~705.

Benjamin, Medea. 2013. *Drone Warfare: Killing by Remote Control.* New York and London: Verso Books.

Bird, S. Elizabeth. 2003. *The Audience in Everyday Life: Living in a Media World.* London: Routledge.

Blumenthal, Ralph. December 14, 1980. "Electronic-Games Race." *New York Times Magazine,* p.180.

Boellstorff, Tom. 2006. "A Ludicrous Discipline?: Ethnography and Game Studies." *Games and Culture* 1, no.1, pp.29~35.

Bogost, Ian. 2006. *Unit Operations: An Approach to Videogame Criticism.* Cambridge, MA: MIT

Press.

_____. 2007. *Persuasive Games: The Expressive Power of Videogames*. Cambridge, MA: MIT Press.

Bolter, Jay David and Richard Grusin. 1999. *Remediation: Understanding New Media*. Cambridge, MA: MIT Press.

Bourdieu, Pierre. 1984. *Distinction: A Social Critique of the Distinction of Taste*. Harvard University Press.

_____. 1986. "The Forms of Capital." in J. Richardson(ed.). *Handbook of Theory and Research in the Sociology of Education*. Westport, CT: Greenwood, pp.241~258.

Boyle, Michael J. 2013. "The Costs and Consequences of Drone Warfare." *International Affairs* 89, no.1, pp.1~29.

Brooker, Will. 2009. "Camera-Eye, CG-Eye: Videogames and the 'Cinematic'." *Cinema Journal* 48, no.3, pp.122~128.

Bryce, Jo and Jason Rutter. 2002. "Spectacle of the Deathmatch: Character and Narrative in First Person Shooters." in Geoff King and Tanya Krzywinska(eds.). *ScreenPlay: Cinema/videogames/interfaces*. London: Wallflower Press, pp.66~80.

Buchanan, Ian. 2006. *Fredric Jameson: Live Theory*. New York: Continuum.

Burrill, Derek. 2008. *Die Tryin': Videogames, Masculinity, Culture*. New York: Peter Lang.

Caillois, Roger. 2001. *Man, Play, and Games*. translated by Meyer Barash. Urbana and Chicago: University of Illinois Press.

Caldwell, John and Anna Everett. 2003. *New Media: Theories and Practices of Digitextuality*. New York: Routledge.

Caraway, Brett. 2011. "Audience Labor in the New Media Environment: A Marxian Revisiting of the Audience Commodity." *Media, Culture, & Society* 33, no.5, pp.693~708.

Carruthers, Susan. 2008. "No One's Looking: The Disappearing Audience for War." *Media, War & Conflict* 1, no.1, pp.70~76.

Castronova, Edward. 2005. *Synthetic Worlds: The Business and Culture of Online Games*. Chicago: University of Chicago Press.

Chan, Dean. 2010. "Dead-in-Iraq: The Spatial Politics of Digital Game Art Activism and the In-Game Protest." in Nina B. Huntemann and Matthew Thomas Payne(eds.). *Joystick Soldiers: The Politics of Play in Military Video Games*. London: Routledge, pp.272~286.

Cloud, Dana L. 1998. *Control and Consolation in American Culture and Politics: Rhetorics of Therapy*. Thousand Oaks, CA: Sage Publications.

Consalvo, Mia. 2007. *Cheating: Gaining Advantage at Video Games*. Cambridge, MA: MIT Press.

Cooper, Marc. April 1998. "Interview: Tom Clancy." *Playboy*, pp.55~57.

Couldry, Nick. 2004. "Theorizing Media as Practice." *Social Semiotics* 14, no.2, pp. 115~132.

Cover, Rob. 2006. "Audience Inter/active: Interactive media, narrative control and Reconceiving Audience History." *New Media & Society* 8, no.1, pp.139~158.

Creveld, Martin Van. 2013. *Wargames: From Galdiators to Gigabytes*. Cambridge University Press.

Crogan, Patrick. 2011. *Gameplay Mode: War, Simulation, and Technoculture*. Minneapolis, MN: University of Minnesota Press.

Delgado, Celeste F. 1995~1996. "Technico-Military Thrills and Technology of Terror: Tom Clancy and the Commission on the Disappeared." *Cultural Critique* 32, Winter, pp.125~

152.

Der Derian, James. 2001. *Virtuous War: Mapping the Military-Industrial-Media-Entertainment Network*. Boulder, CO: Westview Press.

Dooley, Mark. 2009. *Roger Scruton: The Philosopher on Dover Beach*. London: Continuum.

Dovey, Jonathan. 2006. "How do you Play? Identity, Technology and Ludic Culture." *Digital Creativity* 17, no.3, pp.135~139.

Dovey, Jon and Helen W. Kennedy. 2006. *Game Cultures: Video Games as New Media*. Glasgow: Open University Press.

Dunn, David Hastings. 2013. "Drones: Disembodied Aerial Warfare and the Unarticulated Threat." *International Affairs* 89, no.5, pp.1237~1247.

Dyer-Witheford, Nick and Greig de Peuter. 2009. *Games of Empire: Global Capitalism and Video Games*. Minneapolis, MN: University of Minnesota Press.

Engelhardt, Tom. 2007. *The End of Victory Culture: Cold War America and the Disillusioning of a Generation*. Amherst, MA: University of Massachusetts Press.

Faludi, Susan. 2007. *The Terror Dream: Fear and Fantasy in Post-9/11 America*. New York: MacMillian.

Fiala, Andrew. 2008. *The Just War Myth: The Moral Illustration of War*. Lanham, MD: Roman & Littlefield.

Fine, Gary Alan. 2002. *Shared Fantasy: Role Playing Games as Social Worlds*. Chicago: University of Chicago Press.

Fiske, John. 1987. *Television Culture*. London & New York: Routledge.

_____. 1989. *Understanding Popular Culture*. Cambridge, MA: Unwin Hyman.

Franklin, H. Bruce. 2008. *War Stars: The Superweapon and the American Imagination*. Amherst, MA: University of Massachusetts Press.

Freedman, Eric. 2012. "Resident Racist: Embodiment and Game Controller Mechanics." in Rebecca Ann Lind(ed.). *Race/Gender/Class/Media*. 3rd ed. New York: Pearson, pp.285~290.

Frith, Simon. 1982. "Music for Pleasure." *Mass Communication Review Yearbook* 3, pp.493~503.

Fukuyama, Francis. 1992. *The End of History and the Last Man*. New York: Free Press.

Galliot, Jai C. 2012. "Closing with Completeness: The Asymmetric Drone Warfare Debate." *Journal of Military Ethics* 11, no.4, pp.353~356.

Galloway, Alexander R. 2006. *Gaming: Essays on Algorithmic Culture*. Minneapolis, MN: University of Minnesota Press.

Garson, Helen S. 1996. *Tom Clancy: A Critical Companion*. Westport, CT: Greenwood Press.

Gee, James P. 2003. *What Video Games Have to Teach Us About Learning and Literacy*. New York: Palgrave Macmillian.

_____. 2005. *Why Video Games are Good for Your Soul*. Australia: Common Ground.

Gelman, Eric. November 1981. "In Arcadia: Pac-Man Meets Donkey Kong." *Newsweek*, p.91.

Gibson, James William. 1986. *The Perfect War: Technowar in Vietnam*. Boston: The Atlantic Monthly Press.

_____. 1994. *Warrior Dreams: Paramilitary Culture in Post-Vietnam America*. New York: Hill and Wang.

Goldstein, Jeffrey. 1995. "Aggressive Toy Play." in Anthony D. Pellegrini(ed.). *The Future of Play Theory: A Multidisciplinary Inquiry into the Contributions of Brian Sutton-Smith*.

Albany, NY: State University of New York Press, pp.127~150.

Goffman, Erving. 1959. *The Presentation of Self in Everyday Life*. New York: Anchor Books.

Gray, Chris Hables. 1997. *Postmodern War: The New Politics of Conflict*. New York: Guilford Press.

_____. 2005. *Peace, War, and Computers*. New York: Routledge.

Gray, Jonathan. 2008. "Television Pre-Views and the Meaning of Hype." *International Journal of Cultural Studies* 11, no.1, pp.33~49.

_____. 2009. "Introduction -- In Focus: Moving Between Platforms: Film, Television, Gaming, and Convergence." *Cinema Journal* 48, no.3, pp.104~105.

_____. 2010. *Show Sold Separately: Promos, Spoilers, and Other Media Paratexts*. New York: New York University Press.

_____. 2011. "The Reviews Are In: TV Critics and the (Pre)Creation of Meaning." in Michael Kackman, Marnie Binfield, Matthew Thomas Payne, Allison Perlman and Bryan Sebok(eds.). *Flow TV: Television in the Age of Media Convergence*. New York: Routledge, pp.114~127.

Grodal, Torben. 2000. "Video Games and the Pleasures of Control." in Dolf Zillmann and Peter Vorderer(eds.). *Media Entertainment: The Psychology of its Appeal*. Mahwah, NJ: Lawrence Erlbaum Associates, pp.197~214.

Grossman, David and Gloria DeGaetano. 1999. *Stop Teaching Our Kids to Kill: A Call to Action Against TV, Movie and Video Game Violence*. New York: Crown Publishers.

Grusin, Richard. 2010. *Premediation: Affect and Mediality After 9/11*. New York: Palgrave.

Guins, Raiford. 2014. *Game After: A Cultural Study of Video Game Afterlife*. Cambridge, MA: MIT Press.

Gusterson, Hugh. 2004. *People of the Bomb: Portraits of America's Nuclear Complex*. Minneapolis & London: University of Minnesota Press.

Halter, Ed. 2006. *From Sun Tzu to Xbox: War and Video Games*. New York, NY: Thunder's Mouth Press.

Hammond, Philip. 2007. *Media, War, and Postmodernity*. New York: Routledge.

Hardt, Michael and Antonio Negri. 2000. *Empire*. Harvard University Press.

Harries, Dan. 2002. *The New Media Book*. London: BFI.

Harris, Chad. 2006. "The Omniscient Eye: Satellite Imagery, 'Battlespace Awareness,' and the Structures of the Imperial Gaze." *Surveillance & Society* 4, no.1, pp.101~122.

Hay, James. 2011. "Extreme Makeover: Iraq Edition—'TV Freedom' and Other Experiments for 'Advancing' Liberal Government in Iraq." in Michael Kackman, Marnie Binfield, Matthew Thomas Payne, Allison Perlman and Bryan Sebok(eds.). *Flow TV: Television in the Age of Media Convergence*. New York: Routledge, pp.217~241

Herz, J.C. 1997. *Joystick Nation: How Videogames Ate Our Quarters, Won Our Hearts, and Rewired Our Minds*. Boston: Little, Brown and Company.

Hesmondhalgh, David. 2002. *The Cultural Industries*. London: Sage Publications.

Higgins, Tanner. 2010. "'Turn the Game Console off Right Now!': War, Subjectivity, and Control in *Metal Gear Solid 2*." in Nina B. Huntemann and Matthew Thomas Payne(eds.). *Joystick Soldiers: The Politics of Play in Military Video Games*. New York: Routledge, pp.252~271.

Hill, Matthew B. 2009. "Tom Clancy, *24*, and the Language of Autocracy." in Andrew Schopp and Matthew B. Hill(eds.). *The War on Terror and American Popular Culture: September 11 and Beyond*. Cranbury, NJ: Fairleigh Dickinson University Press, pp.127~148.

Hills, Matt. 2002. *Fan Cultures*. London: Routledge.

Hinsman, Abby. 2014. "Undetected Media: Intelligence and the U-2 Spy Plane." *The Velvet Light Trap* 73, pp.19~38.

Hixson, Walter L. 1993. "'Red Storm Rising': Tom Clancy Novels and the Cult of National Security." *Diplomatic History* 17, no.4, pp.599~614.

Hodge, Robert and Gunther Kress. 1988. *Social Semiotics*. Oxford, UK: Polity Press.

Hodge, Robert and David Tripp. 1986. *Children and Television: A Semiotic Approach*. Palo Alto, CA: Stanford University Press.

Hodgson, Godfrey. 2009. *The Myth of American Exceptionalism*. New Haven, CT: Yale University Press.

Horowitz, Michael C. 2014. "The Looming Robotics Gap." *Foreign Policy* 206, May/June, pp.63~67.

Huizinga, Johan. 1950. *Homo Ludens: A Study of the Play Element in Culture*. Boston: Beacon Press.

Huntemann, Nina B. and Matthew Thomas Payne. 2010. "Introduction." in Nina B. Huntemann and Matthew Thomas Payne(eds.). *Joystick Soldiers: The Politics of Play in Military Video Games*. New York: Routledge, pp.1~18.

_____. 2015. "Militarism and Online Games." in James Ivory and Aphra Kerr(eds.). *International Encyclopedia of Digital Communication, Volume III*. New York: Blackwell-Wiley, pp.823~834

Jameson, Fredric. 2006. *The Political Unconscious: Narrative as a Socially Symbolic Act*. New York: Routledge.

Jansz, Jeroen. 2005. "The Emotional Appeal of Violent Video Games for Adolescent Males." *Communication Theory* 15, no.3, pp.219~241.

Jansz, Jereon and Lonneke Martens. 2005. "Gaming at a LAN Event: The Social Context of Playing Video Games." *New Media Society* 7, no.3, pp.333~355.

Jansz, Jeroen and Martin Tanis. 2007. "Appeal of Playing Online First Person Shooter Games." *CyberPsychology & Behavior* 10, no.1, pp.133~136.

Jenkins, Henry. 1992. *Textual Poachers: Television Fans and Participatory Culture*. New York: Routledge.

_____. 2006. *Convergence Culture: Where Old and New Media Collide*. New York: New York University Press.

Jones, Steven E. 2008. *The Meaning of Video Games: Gaming and Textual Strategies*. New York: Routledge.

Juul, Jesper. 2005. *Half-Real: Video Games between Real Rules and Fictional Worlds*. Cambridge, MA: MIT Press.

_____. 2010. *A Casual Revolution: Reinventing Video Games and Their Players*. Cambridge, MA: MIT Press.

Kackman, Michael, Marnie Binfield, Matthew Thomas Payne, Allison Perlman, and Bryan Sebok. 2011. *Flow TV: Television in an Age of Convergence*. New York: Routledge.

Kaldor, Mary. 1999. *New and Old Wars: Organized Violence in a Global Era*. Stanford, CA: Stanford University Press.

Kaplan, Caren. 2006. "Precision Targets: GPS and the Militarization of U.S. Consumer Identity." *American Quarterly* 58, no.3, pp.693~714.

Kellner, Douglas. 1992. *The Persian Gulf TV War*. Boulder, CO: Westview Press.

_____. 1995. *Media Culture: Cultural Studies, Identity and Politics Between the Modern and the Postmodern*. New York: Routledge.

Kennedy, Liam. 2012. "Seeing and Believing: On Photography and the War on Terror." *Public Culture* 24, no.2, pp.261~281.

Kerr, Aphra. 2006. *The Business and Culture of Digital Games: Gamework and Gameplay*. London: Sage Publications.

Kerr, Aphra, Julian Küklich and Pat Brereton. 2006. "New media—New Pleasures." *International Journal of Cultural Studies* 9, no.1, pp.63~82.

Kinder, Marsha. 1991. *Playing with Power: In Movies, Television, and Video Games—From Muppet Babies to Teenage Mutant Ninja Turtles*. Berkeley, CA: University of California Press.

King, Geoff. 2008. "Play, Modality and Claims of Realism in *Full Spectrum Warrior*." in Barry Atkins and Tanya Krzywinska(eds.). *Videogame, Player, Text*. Manchester, UK: Manchester University Press, pp.52~65.

King, Geoff and Tanya Krzywinska. 2006. *Tomb Raiders and Space Invaders: Videogame Forms and Contexts*. London: I. B. Tauris.

Kiousis, Spiro A. 2002. "Interactivity: A Concept Explication." *New Media and Society* 4, no.3, pp.355~383.

Kittler, Friedrich. 1999. "On the History of the Theory of Information Warfare." in Timothy Druckery(ed.). *Ars Electronica: Facing the Future, a Survey of Two Decades*. Cambridge, MA: MIT Press, pp.173~177.

Kline, Stephen, Nick Dyer-Witheford and Greig De Peuter. 2003. *Digital Play: The Interaction of Technology, Culture, and Marketing*. Quebec. McGill-Queen's University Press.

Kocurek, Carly A. 2012. "Coin-drop Capitalism: Economic Lessons From the Video Game Arcade." in Mark J. P. Wolf(ed.). *Before the Crash: Early Video Game History*. Detroit: Wayne State University, pp.189~208.

Kocurek, Carly. *Coin-Operated Americans*. Minneapolis: University of Minnesota Press, in press.

Küklich, Julian. 2005. "From Interactivity to Playability: Why Digital Games are Not Interactive." in Nate Garrelts(ed.). *Digital Gameplay: Essays on the Nexus of Game and Gamer*. Jefferson, North Carolina: McFarland, pp.232~247.

Kurtz, Andrew. 2002. "Ideology and Interpellation in the First-Person Shooter." in Ronald Strickland(ed.). *Growing Up Postmodern: Neoliberalism and the War on the Young*. New York: Roman and Littlefield, pp.107~122.

Laidi, Zaki. 1998. *A World Without Meaning*. London: Routledge.

Levidow, Les and Kevin Robins. 1989. "Towards a military information society?" in Les Levidow and Kevin Robins(eds.). *Cyborg Worlds: The Military Information Society*. London: Free Association Books, pp.159~178.

Lipsitz, George. 1990. *Time Passages: Collective Memory and American Popular Culture*. Minneapolis, MN: University of Minnesota Press.

Lowood, Henry. 2008. "Impotence and Agency: Computer Games as a Post-9/11 Battlefield." in Andreas Jahn-Sudmann and Ralf Stockmann(eds.). *Games Without Frontiers - War*

Without Tears: Computer Games as a Sociocultural Phenomenon. London: Palgrave Macmillan, pp.78~86.

Luckham, Robin. 1984. "Armament Culture." *Alternatives: Global, Local, Political* 10, no.1, pp.1~44.

Machin, David and Theo Van Leeuwen. 2007. "Computer Games as Political Discourse: The Case of *Black Hawk Down*." in Lilie Chouliaraki(ed.). *The Soft Power of War*. John Benjamins Publishing Company, pp.109~128.

Mahajan, Rahul. 2002. *The New Crusade: America's War on Terrorism*. New York: Monthly Press Review.

Malaby, Thomas M. 2006. "Parlaying Value: Capital in and Beyond Virtual Worlds." *Games and Culture* 1, no.2, pp.141~162.

_____. 2007. "Beyond Play: A New Approach to Games." *Games and Culture* 2, no.2, pp.95~113.

Manninen, Tony. 2003. "Interaction Manifestations in Multi-player Games." in G. Riva, F. Davide and W.A. IJsselsteijn(eds.). *Being There: Concepts, Effects and Measurements of User Presence in Synthetic Environments*. Amsterdam, The Netherlands: Ion Press, pp.295~304.

Manovich, Lev. 2001. *The Language of New Media*. Cambridge, MA: MIT Press.

Marshall, P. David. 2002. "The New Intertextual Commodity." in Dan Harries(ed.). *The New Media Book*. London: BFI, pp.69~81.

_____. 2004. *New Media Cultures*. New York: Oxford University Press.

Martin, Randy. 2007. *An Empire of Indifference: American War and the Financial Logic of Risk Management*. Duke University Press.

Marvin, Carolyn. 1991. "Theorizing the Flagbody: Symbolic Dimensions of the Flag Desecration Debate, or, Why the Bill of Rights Does Not Fly in the Ballpark." *Critical Studies in Media Communication* 8, no.2, pp.119~138.

Matthews, Sean. 2001. "Change and Theory in Raymond Williams's Structure of Feeling." *Pretexts: Literary and Cultural Studies* 10, no.2, pp.179~194.

McAllister, Ken S. 2004. *Game Work: Language, Power and Computer Game Culture*. Tuscaloosa, AL: University of Alabama Press.

McCrisken, Trevor B. 2003. *American Exceptionalism and the Legacy of Vietnam: US Foreign Policy Since 1974*. New York: Palgrave MacMillan.

McGonigal, Jane. 2011. *Reality Is Broken: Why Games Make Us Better and How They Can Change the World*. New York: Penguin Press.

McMahan, Alison. 2003. "Immersion, Engagement, and Presence: A Method for Analyzing 3-D Video Games." in Mark J.P. Wolf and Bernard Perron(eds.). *The Video Game Theory Reader*. New York: Routledge, pp.67~86.

McMillian, Sally J. and Edward J. Downes. 2000. "Defining Interactivity: A Qualitative Identification of Key Dimensions." *New Media and Society* 2, no.2, pp.157~179.

Mead, Corey. 2013. *War Play: Video Games and the Future of Armed Conflict*. Boston: Houghton Mifflin Harcourt.

Mello, Heather L. 2006. "Invoking the Avatar: Gaming Skills as Cultural and Out-of-Game Capital." in J. Patrick Williams, Sean Q. Hendricks and W. Keith Winkler(eds.). *Gaming as Culture: Essays on Reality, Identity and Experience in Fantasy Games*. Jefferson, NC:

McFarland, pp.175~195.

Melnick, Jeffery. 2009. *9/11 Culture*. Malden, MA: Wiley-Blackwell.

Mirrlees, Tanner. 2009. "Digital Militainment by Design: Producing and Playing *SOCOM: U.S. Navy SEALS.*" *International Journal of Media and Cultural Politics* 5, no.3, pp.161~181.

Mirzoeff, Nicholas. 2005. *Watching Babylon: The War in Iraq and Global Visual Culture*. New York: Routledge.

_____. 2006. "On Visuality." *Journal of Visual Culture* 5, no.1, pp.53~79.

_____. 2009. "War is Culture: Global Counterinsurgency, Visuality, and the Petraeus Doctrine." *PMLA* 124, no.5, pp.1737~1746.

Monoco, James. 1981. *How to Read a Film: The Art, Technology, Language, History, and Theory of Film and Media*, revised edition. New York: Oxford University Press.

Montfort, Nick. 2005. *Twisty Little Passages: An Approach to Interactive Fiction*. Cambridge, MA: MIT Press.

Montfort, Nick and Ian Bogost. 2009. *Racing the Beam: The Atari Video Computer System*. Cambridge, MA: MIT Press.

Mosco, Vincent. 2004. *The Digital Sublime: Myth, Power, and Cyberspace*. Cambridge, MA: MIT Press.

Murray, Janet. 1997. *Hamlet on the Holodeck: The Future of Narrative in Cyberspace*. Cambridge, MA: MIT Press.

Newman, James. 2008. *Playing with Videogames*. New York & London: Routledge.

Nitsche, Michael. 2008. *Video Game Spaces: Image, Play, and Structure in 3D Game Worlds*. MIT Press.

Nye, Joseph S. 1990. *Bound to Lead: The Changing Nature of American Power*. New York: Basic Books.

_____. 2004. *Soft Power: The Means to Success in World Politics*. New York: Public Affairs.

O'Brien, Tim. 1990. *The Things They Carried*. Boston: Houghton Mifflin.

O'Connor, Barbara and Elisabeth Klaus. 2000. "Pleasure and Meaningful Discourse: An Overview of Research Issues." *International Journal of Cultural Studies* 3, no.3, pp.369~387.

Orwell, George. 1949. *1984*. New York: Harcourt.

Payne, Matthew Thomas. 2009. "Interpreting Gameplay through Existential Ludology." in Richard E. Ferdig(ed.). *Handbook of Research on Effective Electronic Gaming in Education*. Hershey, PA: Information Science Reference, pp.621~635.

Payne, Matthew Thomas. 2009. "Manufacturing Militainment: Video Game Producers and Military Brand Games." in Rikke Schubart, Fabian Virchow, Debra White-Stanley and Tanja Thomas Jefferson(eds.). *War Isn't Hell, It's Entertainment: Essays on Visual Media and Representation of Conflict*. Jefferson, NC: McFarland Press, pp.238~255.

_____. 2014. "War Bytes: The Critique of Militainment in *Spec Ops: The Line.*" *Critical Studies in Media Communication* 31, no.4 pp.265~282.

Pearce, Celia. 2009. *Communities of Play: Emergent Cultures in Multiplayer Games and Virtual Worlds*. Cambridge, MA: MIT Press.

Pinchbeck, Daniel. 2012. *Doom: Scarydarkfast*. Ann Arbor, MI: University of Michigan Press.

Poole, Steven. 2000. *Videogames and the Entertainment Revolution*. New York: Arcade Publishing.

Raessens, Joost. 2005. "Computer Games as Participatory Media Culture." in Joost Raessens and Jeffrey Goldstein(eds.). *Handbook of Computer Game Studies*. Cambridge, MA: MIT Press, pp.373~388.

Rafaeli, Sheizaf. 1988. "Interactivity: From New Media to Communication." *Sage Annual Review of Communication Research: Advancing Communication Science* 16, no.?, pp.110~134.

Rampton, Sheldon and John Stauber. 2003. "As Others See Us: Competing Visions of a Sanitized War." *PR Watch* 10, no.2, pp.9~12.

Richards, Russell. 2006. "Users, Interactivity, and Generation." *New Media & Society* 8, no.4, pp.531~550.

Rieke, Zied and Michael Boon. 2008. "Postmortem—Call of Duty 4: Modern Warfare." *Game Developer* 15, no.3, pp.24~31.

Roig, Antoni, Gemma San Cornelio, Elisenda Ardèol, Pau Alsina and Ruth Pagè. 2009. "Videogame as Media Practice An Exploration of the Intersections Between Play and Audiovisual Culture." *Convergence: The International Journal of Research into New Media Technologies* 15, no.1, pp.89~103.

Ruggill, Judd. 2009. "Convergence: Always Already, Already." *Cinema Journal* 48, no.3, pp.105~110.

Ruggill, Judd and Ken McAllister. 2011. *Gaming Matters: Art, Science, Magic and the Computer Game Medium*. Tuscaloosa, AL: University of Alabama Press.

Ryan, Marie-Laure. 2001. *Narrative as Virtual Reality: Immersion and Interactivity in Literature and Electric Media*. Baltimore, MD: Johns Hopkins University Press.

Salen, Katie and Eric Zimmerman. 2004. *Rules of Play: Game Design Fundamentals*. Cambridge, MA: MIT Press.

Samet, Elizabeth. May/June, 2014. "Can an American Soldier Ever Die in Vain?: What Shakespeare, Lincoln, and *Lone Survivor* Teach Us About the Danger of Refusing to Confront Futility in War." *Foreign Policy*, 206, pp.74~78.

Sandvoss, Cornell. 2005. *Fans*. Cambridge & Malden: Polity Press.

Shachtman, Noah. October, 2009. "Take Back the Pentagon." *Wired,* pp.116~140.

Simpson, David. 1995. "Raymond Williams: Feeling for Structures, Voicing 'History,'" in Christopher Prendergast(ed.). *Cultural Materialism: On Raymond Williams*. Minneapolis, MN: University of Minnesota Press, pp.29~50.

Singer, Peter. W. 2009. *Wired for War: The Robotics Revolution and Conflict in the 21st Century*. New York: Penguin Books.

Smicker, Josh. 2010. "Future Combat, Combating Futures: Temporalities of War Video Games and the Performance of Proleptic Histories." in Nina B. Huntemann and Matthew Thomas Payne(eds.). *Joystick Soldiers: The Politics of Play in Military Video Games*. New York: Routledge, pp.106~121.

Smith, Anthony D. 2001. *Nationalism: Theory, Ideology, History*. Malden, MA: Blackwell.

Smythe, Dallas. 1981. *Dependency Road: Communications, Capitalism, Consciousness, and Canada*. Norwood, NJ: Ablex.

Spigel, Lynn and Jan Olsson. 2004. *Television After TV: Essays on a Medium in Transition*. Durham, NC: Duke University Press.

Stahl, Roger. 2010. *Militainment, Inc.: War, Media, and Popular Culture*. New York: Routledge.

Staiger, Janet and Sabine Hake. 2009. *Convergence Media History*. New York: Routledge.

Suits, Bernard. 2005. *The Grasshopper: Games, Life and Utopia*. Peterborough, Ontario: Broadview Press.

Suskind, Ron. 2006. *The One Percent Doctrine: Deep Inside America's Pursuit of Its Enemies Since 9/11*. New York: Simon and Schuster.

Sutton-Smith, Brian. 1997. *The Ambiguities of Play*. Cambridge, MA: Harvard University Press.

Swallwell, Melanie and Jason Wilson. 2008. "Introduction." in Swallwell and Wilson(eds.). *The Pleasures of Computer Gaming*. Jefferson, NC: McFarland Press, pp.1~12.

Taylor, T. L. 2006. *Play Between Worlds: Exploring Online Game Culture*. Cambridge, MA: MIT Press.

Taylor, T. L. 2012. *Raising the Stakes: E-Sports and the Professionalization of Computer Gaming*. Cambridge, MA: MIT Press.

Thomas, Ross. August 13, 1989. "Review of *Clear and Present Danger*." *Washington Post Book World*, p.1.

Thomson, Matthew. 2009. "From Underdog to Overmatch: Computer Games and Military Transformation." *Popular Communication* 7, no.2, pp.92~106.

Thornton, Sarah. 1995. *Club Cultures: Music, Media, and Subcultural Capital*. Middletown, CT: Wesleyan University Press.

Turkle, Sherry. 1984. *The Second Self: Computers and the Human Spirit*. New York: Simon and Schuster.

Turner, Victor. 1982. *From Ritual to Theater: The Human Seriousness of Play*. Performing Arts Journal.

Turse, Nick. 2008. *The Complex: How the Military Invades Our Everyday Lives*. New York: Metropolitan Books.

Turse, Nick. 2012. *The Changing Face of Empire: Special Ops, Drones, Spies, Proxy Fighters, Secret Bases, and Cyberwarfare*. Chicago: Haymarket Books.

Upton, Brian. 2003. "Red Storm Entertainment's *Rainbow Six*." in Austin Grossman(ed.). *Postmortems from Game Developers*, Burlington, MA: Focal Press, pp.251~258.

Van Creveld, Martin. 2013. *Wargames: From Gladiators to Gigabytes*. Cambridge University Press.

Virilio, Paul. 1989. *War and Cinema: The Logistics of Perception*. New York: Verso Press.

Virilio, Paul. 1989. "Infowar." in Timothy Druckery(ed.). *Ars Electronica: Facing the Future, A Survey of Two Decades*, Cambridge, MA: MIT Press, pp.326~335.

Virilio, Paul. 1999. *Politics of the Very Worst: An Interview with Philippe Petit*. New York: Semiotext(e).

Virilio, Paul. 2007. *The Original Accident*. Cambridge: Polity.

Von Hilgers, Phillip. 2012. *War Games: A History of War on Paper*. Cambridge, MA: MIT Press.

Voorhees, Gerald A., Joshua Call and Katie Whitlock(eds.). 2012. *Guns, Grenades, and Grunts: First-person Shooter Games*. New York: Bloomsbury Publishing.

Vorderer, Peter, Tilo Hartmann and Christoph Klimmt. 2003. "Explaining the Enjoyment of Playing Video Games: The Role of Competition." *Proceedings of the Second International Conference on Entertainment Computing*(ICEC '03), Pittsburgh, PA: Carnegie Mellon University, pp.1~9.

Vorderer, Peter and Jennings Bryant. 2006. *Playing Video Games: Motives, Responses and Consequences*. New York: Lawrence Erlbaum Associates.

Wainwright, Loundon. April 7, 1985. "A fantasy fit for a president (The Hunt for Red October by Tom Clancy)." *Life Magazine*.

Waggoner, Zach. 2009. *My Avatar, My Self: Identity in Video Role-Playing Games*. Jefferson, NC: McFarland.

Wall, Tyler and Torin Monahan. 2011. "Surveillance and Violence From Afar: The Politics of Drones and Liminal Security-Scapes." *Theoretical Criminology* 15, no.3, pp.239~254.

Weber, Samuel. 2005. *Targets of Opportunity: On the Militarization of Thinking*. New York: Fordham University Press.

Williams, Dmitri, Nicolas Ducheneaut, Li Xiong, Yuanyuan Zhang, NickYee and Eric Nickell. 2006. "From Tree House to Barracks: The Social Life of Guilds in *World of Warcraft*." *Games and Culture* 1, no.4, pp.338~361.

Williams, Raymond. 1977. *Marxism and Literature*. Oxford, UK: Oxford University Press.

Williams, Raymond. 2003. *Television: Technology and Cultural Form*. New York: Routledge.

Wilson, Tony. 2009. *Understanding Media Users: From Theory to Practice*. Malden, MA: Blackwell.

Wolf, Mark J.P. 2001. *The Medium of the Video Game*. Austin, TX: University of Texas Press.

Yin, Robert K. 2003. *Case Study Research: Design and Methods*. Thousand Oaks, CA: Sage Publications.

웹사이트

Ackerman, Spencer. May 18, 2011. "Bin Laden Compound Now a Virtual Training Ground for Commandos." *Wired*. http://www.wired.com/2011/05/osamas-compound-now-a-virtual-commando-training-ground/.

Activision Press Release. November 11, 2010. "Call of Duty: Black Ops Sets New Opening Day Sales Record with Approximately $360 Million in North America and United Kingdom Alone." *Activision*. http://investor.activision.com/releasedetail.cfm?ReleaseID=52960.

Barstow, David and Robin Stein. March 13, 2005. "Under Bush, a New Age of Prepackaged TV News." *The New York Times*. http://www.nytimes.com/2005/03/13/politics/13covert.html.

Becker, Jo and Scott Shane. May 29, 2012. "Secret 'Kill List' Proves a Test of Obama's Principles and Will." *New York Times*. http://www.nytimes.com/2012/05/29/world/obamas-leadership-in-war-on-al-qaeda.html.

Benedetti, Winda. April 20, 2007. "Were Video Games to Blame for Massacre?" *MSNBC.com*. http://www.msnbc.msn.com/id/18220228/.

Benjamin, Medea and Nancy Mancias. May 4, 2010. "Did You Hear the Joke About the Predator Drone that Bombed?" *AlterNet*. http://www.alternet.org/story/146739/did_you_hear_the_joke_about_the_predator_drone_that_bombed.

Benson, Pam. May 18, 2009. "U.S. Airstrikes in Pakistan called 'very effective.'" *CNN*. http://www.cnn.com/2009/POLITICS/05/18/cia.pakistan.airstrikes/.

Bogost, Ian. May 3, 2011. "Persuasive Games: Exploitationware." *Gamasutra*. http://www.gamasutra.com/view/feature/6366/persuasive_games_exploitationware.php.

Boyer, Steven A. 2009. "L337 Soccer Moms: Conceptions of 'Hardcore' and 'Casual' in the Digital

Games Medium." Unpublished thesis, Georgia State University. http://digitalarchive.gsu. edu/communication_theses/53.

Brandt, Marisa Renee. 2013. "Cyborg Agency and Individual Trauma: What Ender's Game Teaches Us about Killing in the Age of Drone Warfare." *M/C Journal: A Journal of Media and Culture* 16, no.6. http://journal.media-culture.org.au/index.php/mcjournal/article/ viewArticle/718.

Buffa, Chris. November 5, 2007. "Call of Duty 4: Modern Warfare Review." *GameDaily.com.* http://www.gamedaily.com/games/call-of-duty-4-modern-warfare/xbox-360/game-revie ws/review/6297/1843/?page=3.

Bumiller, Elisabeth and Thom Shanker. June 19, 2011. "War Evolves With Drones, Some Tiny as Bugs." *New York Times.* http://www.nytimes.com/2011/06/20/world/20drones.html.

Buncombe, Andrew. August 5, 2008. "Grand Theft Auto IV is pulled from Thai shops after killing of taxi Driver." *The Independent.* http://www.independent.co.uk/news/world/ asia/grand-theft-auto-iv-is-pulled-from-thai-shops-after-killing-of-taxi-driver-885204.html.

Bush, George W. September 20, 2002. "Full Text: Bush's National Security Strategy." *New York Times.* http://www.nytimes.com/2002/09/20/international/20STEXT_FULL.html.

Bush, George W. October 7, 2002. "Bush warns Iraq to disarm." *Cincinnati Inquirer.* http:// enquirer.com/midday/10/10082002_News_1bushweblog_Late.html.

Calabresi, Massimo. June 16, 2014. "The War on Terror is Over—Long Live the War on Terror." *Time.* http://time.com/2873297/boko-haram-iraq-bergdahl-war-terror/.

Calvert, Justin. October 22, 2003. "Families sue over GTAIII-inspired shootings." *Gamespot.com.* http://www.gamespot.com/articles/families-sue-over-gtaiii-inspired-shooting/1100-60771 61/.

Carter, Chip. April 13, 2010. "Amazing Pro Gamer NoM4D Plays with Just His Lips and Chin," Asylum.com. http://www.asylum.com/2010/04/13/amazing-pro-gamer-nom4d-plays-with -just -his-lips-and-chin/.

Collier, Grant. August 11, 2007. "Evolution of a Storyline." *GameTrailers.* http://www.youtube. com/watch?v=v8a7hjELe9o.

Collier, Grant and Hank Keirsey. October 8, 2007. "Call Of Duty 4 Authenticity and Leveling System Interview." *GameTrailers.* http://www.youtube.com/watch?v=NXIHfzEfol8.

Corliss, Richard. August 11, 2006. "Where Are the War Movies?" *Time.* http://www.time.com/ time/arts/article/0,8599,1225667,00.html.

Cox, Anne Marie. July 19, 2006. "The YouTube War." *Time.* http://www.time.com/time/nation/ article/0,8599,1216501,00.html.

Davison, John. March 5, 2010. "Medal of Honor: Redux." *Gamepro.* http://www.gamepro.com/ article/features/214283/medal-of-honor-redux/.

De Matos, Xav. February 25, 2008. "Rainbow Six Vegas 2 shoots up MLG inspired map." *Joystiq.* http://xbox.joystiq.com/2008/02/25/rainbow-six-vegas-2-shoots-up-mlg-inspired-map/.

Dibbell, Julian. December 21, 1993. "A Rape in Cyberspace or How an Evil Clown, a Haitian Trickster Spirit, Two Wizards and a Cast of Dozens Turned a Database Into a Society." The Village Voice, pp.36~42. http://courses.cs.vt.edu/cs3604/lib/Netiquette/bungle.html.

Ermi, Laura and Mäyrä Frans. 2005. "Fundamental Components of the Gameplay Experience: Analyzing Immersion," In *Changing Views - Worlds in Play*, Proceedings of the Digital Games Research Association, Vancouver, Canada, pp.15~27. http://www.uta.fi/~tlilma/

gameplay_experience.pdf.

Fletch. May 7, 2011. "Bin Laden Compound" ("fy_abbottabad"). *Game level.* http://www.game banana.com/maps/156014.

Geddes, Ryan. September 26, 2007. "Halo 3 Racks Up Record Sales." *IGN.com.* http://xbox360. ign.com/articles/823/823255p1.html.

Gerstmann, Jeff. November 6, 2007. "Call of Duty 4: Modern Warfare Review." *Gamespot.com.* http://www.gamespot.com/reviews/call-of-duty-4-modern-warfare-review/1900-6182425/.

Goldstein, Hilary. November 28, 2007. "Call of Duty 4: Collector's Edition Review." *IGN.com.* http://www.ign.com/articles/2007/11/28/call-of-duty-4-collectors-edition-review?page=2.

Griggs, Jon, dir. 2005. *Deviation.* United States, http://hardlightfilms.com/deviation/.

Griffiths, Daniel Nye. November 6, 2013. "Activision Boasts $1 Billion 'Call of Duty: Ghosts' Day One Sales." Forbes. http://www.forbes.com/sites/danielnyegriffiths/2013/11/06/activision -boasts-1-billion-call-of-duty-ghosts-day-one-sales/.

Holland, Steve. August 1, 2007. "Tough talk on Pakistan from Obama." *Reuters.* http://www. reuters.com/article/2007/08/01/us-usa-politics-obama-idUSN0132206420070801.

Hosken, Graeme, Michael Schmidt and Johan du Plessis. October 13, 2007. "9 Killed in Army Horror." *iOL News.* http://www.iol.co.za/news/south-africa/9-killed-in-army-horror-1. 374838.

Indie Game Reviewer. October 5, 2012. "IndieCade 2012 Indie Game Award Winners—The Complete List." IndieGameReviewer.com. http://indiegamereviewer.com/indiecade-2012 -indie-game-award-winners-the-complete-list/.

IGN. November 5, 2007. "Guns of War." *IGN.com.* http://www.ign.com/videos/2007/11/05/call -of-duty-4-modern-warfare-xbox-360- video-guns-of-war-hd.

Johnson, Robert. November 12, 2009. "Call of Duty: Modern Warfare 2 destroys records in first day sales rampage, pulls in $310M." *New York Daily News.* http://www.nydailynews. com/news/money/call-duty-modern-warfare-2-destroys-records-day-sales-rampage-articl e-1.417049.

Jongewaard, Dana. March 14, 2011. "Call of Duty: Black Ops in 1 of 8 U.S. Households." *IGN. com.* http://www.ign.com/articles/2011/03/14/call-of-duty-black-ops-in-1-of-8-us-households.

Kampfner, John. May 15, 2008. "The truth about Jessica." *The Guardian.* http://www.guardian. co.uk/world/2003/may/15/iraq.usa2.

Keirsey, Hank. "Call of Duty 4: Modern Warfare Interview 4." *GameSpot*, n.d. http://www.game spot.com/videos/call-of-duty-4-modern-warfare-interview-4/2300-6183616/.

Klepek, Patrick. January 17, 2008. "NPD Fallout: Best Selling Games of 2007." *1UP.com.* http:// www.1up.com/do/newsStory?cId=3165505.

Klepek, Patrick. January 5, 2009. "Microsoft Reveals Most Popular Xbox 360 Online Games for 2008." *MTV Multiplayer.* http://multiplayerblog.mtv.com/2009/01/05/top-20-xbl-games/.

Klepek, Patrick. July 24, 2012. "This is all your fault." *Giant Bomb.* http://www.giantbomb.com /articles/this-is-all-your-fault/1100-4291/

Kramer, Josh. February 13, 2009. "Is Capcom Racist?" *Thunderbolt—Gaming Electrified.* http:// thunderboltgames.com/opinion/article/is-capcom-racist-opinion.html.

Kubba, Sinan. November 16, 2012. "Call of Duty: Black Ops 2 rakes in $500 million in first day." *Joystiq.com.* http://www.joystiq.com/2012/11/16/call-of-duty-black-ops-2-500-million-24 -hours/.

Kuma, Games. May 7, 2011. "War is Over! 106 Missions Later, Gamers Take Down Bin Laden in Final Episode of Kuma =War II." *Kuma Games.* http://www.kumagames.com/osama_2011.html.

Laurence, Charles. August 3, 2007. "Was the pin-up boy of Bush's War on Terror assassinated?" *Mail Online.* http://www.dailymail.co.uk/news/article-473037/Was-pin-boy-Bushs-War-Terror-assassinated.html#.

LeJacq, Yannick. November 16, 2012. "Call of Duty: Blacks (*sic*) Ops 2 Sales Top $400 Million in First-Day Sales." *International Business Times.* http://www.ibtimes.com/call-duty-blacks-ops-2-sales-top-500-million-first-day-sales-885544.

Malkowski, Jennifer and TreaAndrea Russworm. Identity Matters: Race, Gender, and Sexuality in Video Game Studies. (seeking contract).

Martin, Matt. May 28, 2008. "Tom Clancy Series Tops 55 Million Units Sold." *Games Industry International.* www.gameindustry.biz/articles/tom-clancy-series-tops-55-million-units-sold.

McWhertor, Michael. August 22, 2008. "Hands On: Losing the Twin Towers with Invaders!" *Kotaku.com.* http://kotaku.com/5040358/hands-on-losing-the-twin-towers-with-invaders.

Morris, Sue. 2004. "Co-Creative Media: Online Multiplayer Computer Game Culture." *Scan: Journal of Media Arts Culture* 1, no.1. http://www.scan.net.au/scan/journal/display.php?journal_id=16.

Moses, Travis. November 7, 2007. "Call of Duty 4: The Best Shooter of 2007." *Gamepro.com.* http://web.archive.org/web/20090107200458/http://www.gamepro.com/article/reviews/145468/call-of-duty-4-the-best-shooter-of-2007/.

Nieborg, David B. 2005. "Am I Mod or Not?—An Analysis of First Person Shooter Modification Culture." *Exploring Participatory Culture in Gaming.* Hypermedia Laboratory: University of Tampere. http://www.gamespace.nl/content/DBNieborg2005_CreativeGamers.pdf.

NPD Group. February 11, 2014. "Research Shows $15.39 Billion Spent On Video Game Content In The US In 2013, A 1 Percent Increase Over 2012." NPD Group. https://www.npd.com/wps/portal/npd/us/news/press-releases/research-shows-15.39-billion-dollars-spent-on-video-game-content-in-the-us-in-2013-a-1-percent-increase-over-2012/.

Nye, Joseph S. January 10, 2003. "Propaganda Isn't the Way: Soft Power." *International Herald Tribune.* http://belfercenter.ksg.harvard.edu/publication/1240/propaganda_isnt_the_way.html.

Obama, Barack. May 23, 2013. "Remarks of President Barack Obama." http://www.whitehouse.gov/the-press-office/2013/05/23/remarks-president-barack-obama.

Orland, Kyle. February 23, 2012. "*Unmanned* presents a nuanced, psychological perspective on modern warfare." *ArsTechnica.* http://arstechnica.com/gaming/2012/02/unmanned-presents-a-nuanced-psychological-perspective-on-modern-warfare/.

Osborn, Kris. May 18, 2009. "FCS is Dead; Programs Live On." *Defense News.* http://www.defensenews.com/story.php?i=4094484.

Pernin, Christopher, Brian Nichiporuk, Dale Stahl, Justin Beck and Ricky Radaelli-Sanchez. 2008. *Unfolding the Future of the Long War: Motivations, Prospects, and Implications for the U.S. Army.* Santa Monica, CA: RAND Corporation. http://www.rand.org/pubs/monographs/MG738.html.

Peters, Jeremy W. June 11, 2011. "Time Lends Cover for Apocalyptic Image." *New York Times.* http://mediadecoder.blogs.nytimes.com/2011/06/12/time-lends-cover-for-apocalyptic-image/.

Pew Research: Global Attitudes Project, June 13, 2012. "Global Opinion of Obama Slips, International Policies Faulted: Drone Strikes Widely Opposed." *name of website or online journal*. http://www.pewglobal.org/2012/06/13/global-opinion-of-obama-slips-international-policies-faulted/.

Pitts, Russ. August 27, 2012. "Don't be a hero–The full story behind *Spec Ops: The Line*." *Polygon*. http://www.polygon.com/2012/11/14/3590430/dont-be-a-hero-the-full-story-behind-spec-ops-the-line.

Pfister, Andrew. November 5, 2007. "Call of Duty 4 Modern Warfare (Xbox 360)." *1UP.com*. http://www.1up.com/reviews/call-duty-4_3.

Rath, Robert. December 20, 2012. "Killer Robots and Collateral Damage." *The Escapist Magazine*. http://www.escapistmagazine.com/articles/view/video-games/columns/critical intel/10100-Killer-Robots-and-Collateral-Damage.

Reisinger, Don. November 18, 2009. "*Modern Warfare 2* Tops Entertainment Industry, Not Just Games." *CNET News*. http://www.cnet.com/news/modern-warfare-2-tops-entertainment -industry-not-just-games/.

Robertson, Margaret. October 6, 2010. "Can't play, won't play." *Hide & Seek*. http://hideandseek. net/2010/10/06/cant-play-wont-play.

Rose, Alan. June 13, 2006. "Xbox 360 'Jump In' Promo Wins Addy." Joystiq. http://www.joystiq. com/2006/06/13/xbox-360-jump-rope-ad-wins-addy/.

Sears, Paul. January 15, 2009. "Case Study—Call of Duty 4: Modern Warfare" Paul Sears – Work Blog. http://paulsears-advertising-maverick.blogspot.com/2009/01/case-studies-call-of-duty-4.html.

Serwer, Adam. May 15, 2014. "Will Congress end the war on terror?" *MSNBC*. http://www.msn bc.com/msnbc/congress-war-on-terror.

Shachtman, Noah. October 18, 2007. "Robot Cannon Kills 9, Wounds 14." *Wired*. http://www. wired.com/2007/10/robot-cannon-ki/.

Sliwinski, Alexander. December 5, 2012. "Call of Duty: Black Ops 2 sales reach $1 billion in 15 days." *Joystiq.com*. http://www.joystiq.com/2012/12/05/call-of-duty-black-ops-2-1-billion/.

Snider, Mike. November 11, 2011. "Call of Duty: Modern Warfare 3 sets first-day record." *USA Today*. http://content.usatoday.com/communities/gamehunters/post/2011/11/call-of-duty-modern-warfare-3-sets-first-day-sales-record/1#.U34VJq1dVmQ.

Souza, Pete. May 1, 2011. "The Situation Room." Photograph. Source: The White House. https:// www.flickr.com/photos/whitehouse/5680724572/in/set-72157626507626189/.

Stanley, Douglas E. August 25, 2008. "some context…" Abstract Machine. http://www.abstract machine.net/blog/some-context.

Suellentrop, Chris. September 8, 2010. "War Games." *The New York Times Magazine*. http:// www.nytimes.com/2010/09/12/magazine/12military-t.html.

Taylor, Alan. April 15, 2009. "Documenting the return of the U.S. war dead." *The Boston Globe*. http://www.boston.com/bigpicture/2009/04/documenting_the_return_of_us_w.html.

Terdiman, Daniel. March 20, 2008. "Ubisoft Buys Tom Clancy's Name." *CNet News*. http:// news.cnet.com/8301-13772_3-9899543-52.html.

The Electronic Software Association. 2014. "Essential Facts about the Computer and Video Game Industry, 2014." http://www.theesa.com/facts/pdfs/ESA_EF_2014.pdf.

The Onion. 2010. "Ultra-Realistic Modern Warfare Game Features Awaiting Orders, Repairing Trucks." *The Onion. com.* http://www.theonion.com/video/ultrarealistic-modern-warfare -game-features-awaiti,14382/.

Thompson, Hunter S. September 12, 2001. "Fear & Loathing in America." *ESPN. com.* http:// proxy.espn.go.com/espn/page2/story?id=1250751.

Totilo, Stephen. May 13, 2011. "What are SEAL Team Six and Black Tuesday Doing in Modern Warfare 3?" *Kotaku. com.* http://kotaku.com/5801598/seal-team-six-black-tuesday-and-other-modern-warfare-3-hot-buttons.

Tucker, Staci. 2011. "Griefing: Policing Masculinity in Online Games." Unpublished Master's Thesis, The University of Oregon. http://www.academia.edu/2462576/Griefing_Policing_Masculinity_in_Online_Games.

Turner, Karl. December 15, 2008. "Daniel Petric Killed Mother, Shot Father Because They Took *Halo 3* Video Game, Prosecutors Say." *The Plain Dealer.* http://blog.cleveland.com/metro/2008/12/boy_killed_mom_and_shot_dad_ov.html.

Turse, Nick. February 12, 2012. "Prisons, Drones, and Black Ops in Afghanistan," *TomDispatch. com.* http://www.tomdispatch.com/post/175501/tomgram%3A_nick_turse,_prisons,_drones,_and_black_ops_in_afghanistan.

Walsh, Christopher and Thomas Apperley. November 30 – December 4, 2008. "Gaming Capital: Rethinking Literacy." *Changing Climates: Education for Sustainable Futures*, the Proceedings of the Australian Association for Research in Education Conference, Queensland University of Technology, pp.1~12. http://oro.open.ac.uk/20850/2/wal 08101.pdf.

Wirman, Hanna. 2007. "'I am not a fan, I just play a lot'—If Power Gamers Aren't Fans, Who Are?" *Situated Play,* Proceedings of the Digital Games Research Association, Tokyo, Japan, pp.377~385. http://digra.org:8080/Plone/dl/db/07311.40368.pdf.

Zucchino, David. July 3, 2004. "Army Stage-Managed Fall of Hussein Statue." *LA Times.* http:// articles.latimes.com/2004/jul/03/nation/na-statue3.

영화 및 TV 프로그램

24. 2001~2014. Los Angeles, CA: 20th Century Fox Television. TV Series.

Aliens. Directed by James Cameron. 1986. Brandywine Productions. Film.

Battlestar Galactica. 2003-2009. Universal City, CA: Universal Television. TV Series.

Black Hawk Down. Directed by Ridley Scott. 2001. Los Angeles, CA: Jerry Bruckheimer Films. Film.

Blade Runner. Directed by Ridley Scott. 1982. Hollywood, CA: The Ladd Company. Film.

Bridget Jones's Diary. Directed by Sharon Maguire. 2001. Paris, France: Studio Canal. Film.

Commando. Directed by Mark L. Lester. 1985. Produced by Joel Silver. Film.

Go West. Directed by Buster Keaton. 1925. Produced by Buster Keaton & Joseph M. Schenck. Film.

Lady in the Lake. Directed by Robert Montgomery. 1947. Beverly Hills, CA: Metro-Goldwyn-Mayer Studios. Film.

Pearl Harbor. Directed by Michael Bay. 2001. Burbank, CA: Touchstone Pictures. Film.

Predator. Directed by John McTiernan. 1987. Lawrence Gordon Productions. Film.

Saving Private Ryan. Directed by Stephen Spielberg. 1998. Universal City, CA: Amblin Entertainment. Film.

South Park. "Make Love, Not Warcraft." Season 8, Episode 10, October 4, 2006 Comedy Central. Written and Directed by Trey Parker. Television.

The Matrix. Directed by the Wachowski Brothers. 1999. Victoria, Australia: Village Roadshow Pictures. Film.

The Thin Red Line. Directed by Terrence Malick. Culver City, CA: Phoenix Pictures. Film.

Topaz. Directed by Alfred Hitchcock. 1969. Universal City, CA: Universal Pictures. Film.

Transformers. Directed by Michael Bay. 2007. Produced by Di Bonaventura Pictures. Film.

WarGames. Directed by John Badham. 1983. Beverly Hills, CA: United Artists. Film.

지은이

매슈 토머스 페인(Matthew Thomas Payne)은 앨라배마 주립대학교(University of Alabama) 영화·텔레커뮤니케이션 학부의 조교수이다. *Joystick Soldiers: The Politics of Play in Military Video Games*와 *Flow TV: Television in the Age of Media Convergence*에 공동 편집자로 참여했다.

옮긴이

진달용은 캐나다 사이먼 프레이저 대학교(School of Communication at Simon Fraser University) 특훈교수(Distinguished SFU Professor)이다. ≪문화일보≫에서 사회부, 경제부 기자 생활을 했으며, 일리노이 주립대학(University of Illinois, Urbana-Champaign: UIUC)에서 커뮤니케이션 박사학위를 받았다. 일리노이 주립대학 시카고 캠퍼스에서 방문 조교수, KAIST에서 부교수로 재직했다. 2014~2015년에는 연세대학교 방문 교수로 근무한 바 있다.

주요 연구 분야는 디지털 플랫폼과 게임연구, 글로벌라이제이션, 비판 문화연구, 그리고 과학 저널리즘 등이다. 주요 저서로는 *Globalization and Media in the Digital Platform Age*, *Smartland Korea: mobile communication, culture, and society*, *Mobile Gaming in Asia: Politics, Culture and Emerging Technologies*, *New Korean Wave: transnational cultural power in the age of social media*, *Digital Platforms, Imperialism and Political Culture*, 그리고 *Korea's Online Gaming Empire* 등이 있다.

한울아카데미 2263

전쟁 게임

9·11 이후의 밀리터리 비디오 게임

지은이 ǀ 매슈 토머스 페인   옮긴이 ǀ 진달용
펴낸이 ǀ 김종수   펴낸곳 ǀ 한울엠플러스(주)   편집 ǀ 신순남
초판 1쇄 인쇄 ǀ 2020년 10월 23일   초판 1쇄 발행 ǀ 2020년 11월 5일

주소 ǀ 10881 경기도 파주시 광인사길 153 한울시소빌딩 3층   전화 ǀ 031-955-0655
팩스 ǀ 031-955-0656   홈페이지 ǀ www.hanulmplus.kr   등록번호 ǀ 제406-2015-000143호

Printed in Korea.
ISBN 978-89-460-7263-3 93300(양장)
     978-89-460-6980-0 93300(무선)

※ 책값은 겉표지에 표시되어 있습니다.
※ 이 책은 강의를 위한 학생판 교재를 따로 준비했습니다.
   강의 교재로 사용하실 때에는 본사로 연락해 주십시오.